Kritische Verbraucherforschung

Reihe herausgegeben von
C. Fridrich, Wien, Österreich
R. Hübner, Klagenfurt, Österreich
K. Kollmann, Wien, Österreich
M.-B. Piorkowsky, Bonn, Deutschland
N. Tröger, Wien, Österreich

In der Reihe „Kritische Verbraucherforschung" werden Sammelbände und Monographien veröffentlicht, die im Gegensatz zur herkömmlichen, am Markt-Kauf-Paradigma orientierten Verbraucherforschung wenig reflektierte Ansätze stärker in den Blick nehmen. Kritisch wird vor allem die tendenziell zunehmende Vereinnahmung sämtlicher Lebensbereiche durch den Markt gesehen. Die zunehmende Marktorientierung verändert unsere Gesellschaft insofern massiv, als sie erstens Menschen einseitig marktabhängig macht, zweitens aufgrund des dem herrschenden ökonomischen Verständnis inhärenten Wachstumsparadigmas dazu führt, dass alle Lebensbereiche nach der Wachstumslogik funktionieren (müssen) und dadurch drittens die Zerstörung unserer Lebensgrundlagen zu beschleunigen scheint.

Kritische Verbraucherforschung wird daher in mehrerlei Hinsicht aus einer emanzipatorischen Haltung heraus entwickelt: wider die Instrumentalisierung der Verbraucherforschung, wider die Vermarktlichung der Gesellschaft, wider die Infantilisierung der Verbraucherinnen und Verbraucher und wider die Privatisierung von politischer Verantwortung.

Mit einer Kritischen Verbraucherforschung eng verknüpft ist eine kritische Verbrauchertheorie, in der jene Kontexte angemessen berücksichtigt werden, in die das Handeln von Verbraucherinnen und Verbrauchern eingebettet ist, nämlich private Haushalte, Erwerbstätigkeit und Gesellschaft. Diese Handlungskontexte sind für eine sozioökonomisch ausgerichtete Wirtschafts- und Verbraucherbildung von höchster Relevanz, in der die gesellschaftlich eingebetteten Akteurinnen und Akteure in den Mittelpunkt der Analyse gerückt werden und die auf kompetente Orientierungs-, Urteils- sowie Handlungsfähigkeit abzielt.

Die Reihe ist auch ein Angebot an die Verbraucherbildung, die Verbraucherpolitik und die Nachhaltigkeitspolitik, insofern diese Bereiche auch Interesse an wissenschaftlichen Erkenntnissen und Ansätzen abseits von rein marktökonomischen Perspektiven und Gestaltungsspielräumen haben. Umgekehrt sind auch Vertreterinnen und Vertreter insbesondere der Bildungs-, Verbraucher- und Nachhaltigkeitspolitik eingeladen, mitzuwirken und mit ihren Fragestellungen wiederum die Kritische Verbraucherforschung zu fordern und zu fördern.

Weitere Bände in der Reihe http://www.springer.com/series/13869

Sebastian Nessel · Nina Tröger
Christian Fridrich · Renate Hübner
(Hrsg.)

Multiperspektivische Verbraucherforschung

Ansätze und Perspektiven

 Springer VS

Herausgeber

Sebastian Nessel
Universität Graz
Graz, Österreich

Christian Fridrich
Pädagogische Hochschule Wien
Wien, Österreich

Nina Tröger
Arbeiterkammer Wien
Wien, Österreich

Renate Hübner
Universität Klagenfurt
Klagenfurt, Österreich

Kritische Verbraucherforschung
ISBN 978-3-658-20198-2   ISBN 978-3-658-20199-9   (eBook)
https://doi.org/10.1007/978-3-658-20199-9

Die Deutsche Nationalbibliothek verzeichnet diese Publikation in der Deutschen National-
bibliografie; detaillierte bibliografische Daten sind im Internet über http://dnb.d-nb.de abrufbar.

Springer VS

Gedruckt auf säurefreiem und chlorfrei gebleichtem Papier

Springer VS ist ein Imprint der eingetragenen Gesellschaft Springer Fachmedien Wiesbaden GmbH
und ist ein Teil von Springer Nature
Die Anschrift der Gesellschaft ist: Abraham-Lincoln-Str. 46, 65189 Wiesbaden, Germany

Inhalt

III Praktische Perspektiven

Einleitung: Multiperspektivische Verbraucherforschung

Sebastian Nessel, Nina Tröger, Christian Fridrich und Renate Hübner

Entscheidungen der Verbraucherinnen und Verbraucher über den Kauf bzw. Nicht-Kauf von Gütern und Dienstleistungen sind sowohl ökonomisch als auch ökologisch und gesellschaftlich bedeutsam. Diese Entscheidungen sind eingebettet in ein Geflecht sozialer und individueller Praktiken in verschiedenen gesellschaftlichen Bereichen (Bala und Schuldzinski 2016, 2017; Tröger et al. 2017; Rabelt et al. 2007). Wissenschaftliche Erkenntnisse über den Kauf bzw. Nicht-Kauf sowie den Ge- und Verbrauch von Konsumgütern werden jedoch meist nur von einzelnen Wissenschaftsbereichen erhoben, ohne dass diese bisher in einem engeren Dialog stehen. Wenngleich solche „monodisziplinären" Zugänge durchaus wichtige Erkenntnisse ermöglichen, können sie nur *ein* Bestandteil einer umfassenden Konsumtheorie sein, die der Komplexität des Konsums und all seiner Voraussetzungen und Folgen gerecht wird. Begrüßt werden daher zunehmend inter- und transdisziplinäre Herangehensweisen an Konsumphänomene (Bala und Müller 2013, S. 82 f.; Fridrich et al. 2017; Jonas et al. 2017; Kenning 2017; Kollmann 2012; Piorkowsky 2012). Sieht man von wenigen Ausnahmen einmal ab, dann wird die Forderung nach inter- oder transdisziplinären Perspektiven jedoch in der Praxis erst ansatzweise umgesetzt (u. a. Bala und Müller 2013, S. 82; vgl. für Beispiele Tröger 2017). Dies hängt u. a. damit zusammen, dass einzelne Wissenschaftsdisziplinen bisher zu selten in eine gemeinsame Diskussion über verbraucher- und konsumtionsbezogene Problemstellungen und insbesondere über die damit verbundenen theoretischen, methodischen und gegenstandsbezogenen Grundlagen sowie deren anvisierten „Ziele" kommen.

Was für die Wissenschaften untereinander kennzeichnend ist, gilt noch mehr für das Verhältnis von Wissenschaft und „Praxis". So erheben einige verbraucherpolitische Organisationen wie Ministerien, Verbraucherorganisationen oder auch

© Springer Fachmedien Wiesbaden GmbH, ein Teil von Springer Nature 2018
S. Nessel et al. (Hrsg.), *Multiperspektivische Verbraucherforschung*, Kritische Verbraucherforschung, https://doi.org/10.1007/978-3-658-20199-9_1

NGOs zahlreiche empirische Daten[1], ohne dass diese bisher von den Wissenschaften ernsthaft zur Kenntnis genommen werden (vgl. u. a. Nessel 2016). Darüber hinaus ist erst ansatzweise erkennbar, wie wissenschaftliche Erkenntnisse in die Praxis der Verbraucherpolitik oder von Verbraucherorganisationen einfließen könnten (vgl. Bala und Müller 2013, S. 82).[2] Was bislang trotz vereinzelter Anstrengungen fehlt, ist eine engere Zusammenarbeit zwischen wissenschaftlichen Disziplinen sowie zwischen Wissenschaft und Praxis. Nur so könnten allerdings die Voraussetzungen, Praktiken und Folgen des Ge- und Verbrauchs von Konsumgütern und damit auch Kauf- und Nicht-Kauf-Entscheidungen umfassender als bisher analysiert werden.

Eine bisher geringe Vernetzung zwischen den wissenschaftlichen Disziplinen, zwischen Wissenschaft und Politik sowie zwischen Wissenschaft und Praxis ist aber nur eine der Ursachen, die der Entwicklung einer breit orientierten Verbraucherforschung im Wege steht. Des Weiteren ist bisher weitgehend unklar, worauf sich solche verschränkten Zugänge überhaupt beziehen könnten: auf Forschungsgegenstände (Konsumprozesse, Konsumierende, Konsumfolgen, Gesetzgebung/ Recht, Politk etc.), auf Forschungsthemen (Produktnutzungsmuster, haushaltsökonomische Fragestellungen, Nachhaltigkeit, Ernährung, Bildung, Digitalisierung, Wohnen etc.), auf Forschungsmethoden (Experiment, Befragung, Beobachtung, Aktionsforschung etc.) oder auf theoretische Herangehensweisen (disziplinäre oder interdisziplinäre Ansätze, behavioral science, soziale Praxistheorie etc.). Und selbst wenn diese Hemmnisse behoben würden, bliebe die bisher nur unzureichend geklärte aber zentrale Frage offen, worin die Vor- aber auch die Nachteile von einzelnen Wissenschaftsdisziplinen sowie vor von allem von inter- und transdisziplinären Perspektiven der Verbraucherforschung überhaupt liegen bzw. wie sich diese evaluieren lassen. Auch dazu gibt es bisher nur erste Überlegungen (z. B. Krainer und Winiwarter 2016; Tröger 2017). Bisher zeigt sich jedenfalls eines klar: Es gibt auf vielen Ebenen mannigfaltige Zugänge, die für die wissenschaftliche Erfassung eines derart komplexen Phänomens wie dasjenige des Konsums notwendig sind. Was bisher jedoch fehlt, sind Versuche, unterschiedliche Herangehensweisen theoretisch und praktisch füreinander fruchtbar zu machen, damit sie nicht in Konkurrenz,

---

1   Vgl. dazu u. a. das Portal „Lebensmittelklarheit" des Verbraucherzentrale Bundesverbandes, die Auswertung von Verbraucherbeschwerden in den deutschen Verbraucherzentralen und den österreichischen Arbeiterkammern oder die regelmäßig erscheinende Studie des deutschen und auch österreichischen Umweltbundesamtes zu Nachhaltigkeit, insbesondere zu Art und Menge der entsorgten Güter.

2   Ambitionierte Ansätze in diese Richtung werden u. a. vom Kompetenzzentrum der Verbraucherzentrale Nordrhein-Westfalen umgesetzt. Vgl. dazu u. a. die Schriftenreihe „Beiträge zur Verbraucherforschung" (herausgegeben von Christian Bala und dem/der amtierenden Vorsitzenden der VZ NRW).

sondern im produktiven Austausch zueinanderstehen stehen. Wir plädieren in diesem Band daher für einen *multiperspektivischen Ansatz*, der dazu beitragen soll, einen solchen Austausch stärker zu forcieren. Multiperspektivisch meint dabei die Berücksichtigung verschiedenster Fragestellungen, Forschungsansätze (sowohl mono-, inter- als auch transdisziplinär) sowie Theorien und Methoden der Verbraucherforschung, deren Analysen und Ergebnisse dann im Austausch miteinander stehen sollten, um so noch genauere Erklärungen gesellschaftlicher Realität bieten zu können als einzelne voneinander abgekoppelte Zugänge zu Konsum.

Aus unserer Sicht bietet eine Verbraucherforschung, die auf multiperspektivischen Zugängen basiert, mehrere Vorteile. Ein erster Vorteil ist, der Komplexität und Vielschichtigkeit des Konsums sowie den damit verbundenen vielfältigen Rollen und Bedürfnissen der Verbraucherinnen und Verbraucher besser gerecht zu werden. Zweitens können so die mannigfaltigen konsumbedingten und konsumrelevanten Faktoren und Dynamiken moderner Gesellschaften genauer einbezogen werden. Multiperspektivische Zugänge sind drittens stärker anschlussfähig an bisherige Ansätze, die zu einer sozial gerechteren und ökologisch nachhaltigeren gesellschaftlichen Entwicklung beitragen möchten. Ein solcher transformatorischer Anspruch, so die These, kann aber nur dann erfüllt werden, wenn es gelingt, verschiedene theoretische und praktische Sichtweisen multiperspektivisch in Dialog zu bringen und langfristig einander anzunähern. Und zwar so unterschiedliche Ansätze wie den „libertären Paternalismus" (Thaler und Sunstein 2003) und emanzipatorisch-konstruktivistische Ansätze, wie sie in der sozioökonomischen Bildung (Fridrich 2017) sowie auch im Bereich der Nachhaltigkeitsforschung (Hübner 2017) verfolgt werden. Eine solche Perspektivenvielfalt kann es viertens ermöglichen, die wissenschaftliche Grundlage für eine empirisch begründete und an der Lebensrealität der Menschen orientierte Verbraucherpolitik zu schaffen. Eine solche empirische und lebensnahe Perspektive zielt nicht nur auf die Verbesserung der rechtlichen oder ökonomischen Situation von Konsumentinnen und Konsumenten auf Märkten ab, sondern bezieht auch die sozialen, ökologischen und emanzipatorischen Werte, Ideen oder Vorstellungen von Konsumentinnen und Konsumenten ein. Eine breite, multiperspektivische Verbraucherforschung, die sich aus verschiedenen gleichberechtigten Sichtweisen zusammensetzt, kann im Gegensatz zur disziplinären Beschränktheit letztlich auch eine bessere Ausgangslage für finanzielle Förderungen und eine bessere Sichtbarmachung des Phänomens in Wissenschaft und Gesellschaft leisten. Dies bedeutet aber keinesfalls, dass spezifische disziplinäre Ansätze, Methoden oder Theorien dadurch überflüssig werden sollten; im Gegenteil: Eine multidimensionale Perspektive, wie sie in diesem Band angeregt wird, soll vielmehr dafür sensibilisieren, verschiedene Perspektiven aus Wissenschaft und Praxis füreinander fruchtbar zu machen, offen für die Beschäftigung damit zu sein und trotz aller „Grabenkämpfe" aufeinander zuzugehen.

Das Verfolgen eines multiperspektivischen Ansatzes kann aber gewiss auch Nachteile haben. Zum einen bedarf es einer intensiven Auseinandersetzung mit verschiedenen Disziplinen und Ansätzen, wodurch ein solcher Ansatz vor allem zeitaufwendig wird. Zeit ist aber sowohl in der Praxis wissenschaftlicher Forschung als auch in der Praxis politikrelevanter Organisationen eine knappe Ressource. Weiters arbeitet jede Disziplin implizit auf Grundlage von spezifischen paradigmatischen Annahmen zu Menschen- und Gesellschaftsbildern sowie spezifischen begrifflichen Definitionen und Setzungen. Durch den Einbezug verschiedenster Perspektiven sind Auseinandersetzungen bspw. über die theoretischen und methodischen Herangehensweisen, die Interpretation des Phänomenbereichs Konsum sowie auch über „Leitbilder" der Verbraucherpolitik oder der Konsumentinnen und Konsumenten erwartbar. Die Unterschiede verschiedener Ansätze und Perspektiven müssten demnach stärker sichtbar gemacht werden, was wiederum zu weitreichenden Grundsatzdebatten führen könnte. Die damit verbundene Forderung und auch die Notwendigkeit von Grundsatzdebatten hinsichtlich der Ansätze, Perspektiven aber auch der Methoden der Verbraucherforschung sind jedoch gerade vor dem Hintergrund sich teils schnell wandelnder Phänomene wie z. B. der Digitalisierung oder der „Plattformisierung" der Wirtschaft im Einzelfall nur schwer zeitnah umsetzbar. All dieser möglichen Schwierigkeiten zum Trotz: Aus unserer Sicht sollten diese möglichen Nachteile Forschende nicht davon abhalten, eine multiperspektivische Herangehensweise zumindest anzustreben. Denn aus unserer Sicht überwiegen ihre Vorteile.

Um die Vor- und Nachteile sowie die bisherigen Hemmnisse einer multiperspektivischen Verbraucherforschung noch genauer abzuwägen und zu diskutieren, bedarf es zunächst eines vertieften Überblicks über verschiedene wissenschaftliche und praktische Herangehensweisen zu Konsumphänomenen. Erst darauf aufbauend könnte der Ertrag einer multiperspektivischen Herangehensweise der Verbraucherforschung umfassend evaluiert und für Praxis und Politik fruchtbar gemacht werden. Hierzu möchte dieser Sammelband beitragen. Das *Ziel dieses Bandes* ist es, (1) verschiedene wissenschaftliche und praktische Ansätze der Verbraucherforschung abzubilden und so (2) eine Grundlage für eine vertiefte Diskussion über die Analyse des Ge- und Verbrauchs von Konsumgütern, über Kauf- und Nicht-Kauf-Entscheidungen sowie der möglichen Folgen unter Einbezug unterschiedlicher Perspektiven zu ermöglichen.

Wir wollen damit die grundlegende Basis schaffen, um einen Dialog zwischen unterschiedlichen wissenschaftlichen Disziplinen sowie zwischen den Wissenschaften und der Praxis u. a. in den Feldern Verbraucherpolitik, Verbraucherbildung,

Nachhaltigkeitspolitik und -bildung weiter voranzutreiben. Wir möchten in diesem Band daher bisherige Anstrengungen vertiefen, die ein solches Vorhaben aufgegriffen haben (vgl. Kenning et al. 2017). Allerdings versammeln wir Beiträge, die ein breiteres Verständnis der Verbraucherforschung abbilden und zwar im Hinblick auf das zugrunde gelegte Konsumverständnis sowie den damit verbundenen theoretischen Herangehensweisen, den untersuchten Forschungsgegenständen sowie den angewendeten Forschungsmethoden. Der vorliegende Band führt vor diesem Hintergrund das im Leitband der Reihe „Kritische Verbraucherforschung" skizzierte Verständnis von Verbraucherforschung fort, das sich einerseits kritisch gegenüber einer vor allem an Kaufprozessen orientierten Verbraucherforschung und ihrer herrschenden Verbraucher(leit)bilder (homo oeconomicus, homo behavioralis) abgrenzt sowie andererseits eine Neuinterpretation des Phänomenbereichs leisten will (Fridrich et al. 2017). In dieser Hinsicht sind auch die Kapitel des Bandes zu verstehen, die verschiedene wissenschaftliche und praktische Perspektiven der Verbraucherforschung aufzeigen und so einen Beitrag leisten können, um diese langfristig noch enger in einen strukturierteren Dialog zu bringen.

Der vorliegende Band spannt einen Bogen von *Theoretischen Perspektiven* über *Interdisziplinäre Perspektiven* bis hin zur *Praxis der Verbraucherforschung*. Er ist dementsprechend in drei Blöcke gegliedert. Am Beginn des ersten Blocks, *Theoretische Perspektiven der Verbraucherforschung*, steht der einleitende Beitrag des Herausgeberteams, in dem wir einen ersten Überblick über den Gegenstand, die möglichen Perspektiven sowie die Anwendungsfelder einer multiperspektivischen Verbraucherforschung geben. Wir diskutieren zunächst vier zentrale Dimensionen einer multiperspektivischen Verbraucherforschung: das zugrunde gelegte Konsumverständnis sowie mögliche Verbraucher(leit)bilder; konsumrelevante Akteursgruppen; soziale, ökologische und ökonomische Konsumfolgen marktlichen und außermarktlichen Konsums sowie Aspekte zur Beeinflussung bzw. Veränderung des gegenwärtigen Konsums. Wir geben dann einen kurzen Überblick über zwei aktuelle aber paradigmatisch grundsätzlich unterschiedliche Ansätze der Verbraucherforschung, die eine erste Ausgangsbasis für eine multiperspektivische Verbraucherforschung sein können, da sie bereits in verschiedenen Disziplinen und Kontexten angewendet wurden: verhaltensbasierte Ansätze und sog. Praxistheorien. Anhand zweier Beispiele, den nachhaltigkeitsbezogenen Konsumdiskursen und den Diskursen rund um eine adäquate Verbraucherbildung, wird dann verdeutlicht, wie wichtig es ist, die den genannten Theorien zugrundeliegenden konsumtheoretischen Annahmen offen zu legen, damit sie sowohl wissenschaftlich als auch praktisch anschlussfähig werden.

Der folgende Beitrag des Konsumsoziologen *Kai-Uwe Hellmann* diskutiert dann die Frage, welches Konsumentenleitbild sich für die Verbraucherforschung eignet.

Vor dem Hintergrund der Entwicklungen in der US-amerikanischen consumer research der letzten Jahrzehnte plädiert der Autor dafür, ein zugleich realitätsnahes und wandlungsfähiges Bild des „homo consumens" zu entwerfen. Er regt hierzu eine interdisziplinäre Debatte an, die berücksichtigt, dass ein mögliches Konsumentenleitbild immer nur vorläufigen Charakter haben kann, da sich sowohl der Gegenstand der Verbraucherforschung als auch ihre Theorien und Methoden stets in einem Wandel befinden. Hellmann macht mit diesen Überlegungen darauf aufmerksam, dass Leitbilder zwar theoretisch die Unsicherheit über den Gegenstand der Verbraucherforschung reduzieren, zugleich aber derart offen sein müssen, um sich immer wieder von der komplexen Realität des Konsums irritieren zu lassen. Wir möchten hinzufügen, dass eine solche produktive Irritation gerade auch durch die Berücksichtigung der mannigfaltigen theoretischen und praktischen Perspektiven auf den Ge- und Verbrauch von Konsumgütern erfolgen kann.

Der Haushaltsökonom Michael-Burkhard Piorkowsky stellt in seinem Beitrag „Konsumenten, Prosumenten oder Conpreneure?" dann die Frage nach aktuellen verbrauchertheoretischen Herausforderungen, wenn Konsumgüter auch unternehmerisch genutzt werden. Ist der Verbraucher/die Verbraucherin dann auch Unternehmer/ Unternehmerin? Die Abgrenzung erfolgt durch eine Verortung zu bisherigen zum Teil verwandten Ansätzen in der Wissenschaft (Prosumer, Produser u. a.). Anhand von Beispielen aus den Bereichen Verkauf ausgesonderter Haushaltsgüter im Internet, entgeltliche Lieferung von Solarstrom und Wohnungsvermietung „von privat an privat" werden Bezüge zu hochaktuellen Themen und Trends – einerseits zur Digitalisierung und Internetökonomie und andererseits zu einer nachhaltigen Entwicklung – hergestellt. Die angesprochenen Aktivitäten sind längst keine Nischenphänomene mehr, sondern stellen das enge Verständnis von Konsum, Verbrauchern und Verbraucherinnen in Frage und erfordern multiperspektivische Zugänge. Piorkowsky veranschaulicht somit aktuelle verbraucherpolitische und -theoretische Herausforderungen.

Zusammengenommen machen diese Beiträge exemplarisch einige Schwächen der gegenwärtigen Verbraucherforschung und -theorie deutlich. So zeigt der Beitrag von Piorkowsky, dass Verbraucherinnen und Verbraucher Konsumgüter auch anders, z. B. „unternehmerisch" nutzen, als sie letztendlich nur *selbst* für die unmittelbare Bedürfnisbefriedigung zu verwenden. Hellmann verweist hingegen auf die Probleme *un*dynamischer und substantieller Verbraucherleitbilder, die dem stets wandelbaren Konsum und den damit verbundenen Herausforderungen der Konsumierenden nicht gerecht werden. Der Beitrag von Nessel et al. spannt hingegen einen Bogen von möglichen Dimensionen einer multiperspektivischen Verbraucherforschung, zeigt dass diese bisher erst rudimentär Eingang in prominente Theorien gefunden haben, und plädiert schließlich für mehr Mut in der

Forschung – und zwar zu stärker multidisziplinären Perspektiven als auch zu mehr emanzipatorischen Ansprüchen im Rahmen einer breit verstanden Konsumtheoric. Der zweite Block des Bandes zu den *Interdisziplinären Perspektiven der Verbraucherforschung* beginnt mit einem Beitrag der Rechtswissenschaftlerin *Brigitta Lurger.* In einem Projekt mit Psychologinnen und Psychologen ist sie der Frage nachgegangen, wie Konsumentinnen und Konsumenten auf Märkten entscheiden und ob sie dabei die für sie ökonomisch günstigste Entscheidung treffen können. Ausgangspunkt hierfür war ein realitätsnahes Experiment, in dem Tarif-Angebote von Handybetreibern in Österreich simuliert und mittels verschiedener Softwareanwendungen ausgewertet wurden. Die Ergebnisse zeigen, dass Verbraucherinnen und Verbraucher vor dem Hintergrund von Zeitressourcen und Persönlichkeitsmerkmalen sowie in Abhängigkeit des Kontextes jeweils unterschiedlich agieren. Aus rechtswissenschaftlicher Sicht geht die Autorin in der Interpretation der Ergebnisse dann der Frage nach, inwieweit die Qualität von Verbraucherentscheidungen durch Konsumentenschutz verbessert werden könnte. Sie setzt sich hierbei kritisch mit dem „Nudging-Konzept" der Verhaltenswissenschaften auseinander.

Ein Bild ist Ausgangspunkt des Beitrags der Kulturwissenschaftlerin *Reingard Klingler* betreffend „die unaufhörliche Revolution". „Culture Jamming" wird als eine praktische und theoretische Strategie des kulturellen Widerstands in der Konsumgesellschaft diskutiert, die verschiedene künstlerische Strategien nutzen kann, um Konsum und die gegenwärtige Konsumkultur kritisch zu reflektieren. Anhand vieler praktischer Beispiele wird gezeigt, wie Werbung und „Branding" sowie deren Wirkung mithilfe von Bildern und anderen künstlerischen Aktivitäten konstruiert aber auch dekonstruiert werden können. Unter dem Sammelbegriff „Culture Jamming" werden Adbusting, Subvertising, Guerilla Marketing kurz und anhand exemplarischer Beispiele beschrieben. Die Autorin verweist so auf das Spannungsfeld, das entsteht, indem Unternehmen die starke Wirkung von Bildern und auch die Strategien des dagegen entstandenen Widerstands für sich nutzen („das Empire schlägt zurück"). Der Beitrag zeigt so eine bisher vernachlässigte methodische und inhaltliche Sichtweise einer multiperspektivischen Verbraucherforschung auf und macht zugleich deren Anschlussfähigkeit für eine kritische Verbraucherforschung sowie zu Ansätzen einer kritischen Konsumbildung deutlich.

Der Beitrag der Soziologen *Michael Jonas* und *Simeon Hassemer* über die „Möglichkeiten und Grenzen einer Verbraucherforschung in Österreich" interpretiert die Ergebnisse einer Expertenbefragung des Instituts für Höhere Studie (Wien) und der Karl-Franzens-Universität Graz vor dem Hintergrund gesellschaftstheoretischer Diagnosen sowie ihrer möglichen politischen und praktischen Folgen. Aus praxistheoretischer Perspektive werden die Wechselwirkungen zwischen Verbraucher(schutz)politik und Verbraucherforschung analysiert sowie zwei Praktiken von

(Verbraucher-)Forschung verdeutlicht. Diese stellen dann die analytische Grundlage für die Entwicklung von vier Szenarien („Möglichkeiten") einer zukünftig möglichen Verbraucherforschung in Österreich sowie ihrer institutionellen Struktur dar. Wenngleich dieser Beitrag streng genommen nicht interdisziplinär ist, macht er die Bedeutung von Interdisziplinarität im Rahmen der Verbraucherforschung deutlich: Die Entwicklung eines Feldes Verbraucherforschung sollte aus Sicht der im Projekt auch quantitativ Befragten (Jonas et al. 2017) unter Berücksichtigung verschiedener Disziplinen erfolgen und verschiedene österreichische Wissenschaftsstandorte umfassen. Die Beiträge dieses Blocks zeigen somit einige Vorteile von Interdisziplinarität in der Analyse von Konsumphänomenen. Sie zeigen zugleich einige ihrer Potentiale zur Veränderung des gegenwärtigen Konsums jenseits des Marktes z. B. durch Rechtsinstrumente (Lurger) oder durch eine kritische Reflexion der Werbung (Klingler) auf.

Der dritte Block des Bandes umfasst Perspektiven aus der und über die *Praxis der multiperspektivischen Verbraucherforschung.* Dieser Abschnitt soll mögliche Perspektiven und Ergebnisse aus der Zusammenarbeit von Wissenschaft und Praxis ausloten. Im Beitrag des Fachdidaktikers für Geographische und Sozioökonomische Bildung, *Christian Fridrich,* wird das Thema Verbraucherbildung anhand eines geplanten und mittlerweile im Umsetzungsstadium befindlichen Projekts, dem „Erlebniszentrum Konsum und Konsumieren", theoretisch und praktisch diskutiert. Ausgangspunkt ist dabei das Paradigma der sozioökonomischen Bildung, das, anders als die ökonomistische Bildung, einen umfassenderen Blick auf das Thema Konsum wirft, da es nicht nur Kaufentscheidungen und Finanzverhalten, sondern auch Aspekte wie Nutzung, Entsorgung und Nachhaltigkeitsperspektiven berücksichtigt. Dieser Bildungsbegriff versteht lernende Personen als emanzipierte, reflektierte Wesen, deren Orientierungs-, Urteils- und Handlungsfähigkeit gestärkt werden muss, anstatt ihnen „vorgefertigtes Wissen" zu präsentieren. Diese beiden Grundannahmen stellen die Basis für die ausgeführten didaktischen Leitlinien des „Erlebniszentrums" dar, das für Schülerinnen und Schüler der Sekundarstufe I und II im Österreichischen Gesellschafts- und Wirtschaftsmuseum Wien umgesetzt wird und darauf abzielt, deren Reflexions- sowie Kritikfähigkeit zu fördern.

Die Autorinnen *Renate Hübner, Martina Ukowitz und Ruth Lerchster* skizzieren in ihrem Beitrag „Netzwerk Konsum der Zukunft" dann eine Machbarkeitsstudie zum Aufbau eines Netzwerks unter Konsumforscherinnen und -forschern in Österreich. Dabei analysieren sie anhand von qualitativen Interviews und anhand einer quantitativen Erhebung, welchen Bedarf es an einem derartigen Netzwerk gibt, welche Akteursgruppen seine Zielgruppe wären und welche Herausforderungen und Anforderungen an ein solches Netzwerk gestellt werden. Der theoretische Hintergrund dieser Studie basiert auf der Interventionsforschung, die nicht nur in diesem Projekt einen neuen und kritischen Zugang für eine transdisziplinär angelegte Konsumforschung bot, sondern auch für eine multiperspektivische Verbraucherforschung insgesamt interessant ist. Wie bereits der Beitrag von Jonas/Hassemer und die Studie von Jonas et al. (2017), gehen auch Hübner und Kolleginnen schließlich der bedeutsamen Frage nach, wie auch politische Maßnahmen im Konsumbereich wissenschaftlich so untermauert werden können, damit sie die zukünftigen Herausforderungen der Konsumgesellschaft noch genauer berücksichtigen.

Ulrike Seebacher und *Hartmut Derler* analysieren in ihrem Beitrag „Die soziale Qualität von Produkten" verschiedene Informations- und Bewertungsinstrumente zur Nachhaltigkeit. Der Fokus liegt darauf, zu zeigen, inwieweit bestehend Nachhaltigkeitsinstrumente nicht nur ökologische, sondern auch soziale Kriterien zur Produktbewertung beinhalten und so eine Basis für Konsumentenentscheidungen beim Kauf von Gütern sein können. Zur Einschätzung der Chancen und Herausforderungen dieser Instrumente wurden Expertinnen und Experten aus dem Nachhaltigkeitsdiskurs befragt und umfangreiches Datenmaterial von „Nachhaltigkeitsinstitutionen" ausgewertet. Die Autorin und der Autor zeigen an diesem Beispiel exemplarisch, wie die Berücksichtigung von Vorschlägen aus der „Praxis der Verbraucherarbeit" auch fruchtbar für die wissenschaftliche Beschäftigung mit Konsumphänomenen gemacht werden kann. Wissenschaft für die Praxis (Fridrich; Hübner et al.) und das Aufgreifen von praktischem Wissen in der Wissenschaft (Seebacher/Derler) – zusammengenommen plädieren die in diesem Block versammelten Beiträge genau hierfür und damit für eine Idee, die dem gesamten Band zugrunde liegt. Denn auch die kritische Diskussion der gegenwärtigen Konsumtheorie in Block eins sowie die interdisziplinären Herangehensweisen in Block zwei greifen die empirische Realität der Konsumierenden und des gegenwärtigen Konsums auf, um jenseits von Idealbildern eine Grundlage für eine realitätsnahe Verbraucherforschung und -theorie unter Einbezug vieler gleichberechtigter Perspektiven zu schaffen.

Mit Ausnahme des einleitenden Beitrags der Herausgeberinnen und Herausgeber wurden die im vorliegenden Band versammelten Beiträge auf Grundlage von Vorträgen auf dem zweiten Symposium „Konsum neu denken" erstellt, das im Herbst 2016 an der Karl-Franzens-Universität Graz stattfand. Hinter dieser Symposiumsreihe steht ein kleines Netzwerk an Initiatorinnen und Initiatoren, die Herausgeberinnen und Herausgeber dieses Buchbandes sind, und deren Ziel es ist, auf Basis der hier vorgestellten Überlegungen eine multiperspektivische Verbraucherforschung in Österreich bzw. im deutschsprachigen Raum insgesamt voranzutreiben und zu fördern. Dazu soll auch die Buchreihe „Kritische Verbraucherforschung" und der Aufbau eines weiter auszuweitenden Netzwerks zwischen Wissenschaftlern und Wissenschaftlerinnen aus verschiedenen akademischen Disziplinen, aus der Praxis (Kammer für Arbeiter und Angestellte, NGOs u. v. a. m.) sowie der Politik beitragen. Neben der Buchreihe wird auch die Reihe der Symposien fortgesetzt. Das 3. Symposion „Konsum neu denken" fand während unserer Arbeit an diesem Band im September 2017 an der Alpen-Adria-Universität in Klagenfurt statt und war dem „Transformativen Potenzial von Konsum" gewidmet. Auch zu diesem Thema ist ein Band in Planung.

Wie jedes andere Projekt wäre auch dieser Band nicht ohne die kollektive und konstruktive Zusammenarbeit von verschiedenen Personen und Institutionen möglich gewesen. Wir bedanken uns an dieser Stelle bei der Arbeiterkammer Wien für die finanzielle Unterstützung, bei Frau Prof. Dr. Elisabeth Buxbaum für das Lektorat des Bandes sowie bei Frau Emmerich stellvertretend für den Verlag Springer VS für die Umsetzung des Bandes. Unser besonderer Dank gilt schließlich allen Autorinnen und Autoren dieses Bandes, dass sie nicht müde wurden, sich mehrmals mit den Hinweisen der anonymen Gutachterinnen und Gutachter sowie denen der Herausgeberinnen und Herausgebern zu ihren Beiträgen intensiv auseinanderzusetzen.

Literatur

Bala, C., Müller, K. (2013). „Tote haben keine Kämpfe". Anmerkungen zur Debatte über den Zustand der Verbraucherforschung. *Journal für Verbraucherschutz und Lebensmittelsicherheit 8*. S. 79-85.

Bala, C., Schuldzinski, W. (Hrsg.) (2017). *Pack ein, schmeiß' weg? Wegwerfkultur und Wertschätzung von Konsumgütern*. Düsseldorf: Verbraucherzentrale NRW.

Bala, C., Schuldzinski, W. (Hrsg.) (2016). *Prosuming und Sharing – neuer sozialer Konsum: Aspekte kollaborativer Formen von Konsumtion und Produktion*. Düsseldorf: Verbraucherzentrale NRW.

Fridrich, Ch. (2017). Verbraucherbildung im Rahmen einer umfassenden sozioökonomischen Bildung. Plädoyer für einen kritischen Zugang und für ein erweitertes Verständnis. In Ch. Fridrich, R. Hübner, K. Kollmann, M.-B. Piorkowsky, N. Tröger (Hrsg.), *Abschied vom eindimensionalen Verbraucher* (S. 113-160). Wiesbaden: Springer VS.

Fridrich, C., Hübner, R., Hufnagel, R., Jaquemoth, M., Kollmann, K., Piorkowsky, M.-B., Wahlen, S. (2014). Bamberger Manifest für ein neues Verbraucherverständnis. *Journal für Verbraucherschutz und Lebensmittelsicherheit 3*. S. 321-326.

Fridrich, Chr., Hübner, R., Kollmann, K., Piorkowsky. M-B., Tröger, Nina (2017) (Hrsg.): *Abschied vom eindimensionalen Verbraucher*. Wiesbaden: Springer VS.

Hübner, R. (2017). Nachhaltigkeits- und Verbraucherforschung. Ein Cross-Over-Versuch interventionsorientierter Wissenschaft. In C. Fridrich, R. Hübner, K. Kollmann, M.-B.

Piorkowsky, N. Tröger (Hrsg.), *Abschied vom eindimensionalen Verbraucher*. (S. 161-200). Wiesbaden: Springer VS.

Jonas, M., Nessel, S., Hassemer, S., Pfister, S. (2017). Zum aktuellen Stand der Verbraucherforschung in Österreich. *Materialien zur Verbraucherforschung Nr. 5*. Wien: Kammer für Arbeiter und Angestellte.

Kenning, P. (2017). Verbraucherwissenschaften – Begriffliche Grundlagen und Status-Quo. In: ders., A. Oehler, L. Reisch, Ch. Grugel (Hrsg.), *Verbraucherwissenschaften. Rahmenbedingungen, Forschungsfelder und Institutionen* (S. 3-17). Wiesbaden: Springer VS.

Kollmann, K. (2012). Eingeschränkt – statt ermächtigt. Ein ergänzender Beitrag zur Diskussion, inwieweit die aktuelle Verbraucherforschung nun wirklich lebt. *Journal für Verbraucherschutz und Lebensmittelsicherheit 7*. S. 393-395.

Krainer, L., Winiwarter, V. (2016). Die Universität als Akteurin der transformativen Wissenschaft – Konsequenzen für die Messung der Qualität transdisziplinärer Forschung. *GAIA, 2016* (2). S. 110-116.

Nessel, S. (2016). *Verbraucherorganisationen und Märkte. Eine wirtschaftssoziologische Untersuchung*. Wiesbaden: Springer VS.

Rabelt, V., Simon, K.-H., Weller, I., Heimerl, A. (Hrsg.) (2007). *Nachhaltiger_nutzen: Moglichkeiten und Grenzen neuer Nutzungsstrategien*. München: Oekom-Verlag.

Piorkowsky. M.-B. (2012). Ja, sie lebt – aber...!. Plädoyer für ein ganzheitliches Verbraucherverständnis. *Journal für Verbraucherschutz und Lebensmittelsicherheit 7*. S. 387-391.

Thaler, R., Sunstein, C. (2003). Libertarian Paternalism. *American Economic Review 93*. S. 175-179.

Tröger, N. (2017). Welche Potenziale bietet Transdisziplinarität für die Verbraucherforschung und die Verbraucherpolitik? In Ch. Fridrich, R. Hübner, K. Kollmann, K., M-B. Piorkowsky, N. Tröger (Hrsg.), *Abschied vom eindimensionalen Verbraucher* (S. 47-72). Wiesbaden: Springer VS.

Tröger, N., Wieser, H., Hübner, R. (2017). Smartphones werden häufiger ersetzt als T-Shirts. Die Nutzungsmuster und Ersatzgründe von KonsumentInnen bei Gebrauchsgütern. In C. Bala,W. Schuldzinski (Hrsg.), *Pack ein, schmeiß' weg? Wegwerfkultur und Wertschätzung von Konsumgütern* (S. 79-102). Düsseldorf: Verbraucherzentrale NRW.

I

Theoretische Perspektiven

Dimensionen, Ansätze und Perspektiven einer multiperspektivischen Verbraucherforschung

Sebastian Nessel, Nina Tröger, Christian Fridrich und Renate Hübner

Zusammenfassung

In diesem Beitrag wird ein Überblick über mögliche Dimensionen, Ansätze und Perspektiven einer multiperspektivischen Verbraucherforschung vorgestellt. Wir diskutieren zunächst vier zentrale Dimensionen einer multiperspektivischen Verbraucherforschung: das zugrunde gelegte Konsumverständnis; konsumrelevante Akteursgruppen samt Leitbilder des Konsumenten und der Konsumentin; mögliche soziale, ökologische und ökonomische Konsumfolgen; sowie Aspekte zur Beeinflussung bzw. Veränderung des Konsums (Abschnitt eins). Wir geben dann einen Überblick über zwei aktuelle Ansätze der Verbraucherforschung, die sich als eine erste Ausgangsbasis für eine multiperspektivische Verbraucherforschung verstehen und in verschiedenen Disziplinen und Kontexten angewendet werden: verhaltensbasierte Ansätze und sog. Praxistheorien (Abschnitt zwei). Am Beispiel nachhaltigkeitsbezogener Konsumdiskurse und der Verbraucherbildung, deren Beschreibung zwischen Marktorientierung und emanzipatorischem Anspruch oszilliert, wird dann herausgearbeitet, dass es wichtig ist, die den genannten Theorien zugrunde liegenden konsumtheoretischen Annahmen offen zu legen, damit sie neue Perspektiven der Verbraucherforschung eröffnen können (Abschnitt drei). Wir schließen mit einem kurzen Fazit und einem Ausblick (Abschnitt vier).

© Springer Fachmedien Wiesbaden GmbH, ein Teil von Springer Nature 2018   15
S. Nessel et al. (Hrsg.), *Multiperspektivische Verbraucherforschung*, Kritische
Verbraucherforschung, https://doi.org/10.1007/978-3-658-20199-9_2

1   Gegenstand und Dimensionen einer multiperspektivischen Verbraucherforschung

Verbraucherforschung kann sich auf vier thematisch und analytisch abgrenzbare aber miteinander verwobene Aspekte beziehen: (1) eine generelle Konzeption von Konsum, seinen Voraussetzungen und Einflussfaktoren; (2) auf konsumrelevante Akteursgruppen und Verbraucherleitbilder; (3) auf Konsumfolgen; sowie (4) auf Aspekte und Mechanismen zur (wissenschaftlichen, politischen und praktischen) Beeinflussung des Konsums und Nicht-Konsums. Unser Verständnis von Verbraucherforschung folgt und erweitert dasjenige der Buchreihe „Kritische Verbraucherforschung" sowie anderer unserer Arbeiten (u. a. Fridrich et al. 2017; Nessel 2017a, 2017b). Wir werden diese Einsichten an dieser Stelle daher nur kurz skizzieren und pointiert zusammenfassen. Die dem Band zugrundeliegende Konzeption einer „Kritischen Verbraucherforschung" (vgl. Fridrich et al. 2017) fordert einen multiperspektivischen Zugang, der offen ist gegenüber allen Ansätzen der Verbraucherforschung, um diese dann kritisch zu reflektieren, aufeinander zu beziehen und im diskursiven Austausch weiter zu entwickeln. Während mit der „kritischen Perspektive" in Band 1 eine Abgrenzung von der Kaufverhaltens- und Marketingforschung vorgenommen sowie die Vielfalt der Verbraucherforschung abseits von Kaufprozessen aufgezeigt wurde, wird mit dem multiperspektivischen Blickwinkel in diesem Band darauf fokussiert, alle Ansätze in der Verbraucherforschung als prinzipiell einander weiterführend zu verstehen. Um das zu verdeutlichen, sollen in diesem Beitrag auch die eher vernachlässigten Fragen nach den Methoden der Verbraucherforschung, den jeweils zugrundeliegenden Verbraucherbildern, den möglichen Forschungsgegenständen und -themen sowie deren möglichen praktischen und politischen Implikationen beleuchtet werden.

1.1   Konsumkonzept: Konsum, Nicht-Konsum und alternative Versorgungsformen als Gegenstand der Verbraucherforschung

Gegenstand einer breit verstandenen Verbraucherforschung sind sowohl Konsum- als auch Nicht-Konsumprozesse und -entscheidungen. Sie schließen auch alle alternativen Versorgungs- und Bedürfnisbefriedigungsformen jenseits des Kaufaktes und des Marktes ein. Konsumentscheidungen und -prozesse können demnach in marktlichen oder in außermarktlichen Bereichen stattfinden, wobei beide in der Praxis eng verwoben sind (vgl. Abbildung 1 unten).

Mit marktlichen Bereichen des Konsums verstehen wir hier den Tausch von Ressourcen auf kapitalistisch organisierten Märkten gegen Geld und unter Wettbewerbsbedingungen (Nessel 2016, Kap. 2). Um Güter und Dienstleistungen auf derartigen Märkten nachzufragen, bedarf es *Geld*. Die Fragen, wie Geld erworben und vor allem wie und mit welchen Zielen es verwendet wird (z. B. für den eigenen Konsum, für Geschenke oder zur „Disziplinierung" anderer; Kraemer et al. 2017), ist daher zentral zur Analyse eines marktvermittelnden Ressourcentausches. Insbesondere für den marktvermittelten Konsum sind daher die bisher in der Verbraucherforschung kaum berücksichtigten Fragen nach dem *Gelderwerb* und der *Geldverwendung* zu berücksichtigen. Da diese Fragen allerdings eng mit der Stellung der Konsumierenden in der Erwerbssphäre und in Haushalten verknüpft sind, muss eine umfassende Verbraucherforschung auch diesen Zusammenhang berücksichtigen (Fridrich et al. 2017; Kollmann 2012; Piorkowsky 2012).

Dementsprechend beinhalten außermarktliche Konsumphänomene alle Austauschprozesse, in denen Ressourcen *nicht* oder nur *eingeschränkt* durch den Geldnexus oder durch den Wettbewerb zwischen einzelnen Produzierenden und Konsumierenden vermittelt werden. Beispiele für diese außermarktlichen Bereiche des Konsums beinhalten z. B. Tauschringe, sog. time banks oder lokale Geldsysteme wie das britische LETS (local exchange trading system). Außermarktliche Konsumprozesse umfassen darüber hinaus die (individuelle und kollektive) *Herstellung* von Konsumgütern (bzw. die Übernahme von Teilprozessen), deren Nutzung sowie Abläufe nach der Nutzung. Beispiele hierfür sind Do-it-yourself (DIY), 3-D-Printing, die Reparatur von Konsumgütern, der Gemeinschaftskonsum, Entledigungs- bzw. Weitergabeprozesse aber auch der Konsumverzicht oder Suffizienzstrategien. Hinzuweisen ist allerdings darauf, dass die genannte Unterscheidung zwischen marktlichen und außermarktlichen Konsumbereichen und -prozessen immer nur eine analytische sein kann, da marktliche und außermarktliche Bereiche in der Praxis häufig eng verwoben sind, wie z. B. die Phänomene Prosuming oder Sharing zeigen.[1]

Was einige Autoren als analytische Herangehensweise zur Erforschung marktvermittelter Konsumprozesse vorgeschlagen haben (z. B. Wiswede 2000), kann auch für außermarktliche Gegenstände der Verbraucherforschung im Bereich Konsum fruchtbar gemacht werden: Ein breites Verständnis von Konsum umfasst demnach alle den marktlichen *und* außermarktlichen Konsum- bzw. Nicht-Konsumakten und -motiven vorgelagerten psychologischen und sozialen Prozesse, wie Bedürfnisentstehung, -formierung und -befriedigung sowie alle sozialen Kontexte (Haushalt, Erwerbssphäre, kulturelle Normen und Werte, politische Rahmenbedingungen

---

1 Vgl. zum Konzept und zur Begriffsbildung von Konsum und Produktion sowie deren Verschränkung am Beispiel des Prosumings Piorkowsky in diesem Band.

u. v. a. m.), die diese beeinflussen. Die Unterscheidung zwischen *Bedürfnis* als psychologisch-physiologische Größe sowie *Bedarf* und *Nachfrage* als ökonomisch relevante Größen macht deutlich, dass Bedürfnisbefriedigung auch durch Strategien und Lösungen abseits von Marktangeboten praktiziert wird (siehe Abbildung 1). Dies schließt die damit verbundenen nachgelagerten Prozesse des Konsums sowie die erwünschten und unerwünschten Konsumfolgen ein (vgl. Unterpunkt vier). Konsumwirksam sind Entscheidungen nämlich auch dann, wenn Alternativen für Bedürfnisbefriedigungen abseits von marktvermittelten Beschaffungsformen gefunden werden. Darauf verweisen die aktuell vermehrt anzutreffenden und neuen „Konsum- und Herstellungsformen" wie das DIY, das Prosuming, das Sharing oder auch die Reparatur von Konsumgütern.[2]

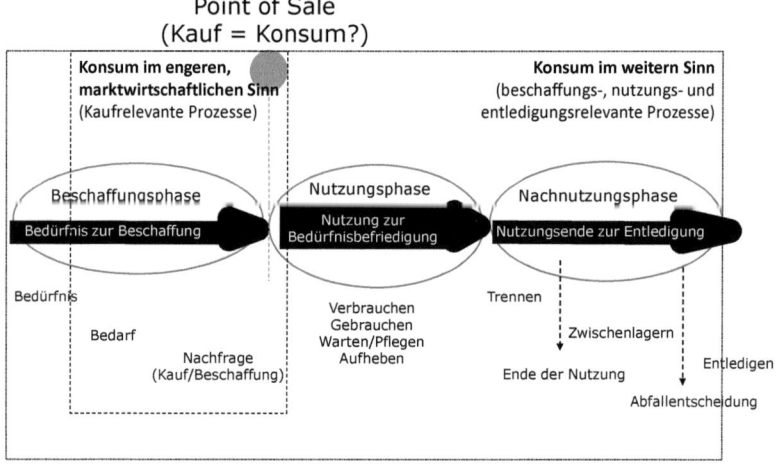

Abb. 1   Handlungskette des Konsums (Quelle: Hübner 2001, modifizert)

---

2   Zu berücksichtigen gilt, dass in einigen Fällen zwar die Begrifflichkeiten der beschriebenen Phänomene neu sind, die Art der außermarktlichen Tätigkeiten aber schon länger besteht. Die Digitalisierung hat jedoch maßgeblich dazu beigetragen, bestimmte Formen des Konsums populär zu machen und neue Zielgruppen zu erreichen. Zu berücksichtigen sind weiters nicht nur Vermarktlichungs- oder Entmarktlichungstendenzen, sondern auch das Wechselspiel von Ent- und Vermarktlichung (Kraemer und Nessel 2011).

1.2 Konsumrelevante Akteursgruppen als Gegenstand der Verbraucherforschung

1.2.1 Verbraucher und Verbraucherinnen

Gegenstand jeglicher Verbraucherforschung ist jedenfalls der Verbraucher und die Verbraucherin. Jeder Art von Verbraucherforschung liegt ein spezifisches Verbraucherbild zugrunde, das jedoch nicht immer explizit dargestellt, sondern häufig implizit vorausgesetzt wird. Verbraucherbilder sind zu trennen von Verbraucherleitbildern, die weniger die Wirklichkeit beschreiben, sondern für bestimmte Zwecke, bspw. rechtlicher oder politischer Natur, entwickelt werden. Unterschieden werden muss daher primär zwischen einem Verbraucherbild, das ist die Annahme, wie Konsumierende agieren (egal ob dies tatsächlich der empirischen Wirklichkeit entspricht oder nicht) und einem politischen Verbraucher*leitbild*, das eine idealtypische Beschreibung dessen darstellt, wie Konsumierende sich verhalten *sollen*. Diese Vorstellungen geben letztlich „die Intensität und Richtung vor, nach der der Markt durch den Staat reguliert werden muss" (Schwan 2009, S. 54).

Je nach Einschätzung der Situation müssen Konsumentinnen und Konsumenten z. B. rechtlich stärker geschützt werden, weil sie als schwach und verletzlich gelten – das dominierende Bild in den 1970er und 1980er Jahren. Oder sie gelten als rational und mündig und sollten nach entsprechender „Aufklärung" und „Information" selbst die für sie günstigsten Entscheidungen treffen. Dies entspricht dem vorherrschenden Bild des homo oeconomicus seit den 1990er Jahren, das der Vorstellung von Konsumentensouveränität nach Adam Smith entspricht. Auf beiden Leitbildern baute auch die deutschsprachige Verbraucherpolitik auf und wandelte sich im Laufe der Zeit entsprechend von einer umfassenden Schutzpolitik hin zu einer im Hintergrund agierenden marktregulierenden Politik. Gerade die neuesten Ergebnisse der empirisch ausgerichteten Verhaltensökonomie rufen jedoch Zweifel am Idealbild des homo oeconomicus hervor (vgl. Abschnitt zwei). Das Bild des mündigen, wohlinformierten und rationalen Verbrauchers ist eben ein Idealbild und kein Realbild und darf daher nicht mit der Wirklichkeit verwechselt werden (Strünck 2010, S. 9 f.); denn in der Praxis verhalten sich die meisten Konsumentinnen und Konsumenten eher wie „vertrauende Verbraucher" (ebd.). Dementsprechend wurden in jüngster Zeit auch einige Vorschläge zu einem stärker ausdifferenzierten Verbraucherbild und -leitbild gemacht. Genauer unterschieden werden bspw. die Konzeptionen der Konsumierenden als „schutzbedürftig, vertrauend oder verantwortungsvoll" (Micklitz et al. 2010) bzw. die Frage nach dem durchschnittlichen, so genannten „normalen" Verbraucher (Bala und Müller 2015).

1.2.2   Konsumrelevante Akteursgruppen

Wie zahlreiche (wirtschafts)soziologische Studien gezeigt haben, werden Handlungs-motive und konkrete Handlungen von Konsumierenden durch ihr soziales Umfeld (mit-)beeinflusst (soziale Einbettung; vgl. als Überblick u. a. Nessel 2016, Kap. 2). Neben der kulturellen, strukturellen oder politischen Einbettung sind Gegenstand der Verbraucherforschung *konsumrelevante Akteursgruppen*. Diese können zuerst genauer in eher ökonomisch oder eher politisch konsumrelevante Akteursgruppen unterschieden werden. Zu ersteren gehören neben Klein-, Mittel-, und Großun-ternehmen und nicht gewerblich ausgerichteten (Sozialverbände und -anbieter etc.) „Unternehmungen" aber auch Wirtschafts- und Verbraucherverbände sowie Gewerkschaften, zu zweiteren Institutionen der Verbraucherpolitik wie Ministerien, Norm- und Aufsichtsbehörden aber auch bildungs- und nachhaltigkeitsrelevante Akteure wie NGOs sowie alle Arten von politischen Interessenorganisationen (und wiederum Verbraucherorganisationen, Wirtschaftsverbände, Gewerkschaften u. v. a. m.). Schließlich sind Haushalte, Peer-Groups, Markengemeinschaften, Vereine u. a. eine dritte Gruppe konsumrelevanter Akteursgruppen, die eher dem sozialen Nahumfeld von Konsumentinnen und Konsumenten zugeordnet werden können.

In Bezug auf konsumrelevante Akteursgruppen ist festzuhalten, dass sie die Handlungsmotivationen und Handlungen von Konsumentinnen und Konsumenten beeinflussen können (Nessel 2017a, 2017b). Dies entweder durch die Bereitstellung oder Vermittlung von (zeitlichen, finanziellen, moralischen, sozialen usf.) Ressour cen („Selbstermächtigung") oder durch die tendenzielle Schließung bestimmter Konsumintentionen und -optionen („Einschränkung, Manipulation"). Eine breit verstandene Verbraucherforschung sollte in jedem Fall die Mannigfaltigkeit des sozialen Kontextes einbeziehen, um die soziale Einbettung von Konsumentinnen und Konsumenten zu erfassen. Nur so kann auch das Spannungsfeld der Konsu-mierenden zwischen „Manipulation und Souveränität" (Hitzler und Pfadenhauer 2006) sowohl in der Alltagswirklichkeit der Akteure als auch in der theoretischen Debatte genauer analysiert werden.

1.3   Folgen von Konsum- und Nichtkonsum-Handlungen

Als *Folgen von Konsumhandlungen bzw. Nicht-Handlungen* sind die Auswirkungen des Konsums auf die „eigene Identität" sowie auf Haushalte, soziale „Nachbarschaf-ten" („peer groups"), die Gesellschaft als Ganzer, die natürliche Umwelt sowie auf einzelne Märkte oder ganze Volkswirtschaften angesprochen. Ganz allgemein haben sowohl Konsum- als auch Nicht-Konsumentscheidungen soziale, ökologische und ökonomische Folgewirkungen, die Gegenstand von Forschung in verschiedensten

Bereichen sind (wie bspw. Inklusionsforschung, Abfallwirtschafts- und Nachhaltigkeitsforschung, Natur- und Technikwissenschaften, Klimaforschung). Durch die Materialität von Konsumgütern und deren mannigfaltige Diversifikation in der Produktpalette wird durch Konsumakte mit der sozialen Umwelt „kommuniziert". In der (westlichen) Konsumgesellschaft kann der Besitz und die Nutzung von Gütern als Merkmal der *Identität* dienen. Durch die Art der Aneignung und Nutzung nehmen Menschen bewusst oder unbewusst eine „Stellung" in der Gesellschaft ein (Bourdieu 1982). Durch eine solche soziale Verortung können Inklusionseffekte oder auch *Distinktionen* zu anderen sozialen Gruppen entstehen. Gerade (aber nicht nur) bei jungen Menschen ist die soziale Zugehörigkeit zu bestimmten sozialen Gruppen ein wichtiger Aspekt, der sich u.a. durch eine entsprechende Aneignung und Nutzung von Konsumgütern ausgedrückt. So wird z.B. die Nutzung von „Marken als Lifestyle-Codes" (Ermann 2007, S. 341) bereits in jungen Jahren von Kindern perzipiert und sozial interpretiert, während andere sich mit „Basisausstattungen" begnügen müssen. Unterschiedliche Konsummöglichkeiten stehen in engem Kontext zu unterschiedlichen Lebenswelten, die durch Konsum mitgestaltet und geprägt werden. Aber auch die bewusste Abgrenzung von der „Konsumgesellschaft" durch expliziten Nicht-Konsum ist ein Ziel von sozialer Verortung und Zugehörigkeit. Dieses Ziel versuchen Konsumentinnen und Konsumenten z.B. dadurch umzusetzen, indem sie bestimmte Güter und Dienstleistungen aus „ethischen" Gründen meiden oder bewusst kaufen (Boykott oder Buykott, Nessel 2012b), sie unentgeltlich tauschen oder in Eigenproduktion herstellen. Und „dieses Handeln hat politischen Charakter, wenn aus ethischen Motiven heraus angestrebt wird, zu Gunsten von Mensch und Umwelt gesellschaftliche Wandlungsprozesse in Gang zu bringen" (Yang und Baringhorst 2014, S. 399).

Neben dem politischen und dem Identitätsaspekt hat Konsum auch einen *hedonistischen Aspekt* (vgl. auch Hellmann in diesem Band). Gerade die Werbung setzt darauf, Produkte mit Gefühlen und bestimmten Emotionen wie bspw. Freiheit, Geborgenheit oder Freude gleichzusetzen. Durch diesen Erlebnischarakter, der durch den Kauf von Gütern vermittelt werden soll, werden auch Wertvorstellungen einer Gesellschaft bzw. einer sozialen Gruppe produziert und aufrechterhalten (vgl. auch Klingler in diesem Band). Durch die vermeintlich leichte Aneignung von positiven Lebensgefühlen durch das Kaufen von Dingen und durch die permanente Verfügbarkeit von Waren aller Art zu jeder Zeit – ermöglicht durch Globalisierung und Digitalisierung – hat sich die westliche Gesellschaft in den letzten Jahrzehnten beschleunigt und die Fokussierung auf materielle Güter als Ausdruck der individuellen Persönlichkeit zugenommen (Rosa 2009). Die *Beschleunigung* durchdringt viele Lebensbereiche – beginnend mit der Zunahme des Stresses während der Arbeitszeit, die verkürzt erlebte Freizeit und das beschleunigte Konsumieren.

Kaufen erzeugt dabei zum einen (kurzfristige) Glücksgefühle und bedient damit einen hedonistischen Aspekt, zum anderen kann durch die gekauften Güter auch ein bestimmtes Prestige ausgedrückt werden, ohne die Produkte tatsächlich genutzt zu haben – z. B. vermittelt die zu Hause ausgestellte Sammlung klassischer Literatur einen bestimmten Habitus (Bourdieu 1982), wodurch wiederum Distinktion und damit zugleich soziale Exklusion bekräftigt wird.

Die Beschleunigung spiegelt sich auch auf Seiten der Produktion wider, die wiederum mit Konsum zusammenhängt und dadurch auch Folge von Konsumprozessen ist. Durch ökonomische Globalisierung und über globale Warenketten führt die Auslagerung der Produktion in „Billiglohnländer" mit häufig niedrigeren Arbeits- und Sozialstandards zu günstig verfügbaren Waren im globalen Norden, häufig aber auch zu Ausbeutung von Mensch und Natur in den „Produktionsländern": unzumutbare Arbeitsbedingungen wie unbezahlte Überstunden, mangelnde Arbeitssicherheit, niedrige Entlohnung, Verschmutzung bis hin zur Zerstörung lokaler Lebensgrundlagen (Wasser, Boden, Smog) etc. sind die Folge. Die Externalisierung dieser negativen Konsumfolgen für viele Bevölkerungsgruppen in den Produktionsländern (u. a. Lessenich 2016) als Folge dominierender westlicher Konsummuster macht es zunehmend erforderlich, diese auch innerhalb der Verbraucherforschung kritisch zu hinterfragen.

Herstellung, Nutzung und Entsorgung von materiellen Gütern ist immer auch mit Naturverbrauch (Ressourcen, Energie, Flachen, Infrastruktur) verknüpft. Die hierdurch ausgelösten negativen ökologischen und gesamtgesellschaftlichen Folgewirkungen (Beschleunigungsdynamik) sind u. a. Ergebnis der Externalisierung von Kosten und der bis heute billigen fossilen Energiequellen, die den „Weg in die Konsumgesellschaft" erst ermöglicht haben (Pfister 1995). Diese Erkenntnisse sind nicht neu und verschiedenste Kennziffern (bspw. ökologischer Fußabdruck, Energiebedarf, CO_2-Emissionen, Bodenversiegelung) zeigen, dass diese ökologischen Konsumfolgen weiterhin zunehmen, obwohl die Grenzen der planetarischen Tragfähigkeit erreicht bzw. bereits überschritten sind (Rockström et al. 2009). Eine multiperspektivische Verbraucherforschung, wie wir sie hier entfalten, sollte daher zukunftsorientiert sein und auch Strategien, Methoden und Konzepte zur Veränderung dieser Konsummuster in den Blick nehmen.

1.4   Praktische und politische Implikationen der Verbraucherforschung

Verbraucherforschung hat häufig auch politische Implikationen. Beabsichtigt sind ihre Implikationen immer dann, wenn Verbraucherforschung ihre Erkenntnisse in politische Handlungsempfehlungen überführt, was z. B. ein zentrales Ziel vieler im nächsten Abschnitt behandelter verhaltenswissenschaftlicher Ansätze ist. Doch auch wenn diese Absicht nicht direkt geäußert wird, können Erkenntnisse über einen Phänomenbereich auch die (politische und wissenschaftliche) Art und Weise des Denkens darüber (mit)beeinflussen, und zwar nicht nur in der Wissenschaft oder der Politik, sondern auch im Alltag. In diesem Sinne ist es aus unserer Sicht unumgänglich, dass sich Verbraucherforschung dieses Sachverhalts methodisch und wissenschaftstheoretisch bewusst ist bzw. wird.

Wie die empirisch vorfindbare Konsumpraxis aufgegriffen oder idealtypisch z. B. durch Leitbilder beschrieben wird, kann sich einerseits auf die Denk- und Handlungsweise der Konsumierenden selbst auswirken. So wurden z. B. ausgehend von klassischen Studien (z. B. Marwell und Ames 1981) die Effekte der neoklassischen ökonomischen Theorie mit ihrem Leitbild des homo oeconomicus auf das Verhalten untersucht. Ein Ergebnis war, dass gerade (orthodoxe) Ökonomie-Studierende in experimentellen Entscheidungssituationen stärker als andere diesem Leitbild folgten, ihre Kooperationsbereitschaft sowie ihre Beitragsbereitschaft zu Kollektivgütern geringer als diejenige anderer Vergleichsgruppen ist und sie stärker „selbst interessiert" handeln (vgl. Hellmich 2012). Andererseits kann sich die Theoriebildung auch auf politische Entscheidungsträger auswirken. Ein solcher Wirkungszusammenhang zwischen Forschung und Politik kann u. a. am Beispiel der deutschen Verbraucherpolitik verdeutlicht werden. So wurde die deutsche Verbraucherpolitik insbesondere in den 1950er und 1960er Jahren massiv durch die theoretischen Annahmen der „Freiburger Schule" angeleitet und gerechtfertigt; später dann durch einige Annahmen der Neuen Institutionenökonomie (Nessel 2016, Kap. 3). Heute finden sich ähnliche Tendenzen der wissenschaftlichen Beeinflussung der Verbraucherpolitik in Deutschland durch die „Verhaltenswissenschaft" (vgl. Kap. 2). Theoretische Überlegungen finden über die Politik auch Eingang in die Handlungsweisen von intermediären Institutionen und Organisationen – so nehmen gegenwärtig politisch motivierte Ausschreibungen zur Verbraucherpolitik immer auch Bezug auf das Konzept der Nachhaltigkeit. Wissenschaftliche Theorien und gesellschaftliche Leitideen können Einfluss sowohl auf individuelle Konsumierende, auf Intermediäre wie NGOs oder auf politische Entscheidungsträger haben. Dies gilt es zu bedenken, wenn es um die Wirkungen der praktischen und politischen Implikationen der Verbraucherforschung geht.

Um diese eben beschriebenen Implikationen deutlich zu machen, wird im Folgenden kurz auf die Rolle bzw. die Wirkung von Verbraucher(leit)bildern in der Verbraucherforschung sowie als Instrument der Politikgestaltung eingegangen. Wie bereits erwähnt (Kapitel 1.1), muss primär zwischen einem Verbraucherbild und einem politischen Verbraucher*leitbild* unterschieden werden. Ziel eines modernen

Verbraucherleitbilds kann es sein, idealtypisch mündige, reflektierte *und* emanzipierte Konsumierende zu fördern, zugleich aber auch ihre Verantwortung für Andere und die Umwelt sowie ihre Schutzbedürftigkeit im Blick zu behalten. Es ist bisher allerdings häufig eine Frage der Interessenlage, wie dies erreicht werden soll. Das hängt auch damit zusammen, welche Ziele Verbraucherpolitik verfolgen *soll*. Möchte Verbraucherpolitik „nur" Konsumentinnen und Konsumenten vor Übervorteilung am Markt schützen, dann bezieht sie sich vor allem auf die Rechtspolitik und auf Rechtsmittel. Sie zielt dabei auf eine Stärkung der Verbrauchenden in Marktsituationen ab. Verfolgt Verbraucherpolitik jedoch eine umfassende gesellschaftspolitische Zielsetzung, um im Sinne einer sozial-ökologischen Transformation Gesellschaft zu verändern, erfordert dies ein Verbraucherleitbild, das Konsumierende in ihrem lebensweltlichen Alltag und ihrer Rollenvielfalt als Bürger, Haushaltsangehörige, Erwerbstätige etc. begreift. Dies korreliert im Bereich der Bildung und Didaktik mit dem so genannten „praktischen Vermittlungsinteresse", im Zuge dessen differenzierte Fragestellungen bearbeitet werden, wobei grundlegende Wertvorstellungen von außen vorgegeben werden (Vielhaber 1999, S. 14 ff.). Die Rahmenbedingungen der gegebenen Ausprägung von Marktwirtschaften bestimmen demnach, welche „Bewährungs- und Bewältigungsszenarien" (ebd., S. 15) für junge Menschen zu entwickeln und umzusetzen sind.

Darüber hinaus sollte ein adäquates auf der Empirie aufbauendes Verbraucher*leitbild* auch geeignet sein, um Konzepte zur Beeinflussung des Verbraucherverhaltens im Sinne eines emanzipatorischen Ansatzes zu entwickeln bzw. zwischen Normativität und Manipulation kritisch zu reflektieren, was ein grundlegendes Ziel der Nachhaltigkeitsforschung und der Bildung für eine nachhaltige Entwicklung ist (Hübner 2017; vgl. Kap. 3). Für die Bildung generell bedeutet dies, dass nicht mehr nur innerhalb der vorgefundenen Rahmenbedingungen gedacht und gehandelt werden darf, sondern dass auch diese Rahmungen sowie deren Auswirkungen reflektiert und kritisiert werden sollen. In diesem „kritischen Vermittlungsinteresse" kommt es vor allem auf die Reflexion gesellschaftlich produzierter Widersprüche an. Beispiele für derart im Unterricht lohnende Fragestellungen wären: Warum ist ein Kilo der weit gereisten Bananen billiger als die gleiche Menge österreichischer Äpfel? Inwiefern beeinflusst der Hyperkonsum im globalen Norden die Lebensbedingungen von Millionen Menschen im globalen Süden (Vielhaber 1999, S. 17 ff.). Ein solches zukunftsorientiertes Verbraucherleitbild braucht daher beides: Realitätsnähe und Wirkmächtigkeit. Diese Anforderungen kann eigentlich nur ein kombiniertes Handlungs- und Entwicklungsmodell bieten (vgl. Siebenhüner 2001, S. 294 f.), das geeignet ist, Prozess- und Ziel- bzw. Orientierungsdimensionen zu integrieren. Also ein Modell, das den Menschen mit seinem Änderungs- und Entwicklungspotenzial in Bezug auf das Verbraucherverhalten abbildet und das gleichermaßen auch dessen Fähigkeit antizipiert, zu einer gesamtgesellschaftlichen Entwicklung beizutragen.

Wie die vorangegangenen Ausführungen zeigen sollten, kann sich Verbraucherforschung auf eine generelle Konzeption von Konsum, seine Voraussetzungen und Einflussfaktoren, auf konsumrelevante Akteursgruppen, auf Konsumfolgen sowie auf Aspekte zur (politischen und praktischen) Beeinflussung des Konsums und Nicht-Konsums beziehen. Die Schnittmenge dieser vier Dimensionen bildet zugleich unseren Ausgangspunkt für die hier entfaltete multiperspektivische Verbraucherforschung. Wie sich aktuelle Ansätze diesen Dimensionen widmen, diskutieren wir im nächsten Abschnitt exemplarisch an der Verhaltensforschung und der Praxistheorie.

2   Mögliche Ansätze einer multiperspektivischen Verbraucherforschung: Verhaltensforschung und Praxistheorie

In diesem Abschnitt besprechen wir zwei Ansätze, die in verschiedenen Disziplinen zur Untersuchung von Konsumprozessen angewendet werden: die Verhaltensforschung und die Praxistheorie. Aufgrund ihrer aktuellen multidisziplinären Anwendung scheinen sich beide Perspektiven als theoretischer Ausgangspunkt für eine multiperspektivische Verbraucherforschung anzubieten. Wir skizzieren daher zuerst die zentralen Grundlagen der einzelnen Theorieansätze und machen anschließend ihre Anschlussfähigkeit für eine breit verstandene Verbraucherforschung deutlich.

2.1   Verhaltenswissenschaftliche Ansätze der Verbraucherforschung

Kein Zweifel: Verhaltenswissenschaftliche Ansätze stellen momentan ein zentrales Paradigma der Verbraucherforschung dar. Dies zeigt sich neben zahlreichen Veröffentlichungen und ihrer wissenschaftlichen Rezeption[3] vor allem am Einfluss

---

3   So hat z. B. das Journal of Consumer Policy erst jüngst fünf „Meilensteinartikel" in seinem Journal ausgewiesen, von denen einer aus dem Bereich der Verhaltenswissenschaft (Sunstein 2014) kommt und ein anderer diese Forschungsrichtung (auch kritisch) diskutiert (Öhlander und Thorgersen 2014). Und auch der jüngste Schwerpunkt des DIW widmet sich dezidiert dieser Forschungsrichtung mit Blick auf die Verbraucherpolitik.

dieser Ansätze auf die Verbraucherpolitik. In den USA, Australien, Großbritannien, der Europäischen Union oder auch in internationalen Organisationen wie der OECD wurden bereits erste verhaltenswissenschaftliche Beratungsgremien für die Verbraucherpolitik einberufen (Reisch und Sandrini 2015, Kap. 3). Die wissenschaftliche und politische Attraktivität dieses Paradigmas ist auf den ersten Blick nachvollziehbar: Auf empirischer Grundlage sollen die Ergebnisse dieser Forschungsrichtung eine „realitätsnahe" Fundierung der Verbraucherpolitik ermöglichen, ohne die Entscheidungsfreiheit Einzelner durch eine als paternalistisch verstandene rechtliche Regulierung zu „beeinträchtigen" („libertarian paternalism", z. B. Sunstein und Thaler 2003).

Ausgangspunkt verhaltenswissenschaftlicher Ansätze ist die Beobachtung, dass Handlungen[4] in der Realität vielfach von den idealtypischen Annahmen des homo oeconomicus Modells[5] abweichen. Dass Menschen in ihren alltäglichen Handlungen vielfach hiervon abweichen, wird u. a. auf folgende „Verhaltenstendenzen" zurückgeführt (kurz: Reisch und Sandrini 2015, S. 26-28): (1) „Trägheit, Prokrastination und Gegenwartstendenz". In diesem Bereich wurde z. B. konstatiert, dass Menschen dazu neigen, „bei einem Verhalten oder Produkt zu bleiben, auch wenn der Aufwand eines Wechsels gering und der Nutzen groß ist" (ebd., S. 26) oder dass Menschen die „langfristigen Kosten" von Handlungen nicht berücksichtigen bzw. geringer als „kurzfristige" bewerten (z. B. bei „gesundheitsschädlichem" Konsum wie von Alkohol oder Tabak). (2) „Framing und Präsentation". In diesem Bereich wird angeführt, dass die Darstellung von Informationen eine Handlungsentscheidung beeinflusst („auffällige" und leichtverständliche werden eher wahrgenommen als „abstrakte" Informationen). Reisch und Sandrini nennen in diesem Bereich auch die bereits von Kahnemann und Tversky untersuchte „Verlustaversion", die sich dadurch ausdrückt, dass Akteure potentielle (ökonomische) Verluste höher gewichten als potentielle Gewinne. (3) „Fehleinschätzungen von Wahrscheinlichkeiten". Damit ist gemeint, dass durch die potentielle Unsicherheit der Zukunft (Kontingenz), durch die kognitive menschliche Beschränktheit („bounded rationality") sowie durch den Einfluss sozialer Erfahrungen Handlungen beeinflusst werden: „Die Eintrittswahrscheinlichkeit eines Ereignisses wird deutlich höher eingeschätzt, wenn es (irgendwo) kürzlich eingetroffen und damit salient ist" (ebd., S. 28).

---

4   Wir ziehen den Begriff Handlung dem in den Verhaltenswissenschaften gängigen Begriff der Verhaltens*entscheidung* vor, da letzterer suggeriert, dass menschliches Handeln stets auf Grundlage einer (rationalen) Entscheidung basiert.

5   Bekanntlich geht dieses Modell von einen idealtypischen Akteur aus, der in allen Handlungssituationen u. a. über alle „relevanten" Informationen verfügt, diese in Sekundenbruchteilen verarbeiten und mögliche Folgen einer Handlung probabilistisch einschätzen kann sowie rein individuell ohne sozialen Kontext bzw. Einfluss entscheidet.

(4) „Wirkung sozialer Einflüsse und Normen". In diesem Bereich wird eine zentrale Einsicht der Soziologie angeführt, nämlich dass soziale Normen und der Einfluss sozialer Gruppen individuelle Handlungen (mit)beeinflussen. Ausgehend von diesen Verhaltenstendenzen begründen die Verhaltenswissenschaften ihr Bild der Konsumentin und des Konsumenten: Nicht mehr das des homo oeconomicus, sondern dasjenige des „homo sapiens" (Thaler und Sunstein 2008) oder des "realen Menschen" („real man", Tolls et al. 1998) wird zur Analyse von Konsumprozessen als Ausgangspunkt gewählt. Sie haben einen breiten Rahmen ausgearbeitet, um das empirisch vorfindbare, alltägliche Handeln von Konsumentinnen und Konsumenten genauer verstehen zu können. Sie greifen hierzu zentrale Erkenntnisse der Soziologie und der Psychologie auf und können so besser als rein ökonomistische Ansätze die Handlungsmotivationen und die Handlungen von Konsumentinnen und Konsumenten nachvollziehen, da sie den Einfluss sozialer Kontexte auf Handlungen („Framing", „Situationskontext" etc.), die Bedeutung von Routinen sowie einige psychologische menschliche „Eigenheiten" (u. a. „bounded rationality", „Verlustaversion") einbeziehen.

Ausgehend von diesem breiteren Verständnis menschlicher Handlungen und Handlungsmotiven wird der Anspruch erhoben, theoretisch nicht mehr nur den idealtypischen Annahmen des homo oeconomicus Modells zu folgen, sondern von einem realitäts*näheren* Modell des Konsumenten und der Konsumentin auszugehen. In den Verhaltenswissenschaften ist der Faktor des menschlichen Bias essenziell, d. h. Menschen agieren nach Heuristiken und anhand ihrer eigenen Erfahrungen. Diese Handlungen entsprechen jedoch in den meisten Fällen keinen idealen Entscheidungen im Sinne des homo oeconomicus. Diese „biases" von Konsum- und Nicht-Konsumentscheidungen „verzerren" vielmehr die idealtypisch unterstellten Handlungsergebnisse, so die These. Damit erkennen die Verhaltenswissenschaften den „homo oeconomicus" implizit als gesellschaftlichen „Idealtyp" an („homo behavioralis"; vgl. Frerichs 2010), der sich von dem empirisch erhobenen „Realtyp" („homo sapiens"; „real man") unterscheidet. Theoretisch wird dieser Umstand jedoch nicht reflektiert. Denn nur so ist auch der davon abgeleitete *verbraucherpolitische Anspruch* zu erklären, Menschen zu „perfekten" oder zumindest „besseren" Entscheidungen im Sinne einer ökonomischen Rationalität zu bringen. So heißt es exemplarisch bei Sunstein und Thaler (2003, S. 1163, eigene Hervorhebung) in einem der meistzitierten Artikel dieser Forschungsrichtung: „So long as people are not choosing *perfectly*, it is at least possible that some policy could make them better off by *improving their decisions*." Oder an anderer Stelle (ebd., S. 1162, eigene Hervorhebung): „Drawing on some well-established findings in behavioral economics and cognitive psychology, we emphasize the possibility that in some cases individuals make *inferior decisions* in terms of their own welfare – *decisions that* *they would change* if they had *complete information, unlimited cognitive abilities,* and *no lack of self-control."*

Das Charakteristische an verhaltenswissenschaftlichen Ansätzen hinsichtlich ihres Konsumentenleitbilds ist demnach, dass eine Idealwelt bzw. ein Idealtypus unterstellt werden, von denen aus dann (1) „abweichende" menschliche Verhaltensweisen analysiert und (2) Politikempfehlungen zur „Behebung" dieser Abweichungen propagiert werden. Diese Idealwelt bzw. dieser Idealtypus des Konsumenten und der Konsumentin reifizieren (ungewollt) das Leitbild des homo oeconomicus (vgl. kritisch Etzioni 2010; Frerichs 2010; am Beispiel „behavioral finance" Nessel 2012a). Denn die oben genannten Einflussfaktoren verhinderten, so die grundlegende Annahme, die „perfekten" Handlungen und Handlungsergebnisse von Akteuren im Sinne des homo oeconomicus – oder, wie Sunstein und Thaler schrieben, *„inferior"* *„decisions that they [consumers] would change".* Menschen *könnten* aber, und das ist die politische Komponente, „bessere" (finanzielle, gesundheitliche, ökologische etc.) Entscheidungen treffen, wenn die genannten Verhaltenstendenzen *politisch* entweder durch kluge Arrangements des situativen Handlungskontextes („choice architecture") verändert oder aber Menschen die „richtigen" Informationen bereitgestellt oder „bewusst" gemacht würden.

Die politischen Maßnahmen einer verhaltensbasierten Regulierung werden als *nudges* („Stupser") bezeichnet. Nudges sind Verhaltensanreize, die Akteure zu einem gewünschten Handeln bringen sollen, indem der Kontext einer Handlungssituation derart verändert wird, dass die angesprochenen Verhaltenstendenzen angegangen werden. So sollen Handlungsentscheidungen und -ergebnisse besser dem „well-being" (s. o.) der Konsumierenden dienen. Sunstein (2014) und Reisch und Sunstein (2017) haben die aus Sicht der Verhaltenswissenschaft zehn „wirksamsten" Typen von nudges in konziser Form zusammengefasst. Um die Bedeutung von nudges und ihre Anwendung zu verdeutlichen, sei exemplarisch auf „default Regeln" und auf die nudges "Vereinfachung" sowie „Offenlegung von Informationen" verwiesen. Ersteres meint, dass durch gewisse Voreinstellung („defaults") Handlungen verändert werden können. Beispiele sind das „Einsparen von Druckpapier durch voreingestelltes doppelseitiges Drucken" (Reisch und Sunstein 2017, S. 354) und die automatische Zustimmung von Menschen zu Organspenden oder zu Sparplänen („opt-out", d. h. aktive Ablehnung im Gegensatz zur aktiven Zustimmung, d. h. „opt-in"). Zweiteres meint, dass die Komplexität von Handlungsentscheidungen z. B. durch „vereinfachte Ernährungsinformationen" oder der „Offenlegung von Kosten pro Einheit der Nutzung", z. B. bei Waschmaschinen oder Druckern, reduziert wird. Hierdurch, so die Annahme, würden Konsumentinnen und Konsumenten diejenigen Informationen bereit gestellt, die zu „besseren" oder zumindest bewussteren Entscheidungen führen (ebd.).

Wie Reisch und Sunstein selbst feststellen (2017, S. 358), haben acht der zehn „wichtigsten" nudges mit „verständlicherer, wirksamerer und gut plazierter Information zu tun". Verbraucherinformationen und verbraucherpolitische Botschaften sollen insgesamt „easy, attractive, social" und „timely" sein (ebd., S. 355 f.). Das politische Programm der Verhaltenswissenschaften setzt damit weiterhin auf das Informationsparadigma als zentrales Steuerungselement der Verbraucherpolitik und auf den mündigen Konsumenten bzw. die mündige Konsumentin als Idealbild, wenngleich in etwas abgeänderter Form.

Vor diesem Hintergrund ist die formulierte Hoffnung, dass viele „nudges – beispielsweise Vereinfachungen – gerade Menschen mit knappen materiellen oder zeitlichen Ressourcen sowie weniger Konsumerfahrung und Bildung erst in die Lage [versetzen würden] sich bewusst und informiert zu entscheiden" (ebd., S. 358) antiquiert und theoretisch inkonsistent. Verbraucherpolitisch antiquiert vor allem deswegen, da die neuere Diskussion um die Mannigfaltigkeit von Konsumentenleitbilder und -lagen (verantwortungsvoll, vertrauend, verletzlich etc.) gerade nicht mehr vom mündigen Konsumierenden ausgeht, der auf Grundlage der „richtigen" Informationen bewusst und wie politisch gewünscht entscheidet (u. a. Bala und Müller 2014; Micklitz et al. 2010). Theoretisch inkonsistent, da angenommen wird, dass vor allem Informationen, wie sie in acht von zehn nudges formuliert werden, dazu beitragen würden z. B. eingespielte Konsumroutinen zu verändern. Dies hängt u. a. auch damit zusammen, dass die Verhaltenswissenschaften insgesamt ein sehr rudimentäres Verständnis der Bedeutung des sozialen Kontextes für Handlungsentscheidungen und -ergebnisse von Konsum- und Nicht-Konsumentscheidungen haben und ihnen bisher eine grundlegende Theoriekonzeption fehlt (Öhlander und Thorgersen 2014). Die Annahme, dass Konsumentinnen und Konsumenten unabhängig von sozialer Lage, Geschlecht, sozialer Herkunft oder kulturellem, sozialen und politischen Kontext Informationen in gleicher Weise aufgreifen, „bewusst" verarbeiten und daraufhin „bessere Entscheidungen" treffen würden, wird von zahlreichen empirischen Befunden sozialwissenschaftlicher Forschung widerlegt. Schließlich werden auch gesellschaftliche Machtverhältnisse, divergierende kulturelle Kontexte und soziale Lagen, Pfadabhängigkeiten und viele andere Faktoren sozialer Einbettung theoretisch nicht berücksichtigt (u. a. Etzioni 2010; Frerichs 2010; Nessel 2012).

Die genannten theoretischen Verkürzungen und Schwächen verhaltenswissenschaftlicher Ansätze setzen sich in den daraus abgeleiteten politischen Forderungen fort. Wenngleich beabsichtigt wird, das alltägliche Handeln von Menschen und ihren Handlungskontext zu beschreiben (Verbraucherbild), bleiben sowohl die theoretischen Annahmen als auch die verbraucherpolitischen Forderungen in einem *universalistischen* Modell verhaftet. *Alle* Menschen *sollen* durch die vorgeschlagenen politischen Maßnahmen in Form von nudges und durch mehr Informationen gleichermaßen an das homo oeconomicus Modell (Verbraucherleitbild) angeglichen werden. Andere Alternativen, um Konsumentinnen und Konsumenten z. B. vor finanziellen Risiken zu schützen, wie die Veränderung der *rechtlichen* Rahmenbedingungen in der Vertragsgestaltung (vgl. Lurger in diesem Band), werden dagegen nicht berücksichtigt, da sie als zu „paternalistisch" aufgefasst werden. Verbraucherpolitische Maßnahmen im Bereich der Verbraucher*bildung* (vgl. Fridrich in diesem Band) oder der *institutionellen* Stärkung der Interessen und Bedürfnisse von Konsumentinnen und Konsumenten z. B. durch Verbraucherorganisationen (Nessel 2016), durch Gewerkschaften oder durch (wie in Österreich) Kammern (Zgubic-Engleder 2011) werden völlig außer Acht gelassen.

Wie kommen Verfechter dieser Ansätze nun zu der Annahme, nicht nur das ökonomische, sondern das menschliche Verhalten in Gänze beschreiben zu können? Und wie zu der Annahme, dass und wie Konsumierende „Entscheidungen" verändern würden, wenn sie nur die „richtigen" Informationen hätten oder die „richtigen" Rahmenbedingungen vorlägen? Die zentralen empirischen Belege für die vorgetragenen Argumente über das menschliche Verhalten stammen überwiegend aus der experimentellen Forschung. Seit den Laborexperimenten von Kahnemann und Tversky wurde das methodische Instrumentarium der Verhaltensforschung zumindest ansatzweise erweitert und umfasst heute auch Feldexperimente (vgl. für Beispiele Reisch und Sandrini 2015, Kap. 1 6). Wie in allen Experimenten üblich, werden der Untersuchungsgegenstand und die Rahmenbedingungen kontrolliert festgelegt, nach dem ceteris paribus-Prinzip eine Kontextvariable verändert und die Ergebnisse dann in einer Vorher-Nachher-Untersuchung ausgewertet. Wie bereits erwähnt, steht hierbei die Untersuchung des Einflusses von nudges auf das Handeln im Vordergrund. Wir werden hier nur ein Beispiel nennen, um die methodische Herangehensweise dieser Forschungsrichtung exemplarisch zu veranschaulichen (vgl. für weitere Beispiele u. a. ebd., Kap. 6). Das erste Beispiel betrifft die Untersuchung und die beabsichtige Beeinflussung des Umweltverhaltens. Wie kann der Energieverbrauch reduziert werden, fragten sich Verhaltensforscher? Hierzu brachten sie in der Universität Roskilde in Dänemark „Klickaufkleber" an Lichtschaltern der Universität an, die darauf hinwiesen, das Licht auszuschalten, um so Strom einzusparen. Daraufhin wurde der Stromverbrauch für Licht in einem festgelegten Zeitraum gemessen – und in der Tat reduzierte sich der Energieverbrauch um 26,4 Prozent (vgl. ebd., S. 112). Dass die Verhaltenswissenschaften auf Grundlage dieser kleinteiligen und ausschnitthaften Untersuchungen häufig Empfehlungen für ein komplexes politisches Handeln ableiten, das sei hier nur kurz erwähnt.

In Bezug auf die Methoden der Verhaltenswissenschaft ist zusammenfassend festzustellen, dass vor allem Labor- und Feldexperimente angewendet werden.

Methodologisch geht mit dieser Vorgehensweise einher, dass einzig „sichtbare" Handlungen hinterfragt und analysiert werden – qualitative Studien zu den mit Verhaltensveränderungen verbundenen Emotionen oder Sichtweisen sowie Studien zu Lerneffekten oder Langfriststudien sind bisher nicht anzutreffen. Weiters werden meist Samples einer eingeschränkten Zielgruppe (oft Studierende) festgelegt, aber kein repräsentativer Bevölkerungsvergleich vorgenommen. Dabei fehlt der Beweis, ob unter Berücksichtigung verschiedener soziodemografischer Voraussetzungen (z. B. Alter, Geschlecht, Bildung) sich alle Personen ähnlich verhalten würden, wie dies in den Experimenten vorausgesetzt wird.

2.2   Praxistheoretische Ansätze der Verbraucherforschung

Soziale Praxistheorien versuchen nachzuvollziehen, *warum* und *wie* Dinge konsumiert werden (Shove 2003; Warde 2005, 2017). Dadurch soll es möglich werden, sowohl soziale Ordnung als auch sozialen Wandel besser zu verstehen.[6] Im Gegensatz zu individualistischen Theorien, die auf dem homo oeconomicus Modell basieren, versucht der Praxisansatz den vernachlässigten Einfluss gesellschaftlicher Prozesse umfassend einzubeziehen. Er analysiert hierzu die Einbettung von Konsumierenden in ihr soziales (Gesamtgesellschaft, Haushalt, Peer-Group) und ihr materielles Umfeld (Artefakte; vgl. Reckwitz 2003; Shove 2012; Warde 2005, 2017). Ein weiterer Abgrenzungspunkt von Praxistheorien im Bereich Konsum sind solche kulturwissenschaftlichen Ansätze, die sich vor allem der Analyse symbolischer Codes und identitätsstiftender Faktoren im Bereich der Mode, der Werbung oder populären Freizeitaktivitäten widmen, ohne allerdings die materialen, körperlichen und sozialstrukturellen Voraussetzungen und Wirkungen dieser Gegebenheiten ausreichend zur Kenntnis zu nehmen (u. a. Warde 2005, S. 137). Kritik wird auch an Lebensstilanalysen geübt, die im Zusammenhang mit Konsumforschung eine Rolle spielen. Auch diese griffen für umfassende gesellschaftliche Erklärungsansätze zu kurz, da sie einerseits teils zu Marketinginstrumenten umfunktioniert und ökonomisch umgedeutet wurden (vgl. Sinus-Milieus) und da sie andererseits kaum alltägliche Handlungsweisen berücksichtigen würden (Warde 2017, Kap. 3).

---

6   Während einige zentrale Ansätze der Praxistheorie insbesondere im Anschluss an Pierre Bourdieu vor allem die Stabilität von sozialen Ordnungen im Blick haben, greifen solche praxistheoretischen Arbeiten die Frage nach deren Wandlung auf, die im Bereich der Konsumsoziologie verortet sind (überblickshaft: Warde 2017). Zu nennen sind hier z. B. die Arbeiten von Warde (2005), Shove (2003) und am Beispiel Nachhaltigkeit Littig (2016), Warde und Welch (2015).

Im Gegensatz zu verkürzten Kulturanalysen und Lebensstilkonzepten wird in der Praxistheorie hingegen das Konzept der *Lebensführung* zum Ausgangspunkt genommen. Das Konzept der Lebensführung fokussiert auf die Strukturierung des Alltags und dessen sozialen Voraussetzungen, wie z. B. das verfügbare Einkommen, familiäre Konstellationen, vorhandene Zeitressourcen und Wissensbestände oder materielle Gegebenheiten sowie deren Einflüsse auf die Lebensweise. Soziale Praxistheorien versuchen so, strukturelle und handlungstheoretische Ansätze der Sozialwissenschaften zu verbinden: „The basic domain of study of the social sciences, according to the theory of structuration, is neither the experience of the individual actor, nor the existence of any form of social totality, but social practices ordered across space and time" (Giddens 1984, S. 2, zitiert nach Shove 2012, S. 3). Angewendet wird demnach ein Ansatz, der nicht zwischen Konsum- und Erwerbsleben sowie Freizeit unterscheidet, sondern diese Handlungsfelder in ihrer Gesamtheit und ihren Relationen betrachtet, um Konsumpraktiken nachzuvollziehen (Littig 2016). Diese Sicht korrespondiert mit den oben genannten Ausführungen zu den von uns genannten konsumrelevanten Akteursgruppen, die für eine umfassende Konsumtheorie berücksichtigt werden müssen.

Weiterführend für eine breit verstandene Konsumtheorie ist die Sichtweise, dass Konsum nicht auf eine reine Marktaktivität reduziert werden kann (Warde 2017, 86 f.). Konsum ist für Alan Warde (und andere Vertreterinnen und Vertreter der Sozialen Praxistheorie) hingegen viel alltäglicher und „banaler". In beinahe jeder Alltagspraktik manifestieren sich demnach Konsumaspekte, weswegen mit einer praxisorientierten Konsumforschung daher jeder Lebensaspekt interessant und empirisch analysierbar wird: „[…] consumption is not itself a practice but is, rather, a moment in almost every practice" (Warde 2005, S. 137; vgl. auch Shove 2003). Es ist daher nicht nur die Frage zentral, wie oder warum sich Menschen „inszenieren" oder welche Emotionen beim Konsumakt empfunden werden. Darüber hinaus geht es um die gesamten vor- und nachgelagerten Prozesse und Voraussetzungen von Konsum als sozialem Prozess (vgl. oben). Konsum wird demnach verstanden als „a process whereby agents engage in appropriation and appreciation, whether for utilitarian, expressive or contemplative purposes, of goods, services, performances, information or ambience, whether purchased or not, over which the agent has some degree of discretion" (Warde 2017, S. 86).

In den Sozialwissenschaften bezeichnet der sog. *practice turn* den Fokus auf alltägliche Praktiken und den damit verbundenen Sinn unter Einbezug des strukturellen Kontextes. Konsumiert wird aus dieser Sicht, um bestimmte Tätigkeiten realisieren zu können, die im Zuge der Lebensführung aus Sicht der Akteure und Akteurinnen *sinnvoll, praktisch* sind. Das passiert oft unbewusst, d. h. dass hier nicht immer der symbolische Moment oder der Erlebniskonsum (vgl. dazu Hellmann in diesem Band) im Vordergrund stehen. Die Praxistheorie versucht vielmehr auf die *alltäglichen Abläufe* dieser Praktiken und ihr *wie* und *warum* zu fokussieren. Um nur ein Beispiel zu nennen. Die wichtigste Funktion eines Handys ist für Menschen z. B. immer noch die Erreichbarkeit und der soziale Kontakt, erst an nachgeordneter Stelle stehen Aspekte wie Prestige oder Preis-Leistungs-Aspekte (vgl. Wieser und Tröger 2015, S. 48). Ausgangspunkt der Praxistheorie ist daher die Analyse der Kontextualisierung des Handelns und der sozialen Bedingungen, die ein bestimmtes Handeln ermöglichen oder verhindern. Hierbei wird das Interesse vor allem auf die Routinisiertheit von Handlungen vor dem Hintergrund sozialer Kontexte und Wissensbestände gerichtet (Reckwitz 2003).

Eine Praktik beinhaltet die Elemente *materials, competencies* und *meanings,* die Vorbedingungen von Praktiken sind und diese gleichzeitig formen (ebd., S. 290; Shove 2012, S. 14). Im Bereich der *materiellen Aspekte* (materials) werden Dinge und Artefakte mitbetrachtet, die Praktiken konstituieren und auch verändern. So hat sich z. B. durch die Nutzung von Mobiltelefonen die Praktik des Telefonierens maßgeblich verändert – Telefonieren ist jederzeit und an jedem Ort möglich. Dadurch ändern sich auch soziale Normen und Erwartungen. So wird bspw. immer häufiger erwartet, beinahe jederzeit erreichbar zu sein, egal ob im Berufsleben oder in der Freizeit. Gleichzeitig sind gerade, aber nicht nur, Artefakte sichtbare Symbole und Ausdrucksformen von Konsumgütern, die in die Analyse einbezogen werden können. Darüber hinaus ist die Berücksichtigung von Körperlichkeit ein wichtiges Element in der Praxisanalyse, das in anderen Zugängen oft vernachlässigt wird. Körperlichkeit meint, dass Konsumpraktiken auch mit spezifischen Körperpraktiken einhergehen und konkret die Frage einschließt, *wie* wir Konsum auch *körperlich* verinnerlichen – im genannten Beispiel z. B. durch das „Tippen" von Nachrichten. Körperlichkeit sowie Dinge und Artefakte sind daher ein wesentlicher Teil einer Konsumanalyse, da sich hierüber Sozialität manifestiert sowie sozialer Sinn ausgedrückt wird (Hillebrandt 2014).

Der Bereich *Kompetenzen* verweist hingegen auf das Know-How, das Wissen und die technischen Fertigkeiten von Akteuren (Shove 2012). Es geht hierbei nicht nur um theoretisches, abstraktes Faktenwissen, sondern auch um das „Tun" in der Praxis („tacit knowledge", „embodiment"). Oder aber auch um die Kenntnis, wohin man sich bei mangelnden Fähigkeiten und Problemen im Konsumalltag wenden kann. Umgesetzt auf ein reales Beispiel: Angenommen ihre Waschmaschine funktioniert nicht mehr. Erstens muss eingeschätzt werden, ob es sich hier noch um einen Gewährleistungs- oder einen Garantiefall handelt, oder ob man diese selbst reparieren kann oder nicht. Im ersten Fall bedarf es dann einer Kontaktaufnahme mit Händler oder Hersteller, im zweiten die Nutzung von Werkzeug etc. Verweigert der Hersteller eine Reparatur oder einen Austausch, benötigt es Kenntnis über entsprechende Einrichtungen, wie z. B. Konsumentenschutzorganisationen, in denen Unterstützung angefordert werden kann usw. Dies ist zwar ein recht einfaches, alltägliches Problem (mit noch vielen anderen Lösungsmöglichkeiten), das jedoch umfassender Kompetenz auf verschiedenster Ebene bedarf, um zu einer befriedigenden Lösung für die Konsumentin oder den Konsumenten zu gelangen. Neben diesen Kenntnissen bedarf es auch einer materiellen Infrastruktur wie Werkzeuge im Fall der Selbstreparatur oder eines Telefons bzw. einer Internetverbindung, um Kontakt mit dem Hersteller aufzunehmen.

Als drittes Element werden noch die *Bedeutung bzw. der Sinn* (meanings) als Teil einer Praktik betrachtet. Hier sind schließlich soziale Zuschreibungen, symbolische Bedeutungen und emotionale Aspekte relevant (Warde 2005, S. 133). Im Gegensatz zu strukturtheoretischen Ansätzen haben hier Akteurinnen und Akteure eine zentrale Rolle, da das Handeln von den Zuschreibungen des Individuums (das sozial geprägt ist) abhängt. Die soziale Bedeutung von Konsumgütern wird jedoch nicht als gleich verteilt zwischen den Menschen verstanden und – im Gegensatz zu Bourdieus Praxisansatz (1982) – auch nicht „nur" klassen- oder milieuspezifisch. Neuere Praxistheorien im Bereich Konsum gehen vielmehr von verschiedenen sog. „Bezugsgruppen" (Freunde, Peer-Groups, Familie usw.) aus, die die den Konsumgütern entgegengebrachte Bedeutung beeinflussen (Warde 2017, 94 ff.): „Persons confront moments of consumption neither as sovereign choosers nor as dupes" (ebd., 98). Menschen orientieren sich in ihren Konsumpraktiken vielmehr an „kollektiv geteilten Wissensordnungen, Symbolsystemen, kulturellen Codes, Sinnhorizonten" (Reckwitz 2003, S. 288), die Ergebnis ihrer sozialen Einbettung sind (vgl. oben).

Ein weiterer wesentlicher Aspekt in der Praxistheorie ist der Fokus auf *Regelmäßigkeiten und Routinen des Alltags*. Eine Praktik ist durch den Charakter der Wiederholung gekennzeichnet, erst dadurch konstituiert sie sich. Wie oben anhand des Mobiltelefons gezeigt wurde, sind Praktiken immer eingebettet in *Rahmenbedingungen* wie Ort und Zeit, Kompetenzen, Materialität etc., die Praktiken ermöglichen oder auf diese restriktiv wirken. So folgert auch Schmidt (2012, S. 10): „Soziale Praktiken sind […] an bestimmte Umstände, Orte, Kontexte und materielle Rahmungen gebunden. Sie vollziehen sich überwiegend im Modus des Gewohnten und Selbstverständlichen. […] Soziale Praktiken sind durch eine sich immer wieder aufs Neue bildende Regelmäßigkeit gekennzeichnet." Einzelne Konsumpraktiken sind daher nie „geschichtslos", sie schließen immer an vorhergehende Praktiken an und performieren bzw. verändern diese, wodurch durchaus auch Raum für Neues entstehen kann (Hillebrandt 2014, S. 110). Die Erfahrungen der Konsumierenden, die aus ihrer sozialen Einbettung resultieren, sowie die Nutzung von Konsumgütern sind allerdings nicht als „allgemeine Regelmäßigkeit" zu verstehen. Vielmehr gilt aus Sicht der Praxistheorie, dass „practices are internally differentiated such that persons in different situations do the same activity differently" (Warde 2017, S. 97). Die Praxistheorie wurde und wird vorrangig durch Empirie begründet. In der Analyse geht es dabei vor allem darum, die vielfach inkorporierten Konsumpraktiken aus Sicht der Konsumierenden nachzuvollziehen und zu kontextualisieren. Praxistheorien sind hierzu methodisch vielfältig und offen.[7] Sie wenden sowohl quantitative als auch qualitative Methoden der Sozialforschung an. Gemäß der Prämisse, dass einzelne Praktiken nicht isoliert voneinander betrachtet werden können, ist die Korrespondenzanalyse in quantitativer Hinsicht die Methode der Wahl (Silva et al. 2009). Korrespondenzanalysen können in Diagrammen die enge Verwandtschaft verschiedener Bündel von Konsumpraktiken deutlich machen und – je nach Anlage der Studie – auch Auskunft über die Nutzung von Konsumgütern geben. Da die Praxistheorie aber auch annimmt, dass Konsumpraktiken inkorporiert sind und so teilweise „unbewusst" ausgeführt werden, werden vielfach auch qualitative Methoden angewendet, z. B. qualitative Tiefeninterviews, Beobachtungen aber auch Foto-Erhebungen. Mit qualitativen Methoden kann ein stärkerer Fokus auf den Kontext gelegt werden. Insbesondere visuelle Methoden haben darüber hinaus Vorteile für die Analyse von Materialität und Körperlichkeit. Schließlich werden vereinzelt auch sog. mixed-methods Designs angewendet, die quantitative und qualitative Methoden einsetzen (vgl. u. a. ebd.).

Der Praxistheorie wird vorgeworfen, dass das handlungsfähige Subjekt eine untergeordnete Rolle einnimmt bzw. sogar ganz verschwindet, weil sie davon ausgeht, dass sich Subjekte im Zuge von Praktiken erst bilden. Alkemeyer (2015, S. 8 ff.) zufolge beachten Praxistheorien zu wenig die Rolle der menschlichen Reflexivität, während sie im Gegenzug Körperlichkeit und Materialität überbetonen. Damit gingen jedoch auch die Problemstellungen und Fragen nach Kritik, Reflexion und Selbstbestimmung innerhalb der Praxistheorie verloren. Laut Alkemeyer scheint die Praxistheorie durch die Betonung des *practice turn* (als paradigmatische Wende) in Konkurrenz zu Theorien zu stehen, die stärker auf Subjektivität, Individualität und mentale Strukturen rekurrieren (ebd.).

---

7 Einen Überblick über die Vielfalt angewandter Methoden gibt die Website „Practice Theory Methodologies": https://practicetheorymethodologies.wordpress.com.

2.3   Verhaltenswissenschaft und Praxistheorie im Vergleich

Dimension	Verhaltenswissenschaft	Soziale Praxistheorie
Verständnis von Konsum und Gegenstand der Theorie	Konkrete Bedingungen von Konsum und Nicht-Konsum (vor allem Information)	Vor- und nachgelagerte Prozesse und Voraussetzungen von Konsum und Nicht-Konsum
Konsumrelevante Akteursgruppen	Politik, Unternehmen, teilweise soziales Umfeld der Konsumierenden	Gesamtes soziales, politisches und kulturelles Umfeld der Konsumierenden
Folgen von Konsum und Nicht-Konsum	Marktentscheidungen, Nachhaltigkeit, Gesundheit, Qualität der individuellen Entscheidung	Marktentscheidungen, soziale Identität, soziale Ungleichheit, Nachhaltigkeit
Vorstellung von Konsumierenden bzw. Leitbild	homo behavioralis	Routinisierter Konsum
Methode	Labor- und Feldexperimente	Beobachtungen, qualitative Interviews, visuelle Methoden, Korrespondenzanalyse
Politische Implikationen und Veränderungsansatz des Konsums	Nudges zur Steuerung individuellen Verhaltens, vor allem Informationen	Ansatz an routinisierten Praktiken in der Alltags- und Lebenswelt

Abb. 2   Gegenüberstellung Verhaltenswissenschaft und Praxistheorie (eigene Darstellung).

Abbildung 2 zeigt die zentralen Unterschiede der Verhaltenswissenschaft und der Praxistheorie hinsichtlich der in Kapitel eins angesprochenen Dimensionen einer multiperspektivischen Verbraucherforschung. In Bezug auf das *Verständnis von Konsum* bzw. den Gegenstand der Theorie sowie den *konsumrelevanten Akteursgruppen* ist zunächst folgendes festzustellen: Verhaltenswissenschaftliche Ansätze widmen sich vor allem den *konkreten* Bedingungen von Konsum und Nicht-Konsum. Konkret meint in diesem Sinne, dass die sozialen Voraussetzungen, die zu einer Handlung führen, vor allem auf den jeweils vorliegenden situativen Kontext bezogen werden, innerhalb dessen Akteure eine Handlungsalternative (Konsum oder Nicht-Konsum) auswählen. Dieser Kontext wird weitgehend auf das Vorliegen oder die Beschaffenheit von Informationen reduziert. Wie exemplarisch gezeigt, gehen z. B. Sunstein und Reisch (2017) davon aus, dass acht von zehn sog. nudges Informationsinstrumente beinhalten. Eine umfassende Analyse der vorgelagerten Prozesse der Bedürfnisentstehung und Formierung wird nicht genauer verfolgt. An dieser generellen Einschätzung ändert auch die Feststellung der Forschungsrichtung nichts, dass auch soziale Normen Konsum und Nicht-Konsum beeinflussen können. Denn wenn es um die konsumrelevanten Akteursgruppen geht, dann sind es vor allem politische Akteure, teilweise auch Unternehmen, die die Gestaltung von Konsumentscheidungen durch Information *situativ* beeinflussen (sollen). Im Gegensatz dazu legt die Praxistheorie ein Verständnis von Konsum zugrunde, das sich darüber hinaus intensiv mit den vorgelagerten Prozessen von Konsumentscheidungen auseinandersetzt. Berücksichtigt wird, dass Konsumenten Entscheidungen vor dem Hintergrund ihrer sozialen Einbettung in allerlei soziale, politische und kulturelle Strukturen treffen. Dementsprechend werden als akteursrelevante Konsumgruppen neben Firmen und der Politik auch der Haushaltskontext, der Einfluss von Freunden (Peer-Groups) sowie von gesamtgesellschaftlichen und gruppenspezifischen Normen berücksichtigt (u. a. Warde 2017, Kap. 3).

Diese Grundannahmen finden ihre Entsprechung auch in den Bereichen der *Kontextualisierung von Konsumentscheidungen,* den *Vorstellungen über Konsumierende,* dem damit verbundenen *Leitbild* sowie den damit verbundenen *politischen Implikationen.* In den Verhaltenswissenschaften wird der Kontext von Konsumentscheidungen vor allem auf die konkrete Situation individueller Konsumentscheidungen bezogen – Konsumierende werden als Akteure und Akteurinnen verstanden, die individuell aufgrund der vorliegenden Rahmenbedingungen konsumieren oder nicht. Wenngleich sich diese Forschungsrichtung darum bemüht hat, einige Argumente gegen das homo oeconomicus Modell vorzubringen, wurde dieses durch die Annahme von „eingeschränkt" rationalen Akteuren (bounded rationality) kaum verändert. Ihr homo behavioralis Modell nimmt zur Kenntnis, dass Konsumierende in der Realität kaum den Prämissen dieses ökonomischen Idealtypus folgen. Indem allerdings gefolgert (und gefordert) wird, dass sie das tun *sollten,* wird diese durchaus zutreffende empirische Feststellung in ein theoretisches Missverständnis mit folgenreicher politischer Implikation verkehrt: Konsumierende sind in der Realität keine homo oeconomici, aber sie sollen durch die Veränderung des situativen Kontextes (vor allem durch die Politik) dazu gebracht werden. Die Praxistheorie geht hingegen nicht von individuell rationalen Akteuren aus, die bei Vorliegen von „richtigen" oder „umfassenden" Informationen gleichsam wie auch immer geartete Entscheidungen treffen – eher vom Gegenteil: Konsum und Nichtkonsum wird aus dieser Sicht vielfach als routinisiert oder als unterbewusst verstanden. Es ist demnach vor allem die soziale Einbettung von Konsumierenden – sei es in Haushalte, in Freundesgruppen, die Familie, in die Erwerbssphäre oder in die Gesellschaft in ihrer Gesamtheit – die ihre Entscheidungen maßgeblich beeinflusst. Damit eröffnet sich der Blick für die Mannigfaltigkeit sozialer Einflüsse und ein Verständnis dafür, dass Akteure und Akteurinnen bei Vorliegen des gleichen situativen Kontextes je nach ihrer sozialen Einbettung und ihrer Sozialisation unterschiedlich handeln (könnten und würden). Aus dieser Perspektive ergibt sich ein politischer Ansatzpunkt zur Veränderung von Konsum, der an den Routinen und den sozial geprägten Wertvorstellungen von Konsumenten und Konsumentinnen ansetzt und nur durch langfristige politische Strategien wie z. B. durch Verbraucherbildung erreicht werden kann (vgl. Kapitel 3.1 unten).

In Bezug auf die *Methoden* zur Erforschung von Konsum und Nichtkonsum im Rahmen einer multiperspektivischen Verbraucherforschung ist schließlich zu konstatieren, dass die Praxistheorie hier wesentlich vielfältiger ist, da sowohl diverse qualitative Verfahren als auch die Korrespondenzanalyse zur quantitativen Erhebung von Konsumpraktiken angewendet werden. Verhaltenswissenschaftliche Ansätze wenden – auch aufgrund ihres theoretischen Abstraktionsniveaus – vor allem Experimente an. Für eine breit verstandene Verbraucherforschung und -theorie eignen sich prinzipiell all die genannten Methoden. Geht man wie in Kapitel eins allerdings davon aus, dass Konsum und Konsumierende durch mannigfaltige soziale Prozesse und Strukturen beeinflusst werden, sind demnach auch qualitative und quantitative Methoden als gleichrangig und sich gegenseitig befruchtende Verfahren geeignet. Forschungsstrategien, die bestenfalls in einem mixed-methods Design vereint werden sollten (vgl. Silva u. a. 2009).

3   Verbraucherforschung am Beispiel Bildung und Nachhaltigkeit. Eignen sich verhaltens- und praxistheoretische Ansätze oder braucht es noch mehr?

Bildungs- und Nachhaltigkeitsforschung sind zwei Bereiche der Verbraucherforschung, die praxis- und zukunftsorientiert sind. Beide beinhalten handlungsleitende Ansprüche bis hin zu die Gesellschaft verändernde Zielsetzungen. Inwiefern die Forschung in den auch verbraucherpolitisch bedeutsamen Bereichen Bildung und Nachhaltigkeit wirksam wird bzw. werden kann, wird nachstehend genauer und mit kritischem Blick auf Verhaltenswissenschaften und Praxistheorie diskutiert.

3.1 Das ökonomistische und das sozioökonomische Paradigma der ökonomischen Bildung.

Zunächst soll versucht werden, Grundzüge der beiden wichtigsten Paradigmen der ökonomischen Bildung, nämlich die ökonomistische oder wirtschaftswissenschaftliche Bildung einerseits und die sozioökonomische oder wirtschaftswissenschaftliche Bildung andererseits im Hinblick auf die oben ausgeführten Aspekte zu skizzieren und in einem zweiten Schritt zu untersuchen, welches Paradigma der ökonomischen Bildung zu welcher Forschungsgrundlegung, nämlich verhaltens- oder praxistheoretisch, anschlussfähig ist. Dies alles ist unter der Prämisse zu sehen, dass Verbraucherbildung einen wesentlichen Bereich der ökonomischen Bildung darstellt und somit allgemeine Grundsätze der ökonomischen Bildung gleichermaßen für die Verbraucherbildung Geltung haben. Grundsätzlich ist jedoch zu bedenken, dass beide Paradigmen der ökonomischen Bildung in der Unterrichtspraxis kaum in „Reinform" vorkommen; vielmehr sind diese als Extrempositionen, als Endpunkte eines Kontinuums aufzufassen, bei welchem es zahlreiche Kombinationsformen und Mischformen gibt. Zur besseren Nachvollziehbarkeit und Unterscheidbarkeit werden diese beiden Paradigmen „idealtypisch" dargestellt und Differenzen explizit herausgearbeitet (vgl. genauer Fridrich 2017, S. 126-134).

Ein zentrales Ziel der ökonomischen Bildung, ja von Bildung allgemein, besteht darin, die Entfaltung der Mündigkeit von (jungen) Menschen zu fördern. Dieser unscharfe und in unterschiedlichsten Kontexten verwendete Begriff der Mündigkeit lässt sich für die ökonomische Bildung zunächst als Orientierungsfähigkeit in unserer komplexen Welt, als Urteilsfähigkeit mit ethischen Bezügen und schließlich als Handlungsfähigkeit in ökonomisch hochgradig geprägten Alltags- und Lebenswelten verstehen (Haarmann 2014, S. 208-209). Der mündige Verbraucher bzw. die mündige Verbraucherin ist vielfach bereits als realitätsfernes Konzept kritisiert worden, das in der Praxis nicht erreichbar scheint. Es dient jedoch nach wie vor in beiden Paradigmen der ökonomischen Bildung als Leitbild (siehe z. B. Strünck et al. 2010, S. 7). Dabei wird auf zwei wesentliche Dimensionen der Mündigkeit, nämlich auf Emanzipation und Partizipation verwiesen, die in der allgemeinen Pädagogik als Selbstbestimmungsfähigkeit und als Mitbestimmungsfähigkeit – neben der Solidaritätsfähigkeit – bereits von Klafki (1993, S. 52) aufgearbeitet wurden. Dementsprechend finden sich frühe Bezugnahmen in der Didaktik der ökonomischen Bildung und Entsprechungen mit Selbstbestimmung und Mitbestimmung – neben „Tüchtigkeit" im Sinn von Sachkenntnis – bei Albers (1995). Während im wichtigen Ziel der Förderung der Mündigkeit grundsätzliche Übereinstimmung in den beiden Paradigmen herrscht, lassen sich im Vergleich ökonomistische Bildung versus sozioökonomische Bildung bezüglich der folgenden Kriterien grundlegende

Unterschiede erkennen (Hedtke 2015, S. 27): Bildungsgegenstand (Erkenntnisperspektive der Wirtschaftswissenschaften vs. Wirtschaft und Wirtschaften in der Gesellschaft), Bildungsziel (Ökonomisierung des Denkens und Handelns mit Knappheitsreduktion und Effizienzsteigerung vs. Kontextualisierung des Denkens und Handelns in der und über die Wirtschaft mit Sinnbildung und Reflexion), Strukturprinzip (Disziplinorientierung vs. Subjektorientierung), Akteurin und Akteur (Kalkül und Rationalität als Fakt mit naturgegebenem homo oeconomicus vs. Sinn und Rationalität als Konstrukt mit kulturell konstituierter Akteurin bzw. konstituiertem Akteur) sowie wirtschaftlichem Handeln (kalkulationsbedürftig sowie individuell-rationale Reaktion auf Anreize vs. interpretationsbedürftig, kulturell geprägt, sozial eingebettet und individuell sinnhaft).

Das Paradigma der ökonomistischen Bildung ist stark an neoklassischen Ansätzen, vor allem in der Volkswirtschafts-, aber auch in der Betriebswirtschaftslehre, orientiert. Von dort aus bezieht dieses Paradigma die Inhalte, die im Unterricht zu vermitteln wären. Diese Vorgangsweise gewährleistet eine gewisse Systematik – eben jene der Wirtschaftswissenschaften –, während die Inhalte oft dem Lern- und Leistungsniveau der Lernenden entsprechend vereinfacht werden müssen. Im Vordergrund steht die Kenntnis von Begriffen und Modellen, die im Alltag zu ökonomisch rationalen Handlungen verhelfen sollen. Dies wird auch im Bildungsziel deutlich, das auf Ökonomisierung des Handelns und Denkens, Kosten-Nutzen-Maximierung und Erreichung von Effizienz fokussiert. Akteurinnen und Akteure sind die Bürgerinnen und Bürger einer Gesellschaft, die der Wirtschaftsordnung ihres Staates unterworfen sind und im Rahmen derer sie ihre „Spielzüge" (Kaminski 2009, S. 549), d. h. ein an das jeweilige Institutionen- und Regelsystem angepasste Verhalten, gestalten sollen. Umgelegt auf die Verbraucherbildung bedeutet das, (junge) Menschen zu rational agierenden, marktgerecht handelnden Kalkulierenden zu erziehen, die in dem vorzufindenden Wirtschaftssystem einen für sie optimalen Konsum gestalten. Aus der Sicht des ökonomistischen Paradigmas ist es daher folgerichtig erforderlich, Menschen zu einem Denken „in ordnungspolitischen Kategorien, in Kreislaufzusammenhängen und in den Kategorien der ökonomischen Verhaltenstheorie" (Kaminski 2006, S. 151) zu bringen, damit sie ihr Leben bzw. ihren Konsum ökonomisch bestmöglich bewältigen können.

Kritik am ökonomistischen Paradigma wird unter anderem im Hinblick auf die zumindest implizite Verwendung des homo oeconomicus als „naturgegebenes Faktum" geübt. Auch wenn von dessen Vertreterinnen und Vertretern zuweilen auch zugestanden wird, dass es sich beim homo oeconomicus nur um ein Modell handle, ist dieses in vielen politischen und wirtschaftlichen Diskursen längst zu einem Leitbild mutiert (Bala und Müller 2015, S. 9-10) und damit wirkmächtig. Als weitere zentrale Unangemessenheit des Paradigmas wird der enge Blick auf wirtschaftliche Phänomene, Strukturen und Prozesse in Form a) der Monodisziplinarität mit Ökonomie als Disziplin, b) der Monoparadigmatizität mit Ökonomik als Paradigma und c) eines mechanistischen Weltbildes erachtet.

Hingegen werden im Paradigma der sozioökonomischen Bildung Wirtschaft und Wirtschaften als gesellschaftlich eingebettet, mitgestaltbar und damit von jedem Menschen in mehr oder weniger großem Ausmaß als veränderbar aufgefasst. Im Zentrum der Betrachtungen stehen die wirtschaftlich handelnden Menschen, ihre Lebenswelten und Problemlagen, die mittels multiparadigmatischer Zugänge der Sozialwissenschaften und transdisziplinär bearbeitet werden. „Junge Menschen sollen befähigt werden, sich in unserer stark ökonomisch geprägten Gesellschaft zu orientieren, sich eine begründete, ethisch fundierte Meinung zu bilden sowie an gesellschaftlichen, politischen und wirtschaftlichen Prozessen mündig mitzuwirken; sei es im Haushalt, beim Konsum, in der Arbeitswelt als Arbeitnehmer oder Unternehmer und auch in gesellschaftlichen Zusammenhängen auf lokaler, regionaler, nationaler oder supranationaler Ebene" (Fridrich und Hofmann-Schneller 2017, S. 56). Wirtschaftliches Handeln auch und besonders im Bereich von Konsum ist somit immer reflexions- und interpretationsbedürftig.

Im Vergleich dazu setzen diverse Strömungen der Behavioral Economics, die eher an der ökonomistischen Bildung andocken, an zum Teil anderen Aspekten an. Die verhaltensorientierte Perspektive auf Konsumentinnen und Konsumenten sowie auf ihr Verhalten geht von einer begrenzten Rationalität der Menschen im Hinblick auf Informationszugang, Informationsverarbeitungskapazität und Zeitressourcen aus. Dies bewirkt daher Fehler in der Entscheidungsfindung und in der Urteilsbildung (vgl. Kap. 2.1). Im Detail zeichnet sich die begrenzte Rationalität von Menschen in Bezug auf ihre Überschätzung (z. B. Merkfähigkeit), ihr Vertrauen auf besonders einprägsame Beobachtungen (z. B. Schilderung von Konsumerfahrungen von nahestehenden Personen), ihre geringe Bereitschaft zur Einstellungsänderung (z. B. bei ihren Überzeugungen entgegenlaufenden Erfahrungen), ihre Suche nach Bestätigung ihrer bereits vorhandenen Einstellungen (z. B. bei einzelnen Preiserhöhungen als Beleg zur allgemeinen Geldentwertung), ihre Nutzung von Faustregeln wie Ankern (z. B. Ausgehen von Vertrautem), Verfügbarkeit (z. B. bei einigen Zugverspätungen nehmen Pendler dies als Beleg für die Unzuverlässigkeit der Bahn), Überredung durch andere (z. B. durch Werbemaßnahmen) etc. Auch Priming und Nudging sind zunächst in der Verhaltensökonomik angesiedelt (Mankiw & Taylor 2014, S. 171 ff.).

Der besondere Wert verhaltensorientierter Ansätze im Gegensatz zum mikroökonomischen Standardmodell ist, dass der in der klassischen Theorie der Konsumentscheidung eher mechanistische und damit unterkomplexe Zugänge durch Fokussierung auf Kosten-Nutzen-Maximierung durch begrenzte Rationalitäten von Menschen – wie oben angeführt – ergänzt werden. Beispielhaft lassen sich diese

Einschränkungen der menschlichen Entscheidungskraft durch verschiedene Faktoren exemplarisch im Unterricht bearbeiten. Lohnenswert wären etwa die Aufdeckung von Einflüssen anderer Menschen bei Konsumentscheidungen wie etwa durch Angehörige der Peer Group, die Reflexion festgefahrener Überzeugungen in Bezug auf bestimmte Produkte oder Produktgruppen und die altbekannte Diskussion von Werbemaßnahmen auf das individuelle Verhalten, wie dies auch auf Grundlage von Praxistheorien angezeigt wäre. Insofern können sowohl verhaltensorientierte als auch praxistheoretische Ansätze im Unterricht eine Bereicherung zum Modell des homo oeconomicus sein. Erstere bleiben jedoch aufgrund der zu wenig berücksichtigten gesellschaftlichen Kontexte kritisierbar, letztere hingegen wegen der geringen Berücksichtigung der Reflexions- und Lernfähigkeit von (jungen) Menschen. Die sozioökonomische Bildung betrachtet daher resümierend beide Ansätze als *zwei* von vielen möglichen Perspektiven auf Konsum und konsumierende Menschen, die beide im Unterricht herangezogen werden können, jedoch mindestens um die genannten Aspekte ergänzt werden sollten. Eine genauere und kritische Beschäftigung mit der Umsetzung dieser Ansätze im Unterricht könnte aber durchaus lohnenswert für sein.

3.2   Nachhaltigkeit und Konsum zwischen Expertenprinzip und emanzipatorischem Anspruch.

Die gegenwärtigen Produktions- und Konsumprozesse und das eng damit verbundene Wirtschafts- und Innovationsgeschehen sind begleitet von Auswirkungen, die Mensch und Natur gefährden (Kapitel 1.3). Damit diese unerwünschten Auswirkungen zumindest reduziert werden, hat sich die internationale Staatengemeinschaft 1992 mit der Unterzeichnung der „Rio-Erklärung über Umwelt und Entwicklung" (1992) auf das Konzept einer nachhaltigen Entwicklung geeinigt, um „die Bedürfnisse der gegenwärtigen Generationen so zu befriedigen, dass auch die Bedürfnisbefriedigung der nächsten Generationen gewährleistet ist" (Brundtland-Definition, 1987).

Im Zuge der Bemühungen um eine Umsetzung der dem Konzept unterlegten Agenda 21 wird allerdings deutlich, dass ein sehr grundlegender Wandel des Konsums erforderlich werden würde und es ein gesellschaftliches Gegenmodell braucht, das als „Gegenvorschlag zu den traditionellen Mustern" (Braner 2006, S. 21) entworfen werden müsste[8]. Auch wenn die Brundtland-Definition sich als

---

8   Braner meint mit „traditionell" u. a. die derzeit vorherrschenden Produktions-, Konsum-, Mobilitätsmuster.

Ausgangspunkt vieler Initiativen in Wissenschaft, Politik und Wirtschaft weitgehend etabliert hat, bleibt sie doch abstrakt und vage (Hübner 2017). Der in der Definition zentrale Begriff der Bedürfnisbefriedigung deutet aber auf die Rolle von Konsum als zentralem Ansatzpunkt hin. Und so überrascht es nicht, dass dem Handlungsfeld Konsum vom ursprünglichen Aktionsplan *Agenda 21* (Kap. 4, 1992) bis zum derzeit aktuellen Aktionsplan für 2030 mit seinen *Sustainable Development Goals* (UN SDG 2015, Kap. 12) immer auch ein eigenes Kapitel gewidmet ist.

Die derzeit dominierenden Konsummuster sind Ergebnis eines an Wachstum und materiellem Wohlstand orientierten Wirtschaftssystems. Im Zuge der Globalisierung verbreiten sich diese Konsummuster weltweit, was zu einem global zunehmenden Konsum materieller Güter führt. Die damit verbundene Nutzung und Belastung natürlicher Systeme als menschliche Existenzgrundlagen gefährdet potentiell deren Regenerationsfähigkeit. Es ist daher logisch und konsequent, das Nachhaltigkeitskonzept als einen „Gegenentwurf zum bislang so erfolgreichen Modell der globalisierten Konsumgesellschaft" zu betrachten (Reisch 2003, S. 51). Methodische Herausforderung der Nachhaltigkeitsforschung ist es daher, einerseits ein Konzept mit normativem Anspruch wissenschaftlich fassbar und beforschbar zu machen und andererseits seinem Anspruch auf gesellschaftliche Wirksamkeit gerecht zu werden. Wie lässt sich eine Gesellschaft, deren Entwicklung derzeit auf materiellem Wohlstand, auf industrieller Massenproduktion und dem Verkauf und Kauf immer neuer Produkte basiert, ändern? Bisherige Interventionen, Diskurse und Initiativen, um Konsum und Gesellschaft nachhaltiger zu gestalten, zeigen ein buntes Spektrum an Zugängen auf, die sich – je nach zugrundeliegendem Prinzip bezogen auf die Verteilung von Verantwortung – in zwei Kategorien untergliedern lassen: Auf einem Expertenprinzip basierende Zugänge einerseits und auf einem emanzipatorischen Prinzip basierende Zugänge andererseits.

Den auf dem Expertenprinzip basierenden Zugängen lassen sich die verhaltenswissenschaftlichen Ansätze zuordnen. Vordergründig wird die Verantwortung bei den Konsumentinnen und Konsumenten gesehen, da sie es sind, die letztlich Konsumentscheidungen treffen. Es gibt jedoch im Vorfeld Setzungen, die die Konsumierenden nur schwer bis gar nicht direkt beeinflussen können. Es sind Unternehmen und andere Expertengruppen, die über Produkte, Preise, Technologien und Infrastruktur entscheiden, dadurch relevante Vorentscheidungen treffen und die Handlungs- und Wirkungsräume der Konsumierenden prägen. So sind es bspw. Umweltexperten oder -expertinnen die empfehlen, welches Verhalten aus ökologischer Sicht richtig ist (bio, öko, saisonal, regional u. a.). Wirtschaftsexpertinnen und -experten bestimmen, unter welchen Bedingungen etwas ökonomisch vertretbar ist, und Kommunikationsexpertinnen und -experten, wie man es „richtig" kommuniziert.

Die Verantwortung für nachhaltige Konsummuster liegt also genaugenommen bei verschiedenen Expertengruppen, die, ausgehend von einem verhaltenstheoretischen Ansatz erwarten, dass sich die Zielgruppe auf Basis der kommunizierten Inhalte „erwünscht" verhält und entweder Appellen folgend *bewusst vernünftig* oder auf Basis eines einfachen Reiz-Reaktions-Schemas dank „sanfter politischer Stupser" (nudges) Kauf- bzw. Konsumentscheidungen im Sinn der Nachhaltigkeit trifft. Dies führt dazu, dass die Konsumierenden bestenfalls innerhalb dieser vorgegebenen Handlungsräume handeln und darüber hinaus selbst keine Alternativen und schon gar kein eigenes Verständnis von Nachhaltigkeit, geschweige denn einen Gegenentwurf zur Konsum-, bzw. Kaufgesellschaft entwickeln. Dennoch erfüllen diese Expertisen-orientierten Zugänge im Zusammenhang mit Kaufoptionen wichtige Funktionen hinsichtlich der Verdichtung von nachhaltigkeitsrelevanten Informationen (bspw. zu Handlungsanweisungen wie den in Kap. 2.1 erwähnten Klickaufklebern) oder bezogen auf Voreinstellungen von Geräten (bspw. bei Druckern; vgl. Kap. 2.1).

Zur Kategorie der auf einem emanzipatorischen Prinzip basierende Zugänge sind bspw. das Konzept der Suffizienz, der Konsumentensouveränität, des politischen Konsums oder des kollaborativen Konsums (Cruz et al. 2018) zuzuordnen. Konsumpraktiken im Sinn einer nachhaltigen Entwicklung werden hier nicht auf individuelle Kaufverhaltensroutinen beschränkt, sondern als durch das Kollektiv beeinflusste und beeinflussbare Praktiken gesehen. Das Erkennen, Nutzen und auch Erweitern von Handlungsspielräumen ist ein wesentlicher Aspekt dieser Zugänge. Entsprechende Maßnahmen und Initiativen werden selten aufgrund wissenschaftlicher Expertise, sondern viel häufiger von in der Praxis engagierten Personen konzipiert und umgesetzt. Diese implizit auf einem praxistheoretischen Ansatz basierenden Zugänge können dazu führen, dass auch unvorhersehbare, innovative Lösungen und Muster entstehen, wie alternative Beschaffungsformen, gemeinsames Produzieren oder Nutzen von Gütern bis hin zu selbst organisierten Gemeinschaftsgärten oder „Repair Cafés".

Praxistheorien berücksichtigen stärker die soziale Verwobenheit der Konsumierenden im Alltag (vgl. Kap. 2.2). Gerade in Bezug auf eine nachhaltige Entwicklung relevant sind allerdings jene Praktiken und Fragen, die sich aufgrund der Lücke zwischen Umwelt- bzw. Klimabewusstsein und entsprechendem Handeln ergeben (Nessel 2017). Zu dieser Lücke, zwischen Wissen, Absicht, Einstellung und Handeln (*Value-Action-Gap)* kann die Praxistheorie interessante Erklärungsansätze bieten – denn ob nachhaltige Konsumweisen funktionieren, hängt stark mit der Gestaltung des Alltags und den vorhandenen Ressourcen zusammen (bspw. Gewohnheitskäufe).

Emanzipierte Konsumentinnen und Konsumenten übernehmen in dieser Vorstellung selbst die Deutungshoheit über ihre Bedürfnisse und deren Befriedigungsmöglichkeiten und überlassen diese nicht dem Markt bzw. der Werbung oder der Politik. Die Verantwortung liegt einerseits in ihrer Rolle als Bürger und Bürgerinnen und andererseits im Zuge ihres Ge- und Verbrauchs von Gütern. Verantwortung ist aber auch bei anderen Akteursgruppen (aus Verwaltung, Politik, Wirtschaft, NGOs, Interessensvertretungen) zu sehen, die Rahmenbedingungen schaffen bzw. erhalten, damit nachhaltige Produktions- und Konsumprozesse sowie diesen gewidmete Initiativen entstehen (und bestehen) können – sowie sich auch an diesen zu beteiligen.

Aus dieser kurzen (und zugegebenermaßen) sehr vereinfachten Kategorisierung der Bemühungen um einen nachhaltigen Konsum wird deutlich, dass sowohl verhaltens- als auch praxistheoretische Ansätze für die Umsetzung von nachhaltigem Konsum hilfreich sein können. Zugänge beider Kategorien haben wichtige Funktionen im Spannungsfeld zwischen Überforderung durch Komplexität und Abstraktheit des Nachhaltigkeitskonzepts einerseits und andererseits der Fähigkeit der Menschen, kontextspezifisch und selbständig Visionen zu konkretisieren sowie Eigeninitiativen zu entwickeln. Allerdings berücksichtigen bisher weder verhaltenswissenschaftliche noch praxistheoretische Ansätze ausreichend sog. Bumerang- und Reboundeffekte in ihrer Analyse. Auch wird vielfach übersehen, dass bei der Gestaltung gesellschaftlicher Rahmenbedingungen und Regeln immer die Gefahr besteht, dass „die menschlichen Vernunftfähigkeiten überschätzt und Mechanismen etabliert werden, die mehr unerwünschte Nebenfolgen auslösen, als sie zur Problemlösung beitragen" (Minsch et al. 1998, S. 18). Die Frage ist daher, inwiefern die beiden theoretischen Zugänge diesem „konstitutiven Wissensproblem" (ebd.) begegnen können bzw. ob es über diese beiden Ansätze hinausgehende Konzepte braucht, die (auch) der gesellschaftlichen Legitimation und Akzeptanz solcher Interventionen dienen. Bemühungen um nachhaltigen Konsum können durchaus als Experimente betrachtet werden, die der Konkretisierung des Nachhaltigkeitskonzeptes im Sinn „gesellschaftlicher Such-, Lern- und Gestaltungsprozesse" (ebd.) dienen. Um gesellschaftliches bzw. kollektives Lernen zu ermöglichen, müssten Reflexionsebenen und -mechanismen unter Einbeziehung der Konsumierenden auch in ihren weiteren Rollen (als Bürgerinnen und Bürger, Arbeitnehmerinnen und Arbeitnehmer, usf.) eingerichtet werden, mittels derer diese „Realexperimente" dann diskursiv, durch institutionelle Rahmenbedingungen sowie durch Verbraucherbildung gefördert werden könnten.

4 Perspektiven einer multiperspektivischen Verbraucherforschung

Ausgangspunkt dieses Beitrages war ein Überblick über mögliche Dimensionen einer multiperspektivischen Verbraucherforschung. Vier Dimensionen wurden hierzu heuristisch unterschieden: eine generelle Konzeption von Konsum, seinen Voraussetzungen und Einflussfaktoren, konsumrelevante Akteursgruppen, Konsumfolgen sowie Aspekte und Mechanismen zur (wissenschaftlichen, politischen und praktischen) Beeinflussung des Konsums. Eine breit verstandene Konsumtheorie sollte alle genannten Dimensionen in die Analyse einbeziehen. Nur so kann eine auf die konkrete Marktentnahme und auf Marktentscheidungen reduzierte Konsumtheorie zugunsten einer realitätsnahen und umfassenden Analyse erweitert werden, die die Verschränktheit von Wirtschaft und Lebenswelt der Konsumierenden einbezieht. Ein breites Verständnis von Konsum umfasst demnach nicht nur Kauf- und Nicht-Kaufentscheidungen, sondern auch alle außermarktlichen Konsum- bzw. Nicht-Konsumaktivitäten sowie -motive. Zu berücksichtigen sind daher alle vor- und nachgelagerten psychologischen und sozialen Prozesse, wie Bedürfnisentstehung, -formierung und -befriedigung sowie alle sozialen Kontexte (Haushalt, Erwerbssphäre, kulturelle Normen und Werte, politische Rahmenbedingungen u. v. a. m.), die diese beeinflussen. Darüber hinaus sind die Folgen von Konsumhandlungen, sei es auf die eigene Identität oder die soziale und natürliche Umwelt, eingeschlossen. Schließlich ist zu bedenken, dass theoretische Analysen auch immer politische Effekte haben können oder auch implizit eine Veränderung des gegenwärtigen Konsums anstreben („Performativität"). Zu hinterfragen sind daher auch die mit den einzelnen Ansätzen und „Setzungen" verbundenen politischen Implikationen, die u. a. in den getroffenen Prämissen zum Ausdruck kommen (z. B. im Verbraucherleitbild).

Wir sind uns bewusst, dass ein solches Forschungsprogramm, das von dieser skizzierten, breit verstandenen Konsumtheorie ausgeht, nur idealtypisch anvisiert werden kann. Eine zentrale Voraussetzung, um sich diesem Ziel einer zeitgenössischen Konsum- und Verbrauchertheorie anzunähern, ist in erster Linie eine Offenheit gegenüber und eine Auseinandersetzung mit verschiedenen Ansätzen der Verbraucherforschung – wir haben in diesem Beitrag und dem vorliegenden Band dazu das Konzept einer multiperspektivischen Verbraucherforschung vorgeschlagen. Multiperspektivisch bezeichnet, kurz gesagt, die Entwicklung und Anwendung einer breit verstandenen Konsumtheorie bestehend aus unterschiedlichen wissenschaftlichen aber auch praktischen Sichtweisen und auf Grundlage der lebensweltlichen Einbettung des Konsums (vgl. Kapitel 1).

Um den gegenwärtigen Stand einer solchen Sichtweise genauer zu evaluieren, haben wir in diesem Artikel exemplarisch zwei Ansätze diskutiert, die bereits disziplinübergreifend angewendet werden: Verhaltenswissenschaftliche Ansätze und Praxistheorien. Beide beabsichtigen, sich der der empirischen Realität der Konsumierenden anzunähern und beziehen einige der oben genannten Dimensionen einer breit verstandenen Konsumtheorie ein. Während jedoch erstere vorrangig auf konkrete Konsumentscheidungen fokussieren, berücksichtigen letztere auch die vorgelagerten Prozesse der Bedürfnisentstehung und -formierung. Und während in ersteren die soziale Einbettung der Konsumierenden in gesellschaftliche Strukturen vielfach nur eine Randnotiz bleibt und weiterhin am Idealbild des homo oeconomicus festgehalten wird, betrachtet letztere das gesamte soziale und strukturelle Nah- und Gesellschaftsumfeld der Konsumierenden. Wie am Beispiel der Klickaufkleber deutlich wird, greifen verhaltenswissenschaftliche Ansätze einige menschliche Eigenheiten auf (sog. „biases"), um durch die Veränderung des Situationskontextes von Handlungsentscheidungen eine politische Veränderung des Konsums zu begründen und politisch zu legitimieren. Wie zahlreiche empirische Studien zeigen, kann durch ein „kluges materielles und soziales Arrangement" durchaus auch ein gesellschaftlich „positiver Effekt" erzielt werden. Eine andere politische und gesellschaftliche Veränderung von Konsum implizieren praxistheoretische Ansätze: ausgehend von der Prämisse, dass Konsum vielfach routinisiert abläuft, können aus dieser Sicht kurzfristige Veränderungen einer Situation auch nur kurzfristige Verhaltensveränderungen bewirken. Ein politischer Ansatzpunkt setzt dieser Sicht zu Folge damit an einer langfristigen Veränderung der sozialen Mechanismen der Bedürfnisentstehung, der Formen und Kontexte ihrer Befriedigungen und vor allem den eingespielten sozialen Praktiken der Konsumierenden an.

Die politischen Implikationen und einige ausgewählte Dimensionen einer breit verstandenen Konsumtheorie wurden in diesem Beitrag dann exemplarisch anhand der Felder Bildung und Nachhaltigkeit diskutiert. Im Bereich Nachhaltigkeit zeigt sich, dass viele aktuelle Maßnahmen, die zu einem nachhaltigeren Konsum führen könnten, einer „Effizienzsteigerung" dienen (z. B. Energiesparmaßnahmen). Allerdings wurden bisher sämtliche Effizienzsteigerungen durch höheren Konsum kompensiert oder gar überkompensiert – mit allen damit verbundenen negativen Begleiterscheinungen für Natur und Mensch. Diese Reboundeffekte sind unterschiedlicher Natur, zum Teil hochkomplex und mit unterschiedlichen Konsumfeldern verbunden. Bisher haben sich aber weder Praxistheorien noch verhaltensökonomische Ansätze diesem Sachverhalt gewidmet. Eine multiperspektivische und zukunftsorientierte Verbraucherforschung, die auch zu einer nachhaltigen Entwicklung beitragen will, sollte sich aber auch dieser komplexen Phänomene des Konsumgeschehens annehmen und auf dieser Grundlage ein realistisches Bild des Verbrauchers (Verbraucherbild) empirisch begründen und politisch einfordern (Verbraucherleitbild). Idealerweise können sich die verschiedenen Ansätze gegenseitig so befruchten, dass aus ihnen auch Konzepte erwachsen, die neue, transformierende Konsumkonzepte entwickeln und zugleich eine breite Akzeptanz und Legitimation in der Gesellschaft entfalten. Solche Ziele greift auch eine kritische Verbraucherbildung auf, indem über eine Bewältigung von ökonomisch geprägten Lebenssituationen hinaus Facetten des aktuellen Konsumismus und individueller Konsumpraktiken im Fokus stehen. Wenngleich die Verhaltenswissenschaften und Praxistheorien erste Bestrebungen hierzu anregen könnten, beziehen sich ihre Ergebnisse bisher kaum auf den Bereich der Verbraucherbildung. Aus unserer Sicht ist offensichtlich, dass es im Unterricht im Speziellen aber auch in der Nachhaltigkeitsdebatte im Allgemeinen noch einer weiteren theoretischen Anschlussfähig bedarf, um Denk- und Handlungsalternativen zu entwickeln, die nicht nur Kinder und Jugendliche, sondern auch Erwachsene auf die Herausforderung des Konsumalltags vorbereiten und ihnen die gesellschaftlichen aber auch die persönlichen Auswirkungen ihres Konsums zu vermitteln. Ansätze bieten dazu die besonders von Jugendlichen schon im Alltag vorfindbaren Ansätze wie „nutzen statt besitzen", „sharing" u. v. a. m.

Wie die Betrachtungen in diesem Beitrag zusammenfassend zeigen sollten, sind erste Ansätze einer multiperspektivischen Verbraucherforschung noch mehr (Verhaltenswissenschaften) oder weniger (Praxistheorie) weit entfernt von dem hier vorgeschlagenen, breiten Verständnis von Konsum und der daraus resultierenden Konsumtheorie und -politik. Die vorangegangenen Ausführungen sollten jedoch verdeutlichen, dass es lohnenswert ist, eine multiperspektivische Verbraucherforschung noch genauer auszuarbeiten, um der Lebensrealität der Konsumierenden gerecht zu werden sowie innovative und zukunftsfähige Ansätze im Bereich des Konsums zu entwickeln. Wir hoffen, mit diesem Beitrag einen Anstoß dazu gegeben zu haben.

Literatur

Bala, Ch., Müller, K. (2014). *Der verletzliche Verbraucher. Die sozialpolitische Dimension der Verbraucherpolitik*. Düsseldorf: VZ NRW.

Bammé, A. (2011). *Homo occidentalis – von der Anschauung zur Bemächtigung der Welt. Zäsuren abendländischer Epistemologie*. Weilerswist: Velbruck Wissenschaft.

Bourdieu, P. (1982): *Die feinen Unterschiede. Kritik der gesellschaftlichen Urteilskraft*. Frankfurt a. M.: Suhrkamp.

Bundeszentrale für politische Bildung (Hrsg.). (2011). *Beutelsbacher Konsens*. http://www.bpb.de/die-bpb/51310/beutelsbacher-konsens. Zugegriffen: 13.9.2017.

Cruz, G., Neiva, S., Wahlen, S. (2018, i.E). *Contemporary Collaborative Consumption*. Wiesbaden: Springer VS.

Ermann, U. (2007). Magische Marken – Eine Fusion von Ökonomie und Kultur im globalen Konsumkapitalismus? In Ch. Berndt, R. Pütz (Hrsg.), *Kulturelle Geographien. Zur Beschäftigung mit Raum und Ort nach dem Cultural Turn* (S. 317-347). Bielefeld: Transkript.

Etzioni, A. (2010). Bounded rationality. *Socio-Economic Review* 8. S. 377-397.

Fridrich, Ch. (2017). Verbraucherbildung im Rahmen einer umfassenden sozioökonomischen Bildung. Plädoyer für einen kritischen Zugang und für ein erweitertes Verständnis. In Ch. Fridrich, R. Hübner, K. Kollmann, M.-B. Piorkowsky, N. Tröger (Hrsg.), *Abschied vom eindimensionalen Verbraucher* (S. 113-160). Wiesbaden: Springer VS.

Fridrich, Ch., Hübner, R., Hufnagel, R., Jaquemoth, M., Kollmann, K., Piorkowsky, M.-B., Schneider, N., Tröger, N., Wahlen, S. (2014). Bamberger Manifest für ein neues Verbraucherverständnis. *Journal für Verbraucherschutz und Lebensmittelsicherheit* 9. S. 321-26.

Fridrich, Ch., Hübner, R., Kollmann, K., Piorkowsky, M.-B., Tröger, N. (Hrsg.) (2017). *Abschied vom eindimensionalen Verbraucher*. Wiesbaden: Springer VS.

Frerichs (2010). False Promises? A Sociological Critique of the Behavioural Turn in Law and Economics. *Journal of Consumer Policy* 34. S. 289-314.

Hitzler, R., Pfadenhauer, M. (2006). Diesseits von Manipulation und Souveränität. Über Konsum-Kompetenz als Politisierungsmerkmal. In J. Lamla, S. Neckel (Hrsg.), *Politisierter Konsum – konsumierte Politik* (S. 67-9). Wiesbaden: VS Verlag.

Hübner, R. (2012). Nachhaltigkeitskommunikation reloaded. Aporien als Lernchancen für gemeinsames Entwickeln fundamental anderer Handlungsmuster. *GAIA* 21. S. 262-265.

Hübner, R. (2014). Umwelt: Wahrnehmung zwischen Ästhetik und Betroffenheit. *GW-Unterricht* 133. S. 5-17.

Hübner, R. (2017). Nachhaltigkeits- und Verbraucherforschung. Ein Cross-Over-Versuch interventionsorientierter Wissenschaft. In Ch. Fridrich, R. Hübner, K. Kollmann, M.-B. Piorkowsky, N. Tröger (Hrsg.), *Abschied vom eindimensionalen Verbraucher* (S. 161-200). Wiesbaden: Springer VS.

Jonas, M., Nessel, S., Hassemer, S., Pfister, S. (2017). Zum aktuellen Entwicklungsstand der Verbraucherforschung in Österreich. *Materialien zur Konsumforschung* 5. S. 1-85. Wien: Arbeiterkammer.

Kenning, P., Oehler, A., Reisch, L., Grugel, Chr. (Hrsg.) (2017). *Verbraucherwissenschaften: Rahmenbedingungen, Forschungsfelder und Institutionen*. Wiesbaden: Springer Fachmedien.

Kleinhueckelkotten, S. (2005). *Suffizienz und Lebensstile. Ansätze für eine milieuorientierte Nachhaltigkeitskommunikation*. Berlin: Berliner Wissenschaftsverlag.

Kollmann, K. (2012). „Eingeschränkt – statt ermächtigt." *Journal für Verbraucherschutz und Lebensmittelsicherheit* 7. 393-395.

Kraemer, K., Brugger, F., Jakelja, L. (2017). *The Social Usage of Money. Which Roles Does Money Play in the Life-circle-stage of Children?* Working Paper 2017-04. Graz: Faculty of Economic and Social Science.

Kraemer, K., Nessel, S. (2011). Abwanderung von Märkten. Konsumentenpraxis und der Wandel des Musikmarktes. *Leviathan. Berliner Zeitschrift für Sozialwissenschaft* 39. S. 541-565.

Ein Casting der besonderen Art
Zum Menschenbild der Verbraucherwissenschaften

Kai-Uwe Hellmann

Zusammenfassung

Der Beitrag befasst sich mit der Frage, ob es im Zuge der Eigenevolution der akademischen Verbraucherforschung in Richtung Verbraucherwissenschaften nicht angebracht ist, sich über ein neues, problemadäquates Menschenbild zu verständigen. Unstrittig dürfte dabei sein, dass das neoklassische Menschenbild des *Homo oeconomicus*, trotz aller Modifikationen und Revisionen, angesichts der Komplexität, die uns heutzutage bei einer Vielzahl von Konsumformen weltweit begegnet, kaum noch zeitgemäß erscheint. Nur welches Menschenbild empfiehlt sich stattdessen? Und gibt es überhaupt eine reelle Chance, ein vergleichbar simpel gestricktes, womöglich eindimensional ausgelegtes Verbraucherleitbild zu konstruieren? Was der Beitrag letztlich anregen möchte, ist eine explorative Befassung mit und interdisziplinäre Debatte über diese, für die sich entwickelnden Verbraucherwissenschaften essentielle Frage nach der Gestalt des *Homo consumens*, d.h. einem eigenen, ihrem Gegenstand gerecht werdenden Menschenbild.

1 Eine weitere Metamorphose der akademischen Verbraucherforschung

Als Günter Wiswede, einer der Doyen der deutschen Konsumsoziologie, für den Sammelband *Konsum* von Doris Rosenkranz und Norbert F. Schneider – für deren Renaissance hierzulande womöglich ausschlaggebend, zumindest aber eine bedeutende Initiative für die Wiederbelebung der deutschen Konsumsoziologie darstellend – einen systematisch intendierten Überblick zum Forschungsstand dieses Fachs beisteuerte, überschrieb er diesen schlicht mit *Konsumsoziologie – Eine vergessene Disziplin* (Wiswede 2000).

Obgleich Wiswede diese Wertung auf den damaligen Forschungsstand dieser speziellen Soziologie im Allgemeinen bezog, traf sie doch in besonderem Maße auf das zu, was nach einer Hochzeit der deutschen Konsumsoziologie in den 1960er und Anfang der 1970er Jahre passiert war: die nahezu völlige Marginalisierung der hiesigen Forschungstradition, publizistisch wie institutionell. Seitdem allerdings, also nach Veröffentlichung des Bandes von Rosenkranz und Schneider, erfuhr das soziologische Interesse am Phänomen des Konsums einen erstaunlichen Aufstieg, gleichsam wie Phönix aus der Asche. Außerdem sind in den letzten Jahren vermehrt aufgesetzte und abgeschlossene bzw. noch bestehende Aktionsnetzwerke, Förderinitiativen, Forschungsprojekte, Tagungen, Vernetzungsplattformen hinzu gekommen, die ihrerseits dazu beitragen, dass gerade die akademische Verbraucherforschung erheblich an Einfluss gewinnt und inzwischen sogar politisch ernst genommen wird.

Jüngst nun ist ein Sammelband herausgekommen, der den Titel *Verbraucherwissenschaften* trägt, also nicht mehr bloß Forschung, sondern Wissenschaft zu sein verspricht, was tendenziell höhere Ansprüche signalisiert, und der durch den Plural *Verbraucherwissenschaften* – komplementär zu *Wirtschaftswissenschaften* – eine multidisziplinäre Kollaboration programmatisch in Aussicht stellt (Kenning et al. 2017).

Selbst wenn diese Selbstbezeichnung noch etwas vorschnell und vollmundig wirken mag: Sie zeigt doch an, dass nach Jahrzehnten des regulären Betriebs diese Forschung ein Stadium der Reife erreicht zu haben meint, welches eine entscheidende Metamorphose der akademischen Verbraucherforschung zu diagnostizieren erlaubt, im Sinne eines weiteren Entwicklungsschrittes in der Evolution dieses vielschichtigen Fächerverbunds.

Diese letzte Bewertung ist durch Thomas S. Kuhn inspiriert, der die Annahme vertrat, der Reifegrad einer Disziplin lasse sich vor allem daran ablesen, dass ihr genügend sogenannte Hand- bzw. Lehrbücher (*reader, textbooks*) zur Verfügung stünden, in denen das Standardwissen einer Disziplin nach Jahren der Grundlagenforschung weitestgehend kontingenzfrei, alternativlos und einmütig an den wissenschaftlichen Nachwuchs weitergegeben werde (Kuhn 1963). Dabei dürften nicht bloß solche Hand- bzw. Lehrbücher geeignet sein, den Reifegrad einer Disziplin zu dokumentieren. Vielmehr gehören hierzu zuallererst fachspezifische und -einheitlich verwendete Terminologien, sogenannte *Denkstile* nach Ludwig Fleck, eingebettet in fachweit akzeptierte Theorien und Methoden sowie bestimmte Leit- bzw. Menschenbilder, je nach Fächerkultur (Fleck 1980).

Bezüglich letzteren haben sich besonders die Sozialwissenschaften hervorgetan. Ein Paradebeispiel dürfte der *Homo oeconomicus* sein, der für die Wirtschaftswissenschaften – bei allen Modifikationen, welche dieses Modell über die letzten Jahrzehnte hinweg erfuhr – eine führende Rolle spielte, wenn es um die Analyse ökonomischer Phänomene geht: im Kern Transaktionen auf Märkten, ob nun deren Vorbereitung, ihren Vollzug oder deren Nachbereitung erforschend.[1] Denn die Verfügbarkeit eines solchen Menschenbildes hilft maßgeblich dabei, unter fachspezifischen Gesichtspunkten das Verhalten von Menschen in ganz bestimmten Situationen hochstandardisiert studieren zu können, je nach Gegenstandsbereich. Anders gesagt: Ohne ein solches Leit- oder Menschenbild tappt eine Disziplin hinsichtlich dessen, womit sie es empirisch zu tun hat, weitgehend im Dunkeln, selbst wenn solche Bilder eine erhebliche Reduktion von Komplexität zur Folge haben und dadurch ganz eigene Risiken bergen (Externalisierung, Latenzhalten relevanter Einflussfaktoren, Reifikationen etc.).

Im Folgenden wird nun der Frage nachgegangen, wie ein entsprechendes Menschenbild der sich aktuell entfaltenden und untereinander immer stärker vernetzenden Verbraucherwissenschaften aussehen könnte. Hierzu bietet sich das inzwischen sogar innerdisziplinär hoch umstrittene Menschenbild der Wirtschaftswissenschaften, also der *Homo oeconomicus*, als Vorbild und Vergleichsmaßstab an, das für die Verbraucherwissenschaften, wie gleich zu zeigen ist, eher nicht in Frage kommt.

Ausgehend von der Analyse dieses Menschenbildes – um eine Ausgangsbasis zu schaffen für die Ermittlung eines generalisierbaren Idealtypus – wird im nächsten Schritt kurz auf die sich über sechs Jahrzehnte erstreckende Entwicklung der akademischen, primär angelsächsischen Verbraucherforschung (*consumer research*) eingegangen, im Sinne einer vorläufigen Standortbestimmung. Anschließend werden ausgewählte (also keineswegs alle) Facetten diskutiert, die den *Homo consumens* als neues Menschenbild der Verbraucherwissenschaften ausmachen könnten – gewiss nur ein Idealtypus und allenfalls temporär geltend, aber doch erste Antworten auf die Frage gebend, womit es die Verbraucherwissenschaften inzwischen zu tun bekommen, wenn sie ihren zentralen Gegenstand, das Konsumverhalten von Menschen, umfassend zu erforschen anstreben. Bewertung und Ausblick beschließen diesen Beitrag.

---

1   Das hier zugrunde gelegte Verständnis von Wirtschaft ist sehr eng gehalten und interessiert sich lediglich für die Bedingungen der Möglichkeit wirtschaftlicher Transaktionen auf Märkten, wofür Geld ein zentrales Tauschmittel darstellt und (Nicht-)Zahlungen die elementare Operation der Wirtschaft symbolisieren (Luhmann 1988, S. 52).

2   Das Menschenbild der Wirtschaftswissenschaften: der Homo oeconomicus

Die Erforschung von Leit- und Menschenbildern, wie sie nur von wenigen Sozialwissenschaften konsequent kultiviert wurden, ist zumeist multidisziplinär angelegt. Denn die besondere Funktion, die solche Bilder für die einzelnen Wissenschaften erfüllen, erschließt sich im Grunde erst durch deren Vergleich. Herausragende Beachtung wurde dabei dem Menschenbild der Wirtschaftswissenschaften entgegengebracht.

Die besondere Funktion, die derartige Leit- oder Menschenbilder für die jeweiligen Wissenschaften wahrnehmen, ist derem grundsätzlichen Bestreben geschuldet, für einen bestimmten Weltausschnitt, für den sie alleinige Zuständigkeit beanspruchen, tendenziell absolute Kontrolle über sämtliche Einflussfaktoren zu erreichen, die aus ihrer Sicht bezüglich dieses Weltausschnitts von Relevanz sein könnten. Letztlich geht es um eine wissenschaftsintern konstruierte, möglichst vollständige Widerspiegelung dessen, was in derem speziellen Weltausschnitt alles vorkommt und passiert – möglichst vollständig deshalb, weil Weltkomplexität als solche systemintern niemals vollständig rekonstruiert werden kann (ansonsten fiele eine Wissenschaft mit der Welt als solcher zusammen). Dabei obliegt die Festlegung sämtlicher Einflussfaktoren ganz ihrem Belieben, je nach Bedarf, gerade dadurch beweisen sie ihre Autonomie und Souveränität über ihren Gegenstandsbereich, für sich und vor anderen. Und nur durch eine denkbar weitgehende Kontrolle sämtlicher Einflussfaktoren gelingt es ihnen in ihrer Selbstwahrnehmung, ihrer eigentlichen Aufgabenstellung des Erkenntnisgewinns akkurat nachkommen zu können. Andernfalls würde der Zufall ständig dazwischen funken und die Forschung unberechenbar machen, was den selbst erhobenen Souveränitätsanspruch jeder Wissenschaft im Kern sabotieren würde.

Wendet man sich vor diesem Hintergrund dem Menschenbild der Wirtschaftswissenschaften zu, also dem *Homo oeconomicus*, so verbindet sich mit diesem Konstrukt der Anspruch, das primäre dynamisch-energetische und damit zuallererst der Kontrolle zu unterwerfende Element im eigenen Gegenstandsbereich, und das sind empirisch gesehen: Massen von Menschen, die sich in erster Linie auf Märkten begegnen und dort bestimmte Transaktionen vorbereiten und vollziehen, durch eine äußerst abstrakte Konfiguration von Eigenschaften und Merkmalen dessen, was alles als wirtschaftliches Verhalten empirisch stattfinden kann, in den (Be-) Griff zu bekommen. Es verhält sich quasi wie bei einer komplexen Gleichung, bei der es möglichst keine unbekannten Variablen geben darf: Nur so ist vollständige Kontrolle denkbar. Im Prinzip handelt es sich um eine spezifische Form der Unsicherheitsabsorption.

Erreicht wird dies durch radikale Reduktion von Komplexität. So wird der wirtschaftlich handelnde Mensch innerhalb der Wirtschaftswissenschaften auf eine vergleichsweise simple, zugleich hoch effiziente Art und Weise konzipiert, nach Art eines Idealtypus, einer trivialen Maschine, was so weit getrieben wird, bis aus einer *black box* eine *white box* geworden ist, deren Binnenkomplexität gegen Null tendiert und damit keinerlei Widerstand mehr leisten kann. Allerdings um den Preis, dass man systemintern einen Großteil dessen, was Menschen in Märkten wirklich tun und von diesen erwarten, nicht mehr auf dem Schirm hat. Aber dies ist notgedrungen so, weil man primär auf systemimmanente Reinheit achtet, nicht auf empirische Angemessenheit im denkbar weitesten Rahmen. Dafür müsste man nämlich wesentlich mehr Komplexität zulassen, als man systemintern je verkraften würde: ein unauflösliches Dilemma.

So erklärt sich, über welche Eigenschaften und Merkmale der *Homo oeconomicus* zu Beginn seines wissenschaftlichen Lebens lediglich (noch) verfügte, welch schmales Profil erhalten blieb: „Der Homo Oeconomicus bezeichnet einen (fiktiven) Akteur, der eigeninteressiert (a) und rational (b) handelt, seinen eigenen Nutzen maximiert (c), auf Restriktionen reagiert (d), feststehende Präferenzen hat (e) und über (vollständige) Information verfügt (f)" (Franz 2004, S. 4). Später wurde diese Konfiguration in Teilen zwar revidiert. Nichtsdestoweniger bleibt die Grundtendenz, dieses zentrale Element der Wirtschaftswissenschaften, denn allein von diesem geht ja alle Dynamik aus, unverdrossen so zu konzipieren, dass es – bei allen Zugeständnissen an die Komplexität des eigenen Weltausschnitts – eine rundum beherrschbare Größe in der wirtschaftswissenschaftlichen Gleichung bleibt.

Vergegenwärtigt man sich die wissenschaftsimmanente Funktion solcher Leit- bzw. Menschenbilder dergestalt, empfiehlt sich hinsichtlich des *Homo oeconomicus* allerdings eine kleine Korrektur: Während in der Definition dieses Idealtypus zumeist das Entscheidungskalkül (eigeninteressiert, effizient, nutzenmaximierend, rational usw.) im Vordergrund steht, was so oft für Anstoß und Widerspruch sorgt, wird hier eine Art Perspektivenverkehrung vorgenommen. So ist der Ausgangspunkt für die spezifische Konstruktion dieses Menschenbildes zunächst ein bestimmter Weltausschnitt, eine spezifische Situationstypik, wie sie sich in der Regel auf Märkten vorfindet: durchweg hohe Komplexität und daraus folgend unausweichliche Kontingenz, die dazu zwingt, sich unentwegt entscheiden zu müssen (einschließlich der Möglichkeit, sich ein für alle Mal zu entscheiden, Stichwort Habitualisierung, und sich anschließend wieder und wieder dafür zu entscheiden, indem man diese Gewohnheit unhinterfragt beibehält). *Auswählen bzw. sich entscheiden müssen*: Das ist somit das Spezifikum all jener Situationen, welche die Wirtschaftswissenschaften typischerweise vor Augen haben, sowie der *Homo oeconomicus* zum Einsatz kommt. „Der Homo oeconomicus ist also nicht Teil einer Verhaltens-, sondern Teil einer

Situationstheorie" (Suchanek und Kerscher 2006, S. 63). Impliziert wird dabei, dass
es um möglichst effiziente Entscheidungen für oder gegen bestimmte Sach- oder
Dienstleistungen unter Bedingungen der Knappheit gewisser Ressourcen (Geld,
Kontakte, Wissen, Zeit etc.) geht.

Gewissermaßen als Kausalkette für die Konzeptionierung eines situationsadäquaten Menschenbildes ergibt sich daraus die Abfolge *Entscheidungssituation* →
Entscheidungsalternativen → *Entscheidungspräferenzen* → *Entscheidungsrationalität*.
Ein primär wirtschaftlich handelnder Mensch ist somit jemand, der sich ständig
entscheiden muss, fast ohne Unterbrechung, auf Grundlage bestimmter Vorlieben,
für die er sich selber verantworten können muss: Dies fordern ihm wirtschaftsspe-
zifische Situationen fortlaufend ab. Ein Entrinnen gibt es im Grunde kaum, sofern
man sich aus solchen Situationen und damit aus der Wirtschaft nicht gänzlich
zurückzieht, damit aber den Gegenstandsbereich der Wirtschaftswissenschaften
verlässt und dadurch für sie uninteressant wird. Anders formuliert, richtet sich
die Spezifik des *Homo oeconomicus* nach der Spezifik ökonomischer Situationen,
speziell Entscheidungserfordernissen auf Märkten. Im Umkehrschluss folgt daraus:
Ändert sich die Situationstypik, um deretwillen eine Wissenschaft betrieben wird,
grundlegend, wird auch ihr Menschenbild entsprechend grundlegend respezifiziert
werden müssen.

Diese Schlussfolgerung ist wegweisend, wenn es gleich darum geht, ein zeitge-
mäßes, d. h. situationsadäquates Menschenbild für die Verbraucherwissenschaften
zu konzipieren. Denn diese haben es, wie wir sehen werden, nicht mehr nur mit
Situationen zu tun, in denen es vordergründig nur um Entscheidungen geht.
Vielmehr kommen ganz andere Rationalitäten zum Vorschein, die ein eigenes und
damit anderes Menschenbild benötigen als den *Homo oeconomicus*. Insofern läuft
die weitere Analyse darauf hinaus, die oben skizzierte Kausalkette zu abstrahieren,
auf die Verbraucherwissenschaften zu übertragen und für diese herauszufinden, wie
die Abfolge *Situationsanalyse* → *Verhaltensalternativen* → *Verhaltenspräferenzen*
→ *Verhaltensrationalität* entsprechend angepasst werden sollte.

3   Metamorphosen der akademischen Verbraucherforschung[2]

Wie bei der Geburt *des Homo oeconomicus* ist auch für die akademische, primär angelsächsische Verbraucherforschung das genaue Datum ihrer Institutionalisierung nicht restlos geklärt. So teilten Gerrit Antonides und W. Fred van Raaij die Geschichte der Verbraucherforschung damals, vor knapp 20 Jahren, schon in sieben Phasen ein. Den Anfang bezeichneten sie als „pre-scientific-stage", die wahrscheinlich Jahrtausende umfasste und alles einschloss, was nur irgendwie mit dem Verhalten von Verbrauchern und Verbraucherinnen zu tun hatte (Antonides und van Raaij 1998, S. 5ff.). In den 1940er Jahren folgte die Motivationsforschung mit Ernest Dichter und anderen, die aber keinesfalls schon akademisch institutionalisiert waren. Hier wäre eher noch an das 1925 von Wilhelm Vershofen gegründete *Institut für Wirtschaftsbeobachtung der deutschen Fertigware* in Nürnberg zu denken. Währenddessen entwickelte sich auf akademischer Seite allmählich ein „single-concepts approach", bei dem mit einzelnen Erklärungsansätzen schon systematisch Verbraucherforschung betrieben wurde. Ab 1966 setzten sich dann verstärkt „grand theories" durch, die mit immer größeren Erklärungsansprüchen das gesamte Kaufverhalten von Verbrauchern und Verbraucherinnen in den Blick nahmen. Ab den 1970er Jahren beherrschte der „information-processing approach" auf Basis der Kognitionspsychologie die akademische Verbraucherforschung weitgehend. In den 1980er Jahren folgte der „affective approach", bei dem Gefühle eine zentrale Bedeutung spielen, und ab den 1990er Jahren kam schließlich der „experiential approach" auf, der uns später noch eingehender beschäftigen wird und der sich den „symbolic meanings of consumption, hedonism and expressive value" widmet (Antonides und Raaij 1998, S. 10).

Eine ähnliche Phaseneinteilung, die aber nur vier Entwicklungsstadien bzw. Perspektiven aufweist, welche einer akkumulativen Logik folgen und eine zunehmende Ausdehnung des Aufmerksamkeitsfokus bezeugen, legten Per Østergaard und Christian Jantzen zwei Jahre später vor. So wurde die nordamerikanische akademische Verbraucherforschung ihrer Einschätzung nach bis in die 1950er Jahre hinein von der *Buyer Behavior*-Perspektive beherrscht. Im Mittelpunkt stand die Untersuchung des Kaufverhaltens am *Point of Sale*. Grundlegend hierfür war die Stimulus-Response-Annahme des Sozialbehaviorismus. Demnach war das Kaufverhalten weitgehend von jenen Anreizen abhängig, die von außen geboten

---

2   Im Folgenden geht es in erster Linie um die nordamerikanische *consumer research*; andere Regionen und Disziplinen, insbesondere die Konsumsoziologie, bleiben größtenteils außen vor, weil deren Mit-Berücksichtigung den vorgegebenen Rahmen sprengen würde.

wurden. Im Hintergrund dieser Annahme stand die Verhaltenspsychologie, die Verbraucher und Verbraucherinnen gleichsam als Tiere betrachtete, die zwar physisch-psychische Antriebe und Bedürfnisse, ansonsten aber keine nennenswerte Eigeninitiative und innere Beteiligung aufwiesen. Mögliche Verhaltensvarianten seien lediglich exogen motiviert. Die Forschungsmethode beschränkte sich auf Versuchsanordnungen im Labor mit kleineren Probandengruppen.

Mitte der 1950er Jahren trat die *Consumer Behavior*-Perspektive hinzu. Der Forschungsradius erstreckte sich jetzt über das unmittelbare Kaufverhalten hinaus. Untersucht wurde nun vermehrt auch das Konsumverhalten als solches. „Briefly, consumer behavior involves the purchasing, and other consumption-related activities of people engaging in the exchange process" (Zaltman und Wallendorf 1979, S. 6). Gefragt wurde danach, aufgrund welcher Parameter Konsumenten und Konsumentinnen ihre Kaufentscheidungen fällen. Außerdem kam es zur Ergänzung der Verhaltens- durch die Kognitionspsychologie. Plötzlich wurden Konsumenten und Konsumentinnen wie ein Rechenzentrum betrachtet, das unterschiedlichste Informationen (Produkte, Preise, Mengen etc.) daraufhin vergleicht, welche Kosten/Nutzen-Relationen sich errechnen lassen, um sich möglichst nutzenmaximierend entscheiden zu können. Zur beliebtesten Forschungsmethode avancierten Fragebögen und computergestützte Analysen mit großen Fallzahlen.

Mit der *Consumer Research*-Perspektive verschob sich der Fokus nochmals erheblich. So wurden Konsumenten und Konsumentinnen nicht mehr als Tiere oder Computer gesehen, sondern als selbstständige Verhaltenssysteme, gesteuert durch eine Vielzahl innerer Antriebe, die hochdynamisch, auf Abwechslung bedacht und von außen nicht mehr ohne weiteres einsehbar sind. Dadurch wurden Konsumenten und Konsumentinnen zusehends unberechenbarer. Um ihnen dennoch auf der Spur zu bleiben, verlegte sich die Verbraucherforschung verstärkt auf qualitative Methoden (*Interpretative Turn*), etwa tiefenpsychologische Interviews (*Motivational Research*), um sich auf diese Art und Weise in den Besitz wichtiger *Consumer Insights* zu bringen. Emotionen, Phantasien und Tagträume spielen seitdem eine zunehmend wichtigere Rolle. Dementsprechend verstärkte sich auch die Nachfrage nach neuen sozialpsychologischen Konzepten, die dem Innenleben der Konsumenten und Konsumentinnen und der Relevanz des Konsums für deren Identitätsbildung eine deutlich größere Aufmerksamkeit schenkten.

Im Laufe der 1980er Jahre traten dann die *Consumer Studies* hinzu, die inzwischen recht einflussreich geworden sind (Østergaard und Jantzen 2000, S. 8ff.). Diese Perspektive zeichnet sich dadurch aus, dass vermehrt auf die soziale (Re)Kontextualisierung der Konsumenten und Konsumentinnen geachtet wird: In welchem Umfeld handeln sie? In welches soziale Netzwerk von Familie, Freunden, Bekannten sind sie eingebettet? Wie bewerten sie bestimmte Sach- oder Dienstleistungen: eher rational, eher emotional? Was genau machen sie mit ihnen? Um derartige Sachverhalte herauszufinden, wird immer stärker auf länger andauernde qualitative Befragungen und vor allem ethnographische Feldarbeit gesetzt; konzeptionell kommt es nicht mehr nur auf psychologische denn kultur- und sozialwissenschaftliche Ansätze an, von denen man sich einen wesentlich besseren Zugang zur Lebenswelt der Verbraucher und Verbraucherinnen verspricht, „seeing consumption truly through the eyes of the consumer" (Askegaard und Linnet 2011, S. 393).

2007 veröffentlichten Eric Arnould und J. Craig Thompson dann eine Revision ihres Aufsatzes von 2005, in der sie sich explizit dafür aussprachen, dass es nicht bloß bei *Consumer Studies* bleiben solle, sondern verstärkt – wie schon 2005 im Selbst-Labelling *Consumer Culture Theory* angelegt – um die Erarbeitung von *Consumer Theories* gehe, die eine umfassende theoretische Durchdringung des Verbraucherverhaltens anstreben, um der akademischen Verbraucherforschung neben ihren hochelaborierten Methodentools auch eine solide theoretische Unterfütterung zu geben (Arnould und Thompson 2005, 2007).. Befördert wurde diese Initiative durch weitere theoretisch ambitionierte Forschungsansätze wie die *practice theory*. Erwähnenswert sind ferner jüngere konzeptionelle Beiträge zu Phänomenen wie *prosuming* oder *sharing*.

Eine sechste und diese Genealogie damit abschließende Phase kann nun mit dem Aufkommen der *Consumer Sciences* (noch eine sporadisch vorkommende Bezeichnung) hypostasiert werden, indem diesem Akt der Selbstermächtigung unterstellt wird, dass eine komplette Durchakademisierung der Verbraucherforschung inzwischen erreicht wurde oder doch zumindest der Anspruch darauf erhoben wird (Kenning 2017).

Als Synopse können somit sechs Phasen der akademischen Verbraucherforschung mit expansiver Tendenz identifiziert werden: erstens die *Buyer Behavior-*, zweitens die *Consumer Behavior-*, drittens die *Consumer Research-*, viertens die *Consumer Studies-*, fünftens die *Consumer Theories-* und sechstens die *Consumer Sciences*-Phase. Inwieweit diese sechs Phasenbestimmungen in der Sache hinreichend trennscharf sind, sei für den Moment dahingestellt. Entscheidend ist vielmehr, dass offenbar über Jahrzehnte hinweg eine erhebliche Ausweitung des Gegenstandsbereichs und infolgedessen auch der fachintern zu bewältigenden Komplexität stattgefunden hat, was theoretisch wie methodisch mehrere Paradigmenwechsel mit sich brachte. Während anfangs allein das Verhalten der Verbraucher und Verbraucherinnen am Verkaufsort selber interessierte, wobei sich sämtliche Aufmerksamkeit auf deren Entscheidungsrationalitäten richtete, weitete sich das Erkenntnisinteresse zusehends auf das Verbraucherverhalten nach der „Marktentnahme" (Vershofen) aus, bei dem ganz andere Verhaltensrationalitäten in den Vordergrund traten. Inzwischen umfasst der Gegenstandsbereich der Verbraucherwissenschaften tendenziell die gesamte Gesellschaft.

Übrigens schlugen Erich und Monika Streissler schon in den 1960er Jahren vor, zwischen *Konsum im engeren Sinne*, der ausschließlich „Kaufakte" berücksichtigt, und *Konsum im weiteren Sinne* zu unterscheiden, der rein auf „Verbrauchsakte" nach der Marktentnahme bezogen ist (Streissler und Streissler 1966; Streissler 1994). Anders formuliert geht es bei Kaufakten um Konsum innerhalb, bei Verbrauchsakten um Konsum außerhalb des Wirtschaftssystems. Genau diese Differenzierung erweist sich beim Übergang von der *Consumer Research-* zur *Consumer Studies-*Phase als grundlegend. Wobei nur für den Konsum im engeren Sinne die Systemreferenz relativ eindeutig feststeht, nämlich das Wirtschaftssystem, während für den Konsum im weiteren Sinne lediglich gesagt werden kann, dass er überwiegend außerhalb des Wirtschaftssystems, aber wohl noch innerhalb des Gesellschaftssystems stattfindet, ohne dass ganz klar ist, ob es dafür eine alternative Systemreferenz gibt oder Gesellschaft in Gänze in Betracht kommt.

Kehrt man nach diesem Exkurs zur Frage eines situationsadäquaten Menschenbildes der Verbraucherwissenschaften zurück, ist festzustellen: Wenigstens für die ersten beiden Phasen *Buyer Behavior* und *Consumer Behavior* reichte das Erklärungspotential des *Homo oeconomicus* in seiner revidierten Fassung für viele Fälle noch aus. Denn was in den 1950er Jahren bis in die 1970er Jahre eindeutig im Vordergrund des Erkenntnisinteresses der akademischen Verbraucherforschung stand, dies belegen sämtliche Hand- und Lehrbücher aus diesen drei Jahrzehnten, war das Einkaufsverhalten von Verbrauchern und Verbraucherinnen auf Märkten aller Art, also Konsum im engeren Sinne, was sie dazu motiviert, wie er prozessual zustande kommt, und dies durchgängig als Entscheidungsverhalten verstanden. Alles drehte sich um die Analyse von *consumer decision processes*: „The study of *consumer behavior* always focuses on the decision processes of the individual consumer or consuming unit, such as the family. It includes all the efforts to describe and explain one or more acts of choice either at a given time or over a period of time" (Glock und Nicosia 1966, S. 4). Hierfür wurde der *Homo oeconomicus* zwar nirgends groß bemüht; doch blieb er im Hintergrund als Orientierungsgröße überaus wirksam. Oder er wurde so selbstverständlich eingeführt wie bei Dahrendorf (1967, S. 129), demzufolge „der vielumstrittene *homo oeconomicus* der neueren Wirtschaftswissenschaft [...] der Verbraucher [sei], der vor jedem Einkauf Nutzen und Kosten sorgsam abwägt und Hunderte von Preisen vergleicht, bevor er seine Entscheidung fällt". Insofern wurde zwischen *Konsument* und *Käufer* in der Regel auch nicht weiter differenziert: Konsumenten und Konsumentinnen wurden primär als Käufer und Käuferinnen beobachtet, „treating the consuming subject as a buying machine" (Zukin und Maguire 2004, S. 184).

Erst im Laufe der 1970er Jahre und dann ab den 1980er Jahren änderte sich dies schrittweise. Und betrachtet man heutige Hand- bzw. Lehrbücher, sind die Standards der 1960er und 1970er Jahre zwar alle noch in Gebrauch, hegelianisch aufgehoben sozusagen, allerdings wesentlich ergänzt und erweitert um solche Aspekte, wie sie Antonides und Raaij (1998) aufgeführt haben, also um Emotionen (*affective approach*), Erlebnisse (*experiential approach*) und Konsumkulturen (*subcultures of consumption*), oft fernab der Märkte, ohne jeden Transaktionsbezug. Anders gesagt, zieht der Konsum im weiteren Sinne immer mehr Aufmerksamkeit auf sich.

Angesichts dessen, was die akademische Verbraucherforschung in den letzten drei Jahrzehnten vermehrt zu interessieren begann, erwies sich der *Homo oeconomicus* demnach als zunehmend inadäquater. Seine Stärken konnte dieses Konstrukt am *Point of Purchase* zwar weiter ausspielen, analog wie digital, bei klarer Fokussierung auf das Einkaufsverhalten. Erforscht man Kaufmotive aber eingehender und wendet man sich vor allem dem Konsumverhalten jenseits der Märkte zu, bekommt man es seitens der Verbraucherforschung sehr schnell mit Phänomenen zu tun, die sich kaum noch schlüssig mit der Entscheidungsrationalität des *Homo oeconomicus* allein aufklären lassen. Aus diesem Grunde scheitert dieses Konstrukt gewissermaßen an der rasanten Zunahme von Anomalien und es drängt sich die Frage auf, ob es nicht längst überfällig ist, ein neues Menschenbild der Verbraucherforschung und neuerdings sogar der Verbraucherwissenschaften zu entwickeln. Nur wie könnte dieses geartet sein? Und ist es vergleichbar eindimensional angelegt?

4 Das Menschenbild der Verbraucherwissenschaften: ein Versuch

Konzediert man, den *Homo oeconomicus* als zu schlicht gestricktes Menschenbild für die Verbraucherwissenschaften zu disqualifizieren, stellt sich sogleich die Frage: Welches dann? Schaut man allein auf die zehn „Faces of the Consumer", die Yiannis Gabriel und Tim Lang (2006) in ihrem Band *The Unmanageable Consumer* versammelt haben, ob „Activist", „Chooser", „Citizen", „Communicator", „Explorer", „Hedonist", „Identity-seeker", „Rebel", „Victim" oder „Worker", dürfte es auf den ersten Blick wohl schwer fallen, sich angesichts dessen mit nur einem einzigen begnügen zu wollen. Mehrere mögen daher sektoral oder temporal empfohlen sein. Doch gerade die Auffächerung derart vieler Konsumentengesichter wirft die Frage auf: Was ist ihnen eigentlich noch gemeinsam, wenn es sich bei aller Diversität durchweg doch um „Consumer" handeln soll?

Im Folgenden wird der Versuch unternommen, für die Verbraucherwissenschaften ein spezifisches Menschenbild zu skizzieren, das den Namen *Homo consumens* erhält – eine Bezeichnung, welche vereinzelt schon diskutiert wurde, vor allem von Wolfgang Schmidbauer (1972). Aufgrund der Funktion, welche dieses Konstrukt für die Verbraucherwissenschaften erfüllen soll, werden diese Studien hier allerdings nicht weiter berücksichtigt, weil deren Namensgebung und Behandlung teilweise pejorative Absichten zugrunde liegen, die in diesem Zusammenhang wenig zielführend sind.

Ausgangspunkt für die Konzeptionierung des *Homo consumens* ist die Annahme, dass ihm eine spezifische Publikumsrolle zugrunde liegt, deren Ursprung und Zugehörigkeit eindeutig dem Wirtschaftssystem zugerechnet werden können, hinsichtlich ihrer Geltung inzwischen allerdings weit darüber hinaus reicht und fast die gesamte Gesellschaft durchdrungen zu haben scheint. Konzeptionell wird hierfür die Rollentheorie herangezogen, die es auf das Konstrukt der Konsumentenrolle anzupassen gilt, weil dies eine „harte" Strukturbasiertheit des *Homo consumens* verspricht (4.1). Die Disqualifizierung des *Homo oeconomicus* als situationsadäquatem Menschenbild der Verbraucherwissenschaften wird hier zunächst auf die Ausweitung der Konsumzone bis in letzte Winkel der Gesellschaft zurückgeführt. Für die akademische angelsächsische Verbraucherforschung folgt daraus schon seit Jahrzehnten, dass sie sich – aufgrund qualitativ völlig anderer „consuming situations" (bis hin zum „situation consuming"), die kaum mehr mit typischen Einkaufssituationen zu tun haben – mit ganz anderen Verhaltensrationalitäten konfrontiert sieht, wie sie wohl am radikalsten vom *experiential consumption approach* erforscht werden. Deshalb werden die Grundzüge dieses Forschungsansatzes exemplarisch dargestellt. Dabei wird sich zeigen, dass die Bedeutung innerer Erlebnisse, die sich für die Konsumenten und Konsumentinnen durch und während des Konsums einstellen – mit einer starken Tendenz zur Selbstbezüglichkeit und Selbstreflexion – im Mittelpunkt der Aufmerksamkeit steht. Diese damit verbundene Verhaltensrationalität wird mit Gerhard Schulze als *Erlebnisrationalität* bezeichnet, funktional äquivalent zur Entscheidungsrationalität beim *Homo oeconomicus* (4.2). Schließlich geht es um eine vorläufige Skizze des *Homo consumens* nach Art eines Idealtypus, somit ohne jeden Anspruch auf empirische Angemessenheit, sondern lediglich zur innerdisziplinären Selbstorientierung und Selbstabschließung geeignet (4.3).

4.1   Die Konsumentenrolle als Zwitterkonstrukt

Auch wenn die Rollentheorie inzwischen etwas in die Jahre gekommen ist, verdient sie weiterhin unsere Aufmerksamkeit, weil sie eine zentrale Schnittstelle zwischen Individuum und Gesellschaft zum Gegenstand hat. Grundlegend für die Rollentheorie ist die Annahme, dass wir als Personen in der Regel nur über Rollen an Gesellschaft teilnehmen können, die von ihr zwar weitestgehend vorgeben sind, von uns aber durchaus noch eigensinnig ausgeführt werden können, Stichwort Rollendistanz. Ansonsten sind mit allen Rollen bestimmte Verhaltenserwartungen unterschiedlicher Wertigkeit und Sanktionsbewehrtheit verbunden – Dahrendorfs Unterscheidung zwischen Muss-, Soll- und Kann-Erwartungen gibt hier Anhaltspunkte. Meistens hat man es mit Rollenpaaren zu tun, die komplementär und oft sogar, das wissen wir seit Talcott Parsons (1951), asymmetrisch aufeinander bezogen sind, wie die Rollenpaare Arzt-Patient, Lehrer-Schüler usw.

Besondere Relevanz erfährt die Rollentheorie dabei für die moderne Gesellschaft, weil diese hochgradig differenziert ist, also eine Mehrzahl von „Positionsfeldern" bzw. „Positionssegmenten" (Dahrendorf), „sozialen Feldern" (Bourdieu), „Funktionssystemen" (Luhmann) oder „Wertsphären" (Weber) umfasst, die allesamt spezifische Bedingungen der Möglichkeit der Teilnahme an ihnen vorgeben, kurzerhand Inklusionsbedingungen genannt. Jedes System weist somit ein eigenes Anforderungsprofil auf, wie man an ihm teilzunehmen hat, das sich strukturell in Rollenerwartungen ausdrückt. Jede Rolle erhält durch ein solches System ihr spezifisches Skript, sozusagen ihre Regieanweisungen.

In der Nachfolge von Parsons' Unterscheidung zwischen Leistungs- und Publikumsrollen, wobei Leistungsrollen Leistungserbringern vorbehalten sind, die oftmals in Organisationen agieren, während Publikumsrollen Leistungsempfänger betrifft und der Gesamtbevölkerung offenstehen, um an Gesellschaft, nach Funktionsbereichen differenziert, überhaupt teilnehmen zu können, kann diese Rollenkomplementarität für mehrere Funktionsbereiche durchdekliniert werden, mit teilweise ganz unterschiedlichen Ausprägungen. Burzan et al. (2008) haben dies einmal systematisch durchgespielt. Bei der Betrachtung dieser Rollenasymmetrien kommt hinzu, dass die Arbeitsteilung zwischen diesen Rollenpaaren klare Erwartungsunterschiede impliziert: Während die Leistungsrollen für den Output, d. h. die Produktion und Distribution der von ihnen erbrachten Leistungen für ein spezifisches Publikum zuständig sind, stehen die Publikumsrollen herkömmlich für Input, d. h. die Rezeption und Konsumtion der entsprechenden Leistungen bereit. Dass sie dafür bisweilen auch etwas tun müssen, damit die Rezeption und Konsumtion der jeweiligen Leistungen entsprechende Wirkungen bei ihnen zeitigen kann, etwa Compliance bei Patienten, Einkaufen bei Verbrauchern, Lernen bei Schülern, Wählengehen bei Staatsbürgern, dass sie also auch handeln müssen, um am Ende das erleben zu können, was ihnen das jeweilige Leistungspaket in Aussicht stellt, ist zutreffend. Aber alles, was sie während der Ausübung einer Publikumsrolle aktiv tun, tun sie letztlich, um dadurch in den Genuss einer bestimmten Leistung zu kommen, die sie dann primär für sich oder mit anderen erleben können.

Die eben eingeführte Unterscheidung von Erleben und Handeln ist für den vorliegenden Zusammenhang nun zentral: Während Handeln bedeutet, dass man sich primär output-orientiert verhält, also selber in den Weltenlauf aktiv eingreift und nach außen und vor anderen wirkt, erweist sich Erleben als primär input-orientiert, indem es um Entgegennahme, letzten Endes um Aneignung, Einverleibung, Nutzung für sich selber geht, der Innenbezug also maßgebend bleibt, sei er auf die eigene Person oder die eigene Bezugsgruppe gerichtet (Luhmann 1978). Leistungsrollen handeln demnach vordergründig, während Publikumsrollen in erster Linie erleben. Zumindest zeigen letztere eine dominante Disposition dafür.

Schwenkt man an diesem Punkt auf die akademische Verbraucherforschung über, ist festzustellen, dass die Idee der Konsumentenrolle, gar als Publikumsrolle, dort bislang noch wenig Resonanz gefunden hat. Generell bleibt in der akademischen Verbraucherforschung relativ vage, um was es sich bei Konsumenten und Konsumentinnen konzeptionell eigentlich handelt. Aus Sicht der Forschung sind Konsumenten und Konsumentinnen offenbar einfach da, quasi *taken for granted*, der Rest wird ceteris paribus behandelt. Und die Konsumenten bzw. Konsumentinnen selber begreifen sich irgendwie als solche; ansonsten verhalten sie sich weitestgehend rollenkonform, weshalb sich die akademische Verbraucherforschung um eine genauere Bestimmung dieses Sozialverhältnisses kaum je bemühen zu müssen meinte. Frei nach Luhmann (1991, S 14): „Die Begrifflichkeit konstituiert das, worüber gesprochen wird." Wie ist hier anzusetzen?

Greift man an diesem Punkt die Streissler'sche Unterscheidung zwischen Konsum im engeren und im weiteren Sinne wieder auf, empfiehlt es sich, von einem *hybriden* Rollenarrangement auszugehen, weil es nicht bloß eine Systemreferenz gibt. Beim Konsum im engeren Sinne geht es klar um Kaufakte. Situationstypisch sind Märkte, welche wiederum vom Wirtschaftssystem allumfassend gerahmt werden, das in diesem Kontext als letzte Referenz zur Verfügung steht, wenn die Frage nach der Urheberschaft entsprechender Rollenerwartungen gestellt wird. Die darauf bezogene Rolle ist in erster Linie die Käufer- bzw. Kundenrolle. Fratz sah darin sogar die „*Haupt*rolle auf der wirtschaftlichen Bühne", die er als „Kaufkraftträger-Rolle" bezeichnete (Fratz 1960, S. 156). Sie muss allerdings weitaus mehr leisten, als lediglich Transaktionen und Zahlungsvorgänge abzuwickeln (*information processing*). In jedem Fall ist es die originäre Publikumsrolle des Wirtschaftssystems. Bezogen auf deren Binnenstruktur wäre bei den Muss-Erwartungen etwa an Bedürfnis-, Preisvergleichs- und Zahlungsfähigkeit zu denken, die vergleichsweise einheitlich und verbindlich geregelt sind; bei den Soll-Erwartungen hingegen an

Kauffreudigkeit, Kundenloyalität oder Neugier und bei den Kann-Erwartungen
an Mundpropaganda, Sammelleidenschaft, Vernetzungsinteresse usw.[3]

Beim Konsum im weiteren Sinne hat man es hingegen mit Verbrauchsakten zu
tun, also vorwiegend mit alltäglichen Konsumaktivitäten im Privatbereich. Diese
finden in der Regel jenseits des Wirtschaftssystems statt, weshalb letzteres als Ge-
nerator für entsprechende Rollenerwartungen nicht zur Verfügung stehen kann.
Eine alternative, für die Rollenlogik unabdingbare Systemreferenz, damit überhaupt
von Rolle gesprochen werden kann, muss daher außerhalb des Wirtschafts-, aber
noch innerhalb des Gesellschaftssystems identifizierbar sein. Als Rollenbezeichnung
würde sich Verbraucher- oder Konsumentenrolle anbieten. Nur welche Referenz
sorgt dafür, dass entsprechende Rollenvorgaben kreiert und generalisiert werden,
etwa mit Blick auf Dahrendorfs Differenzierung nach Muss-, Soll- und Kann-Erwartungen? Welche Instanz gibt außerhalb des Wirtschaftssystems maßgebend
vor, wie zu konsumieren ist?

Angesichts der Geschichte der akademischen Verbraucherforschung käme hierfür
naheliegenderweise Werbung in Betracht, dafür sprechen viele Quellen. „Advertising
serves not so much to advertise products as to promote consumption as a way of
life. It ,educates‘ the masses into an unappeasable appetite not only for goods but
for new experiences and personal fulfillment." (Lasch 1979, S. 72) Doch ist Werbung
imstande, so präzise Muss-, Soll- und Kann-Erwartungen vorzugeben, dass sich
darüber eine verbindliche Konsumentenrolle für alle ausbildet? Der Einfluss der
Werbung auf das Verbraucherverhalten darf sicher nicht unterschätzt werden. Doch
bezüglich der Frage nach der Urheberschaft entsprechender Rollenerwartungen
wird hier mit Verweis auf Hartmut Lüdtke (2000, 2004) davon ausgegangen, dass
stattdessen Lebensstile als Rahmen für die jeweilige Konsumentenrolle fungieren
(Rössel und Pape 2010).

In der akademischen Verbraucherforschung wird für diese Verbindung häufig
auf Pierre Bourdieu verwiesen, der in seiner Sozialstrukturanalyse *Die feinen
Unterschiede* eben diese Konsumunterschiede – bei aller Multifaktorialität seiner
Analyse – auf die unterschiedlichen Bedingungen der Sozialisation eines bestimmten
Klassenhabitus zurückführte: Von dort aus wird vorgeben, wie man zu konsumieren

---

3 Im Detail stellt sich die Situation weitaus komplizierter dar. So wird bei der Sozialisation
   der Käufer- bzw. Kundenrolle lediglich eine Generalkompetenz vermittelt, während jede
   konkrete Kauf- bzw. Kundensituation, im Kaufhaus, auf dem Wochenmarkt oder im
   Internet, nochmals ein spezifisches *Script* erfordern dürfte, das eine konkrete Situati-
   onsanpassung und ggf. sogar Verhandlungsbereitschaft zwischen Personal und Kunde
   erforderlich macht. In jedem Fall dürfte niemals das Gesamtrepertoire aller möglichen
   „microbehaviors" (Solomon et al. 1985, S. 106) mit vermittelt werden können, das wäre
   viel zu umfangreich und auch gar nicht zweckdienlich.

hat. Entsprechende Muss-Erwartungen, bleibt man in dieser Stratifikationslogik, wären dann etwa Top-Qualität, „standard package" oder Bezahlbarkeit, je nach Stellung in der sozialen Hierarchie; Soll-Erwartungen hingegen Exklusivität, Prätendenz oder Bescheidenheit und Kann-Erwartungen Verschwendung, Passion oder beispielsweise die Lust auf den kleinen Luxus (Bourdieu 1987). So würde auch verständlich werden, weshalb Hillmann die Konsumentenrolle als „agglomerative Rolle" bezeichnet hat, da immer eine „Verflechtung der Konsumentenrolle mit anderen Rollen, die der Einzelne als Sozialpersönlichkeit besitzt", vorliege, wie mit der Berufs- oder Elternrolle (Hillmann 1971, S. 50). Freilich ist an die Stelle strikter Stratifikation inzwischen eine solche Pluralisierung der Lebensstile getreten, dass man mit einer rein vertikalen Erklärungslogik nicht mehr zurande kommt. Ob Lebensstile eine vergleichbar starke Prägung des Konsumverhaltens ihrer Mitglieder heutzutage noch durchsetzen können, ist skeptisch zu beurteilen, wie die *Omnivorous*-Forschung gezeigt hat.

   Die Möglichkeit, es mindestens mit zwei Rollen zu tun zu haben, der Käuferrolle qua Wirtschaftssystem und der Konsumentenrolle qua Lebensstilzugehörigkeit, hat übrigens schon Wiswede beschäftigt, der einerseits davon ausging, dass „der Mensch als Konsument in einem Flechtwerk verschiedenster Rollen" stehe. Es sei eigentlich „künstlich" , hier überhaupt eine echte Rolle zu unterstellen (weshalb Wiswede kurioserweise auch nur von den „Rollen des Verbrauchers" sprach), während er andererseits eine „bestimmte, sozial ausformulierte Rolle, eben die ,Verbraucher-Rolle'" identifizierte, bei der die „Aktivitäten des Verbrauchs selbst" im Vordergrund stünden. Hierfür machte er wiederum zwei „Segmente" aus: zum ersten „das Verhältnis des Konsumenten zum Produzenten", das sicher nur ein sehr abstraktes ist und praktisch kaum noch ins Gewicht fällt; zum zweiten „das Verhältnis des Konsumenten zum Verkäufer", was der obigen Käufer- bzw. Kundenrolle entspräche. Leider blieb eine weitergehende Klärung dieser Differenzierung aus (Wiswede 1972, S. 123ff.).

   Festgehalten werden kann jedenfalls die Einsicht, dass mindestens von zwei Systemreferenzen auszugehen ist, nämlich Wirtschaft und Lebensstil, ggf. noch Werbung und andere Systemreferenzen, die jeweils eigene Verhaltensstandards ausbilden, wie man zu konsumieren hat. Freilich würde man mit Blick auf die eigene Lebensstilgruppe kaum zwischen typischen Leistungs- und Publikumsrollen unterscheiden können, weil Lebensstile keine formalen Organisationen darstellen. Ferner wird hier unterstellt, dass für die Käufer- wie die Konsumentenrolle keineswegs nur Entscheidungs-, sondern ebenso Erlebnisrationalität maßgebend ist (unter bewusster Aussparung von Alternativen wie Praxis- oder Prosumtionsrationalität). Hierfür ist, dessen ist die akademische Verbraucherforschung in den letzten Jahrzehnten immer stärker gewahr geworden, wiederum bedeutsam, dass es beim

Leistungsempfang, wenn man konsumiert, nicht nur um Handeln *und* Erleben (*consumption experience*) geht, sondern um das Selbsterleben während des Konsums. Anders formuliert, achten (post)moderne Konsumenten und Konsumentinnen besonders darauf, wie sie sich beim Kauf und Konsum selber daraufhin beobachten, dass mit ihnen währenddessen etwas Bestimmtes passiert, sie sich verändern, wohl fühlen, glücklich sind, wenn sie konsumieren. Die Klaviatur der Kauf- und Konsummotive umfasst also nicht nur utilitaristische, sondern mindestens noch hedonistische Tonlagen. Um dies richtig einzuordnen, wird nunmehr auf diesen speziellen Forschungsstand kurz Bezug genommen.

4.2   Konsumerlebnisse, Erlebniskonsum und Hedonisums

Aus Sicht der nordamerikanischen akademischen Verbraucherforschung stellt das Jahr 1982 eine radikale Zäsur dar. In diesem Jahr kam es schlagartig zur Ausweitung der disziplinären Aufmerksamkeit, die Jahrzehnte beim Konsum im engeren Sinne lag, bei maximaler Konzentration auf Kaufakten und utilitaristischen Kaufmotiven, um den Konsum im weiteren Sinne, der den konkreten, fernab der Märkte praktizierten Ge- und Verbrauch verschiedenster Sach- wie Dienstleistungen umfasst und bezüglich der Konsummotive ein viel breiteres Spektrum aufweist. Initiiert wurde diese Zäsur durch zwei Aufsätze, die eine qualitativ neue, lange diffamierte Perspektive innerhalb der akademischen Verbraucherforschung zur Diskussion stellten, veröffentlicht in zwei Top-Journals dieser Zunft. Es dreht sich um die beiden Artikel *The Experiential Aspects of Consumption: Consumer Fantasies, Feelings, and Fun* und *Hedonic Consumption: Emerging Concepts, Methods and Proposition* von Elizabeth C. Hirschman und Morris B. Holbrook, gefolgt von vielen weiteren Beiträgen (Hirschman und Holbrook 1982; Holbrook und Hirschman 1982).

Auch wenn die damaligen Ausführungen konzeptionell noch eher bescheiden blieben, haben sie langfristig doch dazu beigetragen, dass die akademische Verbraucherforschung zwei Stereotype überwand, die über Jahrzehnte vorherrschend waren: Erstens das Stereotyp, die Verbraucherforschung hätte sich nur mit Einkaufsverhalten zu befassen – getrieben vom Mantra des Marketing, das nur an einem interessiert war: mehr zu verkaufen! – und zweitens das Stereotyp, Konsum in erster Linie als *decision making process* zu begreifen, der im Verständnis des *Homo oeconomicus* allein von rein nützlichen Erwägungen geprägt sei. Beide und spätere Beiträge erschlossen im Laufe der 1980er Jahre der akademischen Verbraucherforschung somit relativ neue, lange Zeit völlig vernachlässigte Gebiete des alltäglichen Kaufens und Konsumierens.

Kennzeichnend für den *experiential consumption approach* ist in erster Linie, dass er sich nicht nur für utilitaristische, sondern andere, vor allem hedonistische Konsumerwartungen interessiert, die ihre Wirkung auch innerpsychisch entfalten, weshalb zum Beispiel Introspektion als Methode so bedeutsam wurde. So hieß es bei Holbrook und Hirschman explizit „Consumer Fantasies, Feelings, and Fun" – freilich ohne dass ganz klar wurde, welchen wissenschaftlichen Stellenwert diese drei Bezeichnungen eigentlich haben sollten (Holbrook und Hirschman 1982). Im Wesentlichen ging es um einen Vorstoß in unbekanntes Terrain, ohne dafür schon hinreichend gerüstet zu sein. Beim Wort „Fun" kam jedenfalls die hedonistische Dimension zum Zuge; beim Wort „Feelings" ging es um Gefühle im weitesten Sinne, die sich beim Konsum einstellen und ihn begleiten, womöglich sogar motivieren mögen; und beim Wort „Fantasies" wurden insbesondere innerpsychische Aktivitäten bezüglich zukünftiger, gegenwärtiger oder vergangener Konsumsituationen hervorgehoben, „like illusion, fantasy, day-dream, make-believe, imaginative speculation" (Campbell 1987, S. 82), bei denen die Konsumenten und Konsumentinnen überaus einfallsreiche, sie selbst anregende, erregende, beglückende Momente durch sich selbst erleben können. Kurzum: „This theory of consumption is inner-directed" (Campbell 1998a, S. 147).

Das Wort „experience" wird dabei mitunter auch so verstanden wie das deutsche Wort „Erfahrung". In der Regel ist damit aber *Erlebnis* gemeint, und zwar ein innerpsychisches Erleben beim Konsumieren und dessen Wert für die jeweiligen Konsumenten und Konsumentinnen währenddessen. Beides ist für diese Forschung eng aufeinander bezogen. Erfahrungen dürften sogar unverzichtbar sein. Letztendlich kommt es aber auf die Qualität der damit verbundenen Erlebnisse, auf ihre innerpsychische Präsenz, An- und Erregungskraft („arousal") an. Wobei sich ein Teil der Forschung damit begnügt, Erlebniskonsum im Sinne eines Spektakels zu betrachten, das primär die fünf Sinne anspricht und sie bestenfalls betäubt. Diese Sichtweise wird maßgeblich vom Marketing präferiert und bleibt ein wenig oberflächlich. Viel bedeutender ist demgegenüber, dass Konsumerlebnisse und speziell der darauf ausgelegte Erlebniskonsum eine reflexive, ja selbstreferentielle Rationalität auszeichnet: Man ist auf ein bestimmtes inneres Erleben aus und beobachtet sich beim Konsum dahingehend, ob und inwieweit das erlebte Konsumerlebnis sich mit dem deckt, was man sich davon für sich selber erhofft hat, gerade hinsichtlich der eigenen Befindlichkeit, etwa eine außeralltägliche, gar transformative Wirkung auf die eigene Persönlichkeit.

Die Relevanz dessen, was der *experiential consumption approach* für den heutigen Konsum als zentral erachtet, wurde übrigens schon länger beobachtet. So geht Andreas Reckwitz davon aus, dass heutige Konsumenten und Konsumentinnen „die Prämierung des Erlebens statt des Handelns" auszeichnet (Reckwitz 2006, S. 131).

Bei Stanley Lebergott findet sich die sehr grundsätzliche Einschätzung: „Economic activity aims not for output, but for experience via consumption" (Lebergott 1993, S. 3). Gut zwei Jahrzehnte vorher zitierte Wolfgang Fritz Haug die Aussage „Wer verkaufen will, muß Erlebnisse vermitteln", die einem Zeitungsartikel aus dem Jahre 1970 entstammte (Haug 1971, S. 86). Er sprach in diesem Zusammenhang von der „Auflösung der Ware in einen Erlebnisvorgang" und bezog sich dafür hauptsächlich auf das Buch *Der Schlüssel zum Verbraucher* von Peter Kaufmann (1969), der die Zukunft des Handels schon dreißig Jahre vor Pine und Gilmore (1999) in der Vermittlung von Einkauferlebnissen vermutete. Nochmals davor – sehr grundsätzlich gemeint – konnte man schon bei Wilhelm H. Bierfelder lesen: „*Letztlich orientiert sich menschliches Antriebs- und Begehrenserleben beim Verbrauch nicht an Waren oder Diensten, sondern an Erlebnissen und Erfolgsbildern*" (Bierfelder 1959, S. 195, Kursivsetzung im Original). Und noch früher bei Lawrence Abbott: „What people really desire are not products but satisfying experiences" (Abbott 1955, S. 39). Schließlich wies schon Sidney J. Levy die eigene Zunft darauf hin, welche Fragen die Konsumenten und Konsumentinnen letzten Endes umtreiben: „The question is less: ‚Do I need this?' More important are the ideas: ‚Do I want it?' ‚Do I like it?'" – ohne damit indes schon große Resonanz erregt zu haben (Levy 1959, S. 119). In jedem Fall ist die Bedeutsamkeit von Erlebnissen für den modernen Konsum historisch schon viel früher bemerkt worden.

Mit den historisch-sozialen Entstehungsumständen der gegenwärtigen Relevanz des Erlebniskonsums hat sich vor allem Colin Campbell (1987) – fünf Jahre nach der Hirschman-Holbrook-Zäsur – in *The Romantic Ethic and the Spirit of Modern Consumerism* befasst. Seine Recherchen führten ihn in das 18. Jahrhundert, zu den Ursprüngen der Romantik. Explizit auf die Studie *Die Protestantische Ethik und der Geist des Kapitalismus* von Max Weber bezogen, geht Campbell davon aus, dass es parallel und quasi dialektisch bedingt mit dem Aufkommen der kapitalistischen Wirtschaftsordnung und der diese maßgebend prägenden rationalistischen Gesinnung zur Ausbildung einer gegenläufigen romantischen Ethik kam, die all das, was die protestantische Ethik als illegitim-irrational betrachtete und verunglimpfte, zu ihrem Hauptanliegen machte: Gefühle, Kreativität, Passionen, Phantasien, Sinnlichkeit, Stimmungen, Träume behaupteten danach ihren Eigenwert. Die innere Befindlichkeit des Einzelnen, die Kontingenz der Lebensentwürfe, unerfüllte Hoffnungen, Sehnsüchte, Wünsche – allesamt emotional hochprekäre Motivlagen, die durchweg das innere Erleben der Personen betrafen – rückten ins Zentrum der Aufmerksamkeit, in bewusster Abgrenzung zu den damals vorherrschenden Prinzipien der Lebensführung. Die Selbstbespiegelung innerhalb eines nahezu unbegrenzt erscheinenden Möglichkeitshorizontes und das permanente Selbstinszenieren als romantisch gestimmte Seelen, anfangs vor allem bei Frauen und Künstlern, die auf

der Suche nach ihrer inneren Wahrheit, ihrem eigentlichen Wesen waren, fernab
der Anforderungen des täglichen Einerleis, zeichnete die romantische Ethik aus.
Und genau hier liegen die Ursprünge des modernen Erlebniskonsums, so Campbell,
wobei im Laufe der Jahrhunderte, ähnlich wie Weber dies für die protestantische
Ethik eingeschätzt hatte, welche für den Fortbestand des Kapitalismus zusehends
entbehrlicher wurde, auch die romantische Ethik für den heutigen Konsumismus
sicher nicht mehr die alles entscheidende Orientierungsgröße darstellt. Insofern
hat der heutige Erlebniskonsum mittlerweile eine gewisse romantizistische Entzauberung und Trivialisierung erlitten (Campbell 1987, S. 72f.). Dennoch haben
sich bestimmte Aspekte dieser Ethik erhalten, und diese betreffen, um es salopp zu
formulieren, die Relevanz der schon genannten Trias „Consumer Fantasies, Feelings,
and Fun", wie sie der *experiential consumption approach* zum Gegenstand hat, bei
denen die persönliche Befindlichkeit, die Selbstreferentialität und Selbstreflexion,
letztlich das innere (Selbst)Erleben der Konsumenten und Konsumentinnen beim
Erlebniskonsum im Fokus stehen. „In short, today's consumers are self-reflexive
individuals and narrative agents" (Carù und Cova 2008, S. 170), die fortlaufend für
sich selber ihr eigenes Konsumtheater inszenieren – wobei diese selbstreflexiven
Narrative eben von großer Selbstreferentialität geprägt, man könnte fast sagen:
narzisstisch sind (Lasch 1979).

   Dass es zu einer derartigen Entzauberung und Trivialisierung dieser Erwar-
tungshaltung gekommen ist (was die Möglichkeit gesellschaftsweiter Diffusion
enorm erleichterte), über Bessergestellte, Frauen und Künstler aus dem Bürgertum
hinaus, weil mit erhöhter Anschluss- und Resonanzfähigkeit ausgestattet, kann
durch eine weitere Studie verdeutlicht werden. 1992 veröffentlichte Gerhard Schulze
Die Erlebnisgesellschaft; es sollte eine Kultursoziologie der Gegenwart sein. Das
zentrale Argument dieser Studie lautete, dass sich aufgrund einer exponentiellen
Zunahme der Möglichkeiten, auf die jeder einzelne heutzutage zugreifen kann, in
nahezu allen Bereichen der modernen Gesellschaft im Laufe der zweiten Hälfte
des zwanzigsten Jahrhundert – also durch die Umkehrung einer Mangel- in eine
Überflussgesellschaft – die Situation für jeden einzelnen dahingehend veränderte,
dass sich angesichts dieser Überfülle an Angeboten die Frage der Auswahlkriterien
von außen nach innen verlagerte, auf die innere Befindlichkeit des eigenen Selbst
gerichtet (Schulze 1992, S. 54ff.). Wenn kein Mangel mehr herrscht, wovon macht
man dann seine Entscheidungen abhängig? Nach Schulze davon, dass alles, wofür
immer man sich entscheiden mag, innerlich anregende, bereichernde, beglückende, wertvolle Erlebnisse bewirken soll, die einen positiv bestärken, ja glücklich
machen. Der letzte Maßstab für das eigene Handeln ist somit das eigene Erleben,
das wiederum auf das Erleben schöner Erlebnisse aus ist. Schulze nannte diese
Disposition *Erlebnisrationalität* – Rationalität, weil es strategisch, zielgerichtet,

technisch versiert betrieben wird. Campbell (1987, S. 71) sprach sinnverwandt von „self-illusioned quality of experience" bzw. „self-regulatory control", angeleitet durch permanente Selbstreferentialität und Selbstreflexion.

Im Übrigen schuf Campbell hierfür eine sehr gelungene Allegorie: „The individual is both actor and audience in his own drama, ,his own' in the sense that he constructed it, stars in it, and constitutes the sum total of the audience" (Campbell 1987, S. 78). Die Selbstinszenierung bedient sich demnach einer durchaus kreativen innerpsychischen Rollenkomplementarität: Auf der einen Seite die Konsumenten und Konsumentinnen als (sich jeweils innerlich selber) erlebendes Publikum, auf der anderen Seite als (innerlich) handelndes Ensemble auf einer fiktiven Bühne, auf der es vor und für sich selber aufspielt, beides in einem und beides als inneres Erleben dessen, was einem selber beim Konsumieren widerfährt. Kaufmann (1969, S. 147) hat dies einmal wie folgt geschildert: „Das Kleid wird gekauft, weil die Frau sich darin ,sieht' – und sie kauft es, weil sie sich ihrem Gatten gegenüber ,sieht' oder weil sie der Begegnung mit Familienfreunden entgegen'sieht'" – genau dieses Sich-Selber-„Sehen" als innerlicher Vorgang der Selbstbeobachtung ist hier entscheidend, wobei der altmodische Manipulationsverdacht damit ein ganz neues, sozusagen inverses Vorzeichen erhält, weil nunmehr fortlaufend Selbsttechniken der (Selbst)Erlebnisoptimierung im Spiel sind.

Freilich war Schulzes Studie zeitdiagnostisch angelegt und auf die (bundesrepublikanische) Gesellschaft insgesamt bezogen, also mitnichten nur auf die Konsumsphäre. Gleichwohl, wägt man vergleichend ab, bezüglich welcher Lebensbereiche sich diese Kombination von Erlebnisorientierung und Hedonismus – „Projekt des schönen Lebens" bei Schulze, „perfected vision of life" bei Campbell – wohl in erster Linie erhoffen und verwirklichen lässt, kommt dafür mit Abstand wohl zuallererst der Konsumbereich in den Blick, weniger die Arbeit, das Bürgeramt, der Gerichtssaal, die Kirche, das Krankenhaus, die Schule, die Universität, die Wahlkabine; allenfalls noch Familie/Intimbeziehungen oder Kunst. Insofern wird hier auch der Vorschlag unterbreitet, Schulzes *Erlebnisgesellschaft* passenderweise in *Konsumgesellschaft* umzubenennen.

Als Zwischenfazit, bezogen auf die Fragestellung, was die Konsumentenrolle nunmehr in ihrer Doppelung auszeichnet, ist festzuhalten: Sowohl die Käufer- als auch die Konsumentenrolle sind, so die These, im Kern, bei allen Veränderungen über die letzten Jahrzehnte hinweg, durchweg darauf ausgerichtet, dass Käufer bzw. Käuferinnen wie Konsumenten und Konsumentinnen sich selbst dabei erleben sollen und wollen, wie sie selber konsumieren. Außerdem gehen sie in der Regel davon aus, dass ihnen währenddessen – gesellschaftlich legitimiert – etwas hedonistisch Wertvolles widerfährt, das direkt auf ihr Projekt des schönen Lebens einzahlt, je nach Spezifikation der eigenen Erlebnisrationalität . Hierfür scheint es kaum mehr Einschränkungen zu geben: „anything goes" (Shove und Warde 2002, S. 237), so merkwürdig das Außenstehenden erscheinen mag. Dies gilt insbesondere angesichts dieser Vielzahl möglicher Bezugsgruppen (Familien, Klassen, Lebensstile, Milieus, Netzwerke, Organisationen, Szenen), die ihren Mitgliedern eigene Verhaltensregeln auferlegen, wie sie zu konsumieren haben, während das Wirtschaftssystem demgegenüber ungleich standardisierter und strenger verfährt, wenn es um die Käuferrolle als funktionssystemspezifische Publikumsrolle geht.

4.3   Die Nichttrivialität des Homo consumens

Kehrt man nach diesen Vorüberlegungen zur Ausgangsfrage nach einem situationsadäquaten Menschenbild der Verbraucherwissenschaften zurück, liegen sozusagen mehrere Angebote auf dem Verhandlungstisch (wobei nichts davon gänzlich neu ist und hier auch nur weniges berücksichtigt werden kann). Wie schon die Studie von Gabriel und Lang aus dem Jahr 2006 zeigt, tragen heutige Konsumenten und Konsumentinnen viele Gesichter: dynamisch, flexibel, komplex. Von daher scheint der gesuchte *Homo consumens* ganz sicher nicht derart eindimensional, linear, berechenbar konstruiert werden zu können, wie man es vom *Homo oeconomicus* gewohnt ist. Vielmehr dürfte der Versuch, ein entsprechendes Menschenbild zu konstruieren, darauf hinauslaufen, dass es sich idealtypisch um eine nicht-triviale Maschine handelt. Somit geht es in der Tat um den *Abschied vom eindimensionalen Verbraucher* (Fridrich et al. 2017).

Mehrere Facetten sind im Verlauf der Untersuchung sichtbar geworden. Zuallererst ging es um die Ausweitung der Konsumzone über rein wirtschaftliche Belange hinaus. Hierfür wurde die Unterscheidung zwischen Konsum im engeren und im weiteren Sinne herangezogen, man könnte auch sagen: zwischen Wirtschaft und Gesellschaft, wie sie der akademischen Verbraucherforschung im Laufe ihrer Entwicklung allmählich zu Bewusstsein kam. Entscheidend hieran ist, dass der Konsum im weiteren Sinne, weitgehend befreit von spezifisch wirtschaftlichen Begrenzungen, ein qualitativ ganz anderer zu sein verspricht. In einem ersten Schritt wurden hierzu zwei Rollensettings identifiziert: einerseits die Käuferrolle, durch Verhaltensvorgaben des Wirtschaftssystems geleitet, sie ist die klassische Publikumsrolle des Wirtschaftssystems, andererseits die Konsumentenrolle, die sich durch die Zugehörigkeit zu einer bestimmten Lebensstilgruppe außerhalb des Wirtschaftssystems auszeichnet und von dieser Seite spezifische, qualitativ andere Verhaltensvorgaben erfährt. Beide Rollenmuster überschneiden sich wahrscheinlich, interferieren oder interpenetrieren einander sogar, sind aber nicht kongruent und werden gleichermaßen durch Werbung beeinflusst.

In einem zweiten Schritt wurde dann zwischen Entscheidungs- und Erlebnisrationalität unterschieden. Während Entscheidungsrationalität dezidiert auf die Publikumsrolle des Wirtschaftssystems bezogen wird, dies war lange Zeit die vorherrschende Wahrnehmung der Konsumenten und Konsumentinnen als Käufer und Käuferinnen seitens der akademischen Verbraucherforschung, erweitert Erlebnisrationalität den Kompetenzraum der Käuferrolle erheblich und nimmt sehr viel stärker den subjektiven Standpunkt der einzelnen Konsumenten und Konsumentinnen ein. Im Grunde stand Entscheidungsrationalität bislang für die Außenansicht, während Erlebnisrationalität ganz auf die Innenansicht der Käufer und Käuferinnen bzw. Konsumenten und Konsumentinnen bezogen ist. Auch diese Unterscheidung ist nicht kongruent mit der zwischen Konsum im engeren und im weiteren Sinne: Erlebt und entschieden wird sowohl innerhalb wie außerhalb des Wirtschaftssystems, als Konsument wie als Käufer – überdies auf Basis von teilweise sehr unterschiedlichen Motivlagen. Denn im Zuge dieser Unterscheidung kam noch eine weitere in Sicht: Während die Käuferrolle anfangs noch als primär utilitaristisch motiviert gedeutet wurde, hieran zeigt sich der Einfluss des *Homo oeconomicus* wohl am deutlichsten, wurde das Motivspektrum über die Jahrzehnte beträchtlich erweitert, wobei die Dimension des Hedonismus innerdisziplinär die größte Aufmerksamkeit auf sich zieht. Damit hätte man quasi ein dreidimensionales Koordinatensystem, in dem das Verhalten von Konsumenten und Konsumentinnen verortet werden könnte. In der Sache handelt es sich jeweils um Kontinua, wie bei allen bisher aufgeführten Differenzierungen. Zur disziplin-internen Orientierung wird hier aber, wie bei der inzwischen ein wenig überkommenen Unterscheidung Manipulation/Souveränität, von rein binären Unterscheidungen ausgegangen, ohne dass eine davon die Funktion einer Leitdifferenz beanspruchen könnte. Vielmehr wirken alle mit- und aufeinander, was den *Homo consumens* heterarchisch und multidimensional erscheinen lässt. Und es ist gar nicht ausgemacht, dass nicht noch weitere Unterscheidungen hinzutreten, sei es die zwischen Bedürfnissen und Wünschen oder zwischen Egoismus und Altruismus, wie schon länger diskutiert. Dieser Prozess der Synopse unterschiedlichster Dimensionen des Konsumentenverhaltens ist also keineswegs abgeschlossen, womöglich sogar unabschließbar.

Allerdings wird in diesem Zusammenhang besondere Bedeutung auf den Aspekt der Erlebnisrationalität gelegt.[4] Denn sollte Campbell recht haben, kommt es wäh-

---

4   Nur am Rande: Die Situation des Erlebens wird hier als eine fundamental andere als die des Entscheidens gewertet. Während man sich beim Entscheiden gut erkennbar exponiert, für sich wie andere, verbleibt man beim Erleben fast in einem Zustand völliger Unerkennbarkeit, da die Zurechnung von Selektivität und Subjektivität vorrangig auf die Umwelt gerichtet ist. Die Nicht-Exponiertheit bzw. Introvertiertheit des Erlebens eigenen Konsums ist damit eingebettet in ein Welterlebnis insgesamt: Man erlebt sich als

rend eines Konsumerlebnisses zum Wiedereintritt (*re-entry*) der Unterscheidung Selbstbeobachtung/Fremdbeobachtung ins innere Selbsterleben der Konsumenten und Konsumentinnen, indem sie innerlich beide Beobachtungsmodi für und vor sich selber durchspielen, mit klarer Präferenz für die Publikumsrolle (als der primär erlebenden Komponente). Ein Konsument bzw. eine Konsumentin sitzt quasi wie im Theater unten im Zuschauerraum und schaut sich innerlich auf einer fiktiv errichteten Bühne selber beim Konsumieren zu. Sein oder ihr Handeln auf der inneren Bühne kann dabei überaus passiv, also selber wiederum nur erlebend wirken, wie beim Anschauen der Fernsehserie *Dallas* (Liebes und Katz 1990), oder hoch aktiv, indem er oder sie sich selber als hyperaktiven Konsumenten oder Konsumentin inszeniert und erlebt, wie beim „river rafting" (Arnould et al. 1999) oder „skydiving" (Celsi et al. 1993): Darin liegt dann der Genuss, das Vergnügen, die „self-illusioned quality of experience" eben dieser Konsumform. Im Grunde steht jedem/r sogar das gesamte Repertoire der Typologie von Gabriel und Lang (2006) zur Auswahl bereit, je nach Stimmungslage. Ob das von außen ebenfalls ersichtlich wird, ist dabei zweitrangig.

Indes soll diese Hervorhebung keineswegs präjudizieren, Erlebnisrationalität sei *die* Kernkompetenz der Käufer- und Konsumentenrolle. Im Gegenteil: Es ist eher unwahrscheinlich, dass sämtliche Konsumenten bzw. Konsumentinnen dazu imstande sind, weil Erlebnisrationalität nicht nur entsprechende Außenbedingungen benötigt, Stichwort Überflussgesellschaft, sondern auch gewisse Innenbedingungen, wie Neugier, Phantasie, Vorstellungsvermögen. Es sollte jedoch deutlich geworden sein, dass die Innenansicht der Konsumenten und Konsumentinnen mehr Aufmerksamkeit verdient. Die Situationsanalyse wird sozusagen von außen nach innen verlagert, wodurch auch die Folgeschritte eine qualitativ andere Verhaltensrationalität erkennbar werden lassen. Zwar muss auch beim Konsum im weiteren Sinne noch entschieden werden, aber das Entscheiden fungiert nunmehr als bloßes Mittel ohne Eigenwert, während das (Selbst)Erleben klar im Vordergrund des Konsumierens steht, etwa durch das Erleben eigener Entscheidungen.

Freilich verunmöglicht die Multidimensionalität der Käufer- bzw. Konsumentenrolle, dass sich daraus ein vergleichbar schlicht gestricktes Menschenbild für die Verbraucherwissenschaften konstruieren lässt. Vielmehr ist davon auszugehen, dass man es mit einer Black Box zu tun hat, die so komplex ist, dass sie für die Außenansicht letztlich undurchsichtig und damit unberechenbar bleibt. Im Einzelfall

---

Teil einer Welt und ist nicht separiert von ihr, wie beim Entscheiden. Die Partikularität des eigenen Erlebens lässt sich beim Erleben selber nicht mit-erleben. Die Situation des Erlebens ermöglicht damit quasi die Erlebbarkeit von Nicht-Kontingenz, etwas das heutzutage eine Ausnahme darstellt (Luhmann 1992).

und auf große Aggregatwerte bezogen mag dies anders erscheinen. In der Sache handelt es sich allerdings um eine radikale Zäsur.

Verglichen mit dem *Homo oeconomicus* wirft dies die Frage auf: Kann es für die Verbraucherwissenschaften überhaupt ein situationsadäquates Menschenbild geben? Nicht, wenn man am Anspruch einer trivialen Maschine unverbesserlich festhält. Die Herausforderung der Verbraucherwissenschaften wird deshalb darin gesehen, sich damit anzufreunden, dass ihr Menschenbild, hier probehalber als *Homo consumens* bezeichnet, sie hinsichtlich dieser Transparenz- und Kontrollerwartung so weit enttäuscht, dass sie mit dieser Erwartung brechen und sich durch die Komplexität des Konsumentenverhaltens soweit irritieren lassen, dass sie bereit sind zu lernen, einen situationsadäquaten Umgang mit nicht-trivialen Maschinen zu finden. Darin liegt die eigentliche Herausforderung: in der Aufgabe einer alten Gewohnheit. Der *Homo consumens* führt paradoxerweise die Komplexität des Gegenstandes in die Forschung wieder ein und hält sie ihr vor Augen, wie in einem Spiegel – paradoxerweise, weil Menschenbilder bislang genau das Gegenteil bewerkstelligen sollten, nämlich Unsicherheitsabsorption. Das aber genügt heutzutage nicht mehr: Aufgeklärte Verbraucherwissenschaftler müssen nicht nur kritisch, sondern vor allem selbstkritisch sein.

5   Bewertung und Ausblick

Die akademische Verbraucherforschung befindet sich seit Jahrzehnten im Wandel. Dies hat einerseits mit Veränderungen ihres Gegenstandes zu tun, letztlich der Gesellschaft, mit denen sie Schritt halten muss, andererseits mit einem innerdisziplinären Reifeprozess. Weil ihr Gegenstand komplexer wird, muss auch sie selber es werden. Dabei erfolgen diese Lernschübe, die bisweilen von regelrechten Paradigmenwechseln begleitet zu werden scheinen, bezogen auf den Systematisierungsvorschlag von Østergaard und Jantzen (2000) in Dekadenabständen. Ob dies tatsächlich so zutrifft, ist eine empirische Frage. Jedenfalls gehört es zur Normalität dieser Disziplin, dass nicht nur ihr Gegenstandshorizont, sondern auch ihr Theorien- wie Methodenbestand ständig expandieren. Im Zuge dessen wiesen die Verbraucherleitbilder („The Consumer Metaphorically"), welche sich diese Disziplin nach Østergaard und Jantzen von den Konsumenten und Konsumentinnen bislang gemacht hat, eine erstaunlich kurze Geltungsdauer auf, ohne dass es zwischen diesen Leitbildern übergroße Ähnlichkeiten gegeben hätte. Vielmehr kam jedes Mal eine völlig neue Facette hinzu und drängte sich in den Vordergrund. Wird das nunmehr, da diese Disziplin sich als vollentwickelte Verbraucherwissenschaften zu begreifen beginnt, ein Ende finden?

In den vorstehenden Überlegungen wurde davon ausgegangen, dass Wissenschaften Leit- oder Menschenbilder brauchen, je nach Disziplin andere, zum Zwecke der Unsicherheitsabsorption. Vor dem Hintergrund der aktuellen Entwicklung ergab sich daraus die Frage, wie ein situationsadäquates Menschenbild der Verbraucherwissenschaften aussehen könnte. Denn aktuell gibt es keines, sofern es nicht von außen stammt, zumeist aus moralischen oder politischen, jedenfalls fachfremden Erwägungen herstammend.[5] Hierzu wurden mehrere Konzepte, Unterscheidungen, Vorschläge diskutiert. Am Ende stand die vorläufige Einsicht, dass sich ein Menschenbild, das dem des *Homo oeconomicus* nachempfunden, also vergleichbar eindimensional, statisch, unterkomplex ausgerichtet wäre, für die Verbraucherwissenschaften als eher dysfunktional erweisen würde. Suggeriert wird damit nur eine *illusion of control* – früher oder später dürfte sich das rächen. Im Gegenteil braucht es wohl ein Menschenbild, das einer nicht-trivialen Maschine gleicht: hochkomplex, autonom, tendenziell unberechenbar und unbeherrschbar. Wissenschaftspolitisch ist dies sicher unerwünscht. Aber es wäre allemal gegenstandsgerechter – und eine Herausforderung sondergleichen, auf vollständige Geschlossenheit der eigenen Perspektive zu verzichten.

Die Konstruktion eines *Homo consumens*, wie sie hier versucht wurde, ist deswegen auch unabgeschlossen geblieben, weil es kontraintuitiv, ja inkonsequent gewesen wäre, für Offenheit zu plädieren und den Verbraucherwissenschaften zugleich ein fertiges, endgültiges Menschenbild präsentieren zu wollen. Vielmehr sollte nicht mehr geleistet werden, als Problembewusstsein zu wecken, Anregungen zu geben und eine Einladung zur Debatte auszusprechen. Denn wenn sich eine Vollendung der akademischen Verbraucherforschung in Gestalt der Verbraucherwissenschaften tatsächlich abzeichnet, dann wird sich diese unter anderem darin beweisen müssen, wie sie mit dem Paradox umzugehen gedenkt, über ein Menschenbild zu diskutieren, das gerade die Standarderwartungen an ein solches Konstrukt systematisch enttäuscht.

---

5 Gemeint sind hiermit in erster Linie gängige Verbraucherleitbilder, deren Funktion zumeist politisch motiviert ist, da sie primär immanenten Erfordernissen der Verbraucherpolitik zu genügen suchen.

Literatur

Abbott, L. (1955). *Competition and Quality. An Essay in Economic Theory*. New York: Columbia University Press.

Antonides, G., Raaij, F. v. (1998). *Consumer Behaviour. A European Perspective*. Chichester et al.: John Wiley & Sons.

Arnould, E. J., Price, L. L., Otnes, C. (1999). Making Magic Consumption. A Study of White-Water River Rafting. *Journal of Contemporary Ethnography* 28(1). S. 33-68.

Arnould, E. J., Thompson, C. J. (2005). Consumer Culture Theory (CCT): Twenty Years of Research. *Journal of Consumer Research* 31. S. 868-882.

Arnould, E. J., Thompson, C. J. (2007). Consumer Culture Theory (and We Really Mean *Theoretics*): Dilemmas and Opportunities Posed by an Academic Branding Strategy. In R. W. Belk, J. F. Sherry, Jr. (Hrsg.), *Consumer Culture Theory*. (Research in Consumer Behavior 11) (S. 3-22). Oxford: Elsevier.

Askegaard, S. T. und Linnet, J. T. (2011). Towards an epistemology of consumer culture theory: Phenomenology and the context of context. *Marketing Theory* 11(4). S. 381-404.

Bierfelder, W. H. (1959). Der Mensch als Verbraucher. Ergebnisse und Bestätigungen der Verbrauchsforschung zum Verständnis des Menschen. *Soziale Welt* 10. S. 193-202.

Bourdieu, P. (1987). *Die feinen Unterschiede. Kritik der gesellschaftlichen Urteilskraft*. Frankfurt/M.: Suhrkamp.

Burzan, N., Lökenhoff, B., Schimank, U., Schöneck, N. M. (2008). *Das Publikum der Gesellschaft. Inklusionsverhältnisse und Inklusionsprofile in Deutschland*. Wiesbaden: VS-Verlag.

Campbell, C. (1987). *The Romantic Ethic and the Spirit of Modern Consumerism*. London/New York: Basil Blackwell.

Carù, A. und Cova, B. (2008). Small versus big stories in framing consumption experiences. *Qualitative Market Research* 11(2). S. 166-176.

Celsi, R. L., Rose, R. L., Leigh, T. W. (1993). An Exploration of High-Risk Leisure Consumption through Skydiving. *Journal of Consumer Research* 20(1). S. 1-23.

Dahrendorf, R. (1967). Homo Sociologicus. In R. Dahrendorf, *Pfade aus Utopia. Arbeiten zur Theorie und Methode der Soziologie* (S. 128-194). München: Piper.

Fleck, L. (1980). *Entstehung und Entwicklung einer wissenschaftlichen Tatsache. Einführung in die Lehre vom Denkstil und Denkkollektiv*. Frankfurt/M.: Suhrkamp.

Franz, S. (2004). *Grundlagen des ökonomischen Ansatzes: Das Erklärungskonzept des Homo Oeconomicus*. Working Paper 2004-02. Potsdam: Universität Potsdam.

Fratz, E. (1960). Der Mensch im Markt – ein Spiel in Doppelrollen. In W. Vershofen, P. W. Meyer, H. Moser, W. Ott (Hrsg.), *Der Mensch im Markt. Eine Festschrift zum 60. Geburtstag von Georg Bergler* (S. 151-159). Berlin: Duncker & Humblot.

Fridrich, C., Hübner, R., Kollmann, K., Piorkowsky, M.-B., Tröger, N. (2017). *Abschied vom eindimensionalen Verbraucher*. Wiesbaden: VS-Verlag.

Gabriel, Y., Lang, T. (2006). *The Unmanageable Consumer*. London/Thousand Oaks/New Delhi: Sage.

Glock, C. Y., Nicosia, F. M. (1966). The Study of Consumer and Consumption Behavior. In S. H. Britt (Hrsg.), *Consumer Behavior and the Behavioral Sciences. Theories and Applications* (S. 4). New York/London/Sydney: John Wiley & Sons.

Haug, W. F. (1971). *Kritik der Warenästhetik*. Frankfurt/M.: Suhrkamp.

Hillmann, K.-H. (1971). *Soziale Bestimmungsgründe des Konsumentenverhaltens.* Stuttgart: Enke.

Hirschman, E. C., Holbrook, M. B. (1982). Hedonic Consumption: Emerging Concepts, Methods and Propositions. *Journal of Marketing* 46. S. 92-101.

Holbrook, M. B., Hirschman, E. C. (1982). The Experiential Aspects of Consumption: Consumer Fantasies, Feelings, and Fun. *Journal of Consumer Research* 9. S. 132-140.

Kaufmann, P. (1969). *Der Schlüssel zum Verbraucher.* Wien/Düsseldorf: Econ.

Kenning, P. (2017). Verbraucherwissenschaften. Begriffliche Grundlagen und Status quo. In P. Kenning, A. Oehler, L. A. Reisch, C. Grugel (Hrsg.), *Verbraucherwissenschaften. Rahmenbedingungen, Forschungsfelder und Institutionen* (S. 3-17). Wiesbaden: Springer.

Kenning, P., Oehler, A., Reisch, L. A., Grugel, C. (Hrsg.) (2017). *Verbraucherwissenschaften. Rahmenbedingungen, Forschungsfelder und Institutionen.* Wiesbaden: Springer.

Kuhn, T. S. (1963). The Function of Dogma in Scientific Research. In A. C. Crombie (Hrsg.), *Scientific Change* (S. 347-369). London: Heinemann.

Lasch, C. (1979). *The Culture of Narcissism. American Life in an Age of Diminishing Expectations.* New York: Norton.

Lebergott, S. (1993). *Pursuing Happiness. American Consumers in the Twentieth Century.* Princeton: Princeton University Press.

Levy, S. J. (1959). Symbols for Sale. *Harvard Business Review* 37(4). S. 33-39.

Liebes, T., Katz, E. (1993). *The Export of Meaning. Cross-Cultural Readings of Dallas.* Oxford: Oxford University Press.

Lüdtke, H. (2000). Konsum und Lebensstile. In D. Rosenkranz, N. F. Schneider (Hrsg.), *Konsum. Soziologische, ökonomische und psychologische Perspektiven* (S. 117-132). Opladen: Leske+Budrich.

Lüdtke, H. (2004). Lebensstile als Rahmen von Konsum. Eine generalisierte Form des demonstrativen Konsums. In K.-U. Hellmann, D. Schrage (Hrsg.), *Konsum der Werbung. Zur Produktion und Rezeption von Sinn in der kommerziellen Kultur* (S. 103-124). Wiesbaden: VS-Verlag.

Luhmann, N. (1978). Erleben und Handeln. In H. Lenk (Hrsg.), *Handlungstheorien interdisziplinär II. Handlungserklärungen und philosophische Handlungsinterpretationen,* Erster Halbband (S. 235-253). München: Fink.

Luhmann, N. (1981). *Politische Theorie im Wohlfahrtsstaat.* München/Wien: Olzog.

Luhmann, N. (1991). *Soziologie des Risikos.* Berlin: de Gruyter.

Luhmann, N. (1992). Kontingenz als Eigenwert der modernen Gesellschaft. In N. Luhmann, *Beobachtungen der Moderne* (S. 93-128). Opladen: Westdeutscher Verlag.

Østergaard, P., Jantzen, C. (2000). Shifting Perspectives in Consumer Research: From Buyer Behaviour to Consumption Studies. In S. C. Beckmann, R. H. Elliott (Hrsg.), *Interpretative Consumer Research. Paradigms, Methodologies and Applications* (S. 9-23). Copenhagen: Copenhagen Business School Press.

Parsons, T. (1951). *The Social System.* London: Routledge.

Pine, J. und Gilmore, J. (1999). *The Experience Economy.* Boston: Harvard Business School Press.

Reckwitz, A. (2006). Das Subjekt des Konsums in der Kultur der Moderne: Der kulturelle Wandel der Konsumtion. In K.-S. Rehberg (Hrsg.), *Soziale Ungleichheit, kulturelle Unterschiede: Verhandlungen des 32. Kongresses der Deutschen Gesellschaft für Soziologie in München. Teilband 1 und 2* (S. 424-436). Frankfurt/New York: Campus.

Rössel, J., Pape, S. (2010). Lebensstile und Konsum. In J. Beckert, C. Deutschmann (Hrsg.), *Wirtschaftssoziologie. Sonderband 49 der Kölner Zeitschrift für Soziologie und Sozialpsychologie* (S. 344-365). Wiesbaden: VS-Verlag.

Schmidbauer, W. (1972). *Homo consumens. Der Kult des Überflusses.* Stuttgart: DVA.

Schulze, G. (1992). *Die Erlebnisgesellschaft. Kultursoziologie der Gegenwart.* Frankfurt/New York: Campus.

Shove, E. und Warde, A. (2002). Inconspicuous Consumption: The Sociology of Consumption, Lifestyles, and the Environment. In R. E. Dunlap, F. H. Buttel, P. Dickens, A. Gijswijt (Hrsg.), *Sociological Theory and the Environment. Classical Foundations, Contemporary Insights* (S. 230-251). Lanham: Rowman & Littlefield.

Solomon, M. R., Surprenant, C., Czepiel, J. A., Gutman, E. G. (1985). A Role Theory Perspective on Dyadic Interactions: The Service Encounter. *Journal of Marketing* 49. S. 99-111.

Stichweh, R. (1988). Inklusion in Funktionssysteme der modernen Gesellschaft. In R. Mayntz, B. Rosewitz, U. Schimank, R. Stichweh, *Differenzierung und Verständigung. Zur Entwicklung gesellschaftlicher Teilsysteme* (S. 261-293). Frankfurt/New York: Campus.

Streissler, E. (1994). Konsumtheorien. In B. Tietz (Hrsg.), *Handwörterbuch der Absatzwirtschaft* (S. 1086-1104). Stuttgart: C. E. Poeschel Verlag.

Streissler, E. und Streissler, M. (1966). Einleitung. In E. Streissler, M. Streissler (Hrsg.), *Konsum und Nachfrage* (S. 13-149). Köln/Berlin: Kiepenheuer & Witsch.

Suchanek, A. und Kerscher, K.-J. (2007). Der Homo oeconomicus: Verfehltes Menschenbild oder leistungsfähiges Analyseinstrument? In R. Lang, A. Schmidt (Hrsg.), *Individuum und Organisation. Neue Trends eines organisationswissenschaftlichen Forschungsfeldes* (S. 251-275). Wiesbaden: DUV.

Weber, M. (1984). *Die protestantische Ethik I. Eine Aufsatzsammlung.* Gütersloh: GTB.

Wiswede, G. (1972). *Soziologie des Verbraucherverhaltens.* Stuttgart: Enke.

Wiswede, G. (2000). Konsumsoziologie – eine vergessene Disziplin. In D. Rosenkranz, N. Schneider (Hrsg.), *Konsum. Soziologische, ökonomische und psychologische Perspektiven* (S. 23-72). Opladen: Leske+Budrich.

Zaltman, G. und Wallendorf, M. (1979). *Consumer Behavior. Basic Findings and Management Implications.* New York/Chichester/Brisbane/Toronto: John Wiley & Sons.

Zukin, S. und Maguire, J. S. (2004). Consumers and Consumption. *Annual Review of Sociology* 30. S. 173-197.

Konsumenten, Prosumenten oder Conpreneure?

Wenn Konsumgüter auch unternehmerisch genutzt werden[1]

Michael-Burkhard Piorkowsky

Zusammenfassung

In der Verbraucherforschung, -politik und -bildung gelten Konsumentinnen und Konsumenten herkömmlich als Endabnehmer von Konsumgütern. Empirisch zeigt sich aber nicht selten eine Vermischung mit erwerbsorientierten Aktivitäten, z. B. Verkäufe von ausgesonderten Haushaltsgütern im Internet. Weitere Beispiele sind langfristige Vermietungen einer nicht selbst genutzten Wohnimmobilie oder die entgeltliche Lieferung von Solarstrom an institutionelle Stromversorger. Neuerdings werden solche Aktivitäten als „Prosumtion" bezeichnet, der Sharing- und Internet-Ökonomie zugerechnet und als Entgrenzung der Verbraucherrolle gedeutet. Die Wortverbindung von Produktion und Konsum zielt aber ursprünglich auf die Hervorhebung der produktiven Elemente des Konsums im Haushaltskontext. Erwerbsorientiertes Handeln ist nicht eingeschlossen. Der Sharing-Ökonomie werden sowohl kommerzielle als auch nicht kommerzielle Aktivitäten zugeordnet. Und nicht alle oben genannten Aktivitäten sind Beispiele für die Internet-Ökonomie. Um mehr Klarheit zu gewinnen, werden die oben genannten Beispiele näher betrachtet. Als Ergebnis wird vorgeschlagen, unternehmerisch handelnde Konsumentinnen und Konsumenten als „Conpreneure" oder „Verbraucher-Unternehmer" zu bezeichnen. Damit können diese begrifflich differenziert in das Wirtschaftsgeschehen eingeordnet werden.

---

1 Für Rollenbezeichnungen wird das generische Maskulinum verwendet. Für die Durchsicht des Manuskripts und wertvolle Anregungen danke ich Karl Kollmann und Stefan Wahlen.

© Springer Fachmedien Wiesbaden GmbH, ein Teil von Springer Nature 2018
S. Nessel et al. (Hrsg.), *Multiperspektivische Verbraucherforschung*, Kritische Verbraucherforschung, https://doi.org/10.1007/978-3-658-20199-9_4

1   Einführung und Überblick

Traditionell werden Verbraucherinnen und Verbraucher und Unternehmerinnen und Unternehmer als gegensätzliche Personenrollen analysiert, die den als gesondert betrachteten Institutionen bzw. Organisationen Privathaushalte und Unternehmen zugeordnet sind und sich im Marktgeschehen gegenüberstehen. Diese Sicht findet sich in der Betriebs- und Volkswirtschaftslehre, insbesondere in der herkömmlichen Mikro- und Makroökonomik (z. B. Varian 1984, S. 1; Mackintosh et al. 1996, S. 49-51; Edling 2006, S. 9), im Rechtsverständnis, wie es ursprünglich in § 13 des Bürgerlichen Gesetzbuchs (BGB) verankert war[2] (vgl. dazu Reichardt 2008, S. 9, S. 140-145) und in der Soziologie, die einen konsumtiven und einen produktiven Bereich der Gesellschaft unterscheidet, z. B. in der Konsum- und Wirtschaftssoziologie (vgl. Kutsch und Wiswede 1986; Hellmann 2010a). Dieses Verständnis hat sich auch in der Verbraucherforschung, Verbraucherpolitik und Verbraucherbildung niedergeschlagen (z. B. Stauss 1982; Hagen und Wey 2009, S. 5; Deutsche Stiftung Verbraucherschutz o. J.).

Zunehmend zeigen sich allerdings Tendenzen einer als Entgrenzung gedeuteten Ausweitung der eng definierten Verbraucherrolle durch faktisch unternehmerische Aktivitäten in privaten Haushalten, wenn Waren und Dienstleistungen auf Märkten angeboten werden und damit ein monetäres Einkommen erzielt wird. Beispiele dafür sind:

- Verkäufe von Waren im Internet, die in Deutschland im ersten Quartal 2015 von über 19 Mio. Personen getätigt wurden (Statistisches Bundesamt 2016, S. 21);
- Verkauf von Strom, der auf den Dächern der über 1 Mio. „Solarhaushalte" 2013 in Deutschland mit einer Photovoltaik-Anlage gewonnen, teils selbst genutzt und teils gegen Entgelt in das Netz eines institutionellen Stromversorgers einspeist wurde (Bardt und Niehues 2013, S. 217; Andor, Frondel und Sendler 2015, S. 5);
- Langzeitvermietung einer nicht selbst genutzten Wohnimmobilie durch etwa 7 Mio. nicht institutionelle Privatvermieter 2011/12 in Deutschland (Bach, Popien und Thiemann 2014, S. 10);

---

2   Die ursprüngliche Fassung lautet: „Verbraucher ist jede natürliche Person, die ein Rechtsgeschäft zu einem Zweck abschließt, der weder ihrer gewerblichen noch ihrer selbständigen beruflichen Tätigkeit zugerechnet werden kann". Seit dem 13. Juni 2014 gilt die neue Fassung: „Verbraucher ist jede natürliche Person, die ein Rechtsgeschäft zu Zwecken abschließt, die *überwiegend* weder ihrer gewerblichen noch ihrer selbständigen beruflichen Tätigkeit zugerechnet werden können" (Hervorhebung: M.-B.P.).

- Kurzzeitvermietung von Wohnraum bzw. Schlafplätzen an Touristen sowie von Kraftfahrzeugen an Gelegenheitsfahrer über Angebotsportale im Internet durch Privatpersonen in schwer zu ermittelnder Anzahl.

Bereits länger werden neben der Käuferrolle von Verbrauchern im Markt auch die Rollen als Verbraucher-Produzent oder „Prosument" im Haushalt und als Verbraucher-Bürger im politisch-öffentlichen Raum thematisiert. Gelegentlich wird auch die Rolle als Anbieter in faktisch unternehmerischer Betätigung betrachtet und begrifflich unscharf mit „Prosuming" bzw. „Prosumtion", seltener auch mit „Sharing" bezeichnet (vgl. Blättel-Mink 2010; Verbraucherzentrale Bundesverband 2015; Loske 2016, S. 49-50; May und Neuhoff 2016; Purnhagen und Wahlen 2016, S. 10). Mit dem Prosumenten- bzw. Sharing-Begriff kommt die unternehmerische Dimension allerdings nicht angemessen zum Ausdruck und verstellt sogar den Blick auf die alltägliche Haushaltsproduktion, die im Normalfall mit Konsum untrennbar verbunden ist. Hier wird deshalb ein präziser Begriff für diesen handlungsorientierten Realtyp vorgeschlagen und vom „Conpreneur" bzw. „Verbraucher-Unternehmer" gesprochen.

Frühe Hinweise aus der Verbraucherforschung auf diesen Verbrauchertyp finden sich in zwei Stellungnahmen des Wissenschaftlichen Beirats für Verbraucher- und Ernährungspolitik des Bundesministeriums für Ernährung, Landwirtschaft und Verbraucherschutz (BMELV) (2006, S. 6-9; 2008, S. 9-10). Der Beirat hat das Thema aber nicht weiter verfolgt. Neuerdings wurde es vom Sachverständigenrat für Verbraucherfragen (SVRV) aufgegriffen und mit dem Fokus auf die internetbasierte Plattform-Ökonomie und am § 13 BGB ansetzende Fragen des Verbraucherrechts in einem Gutachten bearbeitet (Purnhagen und Wahlen 2016). Die Autoren schlagen für die von ihnen betrachteten Fallgruppen Verkäufe und Vermietungen über Internet-Portale vor, die anbietenden Konsumenten als „Interimsunternehmer" zu bezeichnen, weil diese jeweils nur kurzzeitig unternehmerisch aktiv seien (ebd., S. 49-50).

Die oben bezifferten Beispiele belegen – auch wenn es Überschneidungen geben dürfte –, dass es sich um Größenordnungen handelt, die erheblich sind und – was auf Grund der Entwicklungsdynamik und der Rahmenbedingungen vermutet werden kann – sich noch ausweiten könnten. Für die zunehmende unternehmerische Aktivität im Haushaltskontext spielt das Internet und insbesondere die Plattform-Ökonomie eine beschleunigende Rolle oder bietet erst die Basis für eine solche Rollenmischung in gesamtwirtschaftlich bedeutsamer Größenordnung, wie bei den quantitativ umfangreichen „Amateur-Verkäufen" im Internet. Aber die unternehmerische Anreicherung der Verbraucherrolle ist nicht nur ein Phänomen der „Digitalen Welt", sondern zeigt auch einen Wandel der realen Ökonomie jenseits von Internet-Diensten, wie die Beispiele Langzeitvermietung und Lieferung von Solarstrom vermuten lassen, selbst wenn dabei auch Internet und Smartphone genutzt werden.

Die Entwicklung zu de facto Verbraucher-Unternehmern bzw. -Unternehmerinnen, nicht selten auch de jure zu Unternehmern bzw. Unternehmerinnen, hat Konsequenzen, wie empirische Untersuchungen, auf die hier nachfolgend Bezug genommen wird, zeigen. Dies gilt insbesondere für die Beschaffung und Verwendung von Geld, für die Zeitverwendung, für den Umgang mit dem unternehmerisch gewidmeten Eigentum und – so ist weitergehend zu vermuten – für die zunehmende marktökonomische Orientierung in der Alltags- und Lebensgestaltung.

Untersuchungswürdig sind bei einem so vielschichtigen Thema viele Aspekte, von denen hier ausgewählte sozioökonomische, rechtliche, ökologische und technische Aspekte behandelt werden. Zunächst werden in Kapitel 2 einige Grundlagen für die begriffliche und theoretische Einordnung des mehr oder weniger unternehmerischen Umgangs mit ausgewählten Konsumgütern im Haushaltskontext gelegt. In Kapitel 3 werden drei Fallgruppen näher beschrieben, die sich in wesentlichen Merkmalen unterscheiden, und zwar (1) Verkäufe bei Internet-Auktionen „von privat an privat", (2) Lieferung von Solarstrom an institutionelle Stromversorger sowie (3) Langzeitvermietung von nicht selbst genutzten Wohnimmobilien. Abschließend werden in Kapitel 4 Konsequenzen erörtert.

2   Begriffliche und theoretische Grundlagen: Konsumenten, Prosumenten und Conpreneure

In diesem Kapitel wird eine knappe Auseinandersetzung mit den oben genannten Begriffen bzw. Wortschöpfungen geboten, um spezifische Merkmale nachzuweisen und den hier vorgetragenen Vorschlag für einen neuen Begriff zu begründen.

2.1   Konsumenten

Der Konsumentenbegriff – Synonym: Verbraucherbegriff – hat sich in den Wirtschafts- und Sozialwissenschaften im Zusammenhang mit der zunehmenden gesellschaftlichen Arbeitsteilung und der damit einhergehenden Auslagerung agrarischer und handwerklicher Produktion aus den privaten Hauswirtschaften sowie der analytischen Konstruktion der ökonomischen Kreislauf- und Rollentheorie etabliert und den sozioökonomischen Haushaltsbegriff mit Bezug auf *eine* spezifische Rolle von Haushaltsmitgliedern weitgehend ersetzt (vgl. dazu Elster 1911; Wyrwa 1997; Piorkowsky 2017a). Er ist in der zweiten Hälfte des 20. Jahrhunderts zunehmend ausgeweitet worden und heute facettenreicher als es die Standardliteratur vermuten lässt. Im Kern zielt er auf die Beschaffung von Konsumgütern durch das Nachfrageverhalten am Markt ab, insbesondere durch Kauf von Waren und Dienstleistungen für die unmittelbare Bedarfsdeckung und Bedürfnisbefriedigung. Nachdrücklich wird die Konsumentenrolle als gesondert von der Erwerbsrolle konstruiert bzw. gedeutet (vgl. Stauss 1982, S.69-70; Hagen und Wey 2009, S.5; Reisch 2012, S.33). Schließlich gehört zum Kern des Konsumentenbegriffs, dass Konsum als End- oder Letztverbrauch verstanden wird (vgl. z.B. Blume 1977, Sp. 4116; Stauss 1982, S.66; Kirchgeorg und Piekenbrock o.J.; Hellmann 2016, S.51-52). „Damit wird die Verbraucherproblematik kontradiktorisch zur Angebotsseite des Marktes interpretiert" (Hansen 1993, Sp. 4463; vgl. konkret bei Erhard 1969, S.29).

Zu einem modernen Konsumentenverständnis gehören zum einen die Nachfrage nach öffentlich bereitgestellten Konsumgütern, die Einflussnahme auf Anbietende durch Abwanderung, Protest und Boykott und die verantwortliche Wahrnehmung der Konsumentenrolle durch sozial und ökologisch korrekte Auswahl und Nutzung der Konsumgüter. In dieser – im weiteren Sinn politischen – Rolle werden die Akteure und Akteurinnen meistens als Konsumenten-Bürger oder Bürger-Konsumenten bezeichnet; und es wird darauf verwiesen, dass nur ein kleinerer Teil der Konsumenten und Konsumentinnen diese Rolle auch tatsächlich wahrnimmt (vgl. dazu Hansen 1993, Sp. 4464; Halfar 2000; Reisch 2005, S.442; Gabriel und Lang 2006; Micklitz et al. 2010, S.3). Zum anderen gehört zu einem erweiterten Verbraucherverständnis die Feststellung, dass Haushaltsproduktion als Alternative bzw. Ergänzung zur Marktversorgung durchaus zum Konsum gehört (Hansen 1993, Sp. 4464; Hellmann 2010b, S.38-39; Reisch 2012, S.33-34; Gabriel und Lang 2015). Außerdem ist aus der Sicht der Konsumsoziologie die symbolische Bedeutung des Konsums für die Selbstgestaltung der Konsumentenrolle ein zentraler Gegenstand der Konsumforschung (Hellmann 2010a).

Kritisch ist allerdings festzustellen, dass trotz der Erweiterungen des Konsum- und Konsumentenbegriffs nach wie vor die Marktentnahme, also Kauf bzw. Miete, im Zentrum der ökonomischen, soziologischen und verhaltenswissenschaftlichen Wirtschafts- und Konsumforschung steht (z.B. Bala und Müller 2015; vgl. dazu Kraemer und Brugger 2017, S.13-14). Kritikwürdig ist auch, dass mit Bezug auf Entscheidungen und nachfolgende Aktivitäten zur Beschaffung, Nutzung und Entsorgung von Konsumgütern einschließlich politisch und sonstiger symbolisch aufgeladener Selbstgestaltung und kollektiver Aktionen an einem „konsumorientierten" Verbraucherbegriff festgehalten wird. Denn diese Aktivitäten können theoretisch und empirisch fundiert auch als Produktion bzw. Prosumtion verstanden werden (vgl. dazu Piorkowsky 2017a).

2.2   Prosumenten

Der Begriff des Prosumenten ist von Toffler (1980) geprägt und in die Diskussion gebracht worden. Er hat damit auf die zunehmend technisch und intellektuell angereicherten Aktivitäten von Konsumenten und Konsumentinnen hingewiesen, die generell mit einem mehr oder weniger weiten Aktivitätsspektrum das tun, was insbesondere in der ökonomischen Literatur herkömmlich als Konsum bezeichnet wird, wie Einkauf erledigen, Essen kochen, Wäsche waschen, Fernsehen, Handwerken und Nachbarn helfen.

Zur modernen Prosumenten-Ökonomie gehört für Toffler (1980) nicht nur die unbezahlte Haushalts- und Familienarbeit, die er als unverzichtbare Basisaktivität versteht (ebd., S. 284), sondern auch die organisierte Selbsthilfe in speziellen Gruppen, z. B. für Übergewichtige (ebd., S. 285), die Do-it-yourself-Bewegung (ebd., S. 286) und die Koproduktion bei industriellen Prozessen, beginnend beim Design von Produkten und endend z. B. bei der Bestellung eines Maßanzugs, für den die technischen Daten in die Apparatur des Herstellers per Homecomputer eingegeben werden (ebd., S. 290). Toffler (ebd., S. 292) stellt dazu fest: „In such a world, conventional distinctions between producer and consumer vanish".

Mit Blick auf die Zukunft beschreibt Toffler (ebd., S. 292-305) Lebensstile und Wirtschaftsstrukturen, die auf einer bewusst gewählten ausgewogenen Kombination von Erwerbsarbeit und Prosumtion mit hoher Technikausstattung beruhen und die Grenzen zwischen Arbeit und Freizeit sowie individueller Selbstversorgung und kollektiver Selbsthilfe zunehmend verwischen (ebd., S. 294). Aber auch in der Prosumenten-Ökonomie der Zukunft wird Erwerbstätigkeit wie selbstverständlich nur als abhängige Beschäftigung angesprochen; und dass Prosumenten quasi-unternehmerisch Konsumgüter am Markt anbieten könnten, wird von Toffler nicht einmal angedeutet (ebd., S. 296 ff.; vgl. dazu Volkmann 2010, S. 208).

Aktuell dominiert ein an Computer-Technik orientiertes Verständnis von Prosumtion, z. B. die Nutzung eines 3-D-Druckers im Haushalt und die Produktion bzw. Koproduktion von Medienprodukten im Internet und im Fernsehen (vgl. z. B. IBM Global Business Services 2008; Schmidt 2012). In der Literatur findet sich neuerdings der Prosumentenbegriff aber auch zur Beschreibung von politischem und gemeinwohlorientiertem Engagement, z. B. bei Loske (2016, S. 49-51), sowie zur Analyse unternehmerischer Aktivitäten im Haushaltskontext, z. B. für den Verkauf von ausgesonderten Haushaltsgütern bei Auktionen im Internet bei Blättel-Mink et al. (2011, S. 126) sowie von Dachanlagen-Solarstrom an institutionelle Stromversorger, z. B. bei May und Neuhoff (2016, S. 2). Tofflers Thesen sind in der Literatur teils zustimmend, teils ablehnend diskutiert worden. Eine tiefschürfende Befassung mit den Argumenten soll hier nicht vorgenommen werden. Aber drei Beispiele aus einer neueren Debatte seien kurz erwähnt. Gemeinsam ist ihnen, dass mehr oder weniger theoretisch begründete Erweiterungen vorgeschlagen werden, und zwar der nutzend in Gemeinschaften produzierende „Produtzer" (Bruns 2010, S. 199), der konsumierend sich selbst produzierende „Conducer" (Ritzer 2010, S. 62-77) und der im Gesundheitswesen mitwirkende „Doctient" (Volkmann 2010, S. 208). In keinem Fall geht es um Erwerbstätigkeit.

2.3 Conpreneure

Eine ganz andere Kennzeichnung bietet sich mit Blick auf die Verknüpfung von Konsum bzw. Prosumtion – hier einschließlich der Begriffsvariationen gedacht – mit unternehmerischem Handeln im Haushaltskontext an. Gemeint ist damit nicht, dass auch in Haushalten von erwerbswirtschaftlich Selbstständigen Konsumgüter erworben und genutzt werden. Gemeint ist vielmehr die Situation, dass Geld-, Sach- und Humanvermögen eingesetzt wird, um im Haushaltskontext ohne formalen Unternehmensstatus Sach- und/oder Dienstleistungen auf Märkten bereitzustellen und damit faktisch zumindest in Teilen auch unternehmerisch tätig zu werden. Hier könnte auch von semi-, quasi oder de facto unternehmerischem Verhalten gesprochen werden; und nicht selten liegt sogar de jure unternehmerische Aktivität vor, z. B. wenn das Finanzamt dies so einstuft.

Der Unternehmer- bzw. Entrepreneur-Begriff wird in der Fachliteratur unterschiedlich verwendet. Das Begriffsspektrum deckt ein breites Feld ab, das vom profitsuchenden Spekulanten über den Innovationen am Markt einführenden und durchsetzenden Unternehmenslenker bis zum Gründer im teilzeitlichen Nebenerwerb reicht und auch Investitionen im Haushalt einschließt (vgl. Schneider 1970, S. 18-22; Brosziewski 1997; Hax 2005; Piorkowsky 2005). Gemeinsam ist den damit bezeichneten Akteuren bzw. Akteurinnen, dass ein finanzwirtschaftlicher Erfolg durch erwerbsorientiertes Handeln am Markt in eigener Verantwortung angestrebt wird. Dies kann mit oder ohne institutionell gesondertes Unternehmen geschehen und als Bestandteil des Lebenskonzepts empfunden werden. Dass die hier als Beispiele gewählten Aktivitäten zumindest für einen Teil der Handelnden als unternehmerisch im funktionalen Sinn gewertet werden können, soll im folgenden Kapitel dargelegt werden.

Beispiele für die hier gemeinten Aktivitäten sind – wie bereits genannt – Privat-verkäufe von überwiegend ausgesonderten Haushaltsgütern bei Internet-Auktionen, die Langzeitvermietung einer nicht selbst genutzten Wohnimmobilie, die Gewinnung von Storm, z. B. durch eine Photovoltaik-Anlage auf dem Dach des Einfamilien-hauses, und die entgoltene Einspeisung von überschüssigem Strom in das Netz eines institutionellen Energieversorgers. Für die sozioökonomische Einordnung ist zunächst nicht die rechtliche Bewertung der Aktivitäten maßgeblich, sondern die Motivation zum Handeln (vgl. Weber 1921, S. 5-11). Für eine noch unbestimmte Zahl von Fällen kann eine erwerbswirtschaftliche Orientierung angenommen werden, denn zum Verkauf bzw. zur Vermietung gibt es in den genannten Fall-gruppen durchaus Alternativen. Ausgesonderte Haushaltsgüter können verschenkt, die nicht selbst genutzte Wohnimmobilie kann unentgeltlich überlassen und die Kapazität der Photovoltaik-Anlage nach dem Haushaltsstrombedarf bemessen werden. Es mögen auch andere Motive als Erwerb sowie Motivmischungen eine Rolle spielen. Dies ist eine empirisch zu untersuchende Frage, der im folgenden Kapitel nachgegangen wird.

Nach den bisherigen Überlegungen ergeben sich Besonderheiten von Con-preneuren gegenüber Prosumenten bzw. Konsumenten daraus, dass – anders als herkömmlich gesehen – zum einen kein letzter Verbrauch der *abgegebenen* Güter und damit kein Abschluss einer partiellen Wertschöpfungskette in den *abgebenden* Haushalten erfolgt und zum anderen durch die entgeltliche Abgabe „Haushalten und Erwerben" in besonderer Weise ineinander verwoben sind. Der Konsumentenbegriff und der Prosumentenbegriff sind folglich genau genommen nicht angebracht (vgl. dazu Hellmann 2010b, S. 39; 2016, S. 51-55).

Es erscheint wissenschaftstheoretisch und auch praktisch geboten, die Verknüp-fung der Konsumenten- bzw. Prosumentenrolle mit einer zumindest partiellen Unternehmerrolle mit einem eigenen Terminus zu bezeichnen. Denn Unterschied-liches sollte unterschiedlich benannt werden. Die hier gemeinte Rollenbündelung findet sich nicht bei allen Personen oder Privathaushalten, weil nicht alle Konsu-menten bzw. Konsumentinnen ausgewählte Konsumgüter gegen Entgelt am Markt anbieten. Hier wird dafür – angeregt insbesondere durch die Wortschöpfung „Conducer" – der Begriff „Conpreneur" vorgeschlagen, wobei Consumer im weiten Sinn von Prosumer verstanden wird. Mit ähnlicher Begründung wird auch, wie bereits ausgeführt, begrifflich zwischen Prosumtion und Konsumenten-Bürgertum differenziert (z. B. Reisch 2012, S. 33-35).

3   Empirische Erkenntnisse: Warenverkauf, Energielieferung, Vermietung

Die hier näher betrachteten Fallgruppen sind aus folgenden Gründen ausgewählt worden: Verkäufe von ausgesonderten Haushaltsgütern bei Internet-Auktionen sind ein Beispiel für die digitale High-Tech-Renaissance des herkömmlichen Verkaufs solcher Güter an Second-Hand-Läden und auf Flohmärkten. Die entgeltliche Lieferung von Solarstrom von der häuslichen Dachanlage zum institutionellen Stromversorger ist ein völlig neues High-Tech-basiertes, aber nicht IT-Plattform-basiertes „Geschäftsfeld". Die dauerhafte Vermietung einer nicht selbst genutzten Wohnimmobile durch nicht institutionelle Vermietung ist weder neu, noch High-Tech- und spezifisch IT-Plattform-basiert. Zu diesen drei Fallgruppen werden Ergebnisse der amtlichen Statistik und der empirischen Wirtschafts- und Sozialforschung zusammengestellt. Betrachtet werden insbesondere Handlungsmotive sowie Umfang und Wirkungen der Aktivitäten. Die Datenlage ist insgesamt nicht zufriedenstellend.

3.1   Verkäufe von Waren „von privat an privat" im Internet

3.1.1   Personen mit Verkaufsaktivität

Knapp 20 Mio. private Internet-Nutzer und -Nutzerinnen haben in Deutschland im ersten Quartal 2015 Waren und Dienstleistungen im Internet verkauft; das waren ein Drittel der knapp 60 Mio. privaten Internet-Nutzer und -Nutzerinnen im Alter ab 10 Jahren (Statistisches Bundesamt 2016, S. 21). Von den knapp 20 Mio. Privatverkäufern und -verkäuferinnen waren 53 % männlich (ebd.). Die Zahl der Personen mit Privatverkäufen hat von 2006 bis 2015 nahezu kontinuierlich um gut 50 % zugenommen (vgl. Mohr 2007).

3.1.2   Analyse von Verkäufer-Typen

Für eine im Jahr 2008 an der Universität Frankfurt a. M. durchgeführte und von Ebay unterstützte Online-Befragung konnten 2511 Fragebögen ausgewertet werden, die von den 70000 angeschriebenen Zielpersonen, die in den letzten 12 Monaten mindestens ein Produkt auf Ebay gekauft *und* verkauft hatten, ausgefüllt wurden (Blättel-Mink 2010, S. 125; Blättel-Mink et al. 2011, S. 69-70). Zur Ermittlung von Bestimmungsgründen für Verkaufsaktivitäten wurden fünf Statements vorgegeben, die von den Befragten mit „trifft zu" bzw. „trifft voll und ganz zu" wie folgt beantwortet wurden (Blättel-Mink et al. 2011, S. 80): Ich werde alten Kram los, der zum Wegwerfen zu schade ist (62,9 %), es lässt sich Geld verdienen (44,2 %), indem ich gebrauchte Produkte verkaufe, leiste ich einen Beitrag zum Umweltschutz (26,5 %), ich mag den Nervenkitzel beim Versteigern (21,7 %), es macht Spaß, auf Ebay zu verkaufen (12,2 %).

Aus den Befragungsergebnissen zu *Kauf- und Verkaufsaktivitäten* wurden faktoren- und clusteranalytisch fünf Nutzer-Typen gewonnen und wie folgt bezeichnet: „Online-Käufer" (15 %), „preisorientierte Gebrauchtwarenkäufer" (20 %), „Gebrauchtkauf-Skeptiker" (20 %), „umweltorientierte Gebrauchtwarenkäufer" (22 %) und „Prosumers" (23 %) (Blättel-Mink 2010, S. 126-127; Blättel-Mink et al. 2011, S. 97-99). Als „Prosumers" werden von Blättel-Mink et al. (2011, S. 102) solche Personen bezeichnet, die eine hohe Kauf- *und* Verkaufsaktivität aufweisen und durch eine starke *Weiterverkaufsaktivität* gekennzeichnet sind. „Die Vertreterinnen und Vertreter dieser größten Gruppe im Sample (23,5 Prozent) geben an, sich bereits vor dem Kauf eines Neuproduktes Gedanken über den späteren Weiterverkauf zu machen" (Blättel-Mink 2010, S. 127). In ihrer Soziodemographie sind sie den anderen Nutzer-Typen ähnlich: 47 % sind Frauen, 59 % sind zwischen 30 und 49 Jahre alt, 51 % sind verheiratet, 4 % haben Kinder im Haushalt, 46 % haben Abitur, 24 % haben ein Studium absolviert (Blättel-Mink et al. 2011, S. 102).

Eine größere Bedeutung des Erwerbsmotivs zeigt die Erhebung von EuPD Research (Paypal Deutschland GmbH 2006), für die 1004 private Online-Nutzer und -Nutzerinnen im Alter ab 16 Jahren nach einem Quotenplan telefonisch befragt wurden (ebd., S. 7-8). Der *Verkäufer-Typ* wurde im Rahmen der Datenanalyse aus den zuvor gebildeten drei Käufer-Typen abgeleitet, die zusammen die Gruppe der „Online-Shopper" – neben anderen Gruppen, z. B. „Online-Banker" – bilden, und nach der Häufigkeit der Käufe in Gelegenheits-, Heavy- und Power-Shopper differenziert (ebd., S. 23).

Die besonders *verkaufsaktiven* Mitglieder in den Gruppen der „Online-Shopper" werden als „Privatverkäufer" bezeichnet (ebd., S. 44). Dieser Gruppe wurden 443 Befragte zugeordnet, das sind 58 % der 759 „Online-Shopper". In der Analyse der Daten hatte sich gezeigt, dass die Verkaufshäufigkeit mit der Einkaufshäufigkeit korreliert. „Wer viel im Netz kauft, verkauft auch mehr als der Durchschnitt. 35,3 Prozent der Power-Shopper, aber nur 3,5 Prozent der Gelegenheits-Shopper haben in den letzten sechs Monaten mehr als zehnmal privat Produkte verkauft – im Internet oder per Annonce und Flohmarkt" (ebd., S. 46). Dass in dieser Erhebung mehrere Verkaufswege Berücksichtigung finden, steht durchaus im Einklang mit der hier verfolgten Fragestellung, mehr Klarheit über erwerbsorientiertes Verbraucherverhalten zu erlangen. In der Stichprobe waren Online-Auktionen mit 61 % der meistgenutzte Verkaufskanal im Privatverkauf; 44 % der Befragten hatten bereits über Annoncen in Zeitungen und Zeitschriften und 36 % auf Flohmärkten verkauft, und 15 % hatten Online-Inserate für Privatverkäufe genutzt (ebd., S. 45).

Zur Ermittlung von Bestimmungsgründen für Verkaufsaktivitäten wurden acht Statements vorgegeben, denen die Befragten wie folgt zugestimmt haben (ebd., S. 50). Verkauf wegen erwarteter Verkaufserlöse (76, 5 %), wegen Neuanschaffung von Produkten (40,9 %), wegen Platzmangel (40,2 %), nicht gewollte Geschenke (22,1 %), aus Spaß am Verkaufen (18,7 %), wegen Umzug (7,7 %), im Auftrag von jemand anderem (6,3 %), geerbte Produkte (5,0 %). Das Ergebnis zeigt eine überragende Bedeutung des Erwerbsmotivs. Bei rund 77 % der „Privatverkäufer" spielt es eine Rolle; beim Verkauf von Neuware dürfte es das dominierende Motiv sein (ebd., S. 48). Die Verteilung der Mehrfachnennungen zeigt auch, dass häufig eine Mischung von Motiven vorzuliegen scheint.

Dass Motivmischungen bei Privatverkäufen häufig vorkommen, zeigen auch die Ergebnisse der eigenen Erhebung der Professur für Haushalts- und Konsumökonomik an der Universität Bonn (2006; vgl. dazu Dennig 2005). Die Online-Befragung von 172 Intensiv-Nutzerinnen und -Nutzern von Auktions-Plattformen im Internet im Jahr 2005 war schwerpunktmäßig auf die Verkaufsaktivitäten der Befragten ausgerichtet. Hier wurden in einem ersten, wenig restriktiven Analyseschritt 20 % als erwerbsorientiert, knapp 24 % als spannungs- und spaßorientiert und gut 56 % als gemischt motiviert eingestuft (Dennig 2005, S. 34).

3.1.3　Verkaufte Güter

In der von Blättel-Mink et al. (2011, S. 79) durchgeführten Untersuchung wurden als besonders häufig verkaufte Waren solche aus dem Bereich Unterhaltungselektronik sowie aus dem Bereich Mode/Kleidung/Accessoires mit jeweils gut 35 % aller verkauften Güter ermittelt. Weitere häufig genannte Verkaufsartikel sind Bücher, Baby- und Kinderartikel, Einrichtungs- und Gebrauchsgegenstände sowie Kraftfahrzeuge (ebd.).

In der von EuPD Research durchgeführten Erhebung wurde folgende Rangfolge der privat verkauften Waren und Dienstleistungen ermittelt (Paypal Deutschland GmbH 2006, S. 49): Bücher (44 %), CDs/DVDs (35 %), Modeartikel (31 %), elektronische Produkte/Telekommunikation (26 %), Autos/Motorräder (18 %), Uhren/ Schmuck (15 %), Bürobedarf (10 %), Veranstaltungs-/Eintrittskarten (7 %), Erotikartikel (1 %), Reisen (1 %). Dabei handelt es sich überwiegend um gebrauchte Waren, die bei Online-Auktionen verkauft wurden (ebd., S. 48).

3.1.4　Wirkungen von Verkaufsaktivitäten

Zu den ökonomischen Wirkungen stellen Blättel-Mink et al. (2011, S. 102) fest, dass „Prosumers" die beschafften Güter pfleglich behandeln, um sie später weiterverkaufen zu können. „Es sind insbesondere ökonomische Motive, durch welche sie zum Handel auf eBay angeregt werden" (ebd.). Bemerkenswert sind Änderungen im Nutzungsverhalten. Als generelle Tendenz wird festgestellt: „Es findet gleichsam eine Entwicklung der einzelnen NutzerInnen von reinen, stöbernden Interessenten, über die gezielt suchenden KäuferInnen hin zu einem professionalisierten Verkäufer statt; wobei letzterer seine Kaufaktivitäten dennoch weitgehend beibehält und daher mit Recht als *Prosumer* bezeichnet werden kann" (ebd., S. 126).

Auch die Ergebnisse der Untersuchung der Professur für Haushalts- und Konsumökonomik an der Universität Bonn (2006) deuten darauf hin, dass fließende Übergänge zwischen gelegentlichem Verkauf und regelmäßiger kommerzieller Aktivität und sogar Übergänge in formale erwerbswirtschaftliche Selbstständigkeit vorkommen. Letzteres ist auch angesichts der Informations- und Trainingsangebote für werdende Power-Seller und Berichte in Medien zu erwarten. Die als „Erwerbsorientierte" abgegrenzten Befragten in der Bonner Untersuchung haben die höchsten Einkommen aus ihren Verkäufen angegeben (ebd.).

Rechtlich ist der Privatverkauf bei Internet-Auktionen nicht klar geregelt. Wird nur gelegentlich ein einzelnes ausgesondertes Haushaltsgut aus dem eigenen Bestand verkauft, liegt keine gewerbliche Tätigkeit vor. Die Einnahmen sind dann steuerfrei. Werden aber häufiger Güter aus eigenem und/oder fremdem Bestand verkauft oder sogar gezielt für den Wiederverkauf erworben und der Eindruck erweckt, der oder die Anbietende sei Power-Seller, kann dies steuer- und vertragsrechtlich als Gewerbe eingestuft werden (vgl. dazu Purnhagen 2015, S. 8; Purnhagen und Wahlen 2016, S. 37-39). Zum einen gelten dann gemäß §§ 2 und 19 Umsatzsteuergesetz die Regelungen zur Besteuerung als Kleinunternehmer. Zum anderen hat die Einstufung als gewerbliche Verkaufstätigkeit vertragsrechtliche Konsequenzen.

Zu den ökologischen Wirkungen stellen Behrendt et al. (2011, S. 194) fest: „Eine Tendenz zum höherwertigen Konsum wird unterstützt. Wegwerfen kommt für viele nicht in Frage. Dies bietet große Chancen für eine Umweltentlastung". Die Chancen für einen mehr nachhaltigen Konsum ergeben sich auch dadurch, dass mit der Vermarktung gebrauchter Güter die Nutzungszeiten von Produkten verlängert werden. Behrendt und Henseling (2011, S. 49-50) regen deshalb an, die Bereitschaft zum Kauf und zum Verkauf von gebrauchten Waren „von privat an privat" durch die Verbraucherpolitik zu fördern.

3.2 Gewinnung, Eigenverbrauch und Netzeinspeisung von Solarstrom

3.2.1 Haushalte mit Eigenverbrauch und Netzeinspeisung

Rund 1 Mio. Privathaushalte in Deutschland waren zwischen 2011 und 2013 mit einer Photovoltaik-Anlage ausgestattet (Bardt und Niehues 2013, S. 217; Andor, Frondel und Sendler 2015, S. 5). In dieser Größenordnung (rund 927000 private Haushalte) werden auch Einnahmen aus dem Verkauf von Solarstrom in der Einkommens- und Verbrauchsstichprobe 2013 – erstmals gesondert – nachgewiesen (persönliche Mitteilung von Herbert Bolz, Statistisches Bundesamt, am 27.5.2016). Die Zahl der „Solarhaushalte" (Bardt und Niehues 2013, S. 215) hat seit 2000 – dem Jahr der Einführung des Gesetzes für den Ausbau erneuerbarer Energien (Erneuerbare-Energien-Gesetz – EEG) – erheblich zugenommen (vgl. dazu Sonnberger 2015, S. 10). Nach Berechnungen aus dem Rheinisch-Westfälischen Institut für Wirtschaftsforschung (RWI), Kompetenzbereich Umwelt und Ressourcen, ist die Zahl der Solarhaushalte von knapp 0,4 Mio. 2006 auf 1,2 Mio. 2013 gestiegen (persönliche Mitteilung von Stephan Sommer, RWI, am 26.6.2016).

3.2.2 Verkaufter Solarstrom

Strom ist zwar in der Nutzung ein gleichartiges Gut, aber sehr unterschiedlich nach der Art der Gewinnung. Strom aus Photovoltaik-Anlagen gilt als umweltfreundlich. Das trifft allerdings nicht zu, wenn auch die Herstellung und Entsorgung der Anlagen in einer Gesamtbilanz berücksichtigt werden. Die Ausweitung der Gewinnung und Selbstversorgung mit Solarstrom wird europaweit mit finanziellen Anreizen gefördert, um eine Energie-Wende, weg von fossilen Energieträgern, insbesondere die nationalen Ziele zur CO_2 Reduktion, zu erreichen. Damit wird ein Beitrag zur Bereitstellung des öffentlichen Gutes „Klimaschutz" geleistet, das in diesem Fall die gesetzgebenden und fördernden Gebietskörperschaften nachfragen und von den Solarhaushalten produzieren lassen.

Aus technischen und wirtschaftlichen Gründen sind Selbstversorgung, oft Eigenverbrauch genannt, und Netzeinspeisung im hier betrachteten Normalfall im Haushaltssektor gekoppelt. Andernfalls müsste überschüssiger Strom gespeichert oder über Widerstände als Wärme an die Umwelt abgegeben werden. Die Einspeisung in ein Stromnetz ist für den abgebenden Haushalt wegen der bei Vertragsabschluss für 20 Jahre garantierten Einspeisevergütung finanziell interessant. Grundlage in Deutschland ist dafür ein Vertrag mit einem regionalen Netzbetreiber nach dem Erneuerbare-Energien-Gesetz, das die Anschluss-, Abnahme- und Vergütungspflicht regelt. In wissenschaftlichen Analysen und politischen Darlegungen werden solche

Privathaushalte als „Prosumenten" (z. B. Blättel-Mink 2015; Bundesministerium für Wirtschaft und Energie 2016, Verbraucherzentrale Nordrhein-Westfalen 2016b) bzw. treffender, aber auch unscharf als „Strom-Prosumenten" (z. B. May und Neuhoff 2016) bezeichnet.

3.2.3 Analyse von Verkäufer-Typen

Zur Erklärung der Anschaffung einer Photovoltaik-Anlage für die private Nutzung sind hauptsächlich zwei Motivgruppen identifiziert worden: ökonomisch orientierte Motive, insbesondere längerfristige Ausgabenverringerung bzw. Einkommenserzielung, und ökologisch orientierte Motive, insbesondere Umweltschutz. In einer Analyse empirischer Untersuchungen hat Sonnberger (2015, S. 17-23, S. 283-318) unterschiedliche, teils sogar gegensätzliche Ergebnisse gefunden. Die Motive oder Gründe für die Anschaffung einer Photovoltaik-Anlage können praktisch nur durch Befragung ermittelt werden. Da es sich um eine Anschaffung handelt, die in Teilen der Gesellschaft als sozial verantwortlich gewertet wird, können entsprechende Einflüsse auf das Antwortverhalten im Sinn sozialer Erwünschtheit nicht ausgeschlossen werden.

Sonnberger (ebd., S. 222-245) hat in seiner Studie mittels problemzentrierter Interviews mit 17 Käufern bzw. Käuferinnen von Photovoltaik-Anlagen und sieben Probanden, die sich nicht zum Kauf entschlossen hatten, festgestellt, dass ökonomische und ökologische Motivgruppen in reiner Form vorkommen. Aber zum einen – so hat er ermittelt – spielen häufig unterschiedliche (Sub-)Motive innerhalb einer Gruppe eine Rolle und zum anderen sind ganz überwiegend Motivmischungen für Kauf (bzw. Nicht-Kauf) maßgeblich, z. B. Klimaschutz und/oder Generationengerechtigkeit und/oder Verringerung der Abhängigkeit von Energieimporten und/oder finanzielle Vorteile (ebd., S. 245). Motivmischungen erklärt Sonnberger (ebd., S. 222-223) mit Entscheidungsprozessessen, denen ein „hybrides mentales Modell" (vgl. dazu ebd., S. 112-113) als Alltagstheorie zugrunde liegt. Es ist zu vermuten, so Sonnberger, dass die hohen Anschaffungskosten und die mehrjährige Amortisationszeit einer Photovoltaik-Anlage fast immer auch ökonomische Überlegungen anregen und durchgehend „mitlaufen" lassen.

Tatsächlich ist ausreichendes Eigenkapital oder ausreichende Kreditwürdigkeit eine Voraussetzung für die Anschaffung einer Photovoltaik-Anlage. Das belegen Ergebnisse anderer Untersuchungen. Von der bereits erwähnten Arbeitsgruppe aus dem RWI wurden für eine sozioökonomische Analyse von privaten Haushalten, die eine Photovoltaik-Anlage besitzen, die Angaben von 563 Haushalten ausgewertet, die aus mehreren Stichproben gewonnen werden konnten (Andor, Frondel und Sendler 2015, S. 5-6). In dieser zusammengesetzten Stichprobe verfügt jeder vierte Haushalte über ein Nettoeinkommen von mindestens 4 200 Euro im Monat;

lediglich 8,2 % dieser Haushalte finden sich in den Einkommensklassen unter 1 700 Euro. Über 90 % dieser Haushalte haben angegeben, in der eigenen Immobilie zu wohnen, und zwar vier von fünf Haushalten in einem Ein- oder Zweifamilienhaus. Zu ähnlichen Ergebnissen kommen auch Bardt und Niehues (2013), die Befragungswellen des Sozio-oekonomischen Panels (SOEP) der Jahre 2003 und 2010 ausgewertet haben. Sie stellen fest: „In den unteren Einkommensbereichen sind keine bis sehr wenige Solarhaushalte zu finden. Die Anzahl steigt beinahe kontinuierlich mit zunehmendem Einkommen an. Jeder fünfte Solarhaushalt gehört zu den reichsten 10 Prozent der Bevölkerung" (ebd., S. 216).

Photovoltaik-Anlagen können finanzielle Erträge durch Einspeisung von Strom in das Netz und durch Eigenverbrauch des Stroms und damit Substitution des relativ teuren Stroms vom institutionellen Stromversorger bringen. Sonnberger (2015, S. 226-227) hat als weitere ökonomische Motive der Befragten Unabhängigkeit und Sparsamkeit aufgedeckt, die eng mit dem Motiv der Selbstversorgung verknüpft sind. Dabei kann Unabhängigkeit in zweierlei Weise eine Rolle spielen, als Unabhängigkeit von Energieversorgungs-Unternehmen und/oder von Energieträger bzw. Brennstoff liefernden Staaten. Die Selbstversorgung mit Strom wird von Befragten auch als eine Möglichkeit der Senkung des Stromverbrauchs gesehen. Damit lassen sich über die Verringerung des Energieeinsatzes die Ausgaben reduzieren bzw. Einnahmen aus der Einspeisevergütung gewinnen oder erhöhen.

Weitere Nennungen zu sozial und ökologisch orientierten Handlungsmotiven für den Erwerb einer Photovoltaik-Anlage ordnet Sonnberger (ebd., S. 224, S. 227-229) insbesondere den Bereichen Umweltschutz, Generationengerechtigkeit und Vermeidung des Klimawandels zu. Genannt wurden auch damit verbundene Motive, wie Übernahme von Verantwortung, Ausübung einer Vorbildrolle und Wahrnehmung von Selbstwirksamkeit, die ihrerseits eng mit kommunikativen Funktionen des Konsums verbunden sind. Allerdings scheint demonstrativer Konsum i. e. S. kaum eine Rolle zu spielen (ebd., S. 234-235), wohl auch deshalb, weil die soziale Bewertung von Photovoltaik-Dachanlagen nicht uneingeschränkt positiv ausfällt, z. B. mit Blick auf die Herstellung und Entsorgung der Solarzellen.

3.2.4   Wirkungen von Gewinnung, Eigenverbrauch und Verkauf

Zu den einzelwirtschaftlichen Wirkungen für die Strom verkaufenden Haushalte liegen Modellrechnungen vor. In der Analyse von Andor, Frondel und Sendler (2015) wird dargelegt, dass die erzielbaren Renditen für die zurückliegenden Jahre weit über dem Marktzins liegen und die Finanzierung mit günstigem Fremdkapital besonders lukrativ war. Bardt und Niehues (2013, S. 217) haben einen durchschnittlichen Jahresgewinn pro Solarhaushalt 2011 von 1 000 Euro ermittelt. Ein Fakten-Check des Fraunhofer-Instituts für Solare Energiesysteme (Wirth 2012) ergab folgendes

Ergebnis: „Beim aktuellen Stand von Anlagenkosten und Einspeisevergütung sind gute Renditen in ganz Deutschland möglich. Die Rendite ist in sonnenreichen Regionen etwas höher als in Gegenden mit geringerer Einstrahlung. Standortabhängig sind bspw. Renditen zwischen 4,5–8,7 % zu erwarten ..." (ebd., S. 16-17).

Viele Solarstromanlagen, die in den vergangenen Jahren installiert worden sind, lassen sich aufgrund der zunehmend reduzierten Vergütung für die Einspeisung nur wirtschaftlich betreiben, wenn ein Teil des selbst produzierten Stroms im Haushalt genutzt und damit vergleichsweise teurer Strom substituiert wird (vgl. dazu Bardt et al. 2014, S. 87; Weniger, Tjaden und Quaschning 2014; Sonnberger 2015, S. 12). In einer neueren Musterrechnung für einen Vier-Personen-Haushalt in Deutschland wird ein finanzieller Vorteil von etwa 680 Euro jährlich errechnet, der sich aus einem Mix von Selbstversorgung und daraus resultierenden Einsparungen beim Zukauf von Strom sowie dem Verkauf von selbst gewonnenem Strom ergibt (Europäische Kommission 2015, S. 4). Auch die Verbraucherzentrale Nordrhein-Westfalen (2016) rät „Mit der Energie der Sonne ins Geschäft kommen" und gibt Hinweise, wie Privathaushalte angesichts fallender Einspeiseentgelte und steigender Strompreise einen größtmöglichen monetären Vorteil erzielen können.

Die Aufnahme des Betriebs der Photovoltaik-Anlage muss dem Finanzamt direkt oder über die Meldung des regionalen Netzbetreibers, mit dem der Einspeisevertrag geschlossen wird, mitgeteilt werden. Die Einnahmen aus der Netzeinspeisung unterliegen der Einkommensteuer. Zwar wird im Regelfall nicht von einer gewerblichen Tätigkeit ausgegangen, aber die Finanzämter stufen Privathaushalte mit einer Photovoltaik-Anlage häufig als „Kleinunternehmer" ein. Private Anlagenbetreiber können auch von sich aus problemlos mit der Meldung an das Finanzamt de jure Unternehmerstatus mit den entsprechenden Rechten und Pflichten erlangen. Kleinunternehmer können beim Finanzamt für die Umsatzsteuer optieren, was häufig geraten wird und wohl auch überwiegend geschieht. In diesem Fall werden insbesondere zunächst die Vorsteuer für die Anschaffung der Anlage mit der vereinnahmten Umsatzsteuer verrechnet und der Differenzbetrag vom Finanzamt erstattet. Außerdem können vorteilhafte Regelungen für die Absetzung von Betriebsausgaben genutzt werden.

Aus gesamtwirtschaftlicher Sicht heben May und Neuhoff (2016, S. 2) den positiven Beitrag der Solarhaushalte zum Wettbewerb im Energiemarkt hervor: „Die neuen Prosumer bereichern als neue Marktakteure den Wettbewerb und ermöglichen neue Geschäftsmodelle die zu einer stärkeren Berücksichtigung von Energieeffizienz, Flexibilität, und erneuerbare Stromerzeugung bei Entscheidungen von Haushalten beitragen können ...". Dagegen weisen Bardt und Niehues (2013) sowie Bardt et al. (2014, S. 94-96) auf Wettbewerbsverzerrungen, gesamtwirtschaftliche Ineffizienzen und Umverteilungseffekte hin, die sich durch die steuerliche und sonstige finanzielle Privilegierung von Gewinnung, Eigenverbrauch und Verkauf von Strom gegenüber Fremdbezug ergeben. Aufgrund von Berechnungen mit Daten des Sozio-oekonomischen Panels (SOEP) stellen Bardt und Niehues (2013, S. 217) fest: „Nur ein geringer Teil der Überschüsse wird am Strommarkt erwirtschaftet, 85 % der Gewinne fließen aus dem Fördertopf an vorwiegend einkommensstarke Haushalte".

Aus umweltökonomischer und ökologischer Sicht werden die Wirkungen auf Ressourcenschonung und Umweltentlastungen vom Fraunhofer-Institut (Wirth 2016, S. 41ff.) insgesamt sehr positiv beurteilt. Und Loske (2016, S. 49-51) sieht in der Eigenerzeugung von Energie aus erneuerbaren Ressourcen einen Beitrag zur „Ökonomie des Prosumierens", der nicht nur zur Schonung der natürlichen Ressourcen und einer mehr nachhaltigen Entwicklung beiträgt, sondern auch den Abbau der Entfremdung zwischen organisatorisch großen Anbietern und kleinen Nachfragern fördert. Daraus könnten sich weitergehende positive Effekte entwickeln, z. B. die Bildung von Verbrauchernetzwerken und Energiegenossenschaften.

3.3 Langzeitvermietung von nicht selbst genutzten Wohnimmobilien

3.3.1 Personen bzw. Haushalte mit vermietetem Wohneigentum

Rund 7 Mio. Personen bzw. Privathaushalte in Deutschland hatten in den Jahren 2011 bzw. 2012 vermietetes Immobilienvermögen, wie Berechnungen des Deutschen Instituts für Wirtschaftsforschung (DIW) Berlin und der Deutschen Bundesbank zeigen (Bach, Popien und Thiemann 2014, S. 8-11, S. 18). Gegenüber 2007 hat die Zahl der Eigentümerinnen und Eigentümer von vermieteten Immobilien zugenommen (ebd., S. 10). Das Statistische Bundesamt (2015, S. 10) weist in der Einkommensteuerstatistik 2011 gut 5 Mio. Steuerpflichtige nach, 3,3 Mio. mit positiven Einkünften und 1,9 Mio. mit negativen Einkünften aus Vermietung und Verpachtung. Analysen des hier betrachteten Sachverhalts sind zweifellos mit besonderen Problemen der Vollerhebung bzw. der Stichprobengewinnung sowie Auskunftsfähigkeit bzw. Auskunftswilligkeit verbunden.

3.3.2 Sozioökonomische Charakterisierungen von Privatvermietern

In einer umfangreichen Zielgruppenanalyse des Bundesinstituts für Bau-, Stadt- und Raumforschung/BBSR (2015) wurden „Nicht institutionelle Vermieter" von Wohnraum ausschließlich in Mehrfamilienhäusern, d. h. solche mit drei und mehr Wohnungen, untersucht und knapp über 4,9 Mio. als Eigentümer bzw. Eigentümerinnen von vermieteten Wohnungen ermittelt (ebd., S. 15). Demnach vermieten mindestens 2 Mio. Eigentümer bzw. Eigentümerinnen Wohnraum in Ein- und Zweifamilienhäusern (vgl. Bach, Popien und Thiemann 2014, S. 10-11, S. 18), über die hier keine Erkenntnisse herangezogen werden können. Von den über 4,9 Mio. Eigentümern bzw. Eigentümerinnen von vermieteten Wohnungen in Mehrfamilienhäusern haben knapp 3,6 Mio. ausschließlich vermietetes Wohnungseigentum, davon 57 % Eigentum nur an einer Mietwohnung (ebd., S. 15), und rund 1,3 Mio. Gebäudeeigentum. Alleineigentum haben 60 %; Erbengemeinschaften und BGB-Gesellschaften spielen nur bei ungeteiltem Eigentum eine größere Rolle (19 %) (ebd., S. 15-16).

Befragt wurden knapp 3 000 Privateigentümer bzw. -eigentümerinnen solcher Mietwohnungen in knapp 200 Kommunen im Jahr 2011 (ebd., S. 14). Die Befragten sind durch folgende soziodemographische Merkmale gekennzeichnet: Das Durchschnittsalter beträgt knapp 60 Jahre, über 40 % sind im Ruhestand, überproportional viele Befragte sind Selbstständige oder Beamte, verheiratet, seltener kinderlos und haben höhere Nettoeinkommen als der Rest der Bevölkerung (ebd., S. 15).

Gefragt wurde in der Zielgruppenanalyse des Bundesinstituts für Bau-, Stadt- und Raumforschung/BBSR (2015) auch nach den Investitionsmotiven. Als Motive für die Investition in Immobilienvermögen werden von den Befragten hauptsächlich Erwerbs- und Sicherheitsaspekte genannt, konkret: Vermietungsabsicht, Sicherheit der Vermögensanlage, Alterssicherung, Wertsteigerungserwartung (ebd., S. 16-17).

Nach Ergebnissen der repräsentativen TNS Infratest Blickpunktstudie „Private Altersvorsorge 2016", bei der 1 376 Deutsche im Alter von 18 bis 65 Jahren 2016 befragt wurden, ist vor allem die Sicherheit der Anlage wichtig. Immobilien spielen dabei eine zunehmende Rolle und verzeichnen sogar höhere Zuwachsraten als die nach wie vor zahlenmäßig dominierenden privaten Lebens- und Rentenversicherungen. Das gilt insbesondere auch für Immobilien, die nicht selbst genutzt werden, sondern vermietet sind oder vermietet werden (persönliche Mitteilung des Leiters der Studie Manfred Kreileder am 9.8.2016).

Insgesamt deuten die Ergebnisse der hier herangezogenen Erhebungen darauf hin, dass in vielen Fällen die zugrunde liegende Investitionsstrategie nicht Einkommensmaximierung, sondern „Wohlstandsmaximierung" sein dürfte, also eine Mischung aus Vermögens- und Einkommensmaximierung (vgl. dazu Schneider 1970, S. 18-19, S. 146-149). Niedrige Haben-Zinsen dürften eine verstärkende Rolle spielen. Bei Erbengemeinschaften könnte auch in Einzelfällen eine mehr oder weniger erzwungene Vermietung der Fall sein, weil die Immobilie nicht verkauft werden kann oder soll. Es ist aber auch bekannt, dass die Anschaffung einer Immobilie nicht immer durch ökonomische Motive, sondern gelegentlich durch Übernahme von Verantwortung für andere begründet ist, z. B. um Eltern oder Kinder mit unkündbarem und kostengünstigem Wohnraum zu versorgen.

3.3.3   Vermietete Immobilien

Von den hier zugrunde gelegten rund 7 Mio. nicht institutionellen privaten Eigentümern bzw. Eigentümerinnen wurden 2011 etwa 15 Mio. Wohnungen vermietet. Davon waren knapp 10,7 Mio. Wohnungen in Mehrfamilienhäusern mit drei und mehr Wohnungen und knapp 4,8 Mio. Wohnungen in Ein- und Zweifamilienhäusern (BBSR 2015, S. 42). Insgesamt waren das rund 37 % der Wohnungen in Gebäuden mit Wohnraum (ebd.).

3.3.4   Wirkungen der Vermietung nicht selbst genutzter Wohnimmobilien

Aus einzelwirtschaftlicher Sicht sind die durch Vermietung erzielbaren Einkünfte interessant. Wie die Analysen des Deutschen Instituts für Wirtschaftsforschung und der Bundesbank zeigen, lagen die Nettorenditen für vermietete Immobilien in den Jahren 2010 bis 2012 bei durchschnittlich 2 bis 4 % (Bach, Popien und Thiemann 2014, S. 24). Die Autoren weisen auf erheblich Streuungen der Renditen nach Anlageobjekten und auf die Unsicherheiten der Erhebungsergebnisse hin, insbesondere hinsichtlich der Stichproben und der Auskünfte über Brutto- und Nettoerträge. Ergebnisse zu Vermögenssteigerungen liegen nicht vor. Dass Immobilien in den zurückliegenden Jahren überwiegend erhebliche Wertsteigerungen erfahren haben, ist allgemein bekannt.

Die Einkünfte aus Vermietung und Verpachtung unterliegen der Einkommensteuer. Soweit die Vermietung im Rahmen der privaten Vermögensverwaltung erfolgt, liegt de jure gemäß § 14 Abgabenordnung keine gewerbliche Tätigkeit vor, für die ein wirtschaftlicher Geschäftsbetrieb kennzeichnend wäre, und schon gar keine freiberufliche Tätigkeit (vgl. dazu Purnhagen 2015, S. 8). Ist eine gewerbliche Vermietung beabsichtigt, muss dies selbstverständlich angemeldet werden. In Ferien- und Urlaubsgebieten besteht häufig Gewerbemeldepflicht, außer bei Bagatellfällen.

Aus gesamtwirtschaftlicher Sicht leisten nicht institutionelle Vermieter bzw. Vermieterinnen von Wohnraum einen erheblichen Beitrag zur Wohnraumversorgung. Im Jahr 2011 gab es insgesamt etwa 20,3 Mio. Häuser mit etwa 41,3 Mio. Wohnungen, davon 3,4 Mio. Mehrfamilienhäuser, 12,5 Mio. Einfamilienhäuser und 4,4 Mio. Zweifamilienhäuser. Insgesamt entfallen 64 % des Angebots an Mietwohnungen auf nicht selbst genutztes Wohneigentum von Privatvermietern bzw. -vermieterinnen; im Segment der Mehrfamilienhäuser, in dem sich das Vermietungsgeschehen hauptsächlich abspielt, sind es 57 % (BBSR 2015, S. 14-16, S. 42).

4   Schlussfolgerungen und Ausblick

Die empirischen Befunde zeigen, dass in manchen privaten Haushalten auch Konsumgüter erworben werden, die teils den Charakter von Investitionsgütern haben
und nicht nur der eigenen unmittelbaren Bedürfnisbefriedigung dienen sollen.
Diese Güter werden mehr oder weniger persönlich genutzt und früher oder später
als Waren oder in Form von Nutzleistungen in erwerbsorientierter Absicht auf spe-
zialisierten Märkten verkauft bzw. vermietet. Häufig spielen den Befunden zufolge
auch andere bzw. mehrere Motive eine Rolle, darunter soziale und ökologische
Motive. Und gelegentlich kommt es wohl auch zu Wandlungen der Motivation im
Beschaffungs- und/oder Nutzungsprozess. Für die Analyse der hier im Mittelpunkt
stehenden erwerbsorientierten Aktivitäten kommt weder der Verbraucherbegriff
noch der Prosumentenbegriff in Betracht, weil mit beiden Begriffen herkömmlich
erwerbsorientiertes Verhalten ausdrücklich oder stillschweigend ausgeschlossen
wird. Soweit diese Begriffe in der Literatur für die Analyse der genannten Verhal-
tensweise genutzt werden, kommt der unternehmerische Aspekt zu kurz.

Auch der Begriff des „Interimsunternehmers" (Purnhagen und Wahlen 2016,
S. 49-50) trifft für die hier herangezogenen Fallgruppen nicht den Kern der unternehmerischen Rollenanreicherung im Konsumentenverhalten. Denn diese wirkt in
den allermeisten Fällen offensichtlich sowohl mental als auch realgüterwirtschaftlich
nicht nur zeitlich punktuell, sondern dem Verkaufsakt bzw. der Vermietung weit
vorausgehend und nachfolgend. Das gilt nicht nur für Investitionen in Solaranlagen
und Wohnimmobilien sowie die langfristigen Verträge über die Lieferung von Solarstrom und die Überlassung von Wohnraum, sondern auch bei Privatverkäufen
von Waren, wenn sich Haushaltsmitglieder „…bereits vor dem Kauf eines Neuproduktes Gedanken über den späteren Weiterverkauf(.) machen" (Blättel-Mink 2010,
S. 127). Ein solches Handeln entspricht – ohne den Unternehmerbegriff zu über-
dehnen – dem investitionstheoretisch angelegten funktionalen Unternehmerbegriff
nach Schneider (1970, S. 18-22). Dass es sich bei Wiederverkäufen, Vermietungen
und Stromlieferungen um Produktion handelt, wird vor allem klar, wenn damit
mehr oder weniger zusammenhängende vor- und nachgelagerte Aktivitäten, wie
Beschaffung, Absatzvorbereitung, Kundenfindung, Vertragsabschluss, Kunden-
und Objektpflege und Abrechnungswesen, berücksichtig werden (vgl. dazu z. B.
Denegri-Knott und Zwick 2012, S. 447, S. 449-450; BBSR 2015, S. 18-19).

Insbesondere bei Warenverkäufen von privat an privat stellt sich allerdings die
Frage, wie zwischen seltenen, gelegentlichen, häufigen und regelmäßigen Verkäufen
abzugrenzen ist und dies als unternehmerisches Verhalten eingeordnet werden
kann. Bei den ständigen und langfristigen Lieferungen von Solarstrom und der
dauerhaften Vermietung von Wohnraum stellt sich diese Frage nicht. Erforder-

lich ist aber für alle drei Fallgruppen die Abgrenzung nach der Motivlage, um die unternehmerisch handelnden Verbraucher und Verbraucherinnen qualitativ und quantitativ abgrenzen zu können.

Soll von den Privatverkäufern und -verkäuferinnen bei Internet-Auktionen nur der „harte Kern" von bekennenden Erwerbsorientierten näherungsweise beziffert werden, könnte ein mittlerer Wert aus den Ergebnissen der hier herangezogenen nicht amtlichen Erhebungen gebildet und mit den Daten des Statistischen Bundesamtes hochgerechnet rechnen. Das wären gemäß den in Kapitel 3 dargelegten Ergebnissen (20 %, 44 % bzw. 77 %) also knapp 50 % der Verkäufer bzw. Verkäuferinnen und hochgerechnet knapp 10 Mio. Personen im Jahr 2015.

Hinzu kämen sehr vorsichtig – auch mit Blick auf die genannten Zahlen aus der Einkommens- und Verbrauchsstichprobe 2013 sowie der Einkommensteuerstatistik 2011 – geschätzt 50 % der etwa 1,2 Mio. Solarhaushalte 2013, also 0,6 Mio., sowie 70 % der rund 7 Mio. Personen bzw. Haushalte mit langfristig vermieteten Wohnimmobilien 2011/2012, also 4,9 Mio. Werden Überschneidungen zwischen Verkäufer-, Solar- und Vermieter-Haushalten sowie zwischenzeitliche Veränderungen der Zahlen in Betracht gezogen, dürften es zwischen 10 Mio. und 15 Mio. Personen bzw. Haushalte sein, für die mit Bezug auf die betrachteten unternehmerisch orientierten Aktivitäten die Bezeichnung „Conpreneur" vorgeschlagen wird.

Eine qualitative Einordnung der Ergebnisse in den Begriffsapparat der Verbraucherforschung und -politik bietet folgende Möglichkeit der Differenzierung von Konsumenten (vgl. dazu Reisch 2012, S. 33-35): „Nur Konsumenten" sind Personen, die besonders intensive Versorgungsleistungen benötigen, wie Kleinkinder und Hochbetagte. „Prosumenten" oder „Verbraucher-Produzenten" sind Konsumenten, die aus Vorleistungen vom Markt und unter Nutzung kollektiver und öffentlicher Güter personale Güter erstellen und damit sich und ggf. andere weitgehend selbst versorgen. „Verbraucher-Bürger" beteiligen sich auch an der Bereitstellung kollektiver bzw. öffentlicher Güter. Und „Conpreneure" oder „Verbraucher-Unternehmer" sind Prosumenten, die private Güter nicht nur nachfragen, sondern auch am Markt anbieten.

Das Verständnis des Realphänomens unternehmerischen Verbraucherhandelns und die Konzeptualisierung unter dem Begriff „Conpreneur" oder „Verbraucher-Unternehmer" könnten als Bindeglied für die Erklärung des Aufbaus wirtschaftlicher Strukturen hilfreich sein. Neuere Entwicklungen, insbesondere in den Bereichen Kurzzeitvermietung von Wohnraum und Schlafmöglichkeiten an Touristen, z. B. über Airbnb, und von privaten Kraftfahrzeugen, z. B. über Drivy, weisen beispielhaft auf eine generelle Tendenz der zunehmenden unternehmerischen Anreicherung der Verbraucherrolle hin, die bis zur Gründung von Miniunternehmen führen kann (vgl. dazu Piorkowsky 2017b, S. 59-63).

Als eine Alternative für die begriffliche und theoretische Einordnung bietet sich die Orientierung am Weberschen Haushaltsbegriff an. Für Max Weber (1921) waren Haushalten und Erwerben keine exklusiven Alternativen: „Die kontinuierliche Verwendung und Beschaffung (sei es durch Produktion oder Tausch) von Gütern zum Zweck 1. der eigenen Versorgung oder 2. zur Erzielung von selbst verwendeten anderen Gütern heißt H a u s h a l t " (ebd., S. 46). Und noch deutlicher führt er aus (ebd., S. 47): „Haushalten und Erwerben können im Handeln des einzelnen derart ineinandergreifen (und dies ist der in der Vergangenheit typische Fall), daß nur der Schlußakt (Absatz hier, Verzehr dort) den Ausschlag für den Sinn des Vorgangs gibt (bei Kleinbauern insbesondere typisch). Der haushaltsmäßige Tausch (Konsumeintausch, Ueberschuß-Abtausch) ist Bestandteil des Haushalts". Danach wäre Haushalten im Sinn von Produktion und Prosumtion zu verstehen, ggf. einschließlich Erwerbsaktivitäten, wie Verkauf und Vermietung, und Konsum wäre der letzte Akt.

Literatur

Andor, M. A., Frondel, M., Sendler, S. (2015) Photovoltaik-Anlagen in Deutschland – Ausgestattet mit der Lizenz zum Gelddrucken? *RWI Materialien*, H. 94. Rheinisch-Westfälisches Institut für Wirtschaftsforschung, Essen: RWI. Web: http://www.rwi-essen.de/media/ content/pages/publikationen/rwi-materialien/rwi-materialien_94.pdf. Zugegriffen: 25. Mai 2016.

Bach, S., Popien, P., Thiemann, A. (2014). Renditen von Immobilien-Investitionen privater Anleger. Wertgrundstudie des DIW Berlin. *Politikberatung kompakt*, Nr. 89. DIW Berlin, September 2014. Web: http://www.diw.de/documents/publikationen/73/diw_01.c.488172. de/diwkompakt_2014-089.pdf. Zugegriffen: 1. Juli 2016.

Bala, C., Müller, K. (Hrsg.) (2015). *Abschied vom Otto Normalverbraucher. Moderne Verbraucherforschung: Leitbilder, Information, Demokratie*. Essen: Klartext Verlag.

Bardt, H., Niehues, J. (2013). Verteilungswirkungen des EEG. *Zeitschrift für Energiewirtschaft 37*. S. 211-218.

Bardt, H., Chrischilles, E., Growitsch, C., Hagspiel, S., Schaupp, L. (2014). Eigenerzeugung und Selbstverbrauch von Strom. Stand, Potentiale, Trends. *Zeitschrift für Energiewirtschaft 38*. S. 83-99.

Behrendt, S., Henseling, C. (2011). Wiederverkaufskultur im Internet. Chancen für nachhaltigen Konsum. *Ökologisches Wirtschaften 4*. S. 47-50.

Behrendt, S., Henseling, C., Erdmann, L. (2011). Chancen und Grenzen für einen nachhaltigen Konsum. In S. Behrendt, B. Blättel-Mink, J. Clausen (Hrsg.), *Wiederverkaufskultur im Internet. Chancen für nachhaltigen Konsum am Beispiel eBay* (S. 189-218). Berlin, Heidelberg: Springer Verlag.

Blättel-Mink, B. (2010). Prosuming im online-gestützten Gebrauchtwarenhandel und Nachhaltigkeit. Das Beispiel eBay. In B. Blättel-Mink, K.-U. Hellmann (Hrsg.), *Prosumer Revisited. Zur Aktualität einer Debatte* (S. 117-130). Wiesbaden: VS Verlag für Sozialwissenschaften.

Blättel-Mink, B., Bender, S.-F., Dalichau, D., Hattenhauer, M. (2011). Nachhaltigkeit im online gestützten Gebrauchtwarenhandel: empirische Befunde auf subjektiver Ebene. In S. Behrendt, B. Blättel-Mink, J. Clausen (Hrsg.), *Wiederverkaufskultur im Internet. Chancen für nachhaltigen Konsum am Beispiel eBay* (S. 69-126). Berlin, Heidelberg: Springer Verlag.

Blättel-Mink, B. (2015). *Prosuming als Motor von Innovationen im Feld der Nachhaltigkeit. Theoretische Konzepte und empirische Befunde.* Vortragsfolien, Loccum, 3.7.2015. Web: http://docplayer.org/16285319-Prosuming-als-motor-von-innovationen-im-feld-der-nach-haltigkeit-theoretische-konzepte-und-empirische-befunde.html. Zugegriffen: 28. Dezember 2016.

Blume, O. (1977). Verbraucher. In E. Grochla, W. Wittmann (Hrsg.), *Handwörterbuch der Betriebswirtschaft.* Vierte, völlig neu gestaltete Aufl., Bd. 3 (Sp. 4115-4124). Stuttgart: C. E. Poeschel Verlag.

Brosziewski, A. (1997). *Unternehmerisches Handeln in moderner Gesellschaft. Eine wissenssoziologische Untersuchung.* Wiesbaden: Deutscher Universitäts-Verlag.

Bruns, A. (2010). Vom Prosumenten zum Produtzer. In B. Blättel-Mink, K.-U. Hellmann (Hrsg.), *Prosumer Revisited. Zur Aktualität einer Debatte* (S. 191-205). Wiesbaden: VS Verlag für Sozialwissenschaften.

Bundesinstitut für Bau-, Stadt- und Raumforschung (BBSR) im Bundesamt für Bauwesen und Raumordnung (BBR) (2015). Privateigentümer von Mietwohnungen in Mehrfamilienhäusern. *BBSR-Online-Publikation,* 02/2015. Bonn, April 2015. Web: http://www.bbsr.bund.de/BBSR/DE/Veroeffentlichungen/BBSROnline/2015/DL_ON022015.pdf?__blob=publicationFile&v=5. Zugegriffen: 1. Juli 2016.

Bundesministerium für Ernährung, Landwirtschaft und Verbraucherschutz (BMELV) (Hrsg.) (2006). *Stellungnahme des wissenschaftlichen Beirates zum Komplex Verbraucherpolitik in der digitalen Welt.* Federführung: Hans-W. Micklitz und Andreas Oehler. Mit Ergänzungen von T. Becker, U. Hansen, M.-B. Piorkowsky, L. Reisch, A. Staudinger. 28.11.2006. Berlin: BMELV.

Bundesministerium für Ernährung, Landwirtschaft und Verbraucherschutz (BMELV) (Hrsg.) (2008). *Verbraucherkompetenz für einen persönlich erfolgreichen und gesellschaftlich verantwortlichen Konsum.* Stellungnahme des wissenschaftlichen Beirates Verbraucher- und Ernährungspolitik beim BMELV. Hauptautor: Michael-Burkhard Piorkowsky, mit Beiträgen von Tilmann Becker, Ursula Hansen, Ingrid-Ute Leonhäuser, Lucia Reisch. 20.11.2008. Bonn, Berlin: BMELV.

Bundesministerium für Wirtschaft und Energie (2016). Was ist ein „Prosumer"?, *Energiewende direkt,* 6/2016. Web: https://www.bmwi-energiewende.de/EWD/Redaktion/Newsletter/2016/06/Meldung/direkt-erklaert.html. Zugegriffen: 17. August 2016.

Denegri-Knott, J., Zwick, D. (2012): Tracking Prosumption Work on eBay: Reproduction of Desire and the Challenge of Slow Re-McDonaldization. In *American Behavioral Scientist 56.* S. 439–458.

Dennig, H. (2005): *Verbraucher als Verkäufer auf der Internetplattform Ebay. Eine empirische Untersuchung.* Unveröffentlichte Diplomarbeit an der Universität Bonn, Professur für Haushalts- und Konsumökonomik. Bonn 2005.

Deutsche Stiftung Verbraucherschutz (o. J.) [2013]: *Verbraucherschule. Für die Stärkung der Konsum-und Alltagskompetenzen.* Berlin: Deutsche Stiftung Verbraucherschutz.

Edling, H. (2006). *Volkswirtschaftslehre. Schnell erfasst.* Berlin, Heidelberg: Springer Verlag.

Elster, A. (1911). Haushaltung. In Elster, L. (Hrsg.), *Wörterbuch der Volkswirtschaft.* 3., völlig umgearbeitete Aufl., Bd. 1 (S. 1302-1304). Jena: Gustav Fischer Verlag.

Erhard, L. (1969). Die Rolle des Konsumenten in der Sozialen Marktwirtschaft. In F. Schneider (Hrsg.), *Die Finanzen des privaten Haushalts* (S. 22-31). Frankfurt a. M.: Fritz Knapp Verlag.

European Commission (2015). *Best practice on Renewable Self-consumption. Accompanying the document from the Commission to the European Parliament, the Council, the European Economic and Social Committee of the Regions Delivering a New Deal for Energy Consumers.* Commission Staff Working Document. COM 2015, 339 final. SWD 2015, 141, final. Brussels, 15.7.2015: European Commission. Web: http://ec.europa.eu/energy/sites/ener/files/documents/1_EN_autre_document_travail_service_part1_v6.pdf. Zugegriffen: 26. Juni 2016.

Gabriel, Y., Lang, T. (2006). *The Unmanageable Consumer.* 2. Aufl., London et al.: Sage.

Gabriel, Y., Lang, T. (2015). *The Unmanageable Consumer.* 3. Aufl., London et al.: Sage.

Hagen, K., Wey, C. (2009). Verbraucherpolitik zwischen Markt und Staat. *DIW-Vierteljahreshefte zur Wirtschaftsforschung 78.* H. 3, S. 5-29.

Halfar, B. (2000). Zum Konsum kollektiver Güter. In D. Rosenkranz, N. F. Schneider (Hrsg.), *Konsum. Soziologische, ökonomische und psychologische Perspektiven* (S. 207-232). Opladen: Leske und Budrich.

Hansen, U. (1993). Verbraucher, Verbraucherverbände und Verbraucherpolitik. In W. Wittmann, W. Kern, R. Köhler, H.-U. Küpper, K. v. Wysocki (Hrsg.), *Handwörterbuch der Betriebswirtschaft.* Teilband 3. Fünfte, völlig neu gestaltete Aufl. (Sp. 4463-4477). Stuttgart: Schäffer-Poeschel Verlag.

Hax, H. (2005). *Unternehmen und Unternehmer in der Marktwirtschaft.* Göttingen: Vandenhoeck und Ruprecht.

Hellmann, K.-U. (2010a). Konsumsoziologie. In G. Kneer, M. Schroer (Hrsg.), *Handbuch Spezielle Soziologien* (S. 179-195). Wiesbaden: VS Verlag für Sozialwissenschaften.

Hellmann, K.-U. (2010b). Prosumer Revisited: Zur Aktualität einer Debatte. Eine Einführung. In B. Blättel-Mink, K.-U. Hellmann (Hrsg.), *Prosumer Revisited. Zur Aktualität einer Debatte* (S. 13-48). Wiesbaden: VS Verlag für Sozialwissenschaften.

Hellmann, K.-U. (2016). Auf dem Weg in die „Prosumentengesellschaft"? Über die Stabilisierbarkeit produktiver Konsumentennetzwerke. *DIW-Vierteljahreshefte zur Wirtschaftsforschung 85.* H. 2, S. 49-63.

IBM Global Business Services (Hrsg.) (2008). *Innovation der Medien. Web 2.0 verwöhnte Konsumenten zwingen Medienanbieter zum Umbau ihrer Geschäftsmodelle.* Studie der deutschen Media- und Entertainment Practice der IBM Global Business Services in Zusammenarbeit mit dem Zentrum für Evaluation und Methoden der Universität Bonn. IBM Forum GM12-6863-00, 04/2008. Web: http://www-05.ibm.com/de/media/downloads/medienstudie-2008.pdf. Zugegriffen: 16. März 2016.

Kirchgeorg, M., Piekenbrock, D. (o. J.). *Konsument.* In Springer Gabler Verlag (Hrsg.), Gabler Wirtschaftslexikon, Stichwort: Konsument. Web: http://wirtschaftslexikon.gabler.de/Archiv/4488/konsument-v8.html. Zugegriffen: 21. Dezember 2016.

Kraemer, K., Brugger, F. (2017). Die Wirtschaft der Gesellschaft. Zum Stand der wirtschaftssoziologischen Forschung. In K. Kraemer, F. Brugger (Hrsg.), *Schlüsselwerke der Wirtschaftssoziologie* (S. 1-26). Wiesbaden: Springer VS.

Kutsch, T., Wiswede, G. (1986). *Wirtschaftssoziologie. Grundlegung, Hauptgebiete, Zusammenschau.* Unter Mitarbeit von W. Eißler. Stuttgart: Ferdinand Enke Verlag.

Loske, R. (2016). Neue Formen kooperativen Wirtschaftens als Beitrag zur nachhaltigen Entwicklung. Überlegungen zur Wiedereinbettung der Ökonomie in Gesellschaft und Natur. In C. Bala, W. Schuldzinski (Hrsg.), *Prosuming und Sharing – neuer sozialer Konsum. Aspekte kollaborativer Formen von Konsumtion und Produktion* (S. 31-62). Beiträge zur Verbraucherforschung. Bd. 4. Düsseldorf: Verbraucherzentrale NRW.

Mackintosh, M., Brown, V., Costello, N., Dawson, G., Thompson, G., Trigg, A. (1996). *Economics and Changing Economies.* London: International Thomson Press.

May, N., Neuhoff, K. (2016). „Eigenversorgung mit Solarstrom" – ein Treiber der Energiewende? *DIW Roundup, Politik im Fokus,* 5. Januar 2016. Web: https://www.diw.de/de/diw_01.c.523538.de/presse/diw_roundup/eigenversorgung_mit_solarstrom_ein_treiber_der_energiewende.html. Zugegriffen: 2. Juli 2016.

Micklitz, H.-W., Oehler, A., Piorkowsky, M.-B., Reisch, L. A., Strünck, C. (2010). *Der vertrauende, der verletzliche oder der verantwortungsvolle Verbraucher? Plädoyer für eine differenzierte Strategie in der Verbraucherpolitik.* Stellungnahme des Wissenschaftlichen Beirats Verbraucher- und Ernährungspolitik beim Bundesministerium für Ernährung, Landwirtschaft und Verbraucherschutz (BMELV). Berlin: BMELV.

Mohr, S. (2007). Informations- und Kommunikationstechnologien in privaten Haushalten. Ergebnisse der Erhebung 2006. *Wirtschaft und Statistik.* H. 6, S. 545-555.

Paypal Deutschland GmbH (Hrsg.) (2006). *ECommerce 2006. Berichtsband.* Dreilinden, Bonn, Juni: Paypal Deutschland, EuPD Research. Web: http://docplayer.org/8868841-Ecommerce-2006-berichtsband-juni-2006-paypal-eupd-research-06-2006.html. Zugegriffen: 27. Juni 2013.

Piorkowsky, M.-B. (2005). Teilzeitselbstständigkeit. In F. Welter (Hrsg.), *Dynamik im Unternehmenssektor: Theorie, Empirie und Politik* (S. 156-173). Berlin: Duncker und Humblot.

Piorkowsky, M.-B. (2017a). Konsum im Fokus der Alltags- und Lebensökonomie. In C. Fridrich, R. Hübner, K. Kollmann, M.-B. Piorkowsky, N. Tröger (Hrsg.), *Abschied vom eindimensionalen Verbraucher* (S. 73-112). Wiesbaden: Springer VS.

Piorkowsky, M.-B. (2017b). Der Aufstieg des Conpreneurs. In M. Freytag (Hrsg.), *Gestern. Heute. Zukunft. Ideen, die bewegen* (S. 54-63). Frankfurt a. M.: Frankfurter Allgemeine Buch.

Professur für Haushalts- und Konsumökonomik, Universität Bonn (2006). *3, 2, 1 deins! Studie an der Uni Bonn zu Motiven von ebay-Verkäufern.* Presseinformation vom 26.6.2006. Web: https://www.uni-bonn.de/die-universitaet/informationsquellen/presseinformationen/2006/263. Zugegriffen: 21. Mai 2016.

Purnhagen, K. (2015). Die Zurechnung von Unternehmer- und Verbraucherhandeln in den §§ 13 und 14 BGB im Spiegel der Rechtsprechung – Eckpfeiler eines Konzepts? *Verbraucher und Recht 30.* H. 1, S. 3-9.

Purnhagen, K., Wahlen, S. (2016). Der Verbraucherbegriff im 21. Jahrhundert. Verbraucherbürger und Verbraucherproduzent. *Studien und Gutachten im Auftrag des Sachverständigenrats für Verbraucherfragen. Dezember 2016.* Berlin: Sachverständigenrat für Verbraucherfragen beim Bundesministerium der Justiz und für Verbraucherschutz. Web: http://www.svr-verbraucherfragen.de/wp-content/uploads/Gutachten-PurnhagenWahlen.pdf. Zugegriffen: 19. Dezember 2016.

Reichardt, V. (2008). *Der Verbraucher und seine variable Rolle im Wirtschaftsverkehr. Die Problematik der rechtlichen Einordnung von Vertragsparteien als Verbraucher oder Unternehmer im Sinne der §§ 13, 14 BGB.* Berlin: Duncker und Humblot.

Reisch, L. A. (2005). Neue Verbraucherpolitik. Ziele, Strategien und Instrumente. *Wirtschaftswissenschaftliches Studium 34.* S. 441-445.

Reisch, L. A. (2012). Intelligente Verbraucherpolitik. In M. Freytag (Hrsg.), *Verbraucherintelligenz. Kunden in der Welt von morgen* (S. 22-39). Frankfurt a. M.: Frankfurter Allgemeine Buch.

Ritzer, G. (2010). Focusing on the Prosumer. On Correcting an Error in the History of Social Theory. In B. Blättel-Mink, K.-U. Hellmann (Hrsg.), *Prosumer Revisited. Zur Aktualität einer Debatte* (S. 61-79). Wiesbaden: VS Verlag für Sozialwissenschaften.

Schmidt, H. (2012). Neue Wundermaschine. Das Netz und 3-D-Drucker können aus jedem Konsumenten einen Produzenten machen – und die globale Arbeitsteilung ändern. *Focus.* H. 41, S. 72.

Schneider, D. (1970). *Investition und Finanzierung. Lehrbuch der Investitions-, Finanzierungs- und Ungewißheitstheorie.* Köln, Opladen: Westdeutscher Verlag.

Sonnberger, M. (2015). *Der Erwerb von Photovoltaikanlagen in Privathaushalten. Eine empirische Untersuchung der Handlungsmotive, Treiber und Hemmnisse.* Wiesbaden: Springer VS.

Statistisches Bundesamt (2015). *Finanzen und Steuern. Jährliche Einkommensteuerstatistik 2011. Sonderthema Werbungskosten.* Fachserie 14. Reihe 7.1.1. Wiesbaden: Statistisches Bundesamt. Web: https://www.destatis.de/DE/Publikationen/Thematisch/Finanzen-Steuern/Steuern/LohnEinkommensteuer/Einkommensteuerstatistik2140711117004.pdf;jsessionid=DA1DCA31D67EC4B538996CAEAD7F6F26.cae1?__blob=publicationFile. Zugegriffen: 1. Juli 2016.

Statistisches Bundesamt (2016). *Wirtschaftsrechnungen. Fachserie 15, Reihe 4. Private Haushalte in der Informationsgesellschaft. Nutzung von Informations- und Kommunikationstechnologien.* Wiesbaden: Statistisches Bundesamt. Web: https://www.destatis.de/DE/Publikationen/Thematisch/EinkommenKonsumLebensbedingungen/PrivateHaushalte/PrivateHaushalteIKT2150400157004.pdf?__blob=publicationFile. Zugegriffen: 7. Juli 2017.

Stauss, B. (1982). Verbraucherbegriff und Verbraucherpolitik. *Mitteilungsdienst der VZ-NRW.* H. 3, S. 66-70.

TNS Infratest (2016). *Immer mehr Deutsche sorgen sich um ihr Einkommen im Alter.* Presseinformation vom 9.8.2016. Web: http://www.tns-infratest.com/presse/presseinformation.asp?prID=3523. Zugegriffen: 8. September 2016.

Toffler, A. (1980). *The Third Wave.* New York: William Morrow & Co.

Varian, H. R. (1984). *Microeconomic Analysis.* 2. Aufl., New York & London: Norton & Co.

Verbraucherzentrale Bundesverband (2015). *Sharing Economy. Teilen, Haben, Teilhaben: Verbraucher in der Sharing Economy. Positionen.* Handout. Deutscher Verbrauchertag am 29. Juni 2015 in Berlin.

Verbraucherzentrale Nordrhein-Westfalen (2016). *Solarstrom: Mit der Energie der Sonne ins Geschäft kommen.* Stand 18.4.2016. Web: http://www.verbraucherzentrale.nrw/eigenverbrauch. Zugegriffen: 14. Juli 2016.

Volkmann, U. (2010). Sekundäre Leistungsrolle. Eine differenzierungstheoretische Einordnung des Prosumenten am Beispiel des „Leser-Reporters". In B. Blättel-Mink, K.-U. Hellmann (Hrsg.), *Prosumer Revisited. Zur Aktualität einer Debatte* (S. 206-220). Wiesbaden: VS Verlag für Sozialwissenschaften.

Weber, M. (1921). *Wirtschaft und Gesellschaft. I. Die Wirtschaft und die gesellschaftlichen Ordnungen und Mächte.* Grundriss der Sozialökonomik., III. Abteilung. Tübingen: J. C. B. Mohr (Paul Siebeck).

Weniger, J., Tjaden, T., Quaschning, V. (2014). PV-Eigenverbrauch. Ökonomie von Photovoltaiksystemen im Eigenverbrauchszeitalter. *Sonnenenergie.* H. 2, S. 26-27. Web: http://pvspeicher.htw-berlin.de/wp-content/uploads/2014/04/SONNENENERGIE-2014-%C3%-96konomie-von-Photovoltaiksystemen-im-Eigenverbrauchszeitalter.pdf. Zugegriffen: 26. Juni 2016.

Wirth, H. (2012). *Aktuelle Fakten zur Photovoltaik in Deutschland.* Fraunhofer-Institut für Solare Energiesysteme ISE. Fassung vom 2.2.2012. Freiburg: Fraunhofer ISE. Web: http://www.kachelofen-dotzauer.de/home/aktuelle-fakten-zur-photovoltaik-in-deutschland.pdf. Zugegriffen: 26. Juni 2016.

Wirth, H. (2016). *Aktuelle Fakten zur Photovoltaik in Deutschland.* Fraunhofer-Institut für Solare Energiesysteme ISE. Fassung vom 22.4.2016. Freiburg: Fraunhofer ISE. Web: https://www.ise.fraunhofer.de/de/veroeffentlichungen/veroeffentlichungen-pdf-dateien/studien-und-konzeptpapiere/aktuelle-fakten-zur-photovoltaik-in-deutschland.pdf. Zugegriffen: 26. Juni 2016.

Wyrwa, U. (1997). Consumption, Konsum, Konsumgesellschaft. In H. Siegrist, H. Kaelble, J. Kocka (Hrsg.), *Europäische Konsumgeschichte. Zur Gesellschafts- und Kulturgeschichte des Konsums (18. bis 20. Jahrhundert)* (S. 747-762). Frankfurt a. M.: Campus Verlag.

II
Interdisziplinäre Perspektiven

Die hohe Informationslast beim Abschluss von Verträgen

Wie entscheiden Verbraucherinnen und Verbraucher wirklich und wie könnte sie das Recht dabei besser unterstützen?

Brigitta Lurger

Zusammenfassung

Anders als in Europa hat sich in den USA die Rechtspolitik mit empirischer Forschung viel stärker vernetzt, um die Effektivität rechtlicher Regeln in Bezug auf menschliches Verhalten genauer bestimmen zu können. Die an der Universität Graz von Psychologinnen und Psychologen, Juristinnen und Juristen und Ökonominnen und Ökonomen durchgeführten empirischen Studien zum Einfluss rechtlicher Regeln auf die Auswahlentscheidungen von Verbraucherinnen und Verbrauchern bei Mobilfunktarifen österreichischer Anbieter knüpfen an etablierte US-Schulen an und versuchen diese zu erweitern. Rechtliche Regeln, wie z. B. Informationsvorschriften, die Verbraucherinnen und Verbraucher bei ihren Entscheidungen „schützen" und unterstützen sollen, wurden an der tatsächlich von den Teilnehmerinnen und Teilnehmern erzielten Entscheidungsqualität gemessen. Die Entscheidungsprozesse wurden analysiert. Die Studien bestätigten die Hypothese, dass die Erhöhung der Wirksamkeit der rechtlichen Hilfestellung die Abkehr von bloßer Informationsgabe und die Hinwendung zu innovativeren regulatorischen Schutzinstrumenten impliziert.

1   Einleitung

Die Einbeziehung empirischer Forschung erfolgt im Bereich des Verbraucherrechts und der Verbraucherrechtspolitik noch sehr selten, obwohl sie großes Potential in Bezug auf die Erhöhung der Effektivität des Verbraucherschutzes hätte.

© Springer Fachmedien Wiesbaden GmbH, ein Teil von Springer Nature 2018   113
S. Nessel et al. (Hrsg.), *Multiperspektivische Verbraucherforschung*, Kritische
Verbraucherforschung, https://doi.org/10.1007/978-3-658-20199-9_5

Die Ursache für dieses Defizit lässt sich überwiegend in der die letzten Jahrzehnte prägenden Tendenz in der rechtswissenschaftlichen Forschung in Europa finden, sich von anderen Wissenschaften, insbesondere den empirischen, zu isolieren und sich als rein dogmatisches, in sich geschlossenes Fach zu verstehen. Die USA sind mittlerweile zum Vorreiter für die Vernetzung der Rechtswissenschaften mit empirischen Forschungen aus dem Bereich der Ökonomie, Soziologie und Psychologie avanciert, dem nun auch vereinzelte ähnliche Entwicklungen in der Rechtswissenschaft und in der Rechtspolitik in Europa gefolgt sind, wie in der Folge noch näher ausgeführt werden wird (Kapitel 2).

Dass die Effektivität auf konkrete Ziele ausgerichteter Regeln, die das Verhalten von Menschen beeinflussen sollen, durch die Kenntnis ihrer tatsächlichen Wirkungen auf eben dieses Verhalten, die aus Feldstudien oder experimentellen Studien gewonnen werden kann, präziser bestimmt werden kann als durch bloße auf Hausverstand oder Lebenserfahrung beruhende Vermutungen von Juristinnen und Juristen, liegt auf der Hand. Empirische Untersuchungen eröffnen Juristinnen und Juristen im Bereich des Verbraucherschutzes daher die Möglichkeit, die Anwendung und gesetzgeberische Gestaltung von Verbraucherschutzregeln an ihrer tatsächlichen Wirksamkeit in der Praxis auszurichten und zu verbessern. Zunächst sollte die Wirksamkeit der Schutzregeln im Status quo überprüft werden: Erweisen sich Hausverstand und Lebenserfahrung von juristischen Akteurinnen und Akteuren tatsächlich als treffsicher oder sind die rechtlichen Schutzinstrumente in der Rechtsrealität erheblich weniger effektiv als angenommen? Ausgehend von diesem Befund können neue bzw. alternative, durch Rechtsregeln eingeführte Schutzinstrumente in empirischen Studien auf deren möglicherweise höhere Wirksamkeit getestet werden. Erweisen sie sich als erfolgreicher, kann die Rechtslage an diese Erkenntnis angepasst werden.

In diesem Beitrag wird eine Studie vorgestellt und besprochen, die als Pilotstudie zu einem interdisziplinären Projekt der Verbraucherforschung (CLP – Contract Decisions of Consumers Between Law and Psychology) an der Grazer Karl-Franzens-Universität durchgeführt wurde (siehe die Kapitel 4 und 5). Untersucht wurden das Informations- und Suchverhalten sowie die Entscheidungsstrategien von 363 Probandinnen und Probanden, die gebeten wurden – ihrem zugewiesenen Benutzerprofil entsprechend – einen für sie passenden Mobilfunkvertrag abzuschließen. Die Teilnehmerinnen und Teilnehmer wurden mit Angeboten konfrontiert, die den tatsächlich auf dem österreichischen Mobilfunkmarkt vorhandenen Angeboten im Wesentlichen entsprachen und alle Anforderungen des 2015 geltenden Verbraucherschutzrechts erfüllten. Es handelte sich um verschiedenste Vertragsmodelle von insgesamt 11 Mobilfunkanbietern, die in Tarifen und Vertragskonditionen variierten und jeweils sehr detaillierte Informationen enthielten. Die Auswahlsituation für die Teilnehmerinnen und Teilnehmer war daher sehr komplex, die Informationslast hoch. Die erzielte Entscheidungenqualität wurde auf drei Ebenen gemessen: Tarifqualität (objektiv), Klauselqualität (objektiv) und subjektive Qualität (Zufriedenheit). Die Informationsverarbeitung wurde mit verschiedenen Maßnahmen gemessen, die unterschiedliche Auswahlstrategien kenntlich machten, die wiederum in ein Verhältnis zur erzielten Entscheidungsqualität gesetzt werden konnten. Die erfolgreichsten Strategien waren in ihrer Informationsverarbeitung nicht erschöpfend, sondern beruhten auf der fokussierten Verarbeitung einer mittleren Menge an Informationen.

Der Aufbau des Beitrags lässt sich wie folgt beschreiben: In einem ersten Abschnitt (Kapitel 2) wird der aktuelle Trend zu empirisch fundierter Rechtspolitik, der sich häufig auf sog. „behavioral insights" (Erkenntnisse aus der Verhaltensforschung) bezieht, dargestellt. Danach (Kapitel 3) erfolgt eine kritische Auseinandersetzung mit der stark von der US-Forschung geprägten, herrschenden Schule der „behavioral law and economics", die den Ausgangspunkt für die Konzeption der Studie bildete. Die anschließende Präsentation der Studie (Kapitel 4 und 5) wird von einer Diskussion mit Ausblick auf weitere damit zusammenhängende Forschungsfragen und Fazit (Kapitel 6 und 7) abgeschlossen.

2   „Behavioral Evidence": ein neuer Trend in der Rechtspolitik

Die insbesondere in den letzten Jahrzehnten stark angewachsene und hoch entwickelte *Entscheidungsforschung* („decision science") wird weltweit überwiegend von experimentellen Ökonominnen und Ökonomen sowie Psychologinnen und Psychologen (Gehirn- und Verhaltensforscher) betrieben (siehe z. B.: Glimcher et al. 2009; Priddat 2007).[1] Bis heute beschäftigen sich Entscheidungsforscherinnen und Entscheidungsforscher überwiegend mit wirtschaftlichen und politischen Entscheidungen oder untersuchen menschliches Entscheidungsverhalten abstrakt experimentell ohne jegliche Verbindung zu Anwendungsmöglichkeiten. Was sich auf wissenschaftlicher Ebene noch nicht oder kaum etabliert hat, ist Entscheidungsforschung *in Bezug auf rechtliche Regeln*, die das Verhalten von Bürgerinnen und

---

1   Führend sind beispielsweise: Daniel Kahnemann (Nobel Prize Economics 2002, Berkeley), Amos Tversky (Stanford), Peter Diamond (Nobel Prize Economics 2010, MIT), Richard H. Thaler (Chicago); Ernst Fehr (Zürich), Paul W. Glimcher (New York), Armin Falk (Bonn), Antonio Rangel (CalTec, Neuroeconomics Laboratory).

Bürger beeinflussen oder steuern sollen. Ende der 1990er Jahre wurde in den USA die Forschungsrichtung der „behavioral law and economics" begründet (siehe u. v. a.: Bar-Gill 2008; Jolls et al. 1998; Jolls und Sunstein 2006; Korobkin 2011; Korobkin und Ulen 2000; Sunstein 2000; Sunstein 2011; Thaler und Sunstein 2008; Tor 2008, 2015; Wright 2007), während in Europa auch heute noch nur vereinzelt in diesem Bereich aktiv empirisch geforscht wird (Engel 2013a, 2013b; Engel et al. 2007; Fleischer und Zimmer 2011; Gigerenzer und Engel 2006; Lunn 2013, 2015; Morell 2011).

Der Großteil der angewandten wissenschaftlichen Entscheidungsforschung zu Verbraucherinnen und Verbrauchern sowohl in den USA als auch in Europa setzt die gewonnenen psychologischen Erkenntnisse massiv in der Beratung der *Unternehmen*, insbesondere im Marketing, mit dem Ziel ein, die Umsätze und Gewinne der Unternehmen zu steigern. In der Beratung der Politik und der Rechtssetzung, d. h. im *Allgemeininteresse*, werden sie bisher nur vereinzelt beachtet (z. B. in der Gesundheitspolitik), bzw. befindet sich dieser rechtspolitische und gemeinwohlbezogene Anwendungsbereich wissenschaftlicher Forschung derzeit erst im Aufbau.

Die Kommission der Europäischen Union (EU) benutzte in den vergangenen Jahren vereinzelt empirische Entscheidungsforschung als Grundlage ihrer regulatorischen Aktivitäten (Lourenço et al. 2016) und hat 2016 eine „Foresight and Behavioural Insights Unit" an ihrem Joint Research Centre eingerichtet, die Forschung und „policy-making" noch weiter vernetzen soll. In den letzten Jahren haben auch viele *nationale Regierungen* zum Zwecke der wissenschaftlichen Unterstützung ihrer Gesetzgebung sowie sonstigen Politik durch Entscheidungsforschung sog. „Nudging Units" oder „Behavioral Insights Teams" etabliert.[2] In Deutschland hat der 2014 vom Bundesjustizministerium eingerichtete Sachverständigenrat für Verbraucherfragen in seinem jüngsten Gutachten die Etablierung einer „evidenzbasierten Verbraucher-*Rechts*-Politik" gefordert (Verbraucherrecht 2.0 2016, S. 6).

---

2   Siehe u. v. a. das „Social and Behavioral Sciences Team" in den USA eingerichtet von der Regierung Obama https://sbst.gov/ (beendet im Januar 2017) sowie die „Executive Order 13707" von Präsident Obama vom 15.9.2015 „Using Behavioral Science Insights to Better Serve the American People"; das „Behavioral Insights Team" im Vereinigten Königreich http://www.behaviouralinsights.co.uk/ (eingerichtet von der Regierung Cameron 2010); die inudgeyou-Plattform in Dänemark http://inudgeyou.com/; in Deutschland hat die Regierung Merkel 2014 den „Stab Politische Planung, Grundsatzfragen und Sonderaufgaben" im Bundeskanzleramt eingerichtet, der sich solchen Aufgaben widmet; in Österreich ist 2015 eine Initiative der Regierung Faymann/Mitterlehner, Verhaltensökonomie (Behavioral Economics) in der Bundespolitik zu berücksichtigen, ins Familienministerium gewandert http://www.bmfj.gv.at/ministerin/Aktuelles/Themen/PK-Symposium2015.html. Siehe auch den oben genannten EU-Bericht zu den detaillierten Aktivitäten in 32 europäischen Staaten.

D. h., dass interdisziplinäre Entscheidungsforschung im Zusammenhang mit der Gestaltung von Rechtsregeln auch politisch mittlerweile offiziell als erwünscht betrachtet werden kann, man könnte auch von einem neuen Trend in der Rechtspolitik sprechen, der nach und nach wohl auch die universitäre Rechtswissenschaft erreichen wird. Es ist in diesem Zusammenhang häufig von „behavioral insights" oder „behavioral evidence" (Erkenntnisse oder Nachweise aus der Verhaltensforschung) die Rede oder von „evidenz-basierter" (Rechts-)Politik. Worum es dabei wirklich geht bzw. welche wissenschaftlichen Studien und Erhebungen unter diesem Label präsentiert werden, variiert von Fall zu Fall. Im Folgenden können nur kurz einige Grundzüge der gängigen Forschungsansätze sowie die an ihnen geübte Kritik skizziert werden.

3 Verhaltensökonomik, „behavioral law and economics" und „libertarian paternalism"

Die in diesem Aufsatz besprochene Pilotstudie zur hohen Informationslast beim Abschluss von Mobilfunkverträgen wurde vor dem Hintergrund der in diesem Abschnitt vorgestellten Entwicklungen der „behavioral law and economics" (in der Folge: BLE) bzw. der berechtigten Kritik an den Schwachstellen dieser Forschungsrichtung konzipiert.

„Behavioral economics" (Verhaltensökonomik) kritisiert das unrealistische Verhaltensmodell der klassischen Ökonomie, den rationalen, egoistischen und kognitiv sehr leistungsfähigen *homo oeconomicus*. Eine Annäherung an das Verhalten tatsächlicher Menschen erfolgt über (experimentelle) empirische Studien. Die Vertreterinnen und Vertreter der BLE nehmen überwiegend an, dass die begrenzte Rationalität („bounded rationality") des Verhaltens der Marktakteure, insbesondere der Verbraucherinnen und Verbraucher, die sich meist in „biases", d. h. verzerrter Wahrnehmung, äußert, zu einer Art „Marktversagen"[3] führt. Sie schlagen rechtliche Regulierung vor, die die Defizite des menschlichen Entscheidungsverhaltens durch „debiasing" korrigiert (Jolls und Sunstein 2006). Ziel der Rechtsregeln ist es daher, die Verbraucherinnen und Verbraucher rationaler zu

---

3 „Marktversagen" bezeichnet Situationen, in denen die Koordination über den Markt nicht zu einer optimalen Allokation der Ressourcen im Sinne der Wohlfahrtsökonomik führt. Klassische Ursachen für Marktversagen sind Informationsasymmetrien, Externalitäten, Marktmacht und öffentliche Güter.

machen, womit indirekt wieder das Modell des *homo oeconomicus* der klassischen Ökonomie bekräftigt wird. Es wird als Ziel der Verhaltenskorrekturen verwendet. Rechtsregeln oder andere Maßnahmen, die zu „rationalerem" Verhalten führen, werden auch oft „nudges" (Stubser) genannt (Thaler und Sunstein 2008). Nach dem von Thaler und Sunstein geprägten „libertarian paternalism" (Thaler und Sunstein 2003a, 2003b, 2006) sollen nudges als sanfte Steuerungsinstrumente vor allem dazu eingesetzt werden, das Verhalten einer möglichst großen Zahl von Menschen in eine bestimmte erwünschte (die Verbraucherin oder den Verbraucher vor sich selbst schützenden = *paternalist*) Richtung zu lenken (z. B. Kauf gesunder und nachhaltiger Produkte, Abschluss von Verträgen zur Altersvorsorge), ohne der oder dem einzelnen die Möglichkeit zu nehmen, sich dennoch anders zu entscheiden, d. h. die vom „nudge" vorgegebene Richtung abzulehnen (das ist das Element der „liberty"). Nudges benutzen in manchen Fällen empirisch erhobene „biases" und Schwächen menschlichen Verhaltens, um ihre Steuerungswirkung zu entfalten: so z. B. den „default effect"[4] oder das „anchoring und framing"[5] (bias als Instrument). Andererseits haben sie meist auch das Ziel, wiederum andere biases und Schwächen menschlichen Verhaltens zu reparieren (bias als Ziel).

Die herrschende Auffassung in der Psychologie beschreibt menschliches Verhalten und Informationsverarbeitung in sog. „Zwei-Prozess-Modellen" (Evans 2008; Kahneman 2011; Shiv und Fedorikhin 1999, 2002; Sunstein 2013, S. 42 ff.): Die Verarbeitung über *System 1* des Gehirns läuft schnell, automatisch und unbewusst ab. *System-2*-Prozesse sind dagegen langsam, bewusst, rational und energieintensiv. Von Seiten der Psychologie wurde darauf hingewiesen, dass die Benutzung von System 1 für Entscheidungsprozesse keineswegs immer zu Fehlern führt, die vom Staat korrigiert werden müssen, und dass die Benutzung von System 1 daher nicht mit *biases* oder fehlerhafter Informationsverarbeitung gleich gesetzt werden darf. Vielmehr führen Automatismen, Faustregeln (*Heuristiken*) und sonstige Verkürzungen situationsbezogen („ecological rationality") oft zu „guten" Entscheidungen, die den System-2-Entscheidungen sogar überlegen sein können (Gigerenzer 2007,

---

4   Menschen neigen dazu, nicht selbst etwas an einem vorgegebenen Setting, z. B. an vom Staat vorgegebenen Regeln über vertragliche Rechte und Pflichten oder an der Regel über die Organspendebereitschaft, wenn diese nicht ausdrücklich verweigert wurde, zu verändern. Unternehmen nutzen den „default effect", wenn sie Verbraucherinnen und Verbrauchern die Leistungen und Produkte beim Online-Kauf vorgeben, die sie – meist zusätzlich – auch bestellen sollen, und von den Verbraucherinnen und Verbrauchern verlangen, diese durch Wegklicken abzuwählen.

5   Gleiche Informationen werden je nach Rahmensetzung unterschiedlich bewertet und verarbeitet. Oft hängt die Einschätzung auch von einem Referenzpunkt ab („anchor"), von dem man ausgeht.

2008; Gigerenzer und Brighton 2009; Todd 2007; Todd und Gigerenzer 2000). Es macht daher wenig Sinn, verkürzte Informationsverarbeitung immer korrigieren und auf System-2-Prozesse umlenken zu wollen (Hertwig und Engel 2016). Vielmehr müssen umgebungsbezogen rationale Heuristiken entwickelt und unterstützt werden. Sie kommen der menschlichen Neigung entgegen, die durchaus auch ökonomisch sinnvoll sein kann, die Informationslast abzubauen und Entscheidungsprozesse kurz und wenig aufwändig zu halten.

- Hieraus ergibt sich ein erster Kritikpunkt an den BLE: Denn diese Perspektive der erfolgreichen heuristischen Informationsverarbeitung wird von der herrschenden Schule der BLE nicht oder kaum beleuchtet und untersucht.

Kritiker aus der Ökonomie und der Rechtswissenschaft haben zu Recht darauf hingewiesen, dass das *normative Konzept* der BLE, das sich stark an jenem der klassischen ökonomischen Analyse des Rechts orientiert (trotz initialer Kritik an deren *homo oeconomicus*-Modell) (Frerichs 2011; Rebonato 2014, S. 362), in mehreren Punkten unzureichend erscheint:

- Die Erkenntnisse der Psychologie über menschliches Entscheidungsverhalten, die die Basis der BLE bilden, sind viel komplexer und erfordern tiefergreifende Konsequenzen von Seiten der Politik als die bloße Korrektur von Informationsverarbeitungsfehlern (*biases*) durch Re-Rationalisierung, die ein „Marktversagen" beseitigen könnte (Lunn 2015).
- Nudges als softe Regulierungsinstrumente des libertären Paternalismus umfassen nur einen kleinen Teil möglicher sinnvoller *Regulierungsinstrumente* und vernachlässigen den Rest, wie insbesondere gesetzliche zwingende Vorgaben und Verbote und kollektive Rechtsdurchsetzung (Lurger 2014, S. 31).
- Andererseits sind nudges auch nicht so *Autonomie* bewahrend wie deren Verfechter vorgeben: Ihre Steuerungswirkung ist nur dann stark, wenn Menschen nicht über sie nachdenken, sondern sich einfach „stubsen" lassen. Je autonomer sich die Adressaten verhalten, desto weniger werden sie sich vom nudge lenken lassen und desto weniger effektiv wird der nudge sein (Rebonato 2014, S. 370; Bubb und Pildes 2014, S. 1616).
- Außerdem fehlt es den BLE an einem klaren Konzept der *Rechtfertigung* paternalistischer Eingriffe durch den Gesetzgeber, der als „choice architect" auftritt und die modernen Instrumente des nudging einsetzt (Rebonato 2014, S. 374, 378, 388; Bubb und Pildes 2014, S. 1625). Inwiefern darf er auch die Präferenzen der Verbraucherinnen und Verbraucher korrigieren und wodurch rechtfertigt er die anderen Entscheidungen, in deren Richtung er sie leitet?

- Von Seiten der Soziologie wird an der BLE zu Recht der verengende *individualisti-sche Ansatz* kritisiert: Die Untersuchungen konzentrieren sich nur auf vereinzelte Stimuli des Verhaltens individueller Marktakteurinnen und Marktakteure (z. B. Rechtsregeln, persönliche Eigenschaften und Neigungen) und vernachlässigen kulturelle und gesellschaftliche Zusammenhänge, die ebenfalls das Verhalten der Akteurin und Akteure und das Marktgeschehen nachhaltig prägen (Frerichs 2011; Nessel 2017). Es wurde daher deren Einbettung und Erweiterung im Rahmen einer ganzheitlichen rechtlich-empirischen Governance-Analyse („legal-empirical governance analysis" – LEGA) vorgeschlagen, die sich mehr als Methode denn als normative Theorie versteht (Lurger 2014, S. 25 ff.).

4   Die Forschergruppe CLP an der Universität Graz

Das interdisziplinäre Team „CLP" = „Contract Decisions of Consumers Between Law and Psychology"[6] umfasst Forscherinnen und Forscher aus den Disziplinen Rechtswissenschaft, Psychologie und Ökonomie (Brigitta Lurger, Ursula Athenstaedt, Claudia Vogrincic-Haselbacher, Isabelle Dinslaken, Florian Caks, Richard Sturn)[7] und kooperiert mit Partnerinnen und Partnern an der Universität Wien (Arnd Florack), der Copenhagen Business School (Lucia Reisch) und der Brown University/Providence, Rhode Island, USA (Joachim Krueger). Die Untersuchungen zur Rolle der rechtlichen Regeln im Entscheidungsverhalten von Verbraucherinnen und Verbrauchern werden bzw. wurden von der Universität Graz (Ausschreibung „unkonventionelle Forschung" 2014-2018) sowie vom Land Steiermark (Ausschreibung „Die Zunahme von Nicht-Wissen" 2014-2015) gefördert.

Die Arbeiten des CLP-Teams bauen auf dem Forschungsansatz der BLE (siehe oben) auf und versuchen, ihn in Richtung anderer Schulen der Entscheidungsforschung (z. B. der Heuristikforschung von Gigerenzer, siehe Gigerenzer 1996, 2008, 2014; Gigerenzer und Brighton 2009; Gigerenzer und Selten 2001; Todd und Gigerenzer 2000) im Rahmen einer empirisch-rechtlichen Governance-Analyse (LEGA) zu erweitern.[8] Das Gesamtprojekt soll erstmals stabile Grundlagen für die Berücksichtigung der Erkenntnisse der modernen Psychologie und Verhaltensökonomie in der Rechtssetzung im Bereich des interdisziplinär noch wenig untersuchten *Verbrauchervertragsrechts* erarbeiten. Die empirischen Methoden der

---

6   http://consumer-law-and-psychology.uni-graz.at/.

7   Alle im Beschäftigungsverhältnis zur Universität Graz.

8   Zu unserem Forschungsansatz siehe auch ausführlich bei Lurger (2014).

(bisher überwiegend behavioralen) Entscheidungsforschung werden in dem Projekt anwendungsorientiert eingesetzt, um durch die Entwicklung und Testung von alternativen Rechtsregeln die rechtliche Regulierung von Verbraucher verhalten im Zusammenhang mit Vertragsentscheidungen näher an die Realität der menschlichen Entscheidungsfindung und an die rechtspolitischen Ziele des Verbraucherschutzes heranzuführen.

Es darf nicht nur darum gehen, Verbraucherinnen und Verbraucher dem rationalen Wundermenschen *homo oeconomicus* ähnlicher zu machen, denn diesem Bestreben sind in der Realität ganz enge Grenzen gesetzt. Vielmehr sollten die rechtlichen Regeln die Menschen auch dort abholen, wo sie sich befinden, und, wo dies möglich ist, ihrem Entscheidungsverhalten angepasste, einfache Unterstützungen anbieten, bzw. sollten sie den realen Grenzen des Selbstschutzes (z. B. Grenze der Informierbarkeit) mit (zwingend eingreifendem) Schutz von außen Rechnung tragen. Neben der Anpassung der Verbraucherinnen und Verbraucher an die rationalitätsorientierten rechtlichen Regeln in den wenigen Fällen, in denen dies überhaupt möglich ist, sollte man unseres Erachtens vorwiegend danach trachten, die rechtlichen Regeln an die Verbraucherinnen und Verbraucher anzupassen.

In die Untersuchungen des Projekts werden folglich rechtliche *Instrumente des Selbstschutzes* durch Verbraucherinnen und Verbraucher wie Verbraucherinformationen, Produktinformationsblätter, Widerrufsrechte, Tarifrechner, Rankings und Gütesiegel ebenso einbezogen wie zwingende rechtliche Regulierung, die Verbraucherinnen und Verbraucher *von außen* ohne deren Zutun *schützt*, z. B. durch Restriktion des Unternehmerverhaltens und staatliche Klauselkontrolle. *Ziel* der Verbraucherschutzvorschriften ist es, die Rechtsgüter der Verbraucherinnen und Verbraucher, insbesondere deren körperliche Integrität (Gesundheit), deren Vermögen sowie deren Entscheidungsfreiheit zu schützen. Beim Vertragsabschluss sollten die Verbraucherinnen und Verbraucher durch die rechtlichen Rahmenbedingungen in die Lage versetzt werden, den für sie günstigsten Vertrag zu finden, der ihre individuellen Präferenzen und Bedürfnisse realisiert bzw. abdeckt. Diesfalls könnte man von einer „guten" Vertragsentscheidung sprechen. Entscheiden sie sich für Verträge, die ihren Präferenzen gar nicht entsprechen (z. B. nicht gewollte, unbrauchbare oder gesundheitsschädliche Produkte) und/oder die im Marktvergleich sehr hohe Preise aufweisen oder zu finanziellen Verlusten führen (Vermögensinteresse), handelt es sich um „schlechte" Vertragsentscheidungen, die nicht nur für die Rechtsgüter der betroffenen Verbraucherinnen und Verbraucher, sondern auch für die Marktfunktion, die Gesamtwirtschaft und die Gesellschaft negative Konsequenzen haben.

Als besonderes Merkmal der aktuellen Konsumsituation von Verbraucherinnen und Verbrauchern sticht die große Menge an Informationen ins Auge. Nicht zuletzt durch rechtliche Vorschriften, die ihren Ursprung im EU-Verbraucherrecht haben, nimmt die Anzahl an Informationen, mit denen Verbraucherinnen und Verbraucher bei Vertragsabschlüssen jeglicher Art konfrontiert sind, immer weiter zu. Das gilt beispielsweise für Finanzdienstleistungen, Mobilfunkverträge, Energielieferverträge und für (andere) Waren oder Dienstleistungen, die im Internet konsumiert werden. Wir haben die (in diesem Beitrag besprochene) Pilotstudie des Projekts CLP daher dieser Problemlage gewidmet. Die juristische (normative, rechtspolitische) Frage der rechtlichen Gestaltung des informationellen Umfeldes der Verbraucherinnen und Verbraucher kann nur in Abhängigkeit von der psychologischen Frage des Umgangs der Verbraucherinnen und Verbraucher mit den Informationen beantwortet werden. Welche Art der Informationsverarbeitung führt bei welcher Menge und welcher Darbietung von Informationen zu den „besten" Vertragsentscheidungen? Wo liegen die Grenzen des Selbstschutzes durch (herkömmliche) Information und welche neuen Formen von Information wie z. B. radikal verkürzte, standardisierte und graphische Information, Heuristiken, Vergleichsrechner und aus Algorithmen gewonnene Informationen können diese Grenzen noch weiter hinausschieben?

Das CLP-Team interessiert sich also generell dafür, wie *rechtliche Regeln* erfolgreiches Entscheidungsverhalten von Verbraucherinnen und Verbrauchern (= „gute" Vertragsentscheidungen in einem bestimmten Produktbereich z. B. Mobilfunk, Kredite, Kapitalanlagen) *unterstützen, ermöglichen, veranlassen* oder *behindern*. Dabei werden zunächst auf *Stufe 1* die bestehenden *Rechtsregeln* einer Überprüfung unterzogen (z. B. Informationsvorschriften, Widerrufsrechte): Wie gehen Personen mit den aktuell bestehenden komplexen Vertragsangeboten bei hoher Informationslast um? Wie ist ihre Entscheidungsqualität? Wie lässt sich die Art ihrer Informationsverarbeitung charakterisieren? Welche Faktoren – rechtlicher und nicht rechtlicher Natur – begünstigen dabei gute Vertragsentscheidungen bei bestimmten Verbraucherinnen und Verbraucher bzw. verhindern diese bei anderen? Aufbauend auf den Ergebnissen der ersten Testungen stellen wir uns die Frage, welche dieser Entscheidungsqualität-Faktoren durch Rechtsregeln so verändert werden können, dass sie eine höhere Zahl guter Entscheidungen bei den Probandinnen und Probanden auslösen. D.h. in den Studien der *Stufe 2* werden *alternative Rechtsregeln* getestet und im Erfolgsfall dem Gesetzgeber zur Übernahme vorgeschlagen.

5 Die CLP-Mobilfunkstudie

5.1 Beschreibung der Studie

An der CLP-Mobilfunkstudie[9] haben 363 Personen erfolgreich teilgenommen. 214 davon waren weiblich, 149 männlich. Deren Alter lag zwischen 18 und 71 Jahren. Bei der Auswahl der Probandinnen und Probanden achteten wir auf möglichst breite Streuung in der Bevölkerung: Denn die gesamte Bevölkerung zählt zur Gruppe der Verbraucherinnen und Verbraucher. Daher sollten insbesondere verschiedene Berufsgruppen, Bildungsgrade und Altersstufen erfasst sein. Es handelt sich insgesamt um ein Experiment mit Fragebogenuntersuchung, das aber realen Bedingungen in Richtung einer Feldstudie angenähert war.

Teil A der Studie bestand aus einem Fragebogen zu Persönlichkeitsmerkmalen und demografischen Daten der Teilnehmerinnen und Teilnehmer, den diese online bei sich zu Hause ausfüllen mussten.

Der Hauptteil der Untersuchung (Teile B und C) fand in den Computer-Labs der Universität Graz statt. Die Probandinnen und Probanden wurden in Teil B der Untersuchung zu einer Webplattform geleitet, auf der 11 Anbieterinnen und Anbieter ca. 30 verschiedene Vertragsprodukte für privaten Mobilfunk präsentierten. Verträge, die zugleich den Erwerb eines Mobilfunkgeräts (Handys) umfassten, wurden ausgeklammert, um die Untersuchung nicht zu komplex zu gestalten. Dabei wurden die Namen von Anbieterinnen und Anbietern und deren Produkt sowie das Originaldesign, das diese real auf dem österreichischen Markt existierenden Anbieterinnen und Anbieter im Internet verwendeten, weitestgehend beibehalten. Diese Vorgangsweise wurde gewählt, um möglichst nah an der realen Entscheidungssituation zu bleiben, die österreichische Verbraucherinnen und Verbraucher auf dem Mobilfunkmarkt vorfinden. Den Teilnehmerinnen und Teilnehmern wurde jeweils eines von zwei vorgegebenen Benutzerprofilen zugewiesen, das den Bedarf an einer bestimmten Zahl an Gesprächsminuten und an SMS sowie an einem bestimmten Datenvolumen pro Monat vorgab. Sie erhielten die Aufgabe, den für sie – unter Berücksichtigung des fixierten Benutzerprofils – passenden Mobilfunkvertrag abzuschließen. Der Zeitrahmen für diese Entscheidungsaufgabe betrug 40 Minuten. Auf den realistisch gehaltenen Seiten der 11 Anbieterinnen und Anbieter fanden sich zahlreiche Informationen, die allesamt eine korrekte Umsetzung der gesetzlich zwingend vorgeschriebenen Informationspflichten darstellten. Die Teilnehmerinnen und Teilnehmer konnten Verträge auswählen und diese in einen

---

9 Für eine detaillierte Präsentation und Diskussion der Studie siehe bei Lurger et al. (2016) sowie Vogrincic-Haselbacher et al. (2017).

Warenkorb legen. Vor der endgültigen Entscheidung, den in den Korb gelegten
Vertrag auch abzuschließen, wurden sie mit den (realen) Allgemeinen Geschäfts-
bedingungen des jeweiligen Unternehmens konfrontiert und mussten dazu eine
Erklärung der Kenntnisnahme abgeben.

superbob vertrag

superbob, der wahre held unter den smartphone-tarifen. mit 2000 minuten, 2000 sms
und 3000 mb datenvolumen in alle netze österreichweit, um 14,90 euro pro monat.
natürlich ohne bindung, ohne sim-pauschale und ohne aktivierungsgebühr. superbob
gibt es jetzt für kurze zeit.

monatliche grundgebühr	**14,90 euro**
inkludierte minuten/sms österreichweit	**2000 minuten** **2000 sms**
inkludiertes datenvolumen österreichweit	**3000 mb**
max. downloadgeschwindigkeit	**7 mbit/s**
jede weitere minute/sms	**6,8 cent**
jedes weitere angefangene gb	**5 euro**
aktivierungsentgelt	**0 euro**
bindung	**keine**
taktung	**60/60, 64 kB**

 hol dir jetzt das bob startpaket um nur € 9,90!

Abb. 1   Darstellungsbeispiel in der Testumgebung

Teil C der Studie umfasste einen Computer-Fragebogen über Ex-Post-Einschätzungen, u. a. zu Persönlichkeitsmerkmalen, Informationswahrnehmung und zum eigenen Konsumverhalten. Dieser Fragebogen wurde nach Abschluss von Teil B der Studie ebenfalls in den Computer-Labs der Universität ausgefüllt.

Obwohl insgesamt versucht wurde, Teil B der Studie soweit wie möglich an die reale Abschlusssituation für Verbraucherinnen und Verbraucher anzunähern, mussten einige *Abstriche* gemacht werden, die bei der Beurteilung der Untersuchungsergebnisse beachtet werden müssen: Vertragstypen mit Handy-Erwerb wurden ausgeklammert. Die reale Angebotssituation ist daher noch viel komplexer als die Testsituation. Die Benutzerprofile wurden numerisch vorgegeben, d. h. jede Teilnehmerin und jeder Teilnehmer war über ihren oder seinen monatlichen Verbrauch vollständig informiert, was in der Realität auch selten der Fall ist. Um den schnellen Wechsel zwischen den einzelnen Anbieterinnen und Anbietern zu ermöglichen, wurde jede Seite der Webplattform außerdem linksseitig mit einer Tabelle aller Produkte aller Anbieterinnen und Anbieter ausgestattet, die von dieser Leiste aus angeklickt werden konnten. Auch dieser in der Realität nicht vorhandene vollständige Angebotsüberblick in Listenform erleichterte den Teilnehmerinnen und Teilnehmern den Vergleich und damit vielleicht eine bessere Entscheidung. Der Faktor der bisherigen Erfahrung mit oder der Meinung über die verschiedenen Anbieterinnen und Anbieter, die den Probandinnen und Probanden ja teilweise schon gut bekannt waren, wurde erhoben, zeigte aber in der Auswertung keine signifikanten Ergebnisse.

5.2 Messungen

Die Ergebnisse der Studie beruhten vor allem auf Messungen des Informationsverarbeitungsverhaltens der Probandinnen und Probanden (1), auf Messungen der Entscheidungsqualität ihrer jeweiligen Produktwahl (2) sowie auf Messungen von Persönlichkeitsvariablen (3).

1. *Informationsverarbeitungsverhalten:* Eine Tracking-Software registrierte in Teil B der Untersuchung (simulierter Vertragsabschluss) jeden Mouse-Click der Teilnehmerinnen und Teilnehmer. Es wurden unter anderem die Zahl der Clicks, die auf den einzelnen Seiten verbrachte Zeit, die Zeit, die auf den 3 besten Angebotsseiten verbracht wurde, und die Zahl der Clicks auf die besten 3 Angebote erhoben. Zwei Clusteranalysen wurden auf Basis der subjektiv eingeschätzten Relevanz einiger Entscheidungsfaktoren einerseits und auf Basis des gemessenen

Informationsverarbeitungsverhaltens andererseits durchgeführt und mit der
Messung der Entscheidungsqualität in Verbindung gebracht.

2. Die *Entscheidungsqualität* wurde auf drei Ebenen gemessen: Die objektiv erhobene
   „*Tarif*qualität" der Entscheidung bezog sich auf die monatlichen Durchschnitts-
   kosten des Vertrags während der ersten zwei Jahre auf Basis des vorgegebenen
   monatlichen Verbrauchs (Benutzerprofil). Für jedes der beiden Benutzerprofile
   existierten die gleichen drei besten Produkte. Die Abweichungen von den drei
   kostengünstigsten Produkten wurden in Euro gemessen. Die ebenfalls objektiv
   gemessene „*Klausel*qualität" bezog sich auf das Vorhandensein von Vertragsbedingungen, die einige Verträge für die Verbraucherinnen und Verbraucher
   nachteiliger machten als andere: Das waren die eingeschränkte Flexibilität beim
   Produktwechsel (Bindungsfristen für die Verbraucherinnen und Verbraucher)
   und die Möglichkeit einer einseitigen Tariferhöhung durch die Anbieterin oder
   den Anbieter während der maßgeblichen Zeit von zwei Jahren. Die erhobene
   subjektive Entscheidungsqualität resultierte aus der Selbsteinschätzung der Entscheidung durch die Probandinnen und Probanden am Ende der Untersuchung
   und deren Begründung.

   Die benutzten drei Maße für die Entscheidungsqualität sind das Ergebnis
   des Versuchs einer Übersetzung der *Ziele* der gesetzlichen Verbraucherschutz-
   maßnahmen in messbare Größen: Der staatlichen Verbraucherpolitik geht es
   einerseits um den Schutz der Vermögensinteressen der Verbraucherinnen und
   Verbraucher: Sie sollen die für sie ökonomisch günstigsten Verträge auswählen
   und nachteilige Verträge vermeiden können. Diesem Ziel entspricht unsere
   Messung der Tarifqualität und der Klauselqualität. Andererseits sollen die Verbraucher auch persönliche Präferenzen realisieren können, die ihr ökonomisches
   Interesse am günstigsten Tarif übertreffen (Schutz der Entscheidungsfreiheit).
   Diese abweichenden subjektiven Präferenzen können in einer Messung der subjektiven Entscheidungszufriedenheit zu Tage gefördert werden, wenn darüber
   hinaus sichergestellt wird, dass die betreffende Person den Trade-Off zwischen
   niedrigerem Preis und zusätzlicher Eigenschaft bewusst gewählt hat.

3. Weiters wurden verschiedene *Persönlichkeitsvariablen* der Teilnehmerinnen und
   Teilnehmer gemessen. Insbesondere die Messungen der folgenden Variablen
   ergaben interessante Zusammenhänge mit der Art der Informationsverarbeitung
   und der Entscheidungsqualität und flossen in ein Strukturgleichungsmodell ein:
   die subjektiv empfundene Wichtigkeit und Verständlichkeit der Information,
   die individuelle Motivation zur systematischen Informationsverarbeitung,
   das Involvement (persönliche Betroffenheit) in die Entscheidung und der sog.
   „Selbst-Regulations-Fokus" (Florack et al. 2013; Higgins 1998). Personen mit
   „Promotionsfokus" sind eher gewinnorientiert, während Personen mit Präven-

tionsfokus primär versuchen, Verluste zu vermeiden. Aus dieser Grundhaltung folgen unterschiedliche Selbst-Regulationsstrategien, welche wiederum das Informationsverarbeitungsverhalten beeinflussen: intuitives, impulsives Verhalten steht vorsichtig abwägendem Verhalten gegenüber. Obwohl bei den meisten Personen eine dieser beiden Grundhaltungen überwiegt, können auch *beide* Fokusse bei ein und derselben Person stark – bzw. schwach – ausgeprägt sein (Higgins 2002; Higgins und Cornwell 2016, S. 57). Die Höhe des individuellen Selbstregulationsfokus ergibt sich aus einem unveränderlichen Anteil, der aus der Persönlichkeit eines Menschen resultiert (sog „trait"), sowie aus einem veränderlichen situationsbedingten Anteil (sog „state") (Florack et al. 2010; Higgins 1997; Steyer et al. 1999). D. h., dass die beiden Fokusse, wie auch einige andere Persönlichkeitsvariablen, durch sog. „Trigger" (Auslöser) im Experiment und auch in der Realität situativ verstärkt werden können. Solche Trigger können von Unternehmen z. B. im Marketing von Produkten eingesetzt werden, und – wie von uns vorgeschlagen – möglicherweise auch vom Gesetzgeber, um die Entscheidungsqualität schwacher Marktteilnehmerinnen und Marktteilnehmer zu erhöhen.

5.3   Ergebnisse

57 % der Teilnehmerinnen und Teilnehmer trafen eine im Sinne der Tarif- und Klauselqualität optimale Entscheidung, d. h. sie wählten einen der drei besten Tarife. 17 % entschieden sich für einen Vertrag, der in der Tarifqualität bis zu € 5 über den besten lag. 11 % wählten einen bis zu € 10 teureren Vertrag. 15 % lagen mit ihrer Wahl mehr als € 10 über dem günstigsten Tarif. Wie oben unter 5.1 geschildert, kann angenommen werden, dass die *experimentellen Bedingungen* im Vergleich zur Realität eine *bessere* Entscheidungsqualität eher begünstigten (z. B. Kenntnis des eigenen Verbrauchs, Übersichtsliste, Vereinfachung des Angebots). Deswegen muss die relativ hohe Zahl an erfolgreichen Probandinnen und Probanden unter dieser Einschränkung betrachtet werden. Die subjektive Entscheidungsqualität lag insgesamt eher hoch, wies aber keine signifikante Relation mit der objektiven Entscheidungsqualität auf. Das könnte das relativ schlechte persönliche Urteil der Teilnehmerinnen und Teilnehmer über die objektive Entscheidungsqualität zeigen. Da die Probanden durch ein Versehen vor Angabe ihrer subjektiven Zufriedenheit nicht über den objektiven Wert ihrer Entscheidung unterrichtet wurden, konnten leider keine weiteren Daten über ihre vom Vermögensinteresse abweichenden persönlichen Präferenzen erhoben werden.

Die *Clusteranalyse* zum individuellen *Informationsverarbeitungsverhalten*
identifizierte verschiedene Teilnehmergruppen, die wir in Beziehung zu der jeweils
von ihnen erzielten Entscheidungsqualität setzen konnten. Die Teilnehmerinnen
und Teilnehmer in *Cluster 1* (137 Personen) verwendeten sehr simple Informati-
onsverarbeitungsstrategien, nahmen sich wenig Zeit für die Suche und zeigten
auch niedrigere Werte bei den Klicks und der Zeit, die sie auf den Seiten der drei
besten Angebote verbrachten. Letztere Werte wurden als Grad der Fokussierung
der Suche betrachtet. Durch verschiedene Maßnahmen (z. B. Berücksichtigung
der Randomisierung der linksseitigen Liste der verschiedenen Angebote) wurde
sichergestellt, dass die nachträglich gemessene Fokussierung der Suche nicht
durch unkontrollierte äußere Einflüsse quasi zufällig auftrat. *Cluster 1* beinhaltete
daher inkorrekt fokussierte Informationssucherinnen und Informationssucher
mit geringem Aufwand. Teilnehmerinnen und Teilnehmer des *Clusters 2* (124
Personen) betrieben, sowohl was die Zeit als auch was die Komplexität ihrer Infor-
matonsverarbeitungsstrategien anlangte, mittelmäßigen Aufwand. Sie zeichneten
sich allerdings durch hohe Werte in der Fokussierung ihrer Suche aus. *Cluster 2*
bestand daher aus korrekt fokussierten Informationssuchern mit mittelgroßem
Aufwand. *Cluster 3* (102 Personen) suchte besonders lange und aufwändig nach
Informationen, war aber weniger fokussiert als *Cluster 2*.

Die Messungen ergaben ein moderat positives Verhältnis zwischen dem Grad der
systematischen Informationsverarbeitung und der *Entscheidungsqualität*. *Cluster
1*-Teilnehmerinnen und Teilnehmer mit einem niedrigen Grad an systematischer
Verarbeitung erreichten niedrigere Werte in der objektiven Entscheidungsqualität
als *Cluster 3*-Teilnehmerinnen und Teilnehmer, die einen hohen Grad an systematischer Verarbeitung aufwiesen. Die mit 249 bei Weitem beste Tarifqualität erzielten
jedoch die Teilnehmerinnen und Teilnehmer aus *Cluster 2*, gegenüber Werten von
135 in *Cluster 1* und 163 in *Cluster 3*. Zusammenfassend konnte damit gezeigt
werden, dass die erfolgreichen Suchstrategien der *Cluster 2*-Teilnehmerinnen und
Teilnehmer nicht erschöpfend waren, sondern sich durch eine fokussierte Auswahl
und Verarbeitung einer mittleren Informationsmenge auszeichneten. Obwohl ein
moderat positives Verhältnis zwischen systematischer Informationsverarbeitung und
Entscheidungsqualität bestand, war es gleichzeitig aber offenbar nicht notwendig und
auch nicht vorteilhaft, die vorhandenen Informationen umfassend zu verarbeiten.
Denn weder die besonders ausführliche Informationssuche von *Cluster 3* noch der
Einsatz besonders simpler Strategien in *Cluster 1* (z. B. persönliche Erfahrung mit
einem Anbieter als mögliche Heuristik) waren annähernd so erfolgreich wie die
Strategie(n) von *Cluster 2*.

Zur Untersuchung des Zusammenspiels zwischen *Persönlichkeitsvariablen*,
Informationsverarbeitungsverhalten und Entscheidungsqualität wurde ein *Struk-*

turgleichungsmodell erstellt. Es wurde geprüft, ob die folgenden Persönlichkeitseigenschaften das Verarbeitungsverhalten und damit (indirekt) auch die Entscheidungsqualität beeinflussten: Involvement, Promotions- und Präventionsfokus sowie die subjektiv empfundene Wichtigkeit und Verständlichkeit der Information. Diese Eigenschaften wurden als unabhängige Variable, die Entscheidungsqualität wurde als abhängige Variable betrachtet. Die Motivation, Informationen systematisch zu verarbeiten, und das Ausmaß und der Fokus der tatsächlichen Informationsverarbeitung wurden als *Mediatoren* behandelt. Das persönliche Involvement, der Promotionsfokus, der Präventionsfokus und die empfundene Wichtigkeit und Verständlichkeit der Information standen in positiver Korrelation zur Motivation der systematischen Informationsverarbeitung. D.h. je höher das eigene Involvement, die Fokusse und die empfundene Wichtigkeit und Verständlichkeit der Information bei einer Person waren, desto höher war auch deren Motivation zur systematischen Informationsverarbeitung. Einige Persönlichkeitsvariablen, nämlich das Involvement und der Promotionsfokus, wiesen eine direkte Beziehung zum Ausmaß der Informationsverarbeitung auf: Je höher Personen involviert waren, desto geringer war das Ausmaß ihrer Informationsverarbeitung. Dagegen korrelierten Promotionsfokus und Ausmaß der Informationsverarbeitung positiv.

Zusätzlich konnte der folgende interessante Zusammenhang erhoben werden: Je höher der Präventions- oder/und Promotionsfokus der betreffenden Teilnehmerin bzw. des betreffenden Teilnehmers war(en), desto höher waren auch die Motivation zur systematischen Informationsverarbeitung, die Fokussierung ihrer bzw. seiner Informationssuche sowie die erzielte Entscheidungsqualität. Damit konnten frühere Forschungen erweitert werden, da wir nachweisen konnten, dass nicht nur die aufmerksame und gewissenhafte Informationsverarbeitung, wie sie für Menschen mit Präventionsfokus typisch ist, sondern auch die explorative und weit fassende Informationsverarbeitung, die auf schnelle Gewinnerzielung ausgerichtet ist (bei Promotionsfokus), zu besseren Entscheidungsergebnissen führt als bei Personen ohne ausgeprägten Fokus.[10]

Die Klauselqualität (siehe oben 5.2) kann teilweise nur nach Auffinden der betreffenden Bedingung in den AGB (Allgemeine Geschäftsbedingungen) des jeweiligen Anbieters eingeschätzt und verglichen werden. Dies entspricht auch den Vorstellungen des Gesetzgebers, der AGB ja nur dann gelten lässt, wenn die AGB-Unterworfenen (d. h. die Verbraucherinnen und Verbraucher) zuvor die – zumindest theoretische – Möglichkeit hatten, diese zu lesen. Studienteilnehmerinnen und Studienteilnehmer, die die AGB per Mausklick öffneten, erzielten im Durch-

---

10 Ein in diese Richtung weisendes Ergebnis ist uns nur von Burtscher und Meyer (2014) bekannt.

schnitt eine höhere Klausel- und Tarifqualität. Daraus kann allerdings kein kausales Verhältnis abgeleitet werden. Diese Teilnehmerinnen und Teilnehmer verbrachten im Durchschnitt weniger als eine Minute auf der AGB-Seite, nahmen sich also viel zu wenig Zeit für eine sinnvolle Lektüre. Die weitaus überwiegende Mehrheit der Teilnehmerinnen und Teilnehmer klickte auf die AGB-Seite erst vom Warenkorb aus, als sie bereits ein Produkt für den Kauf ausgewählt hatten, und revidierten diese Wahl danach nicht. Das zeigt, dass der Text der AGB in den Vergleich vor der Kaufentscheidung nicht einbezogen worden war, sondern die Auswahl nach anderen Kriterien erfolgte.

6   Diskussion und Ausblick

Unsere experimentelle Pilotstudie zum Abschluss von Mobilfunkverträgen umfasste in ihrem Hauptteil einen simulierten Vertragsabschluss unter relativ realistischen Bedingungen, die dem österreichischen Online-Markt für solche Verträge nach-gebildet waren. Obwohl wir keine direkte Messung der subjektiven Betroffenheit durch die Informationslast vornahmen, gehen wir davon aus, dass die Testumge-bung eine Situation mit hoher Informationslast verkörperte. Wir analysierten das Entscheidungsverhalten der Teilnehmerinnen und Teilnehmer und deren Verhältnis zur erzielten Entscheidungsqualität unter Einbeziehung bestimmter Persönlich-keitsvariablen, um daraus Rückschlüsse auf die Schutz-Wirksamkeit der dabei in Operation befindlichen gesetzlichen Informationsregeln und sonstigen gesetzlichen Rahmenbedingungen ziehen zu können.

Die Untersuchung des Zusammenspiels zwischen der Art der *Informationsver-arbeitung* und der *Entscheidungsqualität* in der oben geschilderten Cluster-Analyse hat ergeben, dass Individuen (*Cluster 2*) am erfolgreichsten waren, die in der Lage waren, die Komplexität der Information für sich zu reduzieren und ihre knappen Ressourcen an Zeit und Aufmerksamkeit richtig zu fokussieren. Bedauerlicherwei-se ist es uns nicht gelungen, einen direkten Zusammenhang zwischen einer oder mehreren bestimmten heuristischen Entscheidungsstrategien und der fokussierten und erfolgreichen Entscheidung der *Cluster 2*-Teilnehmerinnen und Teilnehmer herzustellen. Es ist daher möglich, dass diese eine oder mehrere erfolgreiche, von uns nicht gemessene Heuristik(en) verwendeten, die erst künftige Studien näher aufklären werden.

Trotz der die Entscheidungsqualität vermutlich im Vergleich zur realen Situation begünstigenden Testbedingungen (siehe oben 5.1) war ein noch immer sehr großer Teil der Probandinnen und Probanden nicht in der Lage, eine für ihre Interessen günstige Wahl zu treffen. Auch für andere nationale Mobilfunkmärkte haben bereits durchgeführte Studien ergeben, dass ein hoher Prozentsatz an Verbraucherinnen und Verbraucher im Vergleich zu ihren Möglichkeiten verlustreiche Vertragsbindungen eingeht (Lunn 2013; Bar-Gill 2012; Bar-Gill und Stone 2009). Das bestärkt unsere ursprüngliche Annahme, dass die bestehenden gesetzlichen Regeln, die einerseits unfaire grob einseitige Vertragsbedingungen ausschließen (staatliche Klauselkontrolle durch Verbote und Verbandsklagen) und andererseits die verpflichtenden Informationen genau und detailreich vorgeben, die Verbraucher nicht ausreichend schützen und unterstützen. Denn wer aus fehlender intellektueller Begabung oder aus anderen Gründen nicht in der Lage ist, das erfolgreiche fokussierte Verhalten des *Clusters 2* an den Tag zu legen, verirrt sich offenbar trotz der vielen dargebotenen Informationen in der Komplexität der Aufgabenstellung und erleidet dadurch jährlich nicht unerhebliche finanzielle Verluste, die sich in der Volkswirtschaft zu eindrucksvollen Beträgen summieren (Bar-Gill und Stone 2009, S. 54 f).

Der Erfolg der mittelmäßig langen und mittelmäßig umfangreichen Informationsverarbeitung der *Cluster 2*-Teilnehmerinnen und Teilnehmer legt den Schluss nahe, dass es den weniger erfolgreichen Probanden nicht an Informationen, sondern an einem anleitenden Faden zum Finden der *relevanten* Informationen oder an sonstigen Hilfen zum Verarbeiten der Informationen fehlte. Die nur eindimensionale gesetzliche Anordnung der *Ablieferung von Information(sinhalten)* bei der Verbraucherin oder dem Verbraucher bzw. auf der Homepage „egal wie", d.h. ohne Rücksicht auf deren *Organisation, Form, Präsentation, Zahl, Benutzbarkeit* und *Funktionalität*, wie sie derzeit von den Gesetzgebern der EU und der Mitgliedstaaten vorgesehen wird, erscheint unzureichend.

Die Qualität der Verbraucherentscheidungen könnte vermutlich durch zusätzliche gesetzlich angeordnete Hilfen zur Verbesserung der eigenen Informationsverarbeitung, die über das bisherige schlichte Abliefern von Information hinaus gehen, noch weiter gesteigert werden. Dabei ist von zwei Annahmen auszugehen, die in Studien weiter verifiziert werden könnten: Effektive Schutzinstrumente, die Verbraucherinnen und Verbraucher zu besseren Vertragsentscheidungen anleiten können, müssen auf die komplexe Psychologie der menschlichen Entscheidungen in den jeweiligen Situationen zugeschnitten sein, sie erschöpfen sich folglich nicht in den von der traditionellen BLE postulierten „nudges" (Stupser), sondern umfassen zusätzliche Instrumente wie z. B. Trigger-Botschaften und instrumentelle Software, und sie müssen auch nicht immer das Ziel verfolgen, die Verbraucherin oder den Verbraucher näher an das *homo oeconomicus*-Modell heranzuführen. Zweitens ist davon auszugehen, dass die Fähigkeit der Verbraucherinnen und Verbraucher, sich selbst vor schlechten Vertragsabschlüssen zu schützen, empirisch nachweisbare

Grenzen aufweist (z. B. die Grenze der Informationsverarbeitungskapazität), nach denen sich auch die rechtlichen Regeln zu richten haben.

Folgende effektivere *Instrumente* sind dabei denkbar: Reduktion und Vereinfachung der Informationen, besonderes Hervorheben von „relevanten" Informationen, Steigerung der Vergleichbarkeit der verschiedenen Produkte einer Anbieterin oder eines Anbieters anhand der „relevanten" Produktmerkmale (z. B. einfach benutzbare Vergleichs- und Suchfunktionen), Einrichtung von staatlich oder sonst unabhängig überprüften Vergleichsrechnern für das gesamte Marktangebot, Verfügbarmachung und Einbeziehung individueller Benutzerdaten (monatlicher Verbrauch, Sonderbenutzungen wie z. B. Auslandstelefonate) in die Vergleichsrechner. Auch die Anregung der Benutzung erfolgreicher Heuristiken und Shortcuts bei der Entscheidung ist denkbar. Die Bestimmung „relevanter" und „weniger relevanter" Information muss dabei vom Gesetzgeber ausgehen. Ebenso wie das Maß der Entscheidungsqualität (siehe oben 5.2) muss auch die „Relevanz" von Informationen aus den *Schutzzielen* der staatlichen Regulierung abgeleitet werden. Es handelt sich dabei um Informationen, die die Verbraucherin und der Verbraucher dazu benötigen, ihre bzw. seine Rechtsgüter im Wesentlichen zu schützen (insbesondere ihre bzw. seine Vermögensinteressen) und ihre bzw. seine Präferenzen zu verfolgen (z. B. persönlicher Bedarf, Vorlieben).

Einige dieser Angebote oder Instrumente wie etwa *Tarifrechner* existieren bereits, werden aber Untersuchungen zu Folge von den Verbraucherinnen und Verbrauchern wenig genutzt, da sie zu wenig bekannt sind oder die Verbraucherinnen und Verbraucher kein Vertrauen in sie haben (siehe beispielsweise: RTR GmbH 2015, S. 39). Deswegen sollte bei der Entwicklung neuer Informationsinstrumente besonderes Augenmerk auf die Erhöhung der Bereitschaft und Motivation der Verbraucherinnen und Verbraucher gelegt werden, diese Instrumente auch einzusetzen. Einige dieser verbesserten Informationsinstrumente (z. B. reduzierte Standardinformation, Vergleichsrechner) wurden durch die Forschergruppe CLP bereits in Folgestudien experimentell untersucht, die sich derzeit in der Auswertung befinden.

Auch die Messergebnisse und Auswertungen zu den *Persönlichkeitsvariablen* erlauben Hypothesen zu neuen gesetzlich implementierbaren Anleitungen zur verbesserten Informationsverarbeitung und Produktauswahl, die zum Teil ebenfalls Gegenstand weiterer Studien im Rahmen des CLP-Projekts sind. Es wurde etwa festgestellt, dass die Fähigkeit zur Fokussierung der Informationsverarbeitung mit der Motivation, Informationen systematisch zu verarbeiten, zunahm. Auch zwischen einem hohen Promotions- und einem hohen Präventionsfokus und der Motivation zur systematischen Informationsverarbeitung bestand eine positive Korrelation. Beide Fokusse erhöhen offenbar nicht nur die Verarbeitungsmotivation, sondern auch die Fokussierung der Informationssuche und damit die *Entscheidungsqualität*.

Die maßgeblichen Persönlichkeitsvariablen, nämlich die Motivation zur systematischen Informationsverarbeitung sowie die beiden Selbstregulationsfokusse können durch externe Einflüsse (Trigger) erhöht oder ausgelöst werden. Es ist daher denkbar, in den Kreis der gesetzlich vorgeschriebenen Informationen Botschaften aufzunehmen, die z. B. den Promotionsfokus oder die Motivation zur systematischen Informationsverabeitung erhöhen, um damit die Entscheidungsqualität der Verbraucherinnen und Verbraucher anzuheben. Eine solche Botschaft kann beispielsweise in einem sofort ins Auge stechenden Hinweis darauf bestehen, dass nach volkswirtschaftlichen Studien das Einsparungspotential und damit der jährlich mögliche Gewinn für jeden Einzelnen im Mobilfunkbereich besonders hoch ist (Trigger für Promotionsfokus). Messungen zum Einfluss solcher Botschaften auf die Informationsverarbeitung und die Entscheidungsqualität befinden sich derzeit in Auswertung.

Das Untersuchungsfeld für rechtspolitisch orientierte empirische Wissenschaften im Bereich des Abschlusses von Verbraucherverträgen stellt sich als umso weiter dar, je genauer man empirisch hinsieht. Neben der Testung der oben beschriebenen Informationsverarbeitungs- und Entscheidungshilfen, die besonders gut funktionierende und gesetzlich gut umsetzbare Modelle herausfiltern soll, klaffen auch noch zahlreiche weitere Forschungslücken, für die hier nur wenige Beispiele angeführt werden können:

- Die Messung weiterer Variablen wie z. B. des Intelligenzquotienten der Teilnehmerinnen und Teilnehmer oder der Betroffenheit durch die bestehende Informationslast könnte interessante Aufschlüsse über die Informationsverarbeitung und das Entscheidungsverhalten von Verbraucherinnen und Verbrauchern bei diversen Vertragsabschlüssen liefern.
- Das Verhältnis zwischen der *Entscheidungsqualität*, die sich aus *subjektiven* Präferenzen speist (die von der generellen Annahme des Gesetzgebers abweichen, man wolle möglichst die beste Leistung für den geringsten Preis = ökonomisch beste Entscheidung), und der *objektiven* ökonomischen Entscheidungsqualität kann noch vertieft erforscht werden: Die Probandinnen und Probanden sollten *nach* getroffener Kaufentscheidung mit der *objektiven* Qualität ihrer Entscheidung konfrontiert und danach abermals zu ihrer *subjektiven* Zufriedenheit und ihren Präferenzen befragt werden. Empirische Studien zu subjektiven Präferenzen und den staatlichen Korrekturmaßstäben, die an der – schlechten – Qualität von Verbraucherentscheidungen anknüpfen, greifen rechtspolitisch, rechtsphilosophisch und ökonomisch brisante Fragen auf: Was ist und wo endet „Vertragsfreiheit"? Was sind „Präferenzen"? Welche subjektiv erwünschten

Entscheidungen dürfen vom Staat korrigiert werden? Die oben beschriebenen empirischen Studien könnten neue Bewegung in alte Debatten bringen.

- Die Abschlüsse verschiedenster Verträge durch Verbraucherinnen und Verbraucher sind überdies ein bisher wenig beachtetes Feld für die Heuristikforschung in der Psychologie. Wie oben erwähnt, dürften Heuristiken bei den Probandinnen und Probanden des *Clusters 2* eine Rolle gespielt haben. Künftige Forschungen könnten versuchen, zu diesen in weiteren Experimenten Zugang zu erhalten und sie für alle Verbraucherinnen und Verbraucher – mittels regulatorischer Gestaltung der Entscheidungssituation (Verbraucherschutzrecht) – zugänglich zu machen. Die Erforschung und Entwicklung von Heuristiken könnte sich dann auch auf andere Vertragstypen erstrecken.

7 Fazit

Die von der Grazer Forschergruppe CLP durchgeführte Pilotstudie zum Abschluss von Mobilfunkverträgen von Verbraucherinnen und Verbrauchern auf dem österreichischen Markt sowie Folgestudien haben insbesondere haben zwei zentrale Hypothesen bestätigt, die für die zukünftige Gestaltung des regulatorischen Verbraucherschutzes bei Vertragsabschluss wertvoll erscheinen:

1. Der Einsatz der bestehenden regulatorischen Schutzinstrumente (= geltendes EU-Verbraucherschutzrecht) kann bei Vertragsabschlüssen mit hoher Informationslast offenbar nicht verhindern, dass ein hoher Prozentsatz von Verbraucherinnen und Verbrauchern, objektiv und subjektiv schlechte Produktentscheidungen trifft. Daraus entstehen hohe individuelle und volkswirtschaftliche Kosten.
2. Die psychologischen Prozesse, die dem Entscheidungsverhalten der Verbraucherinnen und Verbraucher bei hoher Informationslast zugrunde liegen, können durch empirische Studien offen gelegt und mit innovativen regulatorischen Schutzinstrumenten beeinflusst werden, die – entsprechend den Ergebnissen von weiteren Testungen – so gestaltet sind, dass sie die durchschnittliche Entscheidungsqualität der Verbraucherinnen und Verbraucher deutlich erhöhen.

Die relativ seltene interdisziplinäre Zusammenarbeit (Recht, Psychologie, Ökonomie) mit der Zielsetzung der Verbesserung der Regulierung im Bereich des privaten Verbraucherschutzrechts konnte insgesamt als positiv bewertet werden, da sie viele erste Erkenntnisse über effektivere Schutzinstrumente geliefert hat, die ohne empirische Untersuchungen gefehlt hätten. Der hohe personelle und finanzielle Aufwand von aussagekräftigen Studien hat dem Projekt – nicht in dem Ausmaß erwartete – deutliche Beschränkungen auferlegt. Damit wurde die Annahme bekräftigt, dass von Seiten der Rechtswissenschaften und Rechtspolitik genau überlegt werden muss, in welchen Rechtsbereichen die hohen Kosten seriöser empirischer Forschung tatsächlich durch den zu erwartenden Ertrag gerechtfertigt werden können. Im Verbraucherrecht liegen diese Voraussetzungen u. E. dort vor, wo „falsche" Vertragsabschlüsse von Verbraucherinnen und Verbrauchern zu hohen individuellen Schäden führen können, die meist auch mit hohen volkswirtschaftlichen bzw. gesamtgesellschaftlichen Kosten und Schäden einhergehen. Beispiele sind Verbraucherkredite, weitere Finanzprodukte (Kapitalanlage, Versicherungen) und Verträge über hohe Summen (z. B. Immobilien, KFZ).

Literatur

Bar-Gill, O. (2008). The Behavioral Economics of Consumer Contracts, *Minnesota Law Review* 92. S. 749-802.

Bar-Gill, O. (2012). *Seduction by Contract: Law, Economics, and Psychology in Consumer Markets*. Oxford: Oxford Univ. Press.

Bar-Gill, O., Stone, R. (2009). Mobile Misperceptions. *Harvard Journal of Law & Technology* 23 (1). S. 49-118.

Bubb, R., Pildes, R. H. (2014). How Behavioral Economics Trims its Sails and Why. *Harvard Law Review* 127 (6). S. 1593-1678.

Burtscher, M. J., Meyer, B. (2014). Promoting Good Decisions: How Regulatory Focus Affects Group Information Processing and Decision-Making. *Group Processes and Intergroup Relations* 17 (5). S. 663-681.

Engel, C. (2013a). *Behavioral Law and Economics: Empirical Methods*. Max Planck Institute for Research on Collective Goods, Working Paper.

Engel, C. (2013b). *Legal experiments: Mission impossible? (Erasmus Law Lectures)*. Den Haag: Eleven International Publishing.

Engel, C., Englerth, M., Lüdemann, J., Spiecker gen. Döhmann, I. (2007). *Recht und Verhalten: Beiträge zu Behavioral Law and Economics*. Tübingen: Mohr Siebeck.

Evans, J. S. (2008). Dual-Processing Accounts of Reasoning, Judgment, and Social Cognition. *Annual Review of Psychology* 59. S. 255-278.

Fleischer, H., Zimmer, D. (2011). *Beitrag der Verhaltensökonomie (Behavioral Economics) zum Handels- und Wirtschaftsrecht*. Frankfurt a. M.: Verlag Recht und Wirtschaft.

Florack, A., Keller, J., Palcu, J. (2013). Regulatory Focus in Economic Contexts. *Journal of Economic Psychology* 38. S. 127-137.

Florack, A., Friese, M., Scarabis, M. (2010). Regulatory Focus and Reliance on Implicit Preferences in Consumption Contexts. *Journal of Consumer Psychology* 20 (2). S. 193-204.

Frerichs, S. (2011). False Promises? A Sociological Critique of the Behavioural Turn in Law and Economics. *Journal of Consumer Policy* 34 (3). S. 289-314.

Gigererenzer, G. (1996). The Psychology of Good Judgment: Frequency Formats and Simple Algorithms. *Medical Decision Making* 16 (3). S. 273-280.

Gigerenzer, G. (2007). *Gut Feelings: The Intelligence of the Unconscious.* London: Penguin Books.

Gigerenzer, G. (2008). Why Heuristics Work. *Perspectives on Psychological Science* 3 (1). S. 20-29.

Gigerenzer, G. (2014). *Risk Savvy: How to Make Good Decisions.* London: Penguin Books.

Gigerenzer, G., Brighton, H. (2009). Homo Heuristicus: Why Biased Minds Make Better Inferences. *Topics in Cognitive Sciences* 1 (1). S. 107-143.

Gigerenzer, G., Engel, C. (2006). *Heuristics and the law.* Cambridge, MA: The MIT Press.

Gigerenzer, G., Selten, R. (2001). *Bounded Rationality: The Adaptive Toolbox.* Cambridge, MA: The MIT Press.

Glimcher, P. W., Camerer, C., Poldrack, R. A., Fehr, E. (2009). *Neuroeconomics – Decision Making and the Brain.* London: Academic Press.

Hertwig, R., Engel, C. (2016). Homo Ignorans: Deliberately Choosing Not to Know. *Perspective on Psychological Science* 11 (3). S. 359-372.

Higgins, E. T. (1997). Beyond Pleasure and Pain. *American Psychologist* 52 (12). S. 1280-1300.

Higgins, E. T. (1998). Promotion and Prevention: Regulatory Focus as a Motivational Principle. In: M. P. Zanna (Hrsg.), *Advance in Experimental Social Psychology* 30 (S. 1-46). New York: Academic Press.

Higgins, E. T. (2002). How Self-Regulation Creates Distinct Values: The Case of Promotion and Prevention Decision Making. *Journal of Consumer Psychology* 12 (3). S. 177-191.

Higgins, E. T., Cornwell, J. F.M. (2016). Securing foundations and Advancing Frontiers: Prevention and Promotion Effects on Judgment & Decision Making. *Organizational Behavior and Human Decision Processes* 136. S. 56-67,

Jolls, C., Sunstein, C. R., Thaler, R. (1998). A Behavioral Approach to Law and Economics. *Standford Law Review* 50. S. 1471-1550.

Jolls, C., Sunstein, C. R. (2006). Debiasing Through Law. *Journal of Legal Studies* 35 (1). S. 199-242.

Kahneman, D. (2011). *Thinking, Fast and Slow.* London: Penguin Books.

Korobkin, R. (2011). What Comes after Victory for Behavioral Law and Economics?. *University of Illinois Law Review* 5. S. 1653-1674.

Korobkin, R., Ulen, T. S. (2000). Law and Behavioral Science: Removing the Rationality Assumption from Law and Economics. *California Law Review* 88 (4). S. 1051-1144.

Lourenço, J. S., Ciriolo, E., Almeida, S. R., Troussard, X. (2016). *Behavioural Insights Applied to Policy: European Report 2016.* Web:http://publications.jrc.ec.europa.eu/repository/bitstream/JRC100146/kjna27726enn_new.pdf. Zugegrrifen Zugegriffen: am 05.05.2017.

Lunn, P. D. (2013). Telecommunications Consumers: A Behavioral Economic Analysis. *Journal of Consumer Affairs* 47 (1). S. 167-189.

Lunn, P. D. (2015). Are Consumer Decision-Making Phenomena a Fourth Market Failure?. *Journal of Consumer Policy* 38 (3). S. 315-330.

Lurger, B. (2014). Empiricism and Private Law: Behavioral Research as Part of a Legal-Empirical Governance Analysis and a Form of New Legal Realism. *Austrian Law Journal* 1. S. 20-39.

Lurger, B., Vogrincic-Haselbacher, C., Caks, F., Anslinger, J., Dinslaken, I., Athenstaedt, U. (2016). *Consumer Decisions Under High Information Load: How Can Legal Rules Improve Search Behavior and Decisions Quality?* Web: https://papers.ssrn.com/sol3/papers.cfm?abstract_id=2731655 . Zugegriffen: 05.05.2017

Morell, A. (2011). *(Behavioral) Law and Economics im europäischen Wettbewerbsrecht.* Baden-Baden: Nomos.

Nessel, S. (2017). Verbraucherorganisationen und Verbraucherpolitik als Intermediäre der Nachhaltigkeit. Eine Analyse der institutionellen und organisationalen Einbettung nachhaltigen Konsums. *Berliner Journal für Soziologie* 26 (2). S. 227-248.

Priddat, B. P. (2007). *Neuroökonomie.* Marburg: Metropolis.

Rebonato, R. (2014). A Critical Assessment of Libertarian Paternalism. *Journal of Consumer Policy* 37 (3). S. 357-396.

RTR GmbH. (2015). *Die österreichischen Telekommunikationsmärkte aus Sicht der Nachfrager im Jahr 2015.* Web: https://www.rtr.at/de/inf/BerichtNASE2015/RTR_Studie_NASE_2015. pdf. S. 39. Zugegriffen: 05.05.2017.

Shiv, B., Fedorikhin, A. (1999). Heart and Mind in Conflict: the Interplay of Affect and Cognition in Consumer Decision Making. *Journal of Consumer Research* 26 (3). S. 278-292.

Shiv, B., Fedorikhin, A. (2002). Spontaneous versus Controlled Influences of Stimulus-Based Affect on Choice Behavior. *Organizational Behavior and Human Decision Processes* 87 (2). S. 342-370.

Steyer, R., Schmitt, M., Eid, M. (1999). Latent State – Trait Theory and Research in Personality and Individual Differences. *European Journal of Personality* 13 (5). S. 389-408.

Sunstein, C. R. (2000). *Behavioral Law and Economics.* Cambridge: Cambridge University Press.

Sunstein, C. R. (2011). Empirically Informed Regulation. *University of Chicago Law Review* 78. S. 1349-1430.

Sunstein, C. R. (2013). *Simple(r) – the Future of Government.* New York: Simon & Schuster.

Thaler, R., Sunstein, C. R. (2003a). Libertarian Paternalism. *The American Economic Review* 93 (2). S. 175-179.

Thaler, R., Sunstein, C. R. (2003b). Libertarian Paternalism Is Not an Oxymoron. *The University of Chicago Law Review* 70 (4). S. 1159-1202.

Thaler, R., Sunstein, C. R. (2006). Preferences, Paternalism, and Liberty. *Royal Institute of Philosophy Supplements* 59. S. 233-264.

Thaler, R., Sunstein, C. R. (2008). *Nudges: Improving Decisions about Health, Wealth and Happiness.* London: Penguin Books.

Todd, P. M. (2007). How Much Information Do We Need?. *European Journal of Operational Research* 177 (3). S. 1317-1332.

Todd, P. M., Gigerenzer, G. (2000). (Précis of) Simple Heuristics That Make Us Smart. *Behavioral and Brain Sciences* 23. S. 727-780.

Tor, A. (2008). The Methodology of the Behavioral Analysis of Law. *Haifa Law Review* 4. S. 237-327.

Tor, A. (2015). The Next Generation of Behavioral Law and Economics. In Mathis (Hrsg.), *European Perspectives on Behavioral Law and Economics* (S. 17-30). New York: Springer.

Verbraucherrecht 2.0. (2016). *Verbraucher in der digitalen Welt.* Web: http://www.svr-verbraucherfragen.de/wp-content/uploads/Gutachten_SVRV-.pdf. Zugegriffen: 05.05.2017

Vogrincic-Haselbacher, Dinslaken, I., Athenstaedt, U., Lurger, B., Anslinger, J., Caks, F., Florak, A., Krueger, J. (2017). Consumer Decisions Under High Information Load: Determinants of Information Search Behavior and Decision Quality. *Journal of Consumer Affairs* (in Begutachtung).

Wright, J. D. (2007). Behavioral Law and Economics, Paternalism, and Consumer Contracts: An Empirical Perspective. *NYU Journal of Law & Liberty* 2. S. 470-511.

„I shop therefore I am"
Culture Jamming als Strategie des kulturellen Widerstands in der Konsumgesellschaft – eine unaufhörliche Revolution?

Reingard Klingler

Zusammenfassung

Was kann Culture Jamming als Instrument zu einer kritischen Verbraucherforschung beitragen?

Der Beitrag befasst sich mit dem politisch-kulturellen Potential von Culture Jamming als subversiver Form des Medien-Aktivismus. Unter dem Sammelbegriff Culture Jamming werden widerständige Praktiken in der Konsumgesellschaft in den Blick genommen und anhand von Beispielen und Bildmaterial belegt. Die Bildauswahl erfolgt nach inhaltlichen und formalen Kriterien der exemplarischen Anschaulichkeit um den jeweiligen Argumentationsstrang zu illustrieren, wobei die Interpretation werkimmanent erfolgt. Daran anschließend wird als Folge der wirtschaftlichen Differenzierung die Logoisierung der Produktwelt (Lentos 2005, Baumert 2016) über Branding und Anti-Werbung als Strategie der Werbeindustrie zur Aufmerksamkeitsmobilisierung dargestellt (Paul 2016, Ullrich 2013). Wie das Marken-Image der Produkte mit dem Selbst-Image von Verbraucherinnen und Verbrauchern (Sorgo 2011, Tisseron 2007, Engel 2015) korreliert, wird folgend ausgeführt. Im Zusammenspiel mit ethischem Konsum, Fair Trade und Corporate Social Responsibility (CSR) wird politisch wirksames Engagement der Consumer-Citizens erörtert und der Impact von Culture Jamming (Micheletti und Stolle 2005 a, b, 2008) als mögliche konsumkritische Interventionsform der Verbraucherbildung kritisch diskutiert (Siehe Abbildung 1).

© Springer Fachmedien Wiesbaden GmbH, ein Teil von Springer Nature 2018
S. Nessel et al. (Hrsg.), *Multiperspektivische Verbraucherforschung*, Kritische
Verbraucherforschung, https://doi.org/10.1007/978-3-658-20199-9_6

Abb. 1   Corporate America Flag
Quelle: www.adbusters.org/spoofads/corporate crackdown

1   Culture Jamming – Provokateure des Medienzeitalters

Der Sammelbegriff Culture Jamming meint eine im weitesten Sinn politisch-kulturelle Widerstandsbewegung, die sich der Subversion gesellschaftlicher Zeichen und Symbole verschrieben hat, mit dem Ziel der „Verdeutlichung von Paradoxien, Irritationen und Umdeutungen, machtvolle Kategorien anzugreifen und deren Ausschlusscharakter dadurch offen zu legen" (Groß 2012 zitiert in Prantl, S. 89). Als Vorzeigebeispiele für Culture Jammer, die in jüngerer Zeit die öffentliche Aufmerksamkeit erregten, können im englischsprachigen Raum die Barbie Liberation Organisation, adbusters.org, die Yes Men, Anonymous, die Occupy Bewegung, in Europa Luther Blisset in Italien, Banksy im U.K., u. a. Vermibus in Deutschland, oder Pussy Riot in Russland genannt werden (vgl. Harold 2004, S. 189 f., Deitz 2014).

Als eine Form des visuellen Widerstands gegen groß angelegte Marken- und Werbekampagnen bringt Culture Jamming unerwartete Störungen in den öffentlichen und virtuellen Raum ein. Mediale Inszenierungen werden mit denselben visuell-textlichen Gestaltungsmitteln, die die Werbeindustrie verwendet, aufgedeckt und deren Logos, Konzern-Image oder Plakataussagen kreativ umgedeutet. Die Ähnlichkeit zu den alltäglichen Werbebildern bleibt dabei auf den ersten Blick bestehen, doch die Botschaft ist meist subversiv ironisch in ihr Gegenteil verkehrt. Culture Jamming als Gegenkultur bedeutet, beobachtete medial in Bildern inszenierte Wirklichkeit transparent zu machen für die in ihr/ihnen verborgenen Strukturen, Botschaften und Stereotypien (vgl. Prantl 2012, S. 1 f.). Mark Dery (1990) bezeichnet deshalb Culture Jammer treffend als die Provokateure des Medienzeitalters, die „the ways in which corporate and political interests use the media as a tool of behavior modification" offenlegen und einen kritischen Blick hinter die Kulisse des inszenierten Bilder-Spektakels kapitalistischer Produktwelten ermöglichen (Dery 2012 in Prantl, S. 4 f.). Sorgo (2011) definiert den vor kaum 60 Jahren in den USA entstandenen *Konsumismus*, indem „[…] Waren und ihr Erwerb in Konsumgesellschaften weniger der materiellen Bedürfnisbefriedigung dienen, als […] der Absicherung der Identität, der Repräsentation des Status sowie grundsätzlich zur Kommunikation der eigenen Weltanschauung und Werthaltungen" (ebd. S. 108).

2   Barbara Kruger und der Widerstand der Bilder

Seit über vier Jahrzehnten gelingt es Barbara Kruger, überzeugend und vielfältig die ambivalente Wirkung der massenmedialen Bildwelten „und deren Verführungskraft in eindrücklichen Kunstwerken zu verhandeln" (Dziewior et al. 2014). Die vielschichtigen Assoziationen, die ihre Arbeit auf der denotativen wie auf der konnotativen Ebene auslöst, führen exemplarisch die visuelle Rhetorik einer konsumkritischen Bildstrategie vor, wie sie Culture Jammer anwenden. „Ich arbeite mit Bildern und Worten, weil sie die Fähigkeit haben, zu bestimmen, wer wir sind oder nicht sind" (Pfeiffer und Hollein 2011, ebd.), so Barbara Kruger, die in ihren kritischen Kommentaren zu Individuum, Gesellschaft, Krieg und Kultur sowie Werbung und Kommerzialisierung die enge Korrelation zwischen Bild, Konsum und Identität in der heutigen Gesellschaft offenlegt. Barbara Kruger arbeitet in den 80er-Jahren als redaktionelle Grafikerin und Bildredakteurin beim Condé Nast Verlag in New York, bevor sie als Konzept-Künstlerin bekannt wird. Durch ihre Karriere in der Werbebranche weiß Kruger, wie sie die Aufmerksamkeit des Publikums in Bann zieht. Mit typischen weißen und roten Schriftzügen, immer in der Bauhaus-Schrift Futura, verwendet Kruger Bilder und Texte der Massenmedien, der Werbung und des Konsums als vorgefundenes Ausgangsmaterial, um ihre Botschaften zu entwickeln (vgl. Wye 2004, S. 244). In ihren Arbeiten appropriiert sie das Aufmerksamkeits-Layout bestimmter Magazine des Aufklärungsjournalismus.

Assoziationen, z. B. an das Life-Magazine, das Time-Magazine, im deutschsprachigen Raum an den Spiegel und das Profil, sind gewollt.

Abb. 2.1
Barbara Kruger *Untitled*
(I shop therefore I am)
1987, Courtesy Mary
Boone Gallery, New York

„I shop therefore I am" (Siehe Abbildung 2.1) von Barbara Kruger repräsentiert buchstäblich – im Sinn *von im Bilde sein* – die Bedeutung des Konsums und das Selbstverständnis des postmodernen Individuums in westlichen Konsumgesellschaften: Ich shoppe, daher bin ich. Die kulturellen Konnotationen legen eine philosophisch-reflexive Deutung des individuell geäußerten Selbstverständnisses nahe. Die Sentenz aus dem Jahr 1987 spielt ironisierend sowohl auf das griechische „Erkenne dich selbst" als auch auf das Decartes'sche „Cogito ergo sum" an und präsentiert Konsum vor diesem Kontext als existentiell sinnstiftend. Das von einer Hand vorgehaltene Schild kann sowohl mit einer Visitenkarte als auch mit einem Preisschild assoziiert werden. Der Zeigegestus fordert dabei indirekt zur Stellungnahme oder zumindest zur Reflexion der gezeigten Sentenz auf. Die eindrückliche Einfachheit der Gestaltung – eine Hand zeigt die Sentenz – fokussiert ganz auf das offen gehaltene Statement. Diese in der Wirksamkeitsforschung oft geforderte Offenheit einer Bildaussage lässt Rezipientinnen und Rezipienten die Freiheit der Reflexion ohne eine Richtung vorzugeben. So kann frei – ohne ethische oder sonstige manipulierende Gängelung – über gegenwärtige Konsumpraktiken und deren Stellenwert für das eigene Selbst nachgedacht werden. Hier entfaltet sich das kritische Potential der Bild-Aussage.

2.1   Das Image – ein emotionaler Biografiemarker

Die Künstlerin Barbara Kruger stellt ‚Shopping', als Rückversicherung der eigenen Existenz dar und bringt damit die Verhaltensanpassung an die Profitmotive des spätkapitalistischen Konsumismus auf den Punkt (vgl. Selz und Landauer 2006, S. 123 f.). Dazu meint Illies (2000): „Der Kauf bestimmter Kleidungsstücke ist, wie früher die Lektüre eines bestimmten Schriftstellers, eine Form der Weltanschauung geworden. In dem, was ich kaufe, drückt sich aus, was ich denke" (ebd. 2013 zitiert in Ullrich, S. 145). Über die ästhetische Gestaltung, das Image, lässt sich mit alltäglichsten Markenprodukten von der Zahnbürste bis zum technischen Zubehör eine Identität sowohl für Gruppen als auch für Individuen aufbauen, die als verdichtete Lebenserfahrung bzw. eine Form von Erziehung angesehen werden kann – Produkte sind über ihr Image zu „emotionalen Biografiemarkern" geworden (vgl. Ullrich 2013, S. 9 f.). Über diese identitätsbasierte Markenführung erhält der private Konsum für die individuelle und kollektive Identitätsfindung zunehmend Bedeutung (vgl. Baumert 2016, S. 38 f.). Behnke (2003) stellt im Zusammenhang von Werbe-Bildwelten, Konsum und Identität fest, dass in der Selbstkonzeptforschung im Sinne von Sidney J. Levy (1959) „the product will be used and enjoyed [...] when it joins with, meshes with, adds to, or reinforces the way the consumer thinks about himself" (ebd., S. 6) und führt weiter aus, dass Selbstkonzepte zu einem nicht geringen Teil von der Werbeindustrie konstruiert werden. Nach Ullrich (2013) rufen Wareninszenierungen innere Bilder hervor, die vorhandene Wünsche bestätigen. In einer „Choreographie der Emotionen [...] modellieren Gebrauchsgüter viel mehr als früher die jeweilige Lebens- und Erlebniswelt; sie werden immer wieder gezielt dazu eingesetzt, Stimmungen und Situationen zu verstärken, zu überhöhen, zu verändern" (ebd. S. 57). Ullrich bezieht sich weiter auf Norbert Boltz und sein Konsumistisches Manifest (2002), in dem jener bemerkt: „Während von Produkten zuerst nur Bedürfnisbefriedigung und später Verführungskraft verlangt wurde, trete man ihnen heute mit dem Imperativ ‚Verändere mich!' gegenüber. Ein Konsumartikel sei daher zum ‚Medium der Transformation des Kunden geworden: ‚Wie bei Erziehung und Therapie geht es um >people processing<'" (Bolz 2013, S. 99 zitiert in Ullrich). Ironischerweise wurde das künstlerische Statement von Barbara Kruger auf Tausenden von Einkaufssäcken, T-Shirts und anderen Konsumprodukten wieder abgedruckt. Die widerständige Botschaft wurde zurück in den Warenkreislauf eingespeist; die Interpretationsvariabilität, von der Umberto

Eco spricht, ebenso bestätigend wie die Anpassungsfähigkeit des neuen Geistes des Kapitalismus (Boltanski und Chiapello 2003).

2.2   Das Visuelle in der digitalen Kultur und seine Politisierung

Der Frage nach der Visualität, bzw. nach der Inszenierungsmacht der Bilder wohnt, wie Lamla und Neckel (2006) und Blanché (2012) darlegen, ein dementsprechend bedeutendes politisch-kulturelles Potential inne. Bieber (2012) stellt in Bezug auf gesellschaftliche Utopien fest: „Die Grenzen zwischen politisch-revolutionärer und künstlerisch-avantgardistischer Kunst sind dabei fließend: Auch die politischen Protestformen scheinen sich der Kunst anzunähern" (ebd. S. 85). Im deutschsprachigen Raum konstatiert Lamla (2013) die Interdependenz kapitalistischer Marktordnungen, digitaler Technologien und zivilgesellschaftlicher Beteiligungsmöglichkeiten und analysiert die Folgeproblematiken der Konsumgesellschaft als „Problemdimensionen der Verbraucherdemokratie" (ebd., S. 38 f.). Lamla (2013) geht von der These aus, „dass sich die Konsumgesellschaft mit ihren vielfältigen Problemen und Dimensionen zu einer politischen Krisenkonstellation ausgewachsen hat, wodurch die bestehenden Institutionen der Demokratie unter Druck geraten. Denn unter einer politischen Krisenkonstellation ist eine Situation der Gesellschaft zu verstehen, in der die etablierten Mittel der Politik nicht mehr ausreichen, um den Problemdruck abzuarbeiten, sondern selbst Teil des Problems werden" (ebd., S. 38 f.).

Die Politisierung der visuellen Kultur durch das Internet erforscht eine Ausstellung mit dem Titel: *Perpetual Revolution: The Image and Social Change*[1] am International Center of Photography (ICP Museum) in New York. Die Worte „Perpetual Revolution" im Titel der Ausstellung spielen auf die Doppeldeutigkeit des Wortes „revolution" im Englischen an, nämlich, einerseits im Sinne von technischer Weiterentwicklung und andererseits von soziopolitischer Umwälzung. Untersucht werden dabei so brisante Themen des sozialen Wandels wie „#BlackLivesMatter, Gender Fragen, der Klimawandel, terroristische Propaganda, rechtspopulistische Tendenzen, die US-Präsidentschaftswahl 2016 und die Flüchtlings-Krise." Kurz zusammengefasst: „Die Dominanz des Visuellen zeigt sich also keineswegs zufällig im Kontext unserer modernen westlichen Informations- und Mediengesellschaften, sondern sie ist Folge eben gerade ihrer technologischen Verfasstheit" (Rimmele et al. 2014, S.16).

---

1   *Perpetual Revolution: The Image and Social Change.* https://www.icp.org/exhibitions/perpetual-revolution-the-image-and-social-change. [10. Juni 2017].

3   Culture Jamming – das Widerständige in der visuellen Kultur

Culture Jamming (vgl. Dery 2010; Lasn 2005; Klein 2002), so Kalle Lasn (2005) „wurde als Begriff in den Achtzigerjahren erstmals von der experimentellen Indie-Band Negativland verwendet. Heute bezeichnet es eine subversive kulturelle Praxis, eine Rebellion gegen die Inbesitznahme öffentlicher Räume und Zeichen durch Industrie und Kommerz" (ebd., o. S.) und dient als Sammelbezeichnung für die vielfältigen Formen von künstlerisch, kulturell und politisch motivierten Protest- und Partizipationsaktionen, die auf gesellschaftliche Veränderungspotenziale ausgerichtet sind. „Das wohl größte globale Netzwerk von Culture Jammern bildet die kanadische Gruppierung adbusters (www.adbusters.org), die 2011 mit der Initiierung der Occupy-Bewegung aufhorchen ließ" (Prantl 2012, S.1). *Adbusting* besteht aus den englischen Wörtern *ad* – Kurzform von *advertisement* = ‚Werbung' und dem Verb *to bust* – umgangssprachlich = ‚zerschlagen', auffliegen lassen. Zentriert um das Konzept des Culture Jamming als einer kapitalismuskritischen Kunst- und Protestform stellt sich die Frage, wo Möglichkeiten und Grenzen des Widerständigen in einer *Kultur der Digitalität* gegeben sind.

Culture Jamming versteht sich selbst als eine Konsumkritik, die sich mit den inszenierten Bildwelten der Werbefotografie auseinandersetzt und den Umstand, dass kaum ein Lebensbereich mehr werbefrei ist, als *visuelle Umweltverschmutzung*[2] bezeichnet. Dabei übertragen Culture Jammer die klassische Guerilla-Taktik auf den Bereich der Kommunikation mit dem Ziel, durch die Subversion von Kommunikationsstrukturen ein Umdenken in der Lebensführung zu ermöglichen. Generell werden spezifische Probleme der globalen kapitalistischen Ökonomie kritisiert, wie der Verlust an öffentlichem Raum bzw. die Kolonisierung des öffentlichen Raumes durch Marken, die von ihnen geförderten unethischen Arbeitsverhältnisse sowie den Raubbau an der Umwelt (vgl. Klein 2002, S. 312 f.). Nach Hug (2011) ist Culture Jamming definiert als „die Möglichkeit, *jetzt* etwas Politisches zur Sprache zu bringen, eine nicht vorgesehene politische Öffentlichkeit zu schaffen, ein Anderes der Macht zu artikulieren" (ebd. S. 6). Culture Jammer „expose the ways in which corporate and political interests use the media as a tool of behavior modification" (Dery 2017 zitiert in DeLaure et al., S. 416). Beide – Culture Jammer und Werbeindustrie – ringen auf demselben visuellen Terrain um die Aufmerksamkeit der Öffentlichkeit (Frank 1998). Dies wird einerseits als Stärke und gleichzeitig als Schwäche von Culture Jamming gesehen, weil es ein subversives Spiel mit den Zeichen bleibt, ohne langfristige und strukturelle Alternativen anzubieten. Ein

---

2   http://www.linkfang.de/wiki/Adbusting#Literatur. [17. Juni 2016].

lebenswertes Leben ist heute kaum mehr vorstellbar ohne die verführerischen Bildwelten, die die Werbeindustrie uns täglich vorführt. „Ästhetische Ökonomie bedeutet, dass der Inszenierungswert der Waren zum neuen Gebrauchswert aufsteigt: dass der Wert von Waren im Gebrauchszusammenhang weitgehend darin besteht, eine Person, einen Lifestyle, eine Gruppen- und Schichtzugehörigkeit zu inszenieren […] Von der Produktion über den Markt bis hin zur Gebrauchssphäre wird das Leben designed" (Böhme 2016, S. 150). In diesem Ästhetisierungsprozess gilt: „Bilder sind […] in vielen gesellschaftlichen Bereichen nicht nur unverzichtbar, sondern […] bedeutungskonstituierend" (Rimmele et al. 2014, S. 16 f.). Ullrich (2013) exemplifiziert den Inszenierungswert der Produkte exemplarisch anhand der heute erhältlichen Vielzahl an unterschiedlich designten Mineralwassertypen als „Fiktionswert der Dinge" (vgl. ebd. S. 31-49, S.156). Böhme (2016) legt dem fiktiven *Scheinwert* der Dinge zur *Steigerung des Lebens* eine Wandlung von „Bedürfnissen in Begehrnisse" zugrunde (ebd. S. 11 f.). Zur *Steigerung des Lebens* transformiert „(d)er Mensch […] sein System der Bedürfnisse, um den Anforderungen kapitalistischer Entwicklung, d. h. eines immer weiter fortschreitenden Wachstums zu entsprechen" (Böhme 2016, S. 11). Eine weitere friedliche Ausdehnung des Wirtschaftswachstums ist nur im Konsum zur Lebenssteigerung – nicht mehr im Konsum der elementaren Bedürfnisse zur Lebenserhaltung – möglich: „[…] in der Ausstattung des Lebens, im Sehen und Gesehen-Werden, … und in der Steigerung der Mobilität, der physischen […] und der virtuellen" (ebd. S.15). Dominiert der *Scheinwert* die Dinge (Böhme 2013, S. 46), bedeutet das: „Wir kaufen Dinge, die wir nicht brauchen, mit Geld, das wir nicht haben, und halten das für normal und vernünftig" (Baranyi 2016, *Falter 3/16*). Dass der Inszenierungs- bzw. Scheinwert zur Steigerung des Lebensgefühls beiträgt, ist noch nicht kritikwürdig, da es an sich ein legitimes Bestreben ist. Global gesehen im Hinblick auf die Tatsache, dass in vielen Teilen der Welt, die „elementaren Bedürfnisse des Lebens und Überlebens […] nicht befriedigt werden können, […] offenbart sich der Kapitalismus westlicher Industrienationen als Verschwendungsökonomie" (Böhme 2013, S. 47 f.).

3.1 Brands – not Products: Die Logoisierung der Welt

„Marken und Branding werden vielfach als unser heutiges emotionales Leit- und Orientierungssystem beschrieben. Dabei [… sind] Marken an die Stelle traditioneller Ordnungssysteme getreten, weil Heimat, Familie, Beruf, soziale Schicht, politische Zugehörigkeit und Religion […] keine identitätsstiftende Konstanten mehr sind" (ebd. S. 50 f.). Stattdessen sind Marken mit ihrem ideellen Mehrwert zum Ort von Werten wie Freiheit, Coolness, Sicherheit und Leistungswillen geworden, wie

Ullrich (2013) in seinem Buch „Alles nur Konsum: Kritik der warenästhetischen Erziehung" darlegt. Was eine Marke wie NIKE verkauft, bringen die Gründer der Werbeagentur Jung von Matt auf den Punkt, wenn sie behaupten, NIKE „verkauft keine Schuhe, sondern Träume, Sichtweisen, Gedanken" (Holger Jung/ Jean-Remy von Matt 2006 zitiert in Ullrich, S. 1).

Die adbusters-Organisation veranschaulicht die Entwicklung zur so genannten Logo-Kultur in der *visuellen* Parodie TABULA ROSA, bekannt geworden unter dem Namen *brand baby* (Siehe Abbildung 3.1.1) aus dem ironisch gemeinten *Advertising Game*. „Unsere Großeltern trugen religiöse Insignien, unsere Generation politische und unsere Kinder tragen Marken." (ebd. S. 50)

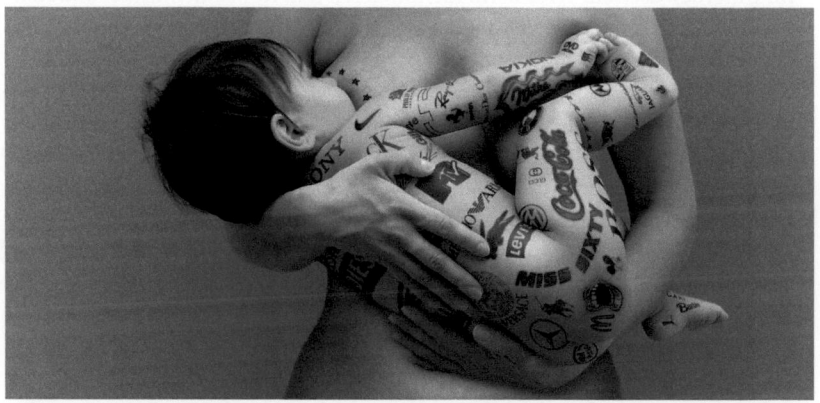

Abb. 3.1.1   *TABULA ROSA* bekannt unter dem Namen *brand baby.* 2004 von borjana ventzislavova, miroslav nicic & mladen penev

Quelle: www.abusters.org/spoofads/ad-game/

Die Zeichen des Konsumkapitalismus sind in der *Logokultur* „überall zu finden – vor allem als Marken, durch die nicht mehr nur Produkte, sondern auch Orte, Institutionen, Personen und gar Emotionen zu käuflichen Konsumartikeln transformiert werden" (Völlinger 2010, o. S.). In Ihrem Buch „No Logo!" kritisiert die kanadische Globalisierungsgegnerin Naomi Klein, wie „hinter der Fassade bunter Logos" seit den 80er-Jahren die Markenbildung zum eigentlichen Produkt der Unternehmen avancierte und wie Marken damit Medien und den öffentlichen Raum kolonisiert haben (vgl. Klein 2002).

Unter dem Titel *Markenkraken* veröffentlichte DIE ZEIT (2013, Nr. 19) in der Rubrik „Wissen in Bildern" eine Infografik über die nur in Deutschland agierenden Konsumgüter-Konzerne. Beeindruckend daran ist, wie die Vielfalt täuscht: „Zwar gibt es weltweit Millionen von Produktmarken, dahinter stehen aber nur wenige Konzerne. Oft finden sich vermeintliche Konkurrenten unter einem Dach, etwa die Katzenfuttermarken Whiskas und Kitekat" (Mensch 2013, DIE ZEIT, Nr. 19). Aufgelistet sind die sechzehn umsatzstärksten Unternehmen, die Lebensmittel, Getränke, Tabakwaren, Kosmetika und Reinigungsmittel verkaufen. Sind Qualität und Preis eines Produktes gleich, so entscheidet der emotionale Mehrwert der Marke den Kauf. Branding bedeutet eine Marke mit emotionaler Identität aufzuladen, die sich – als gespeicherte Informationen und persönliche Erinnerungen über Bilder – im Unterbewusstsein verankern. Identifizieren sich Konsumentinnen und Konsumenten mit der emotionalen Botschaft, kann eine langfristige Bindung an das Produkt erzeugt werden (vgl. Lentos 2005, S. 51 f.). Um das Begehren anzustacheln, ist eine bestimmte Atmosphäre notwendig, welche sich, wie Böhme (2013) in der Analyse der Materialästhetik feststellt, zusammensetzt aus „Glanz, Gediegenheit, Reichtum, Natur" (ebd. S. 52). Dieser inszenierte und emotionale Mehrwert einer Marke wirkt dabei produktübergreifend – „sei es als Selbstbild oder Lebensstil, als positive Erinnerung oder als unerfüllter Lebenstraum" (ebd. S. 51).

3.2   Culture Jamming – tactics to balance a dominant image culture

Wird „Mediengeschichte *als* Widerstandsgeschichte" (Sützl. 2011, S. 9) verstanden und die verschiedenen Formen des Culture Jammings als Variationen, so können drei konkrete Erscheinungsformen unterschieden werden: „(1) unkonventionelle Mediennutzung im Zusammenhang kreativer Re-Framings oder sozialer Orientierungen, (2) Stärkung minoritärer Entwicklungen sowie In-Frage-Stellung und Kritik von Mainstream-Entwicklungen, Strukturzwängen, Dominanzverhältnissen oder Herrschaftskulturen, (3) kognitive Autonomie in widerständigen Teilkulturen" (Hug 2011, S. 3 f). Beispiele für Medienaktivismus neben der www.adbusters.org zeigt der Blog DE-BRANDING, der viele Culture Jamming Aktivitäten auf seiner Website versammelt[3] und nach eigener Aussage bemüht ist um "tactics to balance a dominant image culture" (De-Branding 2016 ebd.). Unter Medienaktivismus versteht Sützl (2011) hauptsächlich *tactical media.* (vgl. Sützl 2011, S. 127 zitiert

---

3   Weitere Links sind www.adbusters.org, creative.arte.tv, www.guerrilla-innovation.com, konsumpf.de, rebelart.net, artoftheprank.com u. a.

in Hug und Kriwak). Lovink und Garcia beschreiben in ihrem *ABC of Tactical Media* die taktische Handlungsweise[4], derer sich Culture Jammer bedienen, wie folgt: „Tactical Media are what happens when the cheap ‚do it yourself' media, made possible by the revolution in consumer electronics and expanded forms of distribution [...] are exploited by groups and individuals who feel aggrieved by or excluded from the wider culture. Tactical media do not just report events, they are never impartial, they always participate and it is this that more than anything separates them from the mainstream media" (Garcia & Lovink 2001, S. 90 zitiert in ebd.). Sützl (2011 ebd.) beruft sich weiters auf Garcia & Lovink sowie De Certeau, wenn er taktisches Medienhandeln als *ereignishaft* und *opportunistisch* mit folgendem Ziel charakterisiert: „die temporäre Umkehrung des Machtflusses – taktische Medien greifen stets strategisch Handelnde an, die ausgewählt und danach auf taktisches Potenzial untersucht werden" (ebd. S. 123 f.). *Ereignishaft*, weil Wissen, Körper und Technologie im *Taktischen Handeln* so eingesetzt werden, dass sich etwas *ereignet*, was nie vollständig kalkuliert werden kann. *Opportunistisch*, weil Ort und Gelegenheit immer neu gefunden werden müssen.

„Die Subversion der Zeichen von Marcel Duchamp bis Prada Meinhof" war Thema der Ausstellung *Just do it*, die 2005 im Lentos Kunstmuseum Linz stattfand. Gezeigt wurden sowohl Objekte der Alltags- und der Populärkultur als auch Konsumobjekte wie T-Shirts, Skateboards und Autos, ein dichter Mix an irritativen „kulturellen Störgeräuschen", in dem sich Konsumobjekte „gleichberechtigt" neben Kunst-Formaten und ergänzenden Informations- und Arbeitsmaterialien befanden. NIKE's *Just do it* Slogan, Titel der Ausstellung, verweist paradigmatisch auf die starken Identifikationsmöglichkeiten globaler Markenstrategien. NIKE verstand sich von Anfang an als mehr als nur einen Sportschuhersteller, denn es ging nicht darum, nur den besten Schuh für eine bestimmte Sportart herzustellen. „NIKE bietet uns einen Lebensstil an, [...] NIKE verkauft nicht nur Schuhe [...], NIKE ist mehr. NIKE ist ein Angebot an mich, mich so zu erleben, wie ich gerne wäre" (Lentos Kunstmuseum Linz 2005, S. 48). „NIKE war der Vorreiter für ein identitäts- und erlebnisorientiertes Markenimage. Der Slogan ‚Just do it' ist dafür das eindringlichste Beispiel. Er wird von NIKE als ‚a call to action, a refusal to hear excuses, and a licence to be eccentric, courageous and exceptional' bezeichnet und ist in NIKES Selbstverständnis, ein Stück von Amerikas Identität" (ebd. 2005, S. 39).

---

4 Der Begriff der Taktik ist von Michel de Certeau übernommen, der in *The Practice of Everyday Life* das Verhalten von Verbraucherinnen und Verbrauchern „als Handlung untersucht, anstatt von der gängigen, passiven Vorstellung auszugehen, nach der ‚Verbrauchen' geradezu als das Gegenteil von Handlung gilt. Die Qualität der Handlungen von Verbraucher/innen, ihren Umgang mit den sie umgebenden Texten und Artefakten beschreibt De Certeau als ‚taktisch'" (Sützl ebd. S. 127).

Kurator Florian Waldvogel nennt Culture Jamming „die visuelle Grammatik des Widerstands, [...] das Erzeugen von Störgeräuschen in der hegemonialen Kommunikation.[5] Culture Jamming ist für unsere Zeit das, was die Bürgerrechtsbewegung für die 1960er, der Feminismus für die 1970er und die Umweltschutzbewegung für die 1980er Jahre bedeuteten" (Lentos Kunstmuseum Linz 2005, S. 1).

3.3 Culture Jamming – Beispiele von Marken- und Gesellschaftskritik

Mark Dery (2012) erklärt das vielseitige Repertoire der Culture Jammer wie folgt: im *Adbusting* oder *Subvertising* werden veränderte Werbeplakate, -spots oder -slogans produziert und verteilt. Bei *Billboard Banditry* werden öffentliche Plakatwände übersprüht, übermalt oder mit Postern umgestaltet. *Media Hoaxing* bedeutet, Falschmeldungen und Fakes in den Mainstream-Medien und Organisationen zu verbreiten, um zur Reflexion anzuregen. *Hacktivismus* ist eine weitere Ausdehnung des Handlungsfeldes durch die Verbreitung der elektronischen Medien. Meist, aber längst nicht immer, geht es um kreatives Re-Framing, um Persiflagen von Werbung, Marken und Firmenlogos mit der Intention einer Reflexion kapitalistischer Gesellschaftsformen (vgl. Dery 2012 zitiert in Prantl, S. 3 f.).

Die Strategie des *Fakes*: 2011 verweist der Street-art Künstler Banksy satirisch in Canary Wharf einem der beiden Londoner Finanzdistrikte mit „Sorry! The lifestyle you ordered is currently out of stock"[6] auf London's damalige ökonomische Rezession. *Kulturelle Störgeräusche* erzeugt Banksy, indem er die Macht der Konsum- und Finanzökonomie durch seine Botschaften demaskiert und die Deutungshoheit der Kunst- und Museumslandschaft subversiv durch *Fakes* infiltriert. Banksy hängt seine eigenen Bilder ungefragt in großen Museen von London, New York bis Paris auf. Dort werden sie oft erst nach Tagen oder Wochen entdeckt. Im British Museum wurde 2005 die Version eines steinzeitlichen Artefakts (Siehe Abbildung 3.3.1) entdeckt, in der ein jagender Höhlenmensch einen Einkaufswagen schiebt und sich zum Jagen und Sammeln aufmacht – ein Werk von *Banksymus Maximus.*

---

5   Culture Jamming, die ästhetische Strategie der Irritation, leitet sich vom Begriff des „Jamming" ab und bezeichnet ursprünglich jene obszönen „Störgeräusche" mit denen sich CB-Funker in Radiosendungen einmischten.

6   The piece appeared in Canary Wharf, one of London's two financial districts, on the side of a vacant building within a rectangular space for advertisements. Banksy's placement of this piece allows for the backdrop of London's financial skyscrapers in the distance. http://www.complex.com/style/2013/11/banksy-greatest-works/sorry-the-lifestyle-you-ordered-is-currently-out [17. Juni 2017].

Abb. 3.3.1

Banksy's Fake im Briti-
schen Museum *Höhlen-
mensch beim Shopping*
Quelle: Flickr User
Michael Pickard

Unerkannt schleust Banksy sich ein und hängt sein Bild mitten unter die Muse-
umsexponate, wobei er sein Fake[7] ebenso wie die anderen Artefakte mit einem
gefälschten Museumsschild versieht. Unter seinem Fake stand zu lesen: „Urmensch
unterwegs zu den außerhalb der Stadt liegenden Jagdgründen. Dieses bestens
erhaltene Beispiel primitiver Kunst stammt aus der post-katatonischen Zeit".[8] Mit
seinen Fakes und subversiv-kritischen Werken ironisiert und thematisiert Banksy
kulturelle Machtverhältnisse des Zeigens und der Sichtbarkeit.

Das *Subvertisement* als Strategie der Culture Jammer: in Subvertisements oder
Adbusts werden meist Werbesujets globaler Unternehmen und politischer Parteien
gejammt. Einzelne Text- oder Bildelemente werden dabei verändert, um eine neue
subversive Lesart zu ermöglichen. Dabei muss aber das Original noch erkennbar
bleiben, sodass „vor dem Hintergrund eingeübter Seh- und Lesegewohnheiten"
(Blissett et al. 2012, S. 51 zitiert in Prantl ebd.) die Absicht des Culture Jam erkennbar
bleibt. Durch solch künstlerisch-subversive Änderungen werden Werbebotschaf-
ten re-kontextualisiert und in neue Bedeutungszusammenhänge gestellt. Culture
Jammer wollen „umdeuten, umcodieren, zweckentfremden, dekontextualisieren
und rekontextualisieren" (Liebl et al. 2012, S. 15 zitiert in Prantl).

---

7   Bekannt geworden als „Cave art hoax hits British Museum". http://news.bbc.co.uk/1/
     hi/entertainment/4563751.stm
8   Übersetzung durch die Autorin. http://news.bbc.co.uk/1/hi/entertainment/4563751.stm

Abb. 3.3.2

Das Subvertisement
*WORK-BUY-CONSUME-
DIE*

Quelle: Bas de Reuver

Die ästhetische Vorgehensweise des Umdeutens besteht darin, sich Vorhandenes anzueignen und in einen neuen Kontext zu stellen. Zur Anwendung kommt dabei das Prinzip der Verfremdung, das mit gewohnten Sehkonventionen bricht und dadurch Fragen aufwirft (Siehe Abbildung 3.3.2). Im hier abgebildeten Subvertisement sind vier bekannte Logos der Reihe nach so angeordnet – Verweise auf Essen und Trinken, sowie Mobilität und Logistik – und durch eingefügte Textelemente verändert, dass bei den Betrachterinnen und Betrachtern eine kurze kognitive Dissonanz entsteht. Das Neue im Bekannten erfordert die Aufmerksamkeit eines zweiten Blickes, um die Re-Kontextualisierung, den Satz *Work, Buy, Consume, Die!* zu erkennen. Die textliche Verwandlung in die telegrammartig befehlshafte Kurzformel *Arbeite, Kaufe, Konsumiere, Stirb*! untergräbt die üblichen Seh- und Lesegewohnheiten der Logos und ergibt eine treffende Anspielung auf die heutige Konsumkultur, in der Menschen hauptsächlich arbeiten, um zu konsumieren und dabei die *wahren Kosten*[9] ihres Handelns übersehen.

Das Nothing Billboard: „Selbst wenn man *das Nichts* vermarktet, will es jeder haben," erklärt die 24-jährige Grafik Designerin Fiona Jack[10], die sich eine etwas bizarre Plakataktion ausdachte, in der sie das Nichts versehen mit dem Trademarkzeichen vermarktete (Siehe Abbildung 3.3.3). Da mithilfe von Werbung die seltsamsten Dinge an Menschen vermarktet werden, die diese gar nicht brauchen,

---

9   *True Cost*, 2015, ein Aufklärungsfilm über die unethischen Arbeitsverhältnisse der Textilindustrie. https://www.codecheck.info/news/Konsum-Die-wahren-Kosten-von-Billigmode-183202 [20. Juni 2016].

10 http://www.utne.com/media/nothingquitelikeit [20. Juni 2016].

Abb. 3.3.3

Das *Nothing Billboard.*

Fiona Jack

Quelle: www.adbusters.
org/spoofads/ad-game/ad
game #37

kam sie auf die Idee, dass das am *aller-nicht-esten* existierende Produkt das Nichts selbst wäre. Sie verwendete *das Nichts* als Produktnamen und schlug die Kampagne einer neuseeländischen Außenwerbungs-Firma vor, die es als Marketing-Forschungs-Projekt durchführte. Mit dem Ergebnis, dass die *Nothing^TM* Kampagne bewies, dass man alles vermarkten kann, wenn nur genug Geld dahintersteht, sagte Fiona Jack. „Money is basically the main thing that's required to convince the public of something these days" (www.adbusters.org/spoofads/ad-game/).

Das nächste Beispiel *Deportation Class* illustriert, dass die Stärke taktischen Handelns der Culture Jammer im Moment der Überraschung liegt. Mächtige Kommunikationsstrukturen globaler Unternehmen als strategische Organisationen lassen sich dadurch stören, dass sie durch die Culture Jams gezwungen sind, zu einem Thema Stellung zu nehmen, obwohl das Unternehmen dies nicht als seinen Interessen entsprechend ansieht. „Ein gelungener Fake provoziert mit falschen Informationen wahre Ereignisse" (Lentos 2005, S. 191). So geschehen als Folge der Aktion *Deportation Class*[11] in den Stellungnahmen zur Abschiebepraktik der Lufthansa. Silke Wagner veranstaltete 2001 eine Aktion im öffentlichen Raum mit dem Namen *bürgersteig*. Das Lufthansa Logo und der Schriftzug wurde in *Lufttransa Deportation Class* umgewandelt. Aus einem VW-Bus, in Farbe und Design gestaltet wie die Shuttlebusse von Lufthansa, warben Stewardessen in Lufttransa-Kostümen für billige Flüge zu exotischen Destinationen; je mehr Deportationen stattfinden würden, desto billiger würden die Flüge werden. Lufthansa verlor eine Klage gegen die Aktion, da das Unternehmen seine Transportkapazitäten tatsächlich für die staatlich angeordneten unfreiwilligen Abschiebungen zur Verfügung stellt, was

---

11 See the world through different eyes! Travel in exotic style with Lufthansa's Deportation Class service. So der ironische Fake-Text in der Aufmachung der Corporate Identity von Lufthansa auf der Website http://www.noborder.org/archive/www.deportation-class. com/ [30. Mai 2016].

erst durch die Aktion wirklich öffentlich wurde. Die Schwäche allerdings liegt genau in der Unvorhersehbarkeit des Ausgangs, nämlich darin, dass es Taktik als zeitgebundenes Ereignis unmöglich macht, Aktionen in eine bleibende Struktur oder Institution zu verwandeln.

Pseudogesundes Grün: Aufklärung als Demaskierung von Konzernstrategien ist nach wie vor eine Stärke des Culture Jammings, wie im Beispiel gegen sogenannte *Greenwashing* Bestrebungen von Unternehmen (Siehe Abbildung 3.3.4). Die Künstlergruppe *Dies Irae* macht 2015 mit der Adbusting Aktion *Coca Cola Lie* (Siehe Abbildung 3.3.5) auf das pseudogesunde Grün des Konzerns aufmerksam, der damit wirbt, dass mit Stevia gesüßtes Cola viel gesünder sei als normales – *Coca-Cola Life*. Ein Link am Plakat führt zu einem kritischen Artikel auf ZEIT-Online, der mit dem Titel *Macht auf grün, bleibt aber auf Zucker* über die Kampagne als reines Greenwashing informiert.

Abb. 3.3.4 *Coca-Cola-Life* Originalplakat. Das pseudogesunde Grün, Kampagne 2015
Quelle: www.blogrebellen.de

Abb. 3.3.5 Das Adbust Greenwashing der Künstlergruppe *Dies Irae*: Die neue *Coca-Cola Lie*

Quelle: www.blogrebellen.de

4   BilderMACHT – das Bild-Spektakel der digitalen Kultur

Die Omnipräsenz der Bilder der digitalen Kultur führt dazu, dass öffentliches und privates Leben von einer „medialen Hegemonie der Sichtbarkeiten" (Wild 2016, S. 203f.) geprägt ist. „Bilder werden in den beteiligten Bildwissenschaften als extrem bedeutungsoffene mediale Phänomene diskutiert, unter anderem, weil sie ein scheinobjektives Verhältnis zur Wirklichkeit haben: Bilder sind nicht objektiv, aber sie gelten als objektiv. Bilder zwingen sich uns auf, sie erzeugen Welten, in die wir als Betrachter *immersiv* eintauchen. Bilder bedeuten einen *Sprung in die Imagination*, wie es der Kommunikationsphilosoph Vilèm Flusser nannte" (Selke 2007, S. 66). Indem viele Konsumwaren nicht nur das vorhandene *Bedürfnis* abdecken, sondern etwas Imaginäres durch die ästhetische Inszenierung mittransportieren und Wünsche befriedigen, die durch die Ware selbst erst hervorgebracht werden, ist die identitätsstiftende Wirkung eine der Hauptformen des gesellschaftlichen

Gebrauchs von Bildern. Darauf bezugnehmend wird Bill Gates folgender Satz zugeschrieben: „Wer die Bilder beherrscht, beherrscht die Köpfe". Der französische Psychoanalytiker Serge Tisseron vergleicht die Funktion von Bildern mit Fahrzeugen, denn sie sind „ein wenig wie Transportmittel, von denen wir uns woanders hin befördern lassen"[12] (Tisseron 2007 zitiert in Belting, S.309). Bilder können Wissen beeinflussen und verändern und unsere Empathie mit sinnlichen und emotionalen Impulsen stimulieren (vgl. ebd. S. 308f.). „Bilder können uns dazu helfen, schneller voranzukommen, indem sie unsere Gedankenstrecke verkürzen. Aber sie lassen sich auch dazu benutzen, mit Genuss zu flanieren [...]" (vgl. ebd. S.310f.).

Von der Imagination zu den Imaginarios: Engel schlägt vor, das politische Potential von Bildern unter dem Begriff der Imaginarios anzudenken und beschreibt damit, dass das gemeinsame Zusammenspiel von inneren Bildern mit äußeren Bildern nicht nur innere Vorstellungswelten sind, sondern auch mit äußeren räumlichen Bildwelten funktioniert. Engel (2015, ebd.) führt weiter zu *Imaginarios* aus: „Der Begriff gilt als unübersetzbar (Huffschmidt/Wildner 2013). Doch verweist das spanische Suffix *-iario* auf Relationalität oder räumliche Konstellationen. Dies legt es nahe, dass sich die Vorstellungswelten nicht einfach im Kopf ausbilden, sondern den Körper involvieren." So kann sich zwischen den gegnerischen Positionen von Bild und Text ein „lustvoller Machtkampf" im Rezeptionsprozess entfalten, den Culture Jammer bewusst einsetzen, um beispielsweise mit absurden Details an Text und Bildelementen auf unerwartete Rezeptions-Fährten zu locken. „Wenn ein Bild als Agent der Gouvernementalität ... oder als Transportmittel von Macht und Begehren [...] soziale Produktivität entfaltet, so ist es in der Regel nicht allein. Es wird von seiner Umwelt, seinem Kontext gespeist und es tritt im Schwarm auf, gemeinsam mit weiteren Bildern, mit Fantasien, Diskursen, Objekten und Körpern; deren Zusammenspiel bildet etwas aus, was sich als Imaginario bezeichnen ließe- eine Vorstellungswelt" (Engel 2015, bildpunkte 15).

Die wesentliche Frage zur Macht der Bilder lautet: Wie ist es möglich, dass Begehrnisse in der ästhetischen Ökonomie über die Inszenierungsmacht von Bildern so wirksam sind? „Dadurch, dass Bilder Begehren (und Macht) transportieren und Körper sich in Phantasieszenarien bewegen, entstehen Räume – spezifische Räume, die nicht einfach virtuell, real oder imaginär sind, sondern all dies zugleich. Der Begriff der *Imaginarios* wäre demnach genauer so zu fassen, dass er auf eine paradoxe Spannung von Vorstellung und Objekt verweist: materialisierte Vorstellungsräume oder Bildwelten" (ebd. 2015, bildpunkte 15). Genau hier setzt die politische Dimension

---

12 Vgl. Tisseron, Serge: Unser Umgang mit Bildern. Ein psychoanalytischer Zugang. In: Belting, Hans (Hrsg.): *Bilderfragen. Die Bildwissenschaften im Aufbruch*, Fink, München 2007, S.309.

des Culture Jammings an. „Ist Begehren im Spiel, so öffnen sich die *Imaginarios* für
Potentialität und Veränderung. Deren politische Dimension kann sich genau dann
entfalten, wenn das Begehren [...] sich der Bilder als Transportmittel bedient, um
unerwartete Wege zu erproben" (Engel 2015, bildpunkte 15). Tisseron beschreibt das
wechselseitige Verhältnis zwischen Bild und Rezipientinnen und Rezipienten ähnlich:
„Wir treten in die Bilder ein und fühlen uns von ihnen eingeschlossen. Und doch
treten wir zur gleichen Zeit in eine Art von innerem Dialog ein, in dessen Verlauf
verändern wir die Bilder, die wir uns davor gemacht haben, in gleichem Maße, wie
wir uns selbst von ihnen verändern lassen" (Tisseron 2007 zitiert in Belting, S. 313 f.).
Bilder ermöglichen in diesem Sinne Affizierbarkeiten, d. h. Erregungsintensitäten,
die am Verstand vorbei direkt ‚unter die Haut' gehen. Ullrich nennt dies „Choreographie der Emotionen. [...] So modellieren Gebrauchsgüter viel mehr als früher die
jeweilige Lebens- und Erlebniswelt; sie werden immer wieder gezielt dazu eingesetzt,
Stimmungen und Situationen zu überhöhen" (Ullrich 2013, S. 57).

4.1   Das Empire schlägt zurück – Guerilla-Marketing und andere Beispiele

„[...] advertising, *subvertising*, and *culture jamming* are intimately linked to one
another and cannot simply be divided" (Oberprantacher 2011, S. 7 f.). Kritisch zu
bewerten ist demnach die kapitalismuskritische Wirkung von Culture Jammings,
besonders angesichts der Tatsache, dass Unternehmen aus der gegen sie gerich-
teten Subversion Kapital schlagen, indem sie die Subversion im *Anti*-Marketing
(Paul 2016) als Werbestrategie einsetzen. Klein illustriert diese Vereinnahmung
der Anti-Marketing-Strategien anhand der limited edition *Absolut no label* von
Absolut Vodka und Starbucks „undercover" Coffeshop in Seattle, der völlig auf
das Corporate-Branding verzichtet und in dem Kundinnen und Kunden nur im
sehr Kleingedruckten der Menukarten eher zufällig die Verbindung zu Starbucks
erkennen können (vgl. Klein 2010). Mit Strategien wie diesen, versuchen Konzerne
das von ihnen selbst kreierte Marken-Image zu umgehen und so von den Konsumentinnen und Konsumenten wieder *neu* und *anders* gesehen zu werden. Kritische
Stimmen wie McLaren (2002) weisen darauf hin, dass das adbusters Journal selbst
„Werbung für Antiwerbung geworden ist," (Mclaren zitiert in Klein, S. 305) bzw.
stellen „die Frage, ob Culture Jamming nicht der mimetische Zwilling der kapitalistischen Kultur geworden ist?" (Oberprantacher 2011, S. 8 f.).

Unter dem Begriff des Guerilla-Marketings reagieren die großen Konzerne auf
die *kulturellen Störgeräusche* des Culture Jammings und vereinnahmen mit großer
Schnelligkeit subversive visuelle Gegenkulturen. „Durch die Kommerzialisierung,

5   Culture Jamming – Kritik und Reichweite eines Konzeptes

Angesichts der Finanzkrise und deren Auswirkungen mit verschiedensten bail-out Szenarien, könnte man annehmen, dass das Vertrauen in das Imaginäre und den schönen Schein des Kapitalismus erschüttert wäre. Klein (2010) stellt das Gegenteil fest, nämlich die virale Ausbreitung des *Brandings* in Wirtschaft und Politik. Bonfadelli (2004) formuliert zusammenfassend eine eher ernüchternde Feststellung die Einstellungsveränderungen betreffend: „Medieninhalte sind weder eine hinreichende noch eine notwendige Ursache von direkten Effekten. Der Einfluss der Medien ist im kognitiven Bereich größer als bei Einstellungen. Massenkommunikation verstärkt in erster Linie existierende Einstellungen, aktiviert latente Positionen und verändert mit geringster Wahrscheinlichkeit existierende oder latente Gegenpositionen" (Bonfadelli 2004, S. 283).

Abb. 5.1

Protect me from what I want. Jenny Holzer. Survival Series 1985

Quelle: https:// stereoscopica.wordpress. com/2012/09/10/protect- me-from-what-i-want/

Ullrich setzt etwas optimistischer dagegen Firmengründungen wie Body Shop, 1976 von Anita Rodick gegründet, oder Patagonia, dem Hersteller von Sport- und Bergsteigerbekleidung, deren emotionaler Mehrwert darin besteht, politisch aufgeladen zu sein. Die Gründerinnen und Gründer dieser Firmen standen zuerst vor der Alternative „sich in einer Partei oder auf der Straße zu engagieren, bevor sie sich entschieden, ihre Ziele […] in Form von Produkten publik zu machen. Das Bekenntnis zu bestimmten Werten ist dann kein Marketing-Konzept, das einem Zeitgeist folgt; vielmehr kann eine Marke im besten Sinn […] Aufmerksamkeit für Belange schaffen, die sonst unterzugehen zu drohen" (Ullrich 2013, S. 186 f.). Trotzdem bleibt zu hoffen, dass der Kreislauf der Selbstvergewisserung eines *I shop therefore I am* durchbrochen werden kann und im ununterbrochenen Bilderstrom der bunten Welt der Marken wenigstens temporäre Reflexionsmomente – nämlich Zeit und Raum – eines *Protect me from what I want* (Siehe Abbildung 5.1) erzeugt werden können.

5.1 Culture Jamming als diskursives politisches Verbraucherhandeln

Stolle und Micheletti (2013) konstatieren, dass *diskursives politisches Verbraucherhandeln*, obwohl es eine effektive Form von politischem Aktivismus darstellt, in Studien schwer fassbar ist. Besonders zivile Interessensgruppen und individuelle Aktivistinnen und Aktivisten nützen diese Strategie, um sowohl Konzerne als auch Konsumentinnen und Konsumenten über den Zusammenhang von Produktwahl und Lebensbedingungen zu sensibilisieren. „Culture Jamming aims at spectacular consciousness-raising and, ultimately, value change in today's consumer society" (Micheletti und Stolle 2008, S. 761).

Abb. 5.1.1

Adbusters Nike Running.jpg

Quelle: http://www. adbusters.org/spoofads/ unswooshing/

Als Beispiel ist hier ein Culture Jamming Plakat angeführt – unter der Bezeichnung adbusters_nike_running, das zur Kampagne *Unswooshing* der www.adbusters.org gehört. Mit dem Appell global zu denken, ruft die Textbotschaft Konsumentinnen und Konsumenten auf, das Markenimage von Nike, den werbetechnisch teuer erzeugten Coolness-Faktor, angesichts der tatsächlichen Produktionsbedingungen in indonesischen Fabriken zu überdenken. Das Plakat (Siehe Abbildung 5.1.1), das formal auf den ersten Blick wie ein Werbebild für Joggen in Nike Sportschuhen aussieht, erzeugt in Kombination mit dem zweideutig angelegten Text und den nackten Füßen einen sogenannten *disrupt-then-reframe* Effekt (Fennis, Das and Pruyn 2004, S. 280 f.). Erst beim Lesen der kleingedruckteren Textstellen offenbart sich die Entblößung der lifestyligen Coolness durch die sozial nicht nur ungerechten, sondern brutalen Herstellungsbedingungen für die Produktion dieses Konsumartikels.

Abb. 5.1.2

Das durchgestrichene Swoosh-Logo: *rethink the cool*

Abb. 5.1.3

Schere zwischen Profit und Produktionskosten: Adbusters Nike Sweatshop

Quelle beide: www. adbusters.org/spoofads/ unswooshing/ [22. Juli 2017]

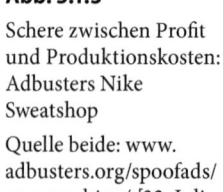

In dieselbe Kerbe schlagen zwei weitere Plakate der www.adbusters.org Unswooshing Kampagne: das durchgestrichene Logo, der geschwärzte Swoosh, mit der handgeschriebenen Aufforderung *rethink the cool* (Siehe Abbildung 5.1.2). Das Nike Shoe Sweatshop Plakat (Siehe Abbildung 5.1.3) zeigt einen schwarzen in Produktion befindlichen Sportschuh. Darauf ist, handgeschrieben mit einem weißen Stift auf der linken Seite der Profit von Nike mit 250 Dollar vermerkt und auf der rechten Seite sind die Kosten für ein Paar Schuhe im Sweatshop mit 83 cent gegenübergestellt. 1997 in den USA gegründete basisdemokratische gewerkschaftliche Studentenorganisationen wie nikesweatshops.org/ und usas.org sind nur zwei Beispiele für politisches Verbraucherhandeln, das besonders in den USA gegen Nike und seine fortbestehenden Sweatshop-Missstände immer wieder aufmerksam macht. Auch der im folgenden Absatz beschriebene Nike-Email-Exchange (NEE) ist bis heute auf zahlreichen Anti-Sweatshop-Plattformen wie beispielsweise CCC, Global Exchange, CorpWatch und Campaign for Labor Rights zu finden (Micheletti und Stolle 2008, S. 14).

5.2 Culture Jamming per Internet – the Nike Email Exchange (NEE)

Am Beispiel der Anti-Sweatshop-Bewegung führen Micheletti und Stolle (2008) paradigmatisch vor, wie konsumentenorientierte Großunternehmen durch *diskursives politisches Verbraucherhandeln* – wie Culture Jamming – für soziale Werthaltungen in ihren globalen Produktions-Praktiken sensibilisiert werden können. *No Logo!* Autorin Naomi Klein (2002) nennt diese Strategie des Culture Jams, bei der ohne großen Kostenaufwand witzig pointierte politische Umdeutungen von Markenlogos via Internet kursieren, *the brand boomerang*. So wie die kulturelle Dominanz der Markennamen zur *lingua franca* wurde, schwingen Culture Jams dieser kulturell wichtigen Symbole über alle sozio-ökonomischen und altersmäßigen Schranken via Internet hinweg mit.

Als Best-Practice Beispiel illustriert die Kontroverse um den Nike-Email-Exchange (NEE), wie sich das Schadenspotential für ein Markenimage, verursacht durch diesen Culture Jam als Kapital für die globale Anti-Sweatshop-Politik, auswirkte. Micheletti und Stolle (2008) machen die gekonnte Kombination von sogenannten push and pull Faktoren für die politische Wirksamkeit verantwortlich. Als *pull factor* nennen sie Nike's konsumentenorientiertes idealisiertes Produkt-Image und ein damals wegweisendes Internet-Customer-Service; als *push factors* die potentiellen Konsumentinnen und Konsumenten sowie die damalige Hochzeit der öffentlichen Berichterstattung des Aufdeckungsjournalismus über menschenverachtende Arbeitsbedingungen in den meist asiatischen Sweatshops. Wie schon gezeigt, wird bzw. wurde die Marke Nike und ihre Produkte assoziiert mit einem sportlichen Lebensstil als hippem Kulturstatement und der Nike-Community, die für Hoffnung, Vertrauen, Freiheit und Wahlfreiheit im Besonderen steht (Katz 1994). 2001 warb der Nike-Konzern mit dem Slogan *Just do it* in Kombination mit dem Slogan *freedom of choice* und eröffnete die Nike iD website, eine preisgekrönte innovative Online-Kommunikationsform. Als benchmark für Online-Spezialanfertigungen ihrer Produkte gedacht, bot diese sogar die Möglichkeit sich das speziell angefertigte Produkt auch personalisieren zu lassen. Ein kluges wirtschaftliches Projekt mit dem Ziel personalisierter Kundenbindung. Jonah Peretti, damals Massachusetts Institute of Technology (MIT) Medienstudent, bestellte daraufhin online per E-mail eine Nike Schuh-Spezialanfertigung wie angeboten – *Just do it, freedom of choice* – mit dem Wort *sweatshop* als Personalisierung darauf. Im darauffolgenden Nike-Email-Exchange (NEE) wurde offensichtlich, wie ignorant Nike mit Kritik an seinen Produktionsbedingungen und Sozialstandards umging. Als Nike Perettis Bestellung zum wiederholten Male verweigerte, schrieb er an den Konzern: „Your web site advertises that the Nike iD program is ‚about freedom to choose and freedom to express who you are.‘ I share Nike's love of freedom and personal expression. […] My personal iD was offered as a small token of appreciation for the sweatshop workers poised to help me realize my vision. I hope that you will value my freedom of expression and reconsider your decision to reject my order" (Micheletti und Stolle 2008, S. 762). Außerdem sandte Peretti den Email-Verkehr an einige Freundinnen und Freunde und so erreichte dieser, global von Inbox zu Inbox weiterverschickt, innerhalb weniger Monate geschätzte 11,4 Millionen Menschen (Peretti with Micheletti 2001, S. 131). Peretti zwang Nike mit seinem Culture Jam in eine für den Konzern peinliche öffentliche Debatte über die Arbeitsbedingungen in dessen globaler Textil-Industrie. Der damals gepostete NEE Culture Jam ist heute noch immer auf unzähligen Anti-Sweatshop-Webseiten abrufbar und machte Peretti zu einer öffentlichen Berühmtheit.

5.3   Was fördert die politische Wirksamkeit eines Culture Jams?

Welchen politischen Impact besitzt Culture Jamming als konsumkritische Interventionsform? Aus der gesamten NEE Geschichte lassen sich Schlüssel-Erkenntnisse und Rückschlüsse auf das Beziehungsgefüge zwischen Anti-Sweatshop-Aktivisten, dem Markt und Verbraucherinnen und Verbrauchern ziehen:

Erstens: Der NEE konnte eine so unglaublich hohe öffentliche Aufmerksamkeit erreichen, weil Perettis Bestellung des *sweatshop*-Schuhs gleichzeitig zusammenfiel mit einem news-peak in der journalistischen Berichterstattung über Sweatshops und deren Arbeitskonditionen in der New York Times um 2000 herum (vgl. Micheletti und Stolle 2004). Micheletti und Stolle folgern daraus, dass eine noch nie dagewesene so hohe öffentliche Aufmerksamkeit nur erreichbar ist, wenn der Culture Jam gleichzeitig einen Nerv dessen trifft, was gerade im öffentlichen sozialen Bewusstsein für Empörung sorgt oder mit der Empörung über denselben Umstand zusammentrifft.

Zweitens: Weil der Culture Jam dieses ernste Anliegen witzig verpackte, gelang es außerdem zwei völlig unterschiedliche Verbrauchergruppen anzusprechen und für den Fall zu interessieren: sowohl die ganz *gewöhnlichen* Konsumentinnen und Konsumenten als auch die politisch interessierten nahmen Anteil an dem Email-Exchange, davon erhielt Peretti persönlich 3655 Emails. Forschungsergebnisse über die Menschen, die diese Emails schickten, bestätigten, dass manche so von diesem Culture Jam inspiriert waren, dass sie sich für den Anti-Sweatshop-Fall engagierten. Dadurch wurde der Culture Jam in Klassenzimmern, Familien- und Freundeskreisen und noch größeren Zirkeln diskutiert. Der NEE wurde zur Inspirationsquelle, um sich persönlich zu engagieren – boycotts, buycotts und weitere Ideen für Culture Jamming entstanden. Die Diskursanalyse der Emails an Peretti offenbart, dass der NEE eine virtuelle Community für ähnlich denkende Menschen schuf, die den Anti-Sweatshop-Fall mit ihren persönlichen Werten über Konsum verbanden. Auf diese Art und Weise exemplifiziert der NEE wie Konsumentinnen und Konsumenten Produktion und Konsum verbinden und sich für soziale Anliegen und Nachhaltigkeit ermächtigen können. Obwohl Nike selbst das nie zugegeben hat, so führte der NEE doch zu einem Überdenken, wie gut das nicht vorhandene ethische Verhalten zum Markenimage passt. Seit 2001 gibt es jedes Jahr den damals ersten Corporate Responsibility Bericht, sowie unabhängiges Monitoring durch die Fair Labor Association (Nike Responsibility Timeline 2003). Es war ein erster wichtiger Schritt, die Macht der Verbraucherinnen und Verbraucher mit einzubeziehen und CSR im Bewusstsein der Unternehmenspolitik zu verankern.

Every Joke is a Tiny Revolution (Woodside 2001): Besonders wirksam sind Culture-Jamming-Kampagnen, die ethische Botschaften an große Marken in Humor verpackt vorführen. Ebenso wie Kampagnen, die es schaffen eine der Customer Service Plattformen zu kidnappen. Sie können dadurch Druck auf das ethische Verhalten eines Konzerns ausüben und zu ungenügende CSR angreifen. So treffen sie die konsumentenorientierten Konzerne/Unternehmen dort, wo es am meisten weh tut – ihrem Image, und dirigieren so die öffentliche Aufmerksamkeit auf die verborgene Firmen-Politik hinter den begehrten Konzern-Logos und Kleider-Mardie wesentliche Frage: Wer lernt von wem? (vgl. Ullrich 2009) Großunternehmen haben ihr Image mit Kunst und Kultursponsoring seit Jahrzehnten aufpoliert, doch wird in der Werbeforschung und an Wirtschaftsuniversitäten in jüngster Zeit vermehrt das Potential von Kunst und Marke als Kollaboration zwischen zwei Welten untersucht (vgl. Carsten 2014, Baumert 2016). Ein weiterer Fokus der Marketing-Forschung besteht in Untersuchungen, wie die Werberesistenz von Verbraucherinnen und Verbrauchern zu unterlaufen ist, und wie resistente Konsumenteneinstellungen wieder aufzulösen sind (vgl. Fransens et al. 2015, Lang 2013, Carsten 2014, Baumert 2016).

Was ist zu lernen für die Verbraucherforschung? Bilder – visuelle Rhetorik (vgl. Smolarski 2013) – können Werthaltungen transportieren und verändern; – aufgrund der Interpretationsvariabilität (Eco) – in beide Richtungen: für und gegen Nachhaltigkeit. Seit den Neunziger Jahren ist die steigende Schnelligkeit zu beobachten, mit der das Marketing gegenkulturelle, medienaktivistische Konsumkritik – die Coolness und Hipness des Dissenses wendet – um weiteren Profit zu lukrieren. Détournement wird zum *radical chic* (vgl. Paul 2016). *Making the invisible visible* – im Bewusstsein all dieser Entwicklungen und mit Umberto Eco vertrauend auf die Interpretationsvariabilität lassen sich semiologische Guerilla-Strategien wie jene des Culture Jammings für Nachhaltigkeitsziele der Verbraucherforschung einsetzen. Was braucht es dazu? Versierte visuelle Rhetorik!

Literatur

Baumert, C. (2016). Die Rolle von Marken in der Lebenswelt. In *Journal für korporative Kommunikation. 2/16.* S. 38-51. Web: http://journal-kk.de/christiane-baumert-die-rolle-von-marken-in-der-lebenswelt/. Zugegriffen: 20. September 2017.

Baranyi, F. (2016). Kapitalismus, Bedürfnisse und Begehrnisse. *Falter 25/16.* Web: https://www.falter.at/archiv/FALTER_2016062254BEB27C70/kapitalismus-bedurfnisse-und-begehrnisse. Zugegriffen: 10. Juli 2016.

BBC NEWS. (2005). Cave art hoax hits British Museum. Web: http://news.bbc.co.uk/go/pr/fr/-/1/hi/entertainment/arts/4563751.stm. Zugegriffen: 20. Juli 2016.

Beaugrand, A., Smolarski, P. (Hrsg.) (2016). *Adbusting. Ein designrhetorisches Strategiehandbuch.* Bd. 3. Bielefeld: transcript.

Behnke, C. (2003). Culture Jamming und Reklametechnik. *transversal – eipcp. institut européen pour des politiques culturelles en devenir. multilingual webjournal.* S. 1-11. Web: http://eipcp.net/transversal/1202/behnke/de. Zugegriffen: 19. Juni 2016.

Belting, H. (2007). *Bilderfragen: die Bildwissenschaften im Aufbruch.* Paderborn: Fink.

Besand, A. (2012). *Politik trifft Kunst: zum Verhältnis von politischer und kultureller Bildung.* Bonn: Bundeszentrale für Politische Bildung.

Bieber, A. (2012). Gesellschaftliche Utopien. Oder: Wie politisch ist die Kunst? Ein Essay. In A. Besand (Hrsg.), *Politik trifft Kunst: zum Verhältnis von politischer und kultureller Bildung.* (S. 83-92). Bonn: Bundeszentrale für Politische Bildung.

Blanché, U. (2012). *Konsumkunst Kultur und Kommerz bei Banksy und Damien Hirst.* Bielefeld: transcript.

Böhme, G. (2016). *Ästhetischer Kapitalismus.* Berlin: Suhrkamp.

Böhme, G. (2013). *Atmosphäre. Essays zur neuen Ästhetik.* Frankfurt: Suhrkamp.

Bonfadelli, H. (2004). *Medienwirkungsforschung I: Grundlagen und Theoretische Perspektiven.* Stuttgart: UTB.

Bonsiepe, G. (1996). *Interface. Design neu begreifen.* Mannheim: Bollmann.

Boltanski, L., Chiapello, È. (2003). *Der neue Geist des Kapitalismus.* Konstanz: Universitätsverlag Konstanz.

Boyd, A., Mitchell, D. O. (Hrsg.) (2014). *Beautiful Trouble Handbuch für eine unwiderstehliche Revolution.* Freiburg im Breisgau: Orange-Press.

Debord, Guy. (1996). *Die Gesellschaft des Spektakels.* Wien: Ed. Revolutionsbräuhof.

DeLaure, M., Fink, M. and Dery, M. (2017). *Culture Jamming: Activism and the Art of Cultural Resistance.* New York: New York University Press.

Dery, M. (2010). *Culture Jamming: Hacking, Slashing, and Sniping in the Empire of Signs.* ©Mark Dery; all rights reserved. Web: http://markdery.com/?page_id=154. Zugegriffen: 19. Juni 2017.

Deitz, M. (2014): Cut and Paste: Australia's Original Culture Jammers, BUGA UP. In *Global Media Journal. Australian Edition,* Vol. 8, Issue 1.

Eco, U. (1996). Für eine semiologische Guerilla. In derselbe: *Über Gott und die Welt. Essays und Glossen.* 5. Aufl. München: dtv.

Eco, U. (1986). *Travels in Hyperreality. Essays.* trans. William Weaver. New York: Harcourt.

Eco, U. (1977). *Zeichen. Einführung in einen Begriff und seine Geschichte.* Frankfurt: Suhrkamp.

Engel, A. (2015). Ein lustvoller Machtkampf – zur sozialen Produktivität der Bilder. *bildpunkt 15.* Web: http://www.igbildendekunst.at/bildpunkt/bildpunkt-2015/imaginarios/engel.htm. Zugegriffen: 4. Mai 2016.

Fransens, M. L., Verlegh, P. W. J., Kirmani, A., & Smit, E. G. (2015). A Typology of Consumer Strategies for Resisting Advertising, and a Review of Mechanisms for Countering Them. *International Journal of Advertising, 34(1)* (S. 6-16). doi: 10.1080/02650487.2014.995284.

Harold, C. (2004). Pranking Rhetoric: Culture Jamming as Media Activism. *Critical Studies in Media Communication 21.3.* (S. 189-211). doi: 10.1080/0739318042000212693.

Hug, T. (2011). Sondierungen im Spannungsfeld von Medienaktivismus und handlungsorientierter Medienpädagogik. *Medienimpulse. Beiträge zur Medienpädagogik 2.* S. 1-6 (306-314). Web: http://www.medienimpulse.at/articles/view/308. Zugegriffen: 16. Juni 2017.

Hug, T., Kriwak, A. (Hrsg.) (2011). *Visuelle Kompetenz: Beiträge des interfakultären Forums Innsbruck Media Studies.* Innsbruck: Innsbruck University Press. Web: https://www.uibk.ac.at/iup/buch_pdfs/9783902719850.pdf. *Zugegriffen: 20. Juni 2016.*

Illies, F. (2000). *Generation Golf. Eine Inspektion.* Berlin: Argon.

Klein, N. (2002). *No logo! Der Kampf der Global Players um Marktmacht; ein Spiel mit vielen Verlierern und wenigen Gewinnern.* München: Riemann.

Klein, N. (2010). Naomi Klein on how corporate branding has taken over America. *The Guardian.* Web: https://www.theguardian.com/books/2010/jan/16/naomi-klein-branding-obama-america. Zugegriffen: 18. August 2016.

Lamla, J. (2013). *Verbraucherdemokratie: politische Soziologie der Konsumgesellschaft.* Berlin: Suhrkamp.

Lamla, J., Neckel, S. (2006). *Politisierter Konsum, konsumierte Politik.* Wiesbaden: VS Verlag für Sozialwissenschaften.

Lang, S. (2013). Marktstrategie: Kunst! In p/art/icipate – Kultur aktiv gestalten #03. Web: http://www.p-art-icipate.net/cms/marktstrategiekunst/. Zugegriffen: 28. Juli 2016.

Lasn, K. (2005). *Culture jamming: die Rückeroberung der Zeichen.* Freiburg (Breisgau): Orange-Press.

Lentos Kunstmuseum Linz. (2005). *Just do it! Die Subversion der Zeichen von Marcel Duchamp bis Prada Meinhof.* Wien: Edition Selene.

Mensch, M. (2013). Markenkraken. Wissen in Bildern. *ZEIT ONLINE.Nr. 19.* Web: http://www.zeit.de/2013/19/infografik-marken/komplettansicht. Zugegriffen: 27. September 2013.

Micheletti, M., Stolle, D. (2008). Fashioning Social Justice Through Political Consumerism, Capitalism, and the Internet. *Cultural Studies 22/5.* (S.749-769). doi: 10.1080/09502380802246009.

Micheletti, M. Stolle, D. (2005a). Warum werden Käufer zu ‚politischen Verbrauchern'? *Forschungsjournal neue soziale Bewegungen 18/4* (S. 41-52). doi: 10.1515/fjsb-2005-0407.

Micheletti, M., Stolle, D. (2005b). Swedish Political Consumers. Who They Are and Why They Use the Market as an Arena for Politics. Political Consumerism: Its Motivations, Power, and Conditions in the Nordic Countries and Elsewhere, Proceedings from the 2nd International Seminar on Political Consumerism, 2004 (517 S.). Oslo: TemaNord.

Micheletti, M., Stolle, D. (2007). Mobilizing Consumers to Take Responsibility for Global Social Justice. *The Annals of the American Academy of Political and Social Science 5/2007 (ANNALS, AAPSS, 611).* (S.157-175). doi: 10.2307/25097915.

Nessel, S. (2016). Verbraucherorganisationen und Verbraucherpolitik als Intermediäre der Nachhaltigkeit. Eine Analyse der institutionellen und organisationalen Einbettung nachhaltigen Konsums. *Berliner Journal für Soziologie 26/2.* (S.227-248). doi: 10.1007/s11609-016-0316-0.

Oberprantacher, A. (2011). Culture Jammed. The Art of Subverting Violence. *Medienimpulse. Beiträge zur Medienpädagogik 2.* S.1-13. Web: http://www.medienimpulse.at/articles/view/310. Zugegriffen: 20. Juni 2016.

Paul, G. (2016). *Das visuelle Zeitalter: Punkt & Pixel.* Göttingen: Wallstein.

Peretti, J. (2001). Culture Jamming, Memes, Social Networks, and the Emerging Media Ecology. The "Nike Sweatshop Email" as Object-To-Think-With. Web: http://depts.washington.edu/ccce/polcommcampaigns/peretti.html. Zugegriffen: 23.Juli 2017.

Pfeiffer, I., Hollein, M. (2011). *Barbara Kruger, Circus [anlässlich der Ausstellung Barbara Kruger. Circus, Schirn-Kunsthalle Frankfurt, 15. Dezember 2010 – 30. Januar 2011].* Köln: Walther König. Web: http://www.schirn.de/ausstellungen/2010/barbara_kruger/. Zugegriffen: 10. Juni 2017.

Prantl, D. (2012). Culture Jamming, Ein Blick hinter das Spektakel. In *p/art/icipate – Kultur aktiv gestalten # 01.* S.1-7. Web: http://www.p-art-icipate.net/cms/culture-jamming/. *Zugegriffen: 14. Mai 2016.*

Rimmele, M., Sachs-Hombach, K., Stiegler, B. (Hrsg.) (2014). *Bildwissenschaft und Visual Culture.* Bielefeld: transcript.

Selke, S. (2007). Visuelle Symbolisierung kollektiver Identitäten als Anwendungsfeld empirischer Bildwirkungsforschung. In D. Fetzner, S. Selke (Hrsg.), *Bild-Raum-Interaktion:*

Angewandte empirische Wirkungsforschung. Ergebnisse interdisziplinärer Zusammenarbeit (S. 65-74). Furtwangen: Fakultät Digitale Medien, Hochschule Furtwangen.

Selz, P. H., Landauer, S. (2006). *Art of engagement in visual politics in California and beyond. [San Jose Museum of Art, November 20, 2005 - March 5, 2006 ; Katzen Arts Center, American University, Washington, D. C., April 9 - July 29, 2006].* Berkeley: University of California Press.

Smolarski, P. (2013). Crossing Codes. Zur Rhetorik des Adbusts. *Sprache für die Form. Denken. Ausgabe Nr. 2.* S. 1-6. Web: http://www.designrhetorik.de/crossing-codes-zur-rhetorik-des-adbust/6/. Zugegriffen: 20. August. 2017.

Sorgo, G. (2011). *Die unsichtbare Dimension: Bildung für nachhaltige Entwicklung im kulturellen Prozess.* Wien: Forum Umweltbildung.

Stolle, D., Micheletti, M. (2013). Political Consumerism. In ebd. *Political Consumerism - Global Responsibility in Action.* (S. 3-45). doi 10.1017/CBO9780511844553

Sützl, W. (2011). Medien des Ungehorsams. Zur Geschichtlichkeit von Medienaktivismus. *Medienimpulse. Beiträge zur Medienpädagogik 1.* S. 1-16. Web: http://www.medienimpulse. at/articles/view/290. Zugegriffen: 10. Juni 2017.

Tisseron, S. (2007). Unser Umgang mit Bildern. Ein psychoanalytischer Zugang. In H. Belting. *Bilderfragen: die Bildwissenschaften im Aufbruch* (S. 309 f.). München: Wilhelm Fink.

Tisseron, S. (2011). Die neue Bildschirmkultur: Wie man einen schlechten Umgang vermeidet und einen guten fördert. *Web:* http://www.jugendundmedien.ch/speziell/suche. html?q=Keynote_1_Tisseron_DE. *Zugegriffen: 16. Juni 2016.*

Ullrich, W. (2013). *Alles nur Konsum: Kritik der warenästhetischen Erziehung.* Berlin: Klaus Wagenbach.

Ullrich, W. (2009). Kunst und Marken: Wer lernt von wem? Web: https://culturalhacking. files.wordpress.com/2009/09/kunstmarken... . Zugegriffen: 20. August 2016.

Ullrich, W. (2006). *Habenwollen. Wie funktioniert die Konsumkultur?* Frankfurt a. M.: S. Fischer.

Völlinger, A. (2010). *Im Zeichen des Marktes. Culture Jamming, Kommunikationsguerilla und subversiver Protest gegen die Logo-Welt der Konsumgesellschaft.* Marburg: Tectum.

Wye, D. (2004). *Artists and Prints: Masterworks from The Museum of Modern Art.* New York: The Museum of Modern Art.

Abbildungsverzeichnis

Abbildung 1 Corporate America Flag (Quelle: www.adbusters.org/spoofads/corporate crackdown) [20. August 2016]

Abbildung 2.1 Barbara Kruger, *Untitled* (I shop therefore I am), photographic silkscreen on vinyl, 1987. Courtesy Mary Boone Gallery New York.

Abbildung 3.1.1 *TABULA ROSA* bekannt unter dem Namen *brand baby*. 2004 von borjana ventzislavova, miroslav nicic & mladen penev (Quelle: www.abusters.org/spoofads/ ad-game/) [12. Mai 2016]

Abbildung 3.3.1 Banksy's Fake im Britischen Museum *Höhlenmensch beim Shopping* (Quelle: Flickr User Michael Pickard), https://www.flickr.com/photos/verwaltet/22755237/in/photolist-81JzpW-81JzLb-81EsMc-81JCL1-81JAH3-8367w1-81FtLe-8369Jd-81FrFK-81JA6w-83zxqq-L2x5WW-o3YUnT-31CkF [20. Juni 2016]

Abbildung 3.3.2 Das Subvertisement *Work-Buy-Consume-Die* (Quelle: Bas de Reuter)

Abbildung 3.3.3 Das *Nothing Billboard*. Fiona Jack (Quelle: www.adbusters.org/spoofads/ad-game #37) [20. Juni 2016]

Abbildung 3.3.4 *Coca-Cola-Life* Originalplakat. Das pseudogesunde Grün, Kampagne 2015 (Quelle: www.blogrebellen.de/2015/08/31/adbusting-coca-cola-lie-dies-irae-deckt-greenwashing-auf/ [22. Juli 2017]

Abbildung 3.3.5. Das Adbust Greenwashing der Künstlergruppe *Dies Irae*: Die neue *Coca-Cola Lie* (Quelle: www.blogrebellen.de/2015/08/31/adbusting-coca-cola-lie-dies-irae-decktgreenwashing-auf/) [22. Juli 2017]

Abbildung 4.1.1 Organized Crime (Quelle: Bob Mannseichner 2012. Corporate Crackdown der www.adbusters.org) [20. Juni 2016]

Abbildung 5.1 Protect me from what I want. Jenny Holzer. Survival Series. 1985.(Quelle: https://stereoscopica.wordpress.com/2012/09/10/protect-me-from-what-i-want/) [20. Juni 2016]

Abbildung 5.1.1 Adbusters Nike Running (Quelle: www.adbusters.org/spoofads/unswooshing/) [22. Juli 2017]

Abbildung 5.1.2 Das durchgestrichene Swoosh-Logo: Rethink The Cool. Kalle Lasn (Quelle: www.adbusters.org/spoofads/unswooshing/) [22. Juli 2017]

Abbildung 5.1.3 Zeigt die Schere zwischen Profit und Produktionskosten: Adbusters Nike Sweatshop (Quelle beide: www.adbusters.org/spoofads/unswooshing/) [22. Juli 2017]

Möglichkeiten und Grenzen einer Verbraucherforschung in Österreich vor dem Hintergrund gesellschaftstheoretischer Diagnosen

Eine Interpretationsskizze auf der Basis von Gesprächen mit Expertinnen und Experten

Michael Jonas und Simeon Hassemer

Zusammenfassung

In diesem Beitrag gehen wir in konzeptioneller Hinsicht auf die enge Relation von Verbraucherpolitik und -forschung ein, um uns der Frage zu nähern, welche Möglichkeiten und Grenzen für eine Verbraucherforschung in Österreich bestehen. Einer praxeologischen Perspektive folgend werden vor dem Hintergrund gesellschaftstheoretischer Konzepte zur genealogischen Entwicklung von Verbraucherpolitiken, der Kolonialisierung lebensweltlicher Sphären und deren Erscheinungen sowie des analytischen Konzepts autonomer und heteronomer Wirkkräfte Experteninterviews und Dokumente analysiert. Dabei werden Forschungspraktiken, verbraucherpolitische Praktiken, Positionierungen von wissenschaftlichen wie auch politischen Akteurinnen und Akteuren und deren praxisspezifischen Leitorientierungen, die von ihnen genutzt werden, tentativ interpretiert. Auf dieser Basis lassen sich einerseits Entwicklungsstand und Szenarien der Weiterentwicklung einer Verbraucherforschung in Österreich konturieren und andererseits Einblicke in die asymmetrische (Ko-)Konstitution verbraucherpolitischer Aktivitäten und Forschungsaktivitäten geben, die den theoretischen Rahmen über das empirische Material modifizieren und konkretisieren.

© Springer Fachmedien Wiesbaden GmbH, ein Teil von Springer Nature 2018
S. Nessel et al. (Hrsg.), *Multiperspektivische Verbraucherforschung*, Kritische
Verbraucherforschung, https://doi.org/10.1007/978-3-658-20199-9_7

„Die Autonomie der Kaufentscheidung unabhängiger
Konsumenten und die Autonomie der Wahlentscheidung
souveräner Staatsbürger sind gewiß nur Postulate der
bürgerlichen Ökonomie und Staatstheorie. Noch in diesen
Fiktionen bringt sich aber der Umstand zur Geltung,
daß die kulturellen Nachfrage- und Legitimationsmuster
eigensinnige Strukturen aufweisen; sie sind lebensweltli-
chen Kontexten verhaftet und stehen den Zugriffen von
Wirtschaft und Politik nicht in gleicher Weise offen wie
die abstrakteren Größen Arbeitskraft oder Steuern."

(Habermas 1988, S. 471)

1   Einleitung

Verbraucherforschung ist eine Forschung, die sich unter anderem durch zwei augenscheinliche Aspekte auszeichnet. Einerseits fokussiert sie, in welcher Weise auch immer, im besonderen Maße auf Verbraucher und Konsumentinnen, also auf Menschen, die sich auf Märkten bewegen. Andererseits steht sie in einem engen Verhältnis zur Verbraucherpolitik, jener Politik also, der sie Ratschläge geben möchte und die ihre Ergebnisse nachfragen wollen möge. Folgt man gesellschafts-theoretischen Diagnosen, in denen auch Entstehung, Beschaffenheit, Entwicklung und Relevanz von Verbraucherpolitik und -forschung thematisiert werden, können Aussagen über Letztgenannte kaum sinnvoll getroffen werden, wenn nicht auch ihre Relationen zur betreffenden Politik mitbedacht werden (Habermas 1988; Honneth 2011). Vor dem Hintergrund dieser gesellschaftstheoretischen Beobachtung gehen wir in dem Beitrag der Frage nach, welchen Möglichkeiten und Grenzen Forschung, die ganz allgemein unter das Label Verbraucherforschung subsumiert werden kann, in Österreich ausgesetzt ist. Wir greifen bei der Thematisierung dieser Fragestellung auf empirisches Material zu, das im Projekt „Zum aktuellen Entwicklungsstand der Verbraucherforschung in Österreich"[1] erhoben worden ist. Ziel unseres Auf-satzes ist es, eine *Interpretationsskizze* der aktuellen Möglichkeiten und Grenzen einer Verbraucherforschung in Österreich zur Diskussion zu stellen, die auf einer praxeologischen Perspektive beruht und vor allem die im wissenschaftlichen Dis-

1   Das betreffende Projekt wurde von der Arbeiterkammer Wien finanziert und von einem Forschungsteam am Institut für Höhere Studien in Wien (Michael Jonas und Simeon Hassemer) sowie an der Karl-Franzens-Universität in Graz (Sebastian Nessel und Sandra Pfister) durchgeführt. Wir danken Gabriele Zgubic und Nina Tröger von der AK Wien für die Unterstützung. Ebenfalls danken wir den beiden anonymen Personen, die diesen Essay begutachtet und uns wertvolle Hinweise für eine Überarbeitung gegeben haben.

kurs bislang vernachlässigten Zusammenhänge zwischen Verbraucherpolitik und Verbraucherforschung thematisiert. Die Bezeichnung *Interpretationsskizze* ist in diesem Zusammenhang bewusst gewählt. Sie weist auf den vorläufigen Charakter unserer Argumentation hin, deren Überprüfung und Absicherung noch weiterer Forschung bedarf.

2 Methodologischer und konzeptueller Hintergrund

In den folgenden Ausführungen beziehen wir uns auf empirische Erhebungen, die im Rahmen des Projekts (Jonas et al. 2017b) generiert worden sind. Hierbei handelt es sich um elf qualitative, leitfadengestützte Expertengespräche (Bogner et al. 2014), die sowohl mit Wissenschaftlerinnen und Wissenschaftlern als auch mit Vertreterinnen und Vertretern aus dem Sozial- und dem Lebensministerium geführt wurden (im Folgenden I1-I11),[2] sowie umfangreiche Literaturrecherchen zur Thematik. Um ein möglichst breites Spektrum an Einschätzungen und Vorgehensweisen der betreffenden Forschung und Politik zu erhalten, wurden einerseits Wissenschaftlerinnen und Wissenschaftler ganz unterschiedlicher Disziplinen wie den Rechtswissenschaften, der Sozialpsychologie, der Soziologie, der Ethnologie, der Ökonomie und Philosophie sowie der sozioökonomischen Bildung angesprochen, von denen davon ausgegangen werden konnte, dass sie sich implizit oder explizit mit Themenstellungen beschäftigen, die (auch) in der Verbraucherforschung gängiger Weise thematisiert werden. Andererseits haben wir jene Akteurinnen und Akteure aus der Sphäre der Verbraucherpolitik adressiert, die sich im besonderen Maße in derartigen Themenfeldern engagieren. Während diese Expertengespräche im Rahmen des Projekts dem Zweck dienten, explorative Einblicke in zentrale Aspekte verbraucherpolitischer Aktivitäten und verbraucherbezogener Forschung zu gewinnen, die anschließend primär dazu genutzt wurden, eine quantitative

---

2 Es wurden acht Gespräche mit Personen aus der Wissenschaft und drei Gespräche mit Personen aus den genannten Ministerien durchgeführt. Wir haben uns bewusst dafür entschieden, die unmittelbare Bezugnahme auf in einzelnen Interviews enthaltene, der oder dem jeweiligen Gesprächspartnerin oder -partner zurechenbare Äußerungen zu vermeiden, um die Möglichkeit einer Zuordnung von Interviewzitaten zu einzelnen Personen, so gut es geht, zu unterbinden. Vier dieser Gespräche wurden im Rahmen des oben genannten Projektes von Sebastian Nessel geführt, dem wir an dieser Stelle ausdrücklich danken. Unser Dank geht ebenso an alle Gesprächspartnerinnen und -partner, ohne deren engagierte Mitwirkung an dem Projekt wir diese *Interpretationsskizze* so nicht hätten vorlegen können.

Erhebung über den Entwicklungsstand der betreffenden Forschung vorzubereiten, durchzuführen und auszuwerten (Jonas et al. 2017b), nutzen wir die in den Gesprächen generierten Daten hier, um auf mögliche Zusammenhänge zwischen der betreffenden Forschung und den Aktivitäten in der Politik zu fokussieren. Die Interviewdaten wurden von uns demnach in der Tradition der qualitativen Forschung (Kalthoff et al. 2008) gezielt auf jene Aspekte hin ausgewertet, die einerseits Einblicke in die betreffenden verbraucherpolitischen Aktivitäten und die Aktivitäten in der tangierten Forschung erlauben und andererseits Aufschlüsse über das Beziehungsverhältnis zwischen Verbraucherpolitik und -forschung aus der jeweiligen Perspektive bieten. Auf der Basis der doch relativ geringen Anzahl der geführten Interviews sind wir uns der begrenzten Reichweite und Generalisierbarkeit unserer Ausführungen durchaus bewusst. Vor dem Hintergrund vorhandener gesellschaftstheoretischer Diagnosen zu Verbraucherpolitik und -forschung halten wir sie aber für relevant, um sie zur Diskussion zu stellen und um weitergehende Forschung zu dieser Thematik anzuregen.

Unsere Ausführungen beruhen hierbei auf einer praxistheoretischen bzw. praxeologischen Perspektive (Reckwitz 2003; Schmidt und Volbers 2011; Jonas und Littig 2017; Jonas et al. 2017a). Wir gehen davon aus, dass Forschung zu verbraucherbezogenen und zu verbraucherpolitischen Fragestellungen wie auch verbraucherpolitische Aktivitäten durch ganz unterschiedliche Praktiken geprägt werden. Unter einer Praktik verstehen wir in Anlehnung an Theodore Schatzki (1996, 2002) einen Nexus des Tuens und Sprechens, der von den Menschen, die sich in ihm engagieren, performativ aufgeführt wird. Dieser Nexus wird durch spezifische Aspekte, nämlich Fertigkeiten, wie etwas zu tun oder zu sagen ist, impliziten und expliziten Regeln, denen im performativen Akt gefolgt wird, sowie einem praktikspezifischen Leitmotiv, organisiert. Aus Gründen der Komplexitätsreduktion fokussieren wir im Folgenden auf die letztgenannten praktikspezifischen Leitorientierungen oder *teleoaffektiven Strukturen* (Schatzki 1996; Jonas 2014), die der von uns gewählten praxeologischen Perspektive zu Folge sowohl die verbraucherpolitischen Aktivitäten in der Sphäre der Politik als auch das Forschungshandeln und die Positionierungen der Forschenden zur Verbraucherpolitik in Österreich maßgeblich beeinflussen und von den betreffenden Akteurinnen und Akteuren als Orientierungsmuster genutzt werden.

3   Gesellschaftstheoretische Diagnosen zu Verbraucherpolitik und -forschung

Verbraucherforschung steht in einem engen Verhältnis zur Verbraucherpolitik. Dies zeigt sich nicht nur (vor dem Hintergrund der Unentscheidbarkeit ihrer Anfänge) als Gemeinsamkeit diverser historischer Rekonstruktionen zu Verbraucherpolitiken (vgl. u. a. Honneth 2011; Gasteiger 2008, 2010), sondern vor allem auch in ihrer Entwicklung als sichtbarer und institutionalisierter Diskurs- und Forschungszusammenhang wie es etwa seit einigen Jahren in Deutschland beobachtet werden kann. Holzschnittartig dokumentiert sich dies zum einen an Formen der Institutionalisierung in Lehrstühlen sowie lehrstuhlnahen Forschungsstellen und deren ambigen Positionierungen in Bezug auf verbraucherbezogene und -politische Themen. Zum anderen zeigt sich dies beispielhaft an den Darstellungen von *Förderungszielen* und Praktiken des Netzwerks Verbraucherforschung (NRW), dem Forschungszentrum Verbraucher, Markt und Politik (BW), dem Sachverständigenrat für Verbraucherfragen, situiert am Bundesministerium der Justiz und für Verbraucherschutz (BMJV) und letztlich auch besonders an Praktiken der evaluativen Beobachtung von Verbraucherforschung durch Akteurinnen und Akteure eben dieser Sphäre (vgl. Bievert et al. 1977; Scherhorn 1975; Reisch und Fersang 2003; Hagen et al. 2011; Oehler und Reisch 2012). Ferner können in diesem Zusammenhang auch solche Hervorbringungen von Dokumenten betrachtet werden, in denen sich unter anderem Darstellungen von Verbraucherleitbildern, Paradigmen und dem Zustand von Verbraucherpolitik und -forschung finden, die eben diese in einer Konnexion als *Legitimationsmuster* erscheinen lassen (vgl. u. a. Kenning und Reisch 2013; Oehler und Reisch 2009; Hagen 2011; Piorkowski 2012; Kollmann 2012; Kenning und Wobker 2013; Bala und Müller 2014). Im gewissen Sinne weist Verbraucherforschung damit Ähnlichkeiten zu einer bereits länger und sehr erfolgreich etablierten sowie institutionalisierten Disziplin auf, die sich wie sie in besonderem Maße im Spannungsfeld akademischer und anwendungsbezogener Orientierung befindet – der Betriebswirtschaftslehre (Burren 2010), der ebenfalls schnell das Stigma der Zweck- und Interessengebundenheit angeheftet wird.

Beide, sowohl die Verbraucherforschung wie die Betriebswirtschaftslehre, stellen Beispiele aus der Sphäre der Wissenschaft dar, die sich zur Entfaltung der problematisierten Ambiguität mithilfe der von Pierre Bourdieu (2001) stark gemachten Unterscheidung zwischen autonomen und heteronomen Wirkkräften charakterisieren lassen. Bourdieu zufolge begünstigt das heteronome Prinzip diejenigen, die von *außen* beispielsweise einen Forschungsdiskurs wirtschaftlich und politisch prägen, während das heteronome Prinzip *diskursinterne* Werte und Normen durchzusetzen hilft. Das Ausmaß an Autonomie ist demnach an

der Intensität ablesbar, „in dem das Prinzip externer Hierarchisierung hier dem
Prinzip interner Hierarchisierung untergeordnet ist" (ebd., S. 159). Im Gegensatz
zu wissenschaftlichen Disziplinen und Forschungsdiskursen vor allem im Bereich
so genannter Grundlagenforschung, die sich in ihrem Verhältnis zur Sphäre der
Politik durch eine stark ausgeprägte Autonomie kennzeichnen, stellt sich die Frage,
ob Verbraucherforschung primär durch heteronome Einflüsse geprägt wird. In einer historischen Rückblende, die die Geschichte der Verbraucherpolitik (und auch
der -forschung) als Teil der genealogischen Entwicklung der marktvermittelten
Konsumsphäre thematisiert, hat Axel Honneth in seinem Werk „Das Recht der
Freiheit" (2011) zwei unterschiedliche Versionen von Verbraucherpolitik in den
europäischen Kernstaaten herausgearbeitet. Auf sie lohnt es sich Bezug zu nehmen,
weil sie jene Hinweise enthalten, die diese Frage zu beantworten helfen und dabei
die gesellschaftliche Einbettung dieser Forschung im Auge zu behalten.

Erste Anfänge der Verbraucherpolitik lassen sich demnach in die 80er Jahre des
19. Jahrhunderts zurückdatieren. In diesem Zeitraum wurde in einzelnen Ländern
(als Antwort auf Versorgungskrisen) damit begonnen, eine markteinschränkende
Gesetzgebung im Sinne eines Verbraucherschutzes zu implementieren (ebd., S. 373).
Erst in den 1960er Jahren lässt sich Honneth zufolge von einer kurzen Blüte der
Verbraucherpolitik sprechen, die sich vornehmlich in verschiedenen Gesetzen
manifestiert. Zudem helfe diese Politik, die private Autonomie etwa des einzelnen
Konsumenten zu sichern, „indem sie ihm gegenüber den Unternehmen ein ver-
bürgtes Recht auf Schutz seiner Gesundheit und Sicherheit, seiner wirtschaftlichen
Interessen, auf Wiedergutmachung sichtbaren Unrechts und schließlich auf Un-
terrichtung und Information" (ebd., S. 391) einräume. Etwa ab den 1980er Jahren
komme es dann zu einer weiteren Blüte der Verbraucherpolitik, in der es gelinge,
auf nationaler oder europäischer Ebene „einige Gesetzesnovellen durchzusetzen, die
die Industrie zur Berücksichtigung von sozialer und ökologischer Nachhaltigkeit
an ihren Produktionsstätten verpflichtete" (ebd., S. 396).

Dieser bis heute einflussreichen Variante von Verbraucherpolitik stellt Honneth
aber ein emanzipatorisch-gewendetes Pendant zur Seite, dessen Realisierung zum
Ziel hat, Praktiken innerhalb der marktvermittelten Konsumsphäre zu schaffen,
mit denen die Interessenlagen der Unternehmen selbst stark beeinflusst und den
Verbraucherinnen und Verbrauchern ein unmittelbares Mitspracherecht in den
Unternehmen eingeräumt werden kann. Dazu bedarf es aber, so Honneth, der
Institutionalisierung diskursiver Praktiken sowie einer Vielzahl von Verhand-
lungsorten und Diskussionsräumen, „die dazu angetan wären, entweder unter den
Verbrauchern selbst oder zwischen ihnen und den Unternehmen einen Prozeß der
Perspektivübernahme in Gang zu setzen" (ebd., S. 400), derer es jedoch mehr und
mehr ermangelt. Honneth kommt deshalb zu der Schlussfolgerung: „Ein Baustein

demokratischer Sittlichkeit ist, so muß man daher nüchtern konstatieren, die marktvermittelte Sphäre des Konsums in den letzten Jahrzehnten nicht geworden" (ebd., S. 405; vgl. Jonas 2016, 2017).

Honneth verfolgt in der Herausarbeitung beider Varianten von Verbraucherpolitik eine ähnliche Zielrichtung, wie sie Jürgen Habermas zuvor in der „Theorie des kommunikativen Handelns" (1988) entwickelt hatte. Habermas gesellschaftstheoretische Diagnose läuft auf die Aussage hinaus, dass die lebensweltlichen Sphären der Gesellschaftsmitglieder durch Praktiken der Konstitution und Regulierung von Politik und Markt kolonialisiert werden. Indizien für derartige Kolonialisierungsprozesse sind für Habermas pathologische Erscheinungen, also „Symptome einer entstellten Alltagspraxis" (ebd., S. 483), die er insbesondere auch in einer Verrechtlichung lebensweltlicher Bereiche und der Entstehung von politik- und marktnahen Expertenkulturen sowie deren elitären Abspaltung „von den Zusammenhängen kommunikativen Alltagshandelns" (ebd., S. 488) identifiziert. Verbraucherpolitik und – das ist an diesem Argument zentral – eben auch Verbraucherforschung können nur hochgradig bedingt den in der Lebenswelt wohl etablierten Praktiken, Bedürfnissen und Werten der Menschen nachkommen. Expertokratische und legalistische, an der individualisierten Rechtsperson orientierte Praktiken einer Verbraucherforschung können vor diesem Hintergrund gerade als Hinweise einer heteronomen Prägung gelesen werden. Diese Prägung zeichnet sich durch starke Einflussnahme verbraucherpolitischer Akteurinnen und Akteure aus, der sich diese Forschung aber zugleich weitgehend entledigen müsste, würde sie dem emanzipatorischen Potential einer lebensweltorientierten Wissensvermittlung und Dialogorientierung Genüge tun wollen. Verbraucherforschung, so wie sie sich in vielen europäischen Ländern wie etwa Deutschland entwickelt hat, ist diesen Diagnosen zufolge also von der unauflösbaren Ambivalenz im Spannungsfeld zwischen heteronomer und autonomer Regulierung geprägt. Diese Ambivalenz äußert sich in ihrer Orientierung am Leitbild der privaten Rechtsperson und ihrer Ausprägung in politiknahen und legalistischen Expertenkulturen einerseits und der emanzipatorischen Einflussnahme auf Unternehmen und ihrer Ausprägung in der Institutionalisierung diskursiver Praktiken und Orte andererseits.

Folgt man diesen gesellschaftstheoretischen Diagnosen, stellen sich unweigerlich die Fragen, wie die Sphäre der verbraucherpolitischen Praxis in Österreich charakterisiert werden kann und wie sich vorhandene Forschungspraktiken zu verbraucherrelevanten Themenstellungen vor dem Hintergrund dieser Diagnosen interpretieren und einordnen lassen.

4   Konturen der Sphäre verbraucherpolitischer Praxis in Österreich

Durchaus vergleichbar zu anderen europäischen Ländern, in denen Verbraucher-
schutzmaßnahmen schon relativ früh in der Sphäre der Politik aufgegriffen und
in vielfältiger Weise implementiert wurden, hat auch der Verbraucherschutz in
Österreich eine längere Tradition (vgl. Kollmann 1985; Tröger 2017), die sich etwa
mit der Einrichtung des konsumentenpolitischen Beirats (1971), der Entwicklung
und Implementation des Konsumentenschutzgesetzes (KSG) (1979) oder der
Gründung der Sektion Konsumentenschutz in den 1990er Jahren widerspiegelt. Die
Sektion Konsumentenschutz wurde zuerst beim Bundeskanzleramt implementiert,
wanderte dann weiter durch mehrere Ministerien bis sie Teil des Bundesministeriums für Arbeit, Soziales und Konsumentenschutz (kurz: des Sozialministeriums)
wurde, wo sie bis dato verankert ist. Verbraucherpolitische Aktivitäten sind nicht
an einem Ort gebündelt, sondern sind vielmehr dispers in unterschiedlichen
Institutionen der politischen Sphäre eingehegt. Neben dem Sozialministerium
sind also noch weitere Akteure etwa auf der Bundesebene relevant, beispielsweise
das Parlament, die politischen Parteien, weitere hier relevante Ministerien, die
Gewerkschaften, die verschiedenen Kammern (also vor allem die Arbeiter-, aber
auch die Wirtschafts- und den Landwirtschaftskammern) bis hin zum Verein
für Konsumenteninformation (VKI), in deren Tätigkeitsbereichen verbraucherpolitische oder verbraucherbezogene Aspekte eine Rolle spielen und die sich auf
unterschiedliche Weisen verbraucherpolitisch positionieren. Weitere hier relevante
Ministerien sind etwa das Bundesministerium für Wissenschaft, Forschung und
Wirtschaft, das Bundesministerium für Bildung, das Bundesministerium für Justiz,
das Lebensministerium, das Bundesministerium für Gesundheit und Frauen oder
das Bundesministerium für Familie und Jugend. Bezogen auf die genannten Bun-
desministerien tritt das Sozialministerium als *der* zentrale verbraucherpolitische
Kollektivakteur auf. Hier ist der materielle Verbraucherschutz verankert (wie etwa:
Patientenrechte, Lebensmittelrecht, Gentechnikgesetz, Allergenstoffkennzeichnung,
vorbeugender Gesundheitsschutz, vorsorgeorientierte Grenzwertsetzung aber
auch Gewährleistungs- und Garantierechte). Es werden die verbraucherpolitischen
Aktivitäten entfaltet, die vor allem den Aufgabenfeldern der Rechtsgestaltung, der
Rechtsdurchsetzung und zudem der Verbraucherbildung verpflichtet sind. Geht es
bei der Rechtsgestaltung um die gesetzliche Verbesserung der Verbraucherrechte,
wird die Rechtsdurchsetzung durch die Kooperation mit dem VKI abgedeckt, in
der der VKI unter anderem eine vertragliche Klagebefugnis des Sozialministeriums wahrnimmt (vgl. Jonas et al. 2017b). In den vergangenen Jahren ist es dem
Sozialministerium nicht nur gelungen, verstärkt in die Gesetzgebung, in deren

Durchführung andere Ministerien federführend sind, eingebunden zu werden, sondern ist auch im Bestreben, mehr legistische Kompetenz zu erlangen, also selbst federführend Gesetze (bislang vier) auszuarbeiten, erfolgreich („Wir entern mehr und mehr andere Bereiche" (I9)). Als wichtiges Vorhaben wurde diesbezüglich in den Gesprächen etwa die Novellierung des Insolvenzrechts genannt, die bessere Bedingungen für Schuldnerinnen und Schuldner sicherstellen soll. Dem Bedeutungs- zuwachs des Sozialministeriums im Hinblick auf verbraucherpolitische Aspekte kommt dabei auch zugute, dass die EU seit etwa zehn Jahren verstärkt Richtlinien erlässt, die punktuell verbraucherrechtliche Aspekte in Bereichen einführen, die im nationalen Recht nicht vorgesehen sind und deshalb unter Umständen Revisionen erforderlich machen.

Dieser von den betreffenden Akteurinnen und Akteuren als Erfolg charakte- risierten Entwicklung der Verbraucherpolitik stehen aber auch (ent)gegenläufige Ereignisse zur Seite. Angefangen von der Auflösung des konsumentenpolitischen Beirats in den 1990er Jahren, über die parlamentarische Ablehnung der Einführung eines Konsumentenschutzrates im Jahr 2005, den sukzessiven Rückzug des ÖGB und der Wirtschafts- und Landwirtschaftskammern aus dem VKI, bis hin zum gescheiterten Gründungsversuch eines Ludwig-Boltzmann (Forschungs-)Institutes für Verbraucherschutz, belegen diese deutlich. Der Verbraucherschutz „ist keine Materie, die politisch die Bedeutung hat, wie wir uns es wünschen würden" (I10). (Eigene) Projekte aus den Ministerien oder Initiativen wie das „Konsumentenpo- litische Forum" und der „Materialkompass" im Bereich der Verbraucherbildung (vom Sozialministerium) oder wie die „Nachhaltigen Wochen" und die Internet- seite „bewusstkaufen.at" (vom Lebensministerium), „bei denen die Informations- vermittlung zentral ist" (I8), die Belege einer sich vornehmlich auf Aufklärung fokussierenden verbraucher- bzw. konsumentenbildungspolitischen Ausrichtung darstellen, werden von den involvierten Akteurinnen und Akteuren aber als er- folgreich eingestuft. Betont wird hierbei insbesondere der egalitäre Charakter von Verbraucherpolitik: Verbraucherschutz „ist eine sozialpolitische Maßnahme [...] Verbraucherschutz ist für alle da!" (I9)

Die erfolgreiche Durchführung eigener Vorhaben, die den drei genannten Aufgabenfeldern (der Rechtsgestaltung, der Rechtsdurchsetzung und zudem der Verbraucherbildung) verpflichtet sind (wobei diesbezügliche Aktivitäten des Lebensministeriums sich auf Konsumenteninformation und -bildung konzentrie- ren), wird auch auf eine gute Kooperation mit der Wissenschaft zurückgeführt. Kooperationen mit der Wissenschaft sind in diesem Zusammenhang dann gut und erfolgreich, wenn diese „gesichertes Wissen" (I8) liefern könne, also einer auf Evidenzbasierung fokussierenden Politik eine evidenzbasierte wissenschaftliche Fundierung liefern kann. Können bei aufklärungs- und bildungsbezogenen Projekten prinzipiell Wissenschaftlerinnen und Wissenschaftler all jener Disziplinen eingebunden werden, die inhaltlich zu den jeweiligen Vorhaben etwas beitragen können, werden bei den im Sozialministerium wichtigen Themen der Rechtsgestaltung vornehmlich Personen aus den Rechtswissenschaften hinzugezogen. Aus dieser Perspektive ist „der Kontakt zur Wissenschaft für uns immer von großem Interesse" (I10) gewesen. Als problematisch wird von den Befragten jedoch erachtet, dass es in Österreich kaum Wissenschaftlerinnen und Wissenschaftler in der Rechtswissenschaft gibt, die sich auf verbraucherrechtliche Aspekte spezialisieren – eine Problematik, die aber durch Einbindung beispielsweise von Rechtswissenschaftlerinnen und Rechtswissenschaftlern aus Deutschland gelöst wird. Die verbraucherschutzbezogenen Aktivitäten des Sozialministeriums haben damit, sieht man von bildungsbezogenen Leuchtturmprojekten ab (siehe oben), eindeutig einen rechtlichen Konnex: „Verbraucherschutz beginnt für unsere Tätigkeiten dort, wo der Verbraucher einem Unternehmer gegenübersteht und dort in irgendeiner Form entweder in einer vertraglichen oder auch wirtschaftlichen Beziehung steht" (I10). Dieser Konnex, der auch durch zunehmende Ressourcenknappheit begründet wird, führt einerseits dazu, dass nur rechtswissenschaftlich relevante Themenstellungen in Forschungs- und Beratungsaktivitäten bearbeitet werden: Alles andere „geht sich nicht mehr aus" (I10). Andererseits verhindert er auch, dass Themenstellungen, die von anderen Disziplinen bearbeitet werden, überhaupt als relevant anerkannt werden – es sei denn, sie weisen den genannten bildungspolitischen Bezug auf.

Auf dieser Grundlage lassen sich unter anderem zwei verbraucherpolitische Praktiken identifizieren, in denen sich Akteurinnen und Akteure in Bereichen des Sozialministeriums und des Lebensministeriums engagieren. Die eine Praktik lässt sich als eine solche beschreiben, die vornehmlich auf individuierbare, anlassbezogene Konstellationen orientiert ist, während die andere vielmehr auf prozesshafte, transformative, in der Wirkung offene Aktivitäten fokussiert. Dabei lässt sich auch daran ein Unterschied aufzeigen, dass die Praktik mit der erstgenannten Leitorientierung die Vorstellung, für alle da zu sein, *entproblematisiert* erscheinen lässt, indem ein basales Verständnis von der Verbraucherin oder dem Verbraucher besteht, deren oder dessen Summe wohl alle seien. Im Gegensatz dazu wird in der anderen Praktik eben jene Vorstellung, für alle da zu sein, in vielfältiger Weise problematisierbar: in Bezug auf eine in diese Vorstellung *aller* implizit oder explizit eingehende priorisierte Gruppe, in Bezug auf Kontexte, in Bezug auf normative Standpunkte etc. Obwohl diese Praktiken sich nicht grundsätzlich auszuschließen (widersprüchlich zu sein) scheinen, kann doch festgehalten werden, dass eben an den Orten, an denen sich unsere befragten Akteurinnen und Akteure engagieren, die Inszenierung der erstgenannten Praktik überwiegt, die eng gefasst vor allem

Verbraucherschutzaktivitäten beinhaltet. Letztere hingegen kann beispielhaft an diversen Aktivitäten der Verbraucherbildung festgemacht werden.

Anhand dieses Einblicks in einen Ausschnitt der verbraucherpolitischen Sphäre und den hier dargestellten verbraucherpolitischen Praktiken, die vor allem an der Konstitution und Regulierung eben dieser Sphäre beteiligt scheinen, drängt sich vor dem Hintergrund der Annahme spezifischer Verknüpfungen von Verbraucherpolitik und -forschung die Frage auf, welche Forschungspraktiken wohl in verschiedenen Bereichen der Sphäre der Wissenschaft zu identifizieren sind.

5   Praktiken verbraucher- und konsumtionsbezogener Forschung

Es ist naheliegend, dass Forschung zu verbraucher- und zu konsumtionsbezogenen Fragestellungen nicht nur an jenen Orten und nicht nur von jenen Vertreterinnen und Vertretern mit einem je spezifischen disziplinären Hintergrund durchgeführt wird, an denen und von denen explizite Bezüge etwa zum Begriff der Verbraucherforschung, aber auch zu verbraucherpolitischen Aspekten deutlich hergestellt werden. Forschung zu verbraucher- und konsumtionsbezogenen Aspekten kann potentiell an ganz unterschiedlichen institutionalisierten Orten (Universitäten, Fachhochschulen, Pädagogischen Hochschulen, außeruniversitären Forschungsinstituten oder auch dem VKI, in dem rechtswissenschaftliche Verbraucherforschung und -bildung aufgebaut wird) stattfinden und ist dabei keineswegs auf solche Disziplinen reduzierbar, in denen die genannten verbraucherrechtlichen Themenstellungen oder solche der Verbraucherbildung in irgendeiner Weise bearbeitet werden. Es ist auch davon auszugehen, dass eben jene Forschung keineswegs nur durch heteronome Einflussnahme aus der verbraucherpolitischen Sphäre gekennzeichnet sein muss, dass sie aber, auch wenn sie sich gegenüber der verbraucherpolitischen Sphäre autonom positionieren kann, keineswegs keinen anderen heteronomen Möglichkeiten der Einflussnahme ausgesetzt ist bzw. sich bewusst diesen aussetzt – etwa wenn sie von privatwirtschaftlichen Unternehmen beauftragt und durchgeführt wird. Deswegen gehen wir davon aus, dass sich innerhalb der Sphäre der Wissenschaft (auf der Basis entsprechender empirischer Forschung) noch weitaus mehr Praktiken herausarbeiten ließen, als diejenigen, die wir im Folgenden thematisieren.

Auf der Grundlage unserer empirischen Daten lassen sich bezogen auf die Forschungsaktivitäten der von uns berücksichtigten Wissenschaftlerinnen und Wissenschaftler vor allem aber zwei Praktiken mit jeweils unterschiedlichen Leitorientierungen idealtypisch (Weber 1970) voneinander abgrenzen, nämlich eine

Praktik verbraucherbezogener Forschung einerseits und eine Praktik konsumtionsbezogener Forschung andererseits. Diese verdeutlichen die schon erwähnte Ambivalenz im Spannungsfeld zwischen heteronomer und autonomer Regulierung einer Forschung zu verbraucherbezogenen Fragestellungen geradezu exemplarisch, auch wenn sie in ihrer tatsächlichen Inszenierung von den involvierten Akteurinnen und Akteuren miteinander und in unterschiedlicher Weise verknüpft werden können. Diese aus der Deutung der empirischen Daten herrührende Unterscheidung zwischen der Fokussierung auf Aspekte des Verbrauchs einerseits und auf Aspekte der Konsumtion andererseits steht im gewissen Sinne in derjenigen soziologischen Argumentationslinie, in der mit Verbrauch „der Verzehr oder abnutzende Gebrauch von Gütern oder, davon abgeleitet, die Inanspruchnahme von Dienstleistungen bezeichnet wird" (Schrage 2008, S. 434), während der Begriff der Konsumtion die Relation zum Konzept der Produktion betont und mit der Spannung zwischen beiden Begriffen „das Auseinandertreten der gesellschaftlichen Sphären des Herstellens und Verbrauchens von Gütern im Zuge der Etablierung der modernen Wirtschaft" (ebd., S. 435) markiert – genau darauf bauen ja auch die hinzugezogenen gesellschaftstheoretischen Diagnosen auf.

5.1   Praktik verbraucherbezogener Forschung

Die von uns genutzten empirischen Erhebungen (s. o.) legen den Schluss nahe, dass es für Wissenschaftlerinnen und Wissenschaftler, die vor allem aus den Rechtswissenschaften, aber auch aus der Sozialpsychologie oder weiterer Disziplinen wie der Kommunikationswissenschaft und auch der Verhaltensökonomie kommen, naheliegt, sich in einer Praktik verbraucherbezogener Forschung zu engagieren. Diese enthält eine Leitorientierung, die auf dem Fokus auf spezifische, nämlich vornehmlich juristische, mitunter aber auch primär situationsbezogenen Aspekten verbraucherbezogenen Verhaltens basiert ist. Fragestellungen, die hier von den involvierten Akteurinnen und Akteuren verfolgt werden, decken demnach ein Spektrum ab, das von einer explizit rechtswissenschaftlichen bis zu einer situations- und vornehmlich verhaltensbezogenen Perspektiveneinnahme reicht, bei der rechtswissenschaftliche Aspekte nur eine nebensächliche Rolle spielen. Beispielhaft geht es also um Fragen wie „Wie wirken sich EU-Richtlinien auf die Einhaltung einzelner nationaler Gesetze aus?", „Wie verhalten sich Menschen in spezifischen Situationen und welche Rückschlüsse lassen sich für die Rechtswissenschaften ableiten?", „Wie handeln Menschen, wenn sie online Handyverträge abschließen?" bis hin zu „Welche Auswirkungen haben Produktplatzierungen in TV-Sendungen auf Jugendliche?"

Beispielhaft für Forschung, die dieser Praktik folgt, steht etwa ein Vorhaben, das von der Frage ausgeht, inwieweit gegenwärtiger Verbraucherschutz dem menschlichen Verhalten entspricht, ob also beispielsweise gegebene Verbraucherschutzregeln beim Geschäftsabschluss (etwa bei online-Geschäften) im Hinblick auf das situationsspezifische Verhalten potentieller Konsumentinnen und Konsumenten angemessen sind oder nicht: „Wir wissen relativ wenig, ob diese Regeln in der Realität tatsächlich Nutzen bringen oder nicht." (I7) Beantwortet wird diese Frage mit der weitergehenden Abklärung, wie sich Menschen in so genannten Entscheidungssituationen verhalten und in welcher Weise sich diesbezügliche Erkenntnisse juristisch nutzen lassen könnten. Die offensichtliche Kombination einer sozialpsychologischen mit einer rechtswissenschaftlichen Perspektive erfordert hierbei auch Perspektivenverschiebungen von den involvierten Forschenden etwa aus der Sozialpsychologie. Denn sozialpsychologisch betrachtet, so die befragte forschende Person, gilt eine Entscheidung als gut, wenn die Person, die sie trifft, anschließend entweder zufrieden ist oder, erweitert gar um eine ökonomische Perspektive, wenn sie nicht schlechter gestellt ist, als vor der Entscheidung. Wichtig im Sinne einer Anschlussmöglichkeit an juristische Ansätze ist aber die Frage, wie Situationen beschaffen sein müssen, welche Informationen also in spezifischen Situationen vorliegen und wirksam sein müssen, damit Menschen sich nach bestimmten, unter verbraucherschutzbezogenen Aspekten wünschenswerten Zielsetzungen, verhalten. Untersucht wird hierbei unter Laborbedingungen, also experimentell, mit dem Ziel, eine stichhaltige Erklärung etwa im Fall von Online-Geschäften zu gewinnen, wie rechtliche Vorgaben, die den Zweck haben, darauf einzuwirken, dass Menschen sich in spezifischen Situationen *richtig* verhalten, auf Menschen einwirken.

Forschung, die dieser Praktik folgt, geht in der Regel von einem eher eng gefassten Verständnis dessen aus, was unter Verbraucherforschung verstanden werden kann – und zwar unabhängig davon, ob sie sich nun (explizit) als Verbraucherforschung begreift oder nicht. Sie setzt oftmals dezidiert am Begriff des Verbrauchens an: „Verbrauchen heißt, ein Gut konsumieren." (I5) und leitet daraus ihr (Selbst-) Verständnis ab. Verbraucherforschung ist also diejenige Forschung, die auf das situationsspezifische Verhalten von Menschen fokussiert, wenn diese etwas verbrauchen, also Güter konsumieren. Oder sie setzt, in ihrer juristischen Variante, auf den Schutz der Rechtsperson in asymmetrischen Rechtsbeziehungen, wie sie etwa zwischen der einzelnen Konsumentin und dem Kollektivakteur Unternehmen als gegeben angenommen werden (I11). Im Prinzip geht diese Forschung davon aus, dass sie Ergebnisse produzieren kann, die entweder sehr gut anschlussfähig an die von verbraucherpolitischen Akteurinnen und Akteuren als dringlich erachteten Fragestellungen sind oder die sogar relativ unproblematisch in der Sphäre der verbraucherpolitischen Praxis verwertet werden können. Als solche kann sie von ihrem Selbstverständnis her der von verbraucherpolitischen Akteurinnen und Akteuren gewünschten Evidenzbasierung Genüge tun.

5.2   Praktik konsumtionsbezogener Forschung

Außer in dieser Praktik verbraucherbezogener Forschung engagieren sich, dies legen unsere empirischen Erhebungen nahe, Wissenschaftlerinnen und Wissenschaftler zudem noch (mindestens) in einem weiteren, von ihr abgrenzbarem Nexus des Tuens und Sprechens, der sich als solcher konsumtionsbezogener Forschung benennen lässt. Im Vergleich zur Praktik verbraucherbezogener Forschung folgt die Praktik einer konsumtionsbezogenen Forschung, einer Leitorientierung, in der die Situierung individueller oder kollektiver Aktivitäten in kontextuelle, also gesellschaftliche bzw. auch weltgesellschaftliche Aspekte konsumtionsbezogener Prozesse hervorgehoben wird und produktionsbezogene Aspekte nicht ausgeklammert werden. Handlungsleitend scheint diese Praktik vorwiegend für (die befragten) Forscherinnen und Forscher aus der Soziologie, der Ethnologie/Anthropologie, der Humangeografie oder auch kritischen wirtschaftswissenschaftlichen Ansätzen wie der heterodoxen Ökonomie. Beispiele für Forschungen, die dieser Leitorientierung folgen, beschäftigen sich etwa mit Fragestellungen, wie sich Menschen als Schuldnerinnen und Schuldner begreifen und entwerfen, wie verbraucher- und konsumbezogene Aspekte an Schulen vermittelt werden, welche gesellschaftliche Relevanz nachhaltige und gesunde Ernährung hat oder wie Konsumtionsprozesse beschaffen sein müss(t)en, um die Gesellschaft weder ökologisch, sozial noch ökonomisch zu destabilisieren sowie wie sich der Schutz der Privatsphäre durch Digitalisierungsprozesse der Gesellschaft verändert.

Das Typische an der Vorgangsweise der durch diese Praktik erzeugten Forschung ist, dass die Fragestellungen in einem breiteren, gesellschaftlichen Kontext verortet werden, wodurch Verbraucheraktivitäten bzw. Konsumtionsaktivitäten in den Zusammenhängen ihrer gesellschaftlichen Einbettung begriffen werden. Hier geht es also nicht um individuelles Verhalten. Vielmehr werden die Aktivitäten der betreffenden Menschen etwa als jeweiliger Teil oder Ausdruck einer spezifischen Subjektivierungsweise gefasst, die durch spezifische Anrufungen bestimmt wird (in der etwa ein Schuldner zum redlichen Schuldner wird, wenn er die Verantwortung für seine Schulden übernimmt) oder als Beispiele miteinander konkurrierender Vermittlungsweisen (im schulischen Unterricht), von denen die eine einer lebensweltorientierten Vermittlung konsumtionsbezogener Prozesse entgegensteht und die andere den Ansprüchen einer solchen Vermittlung zu entsprechen sucht. Aspekte nachhaltiger Ernährung werden nicht in den Kontext individueller Bedürfnisse oder situationsspezifischer Rahmenbedingungen verortet, sondern als Zusammenhänge zwischen nachhaltiger Ernährung, sozialer Ungleichheit und unterschiedlichen Lebensstilen begriffen und fragen nach der Beschaffenheit nachhaltiger Konsumtion durch die Analyse gesamter, auch globaler Wertschöpfungsketten sowie der hier relevanten Regulierungsmöglichkeiten der Politik.

Es verwundert nicht, dass Forschung, die durch das Engagement in dieser Praktik hervorgebracht wird, einem breitgefassten Konsumbegriff verpflichtet ist und Verbrauch bzw. Konsum als eingebettet in soziale Alltagspraxen sieht. Diese Forschung steht dem Begriff der Verbraucherforschung zumeist sehr skeptisch gegenüber, weil diesem eine überzeugende „Definition fehlt" (I4), falls überhaupt komme ein weiter Verbraucherforschungsbegriff in Betracht. Kommt es Forschung in dieser Praktik darauf an, dezidiert auf verbraucherpolitische Fragestellungen Antworten geben zu wollen, können diese in der Generierung handlungsorientierter Ergebnisse für Verbraucherpolitik liegen, die sich aber explizit von der Marktforschung abgrenzt. Folgt sie hingegen primär wissenschaftlichen Erkenntnissinteressen, deren verbraucherpolitische Nutzung als sekundär betrachtet wird, verortet sie sich eher – dies legen die besagten Expertengespräche nahe – in einer explizit gesellschaftskritischen Wissenschaftsperspektive. Diese setzt an Prozessen und Effekten der Globalisierung an und analysiert etwa nichtnachhaltige und ungerechte Aspekte lokaler und globaler Wertschöpfungsketten (beispielsweise der Bekleidungsindustrie) oder Konsumtionsweisen (etwa der Ernährung), die einer sozietären Transformation in Richtung nachhaltiger und gerechter Produktions- und Konsumtionsweisen im Wege stehen. Solche Forschung grenzt sich explizit von jeglicher Verbraucherforschung im engeren Sinne ab, in der als privat deklarierte Probleme und Aspekte nicht als politisch regulierbar behandelt werden. Sie fragt stattdessen etwa wie „Konsum gesellschaftlich beschaffen sein [muss], um die Gesellschaft nicht zu destabilisieren" (I3) sowie wie dieser gestaltet werden kann und orientiert sich an der Frage nach dem guten Leben. Als notwendig gilt ein breiter, umfassender Begriff des Politischen, der dem Leitbild eines mündigen Bürgers beziehungsweise einer mündigen Verbraucherin verpflichtet ist.

6 Kritik an der verbraucherpolitischen Praxis

Vor dem Hintergrund der bisherigen Ausführungen ist es nicht verwunderlich, dass sich Akteurinnen und Akteure, die sich in der Praktik verbraucherbezogener Forschung engagieren, gegenüber den Aktivitäten der hier hervorgehobenen Kollektivakteure aus der verbraucherpolitischen Sphäre weitgehend affirmativ positionieren, etwa weil sie die von verbraucherpolitischen Akteurinnen und Akteuren genannten Möglichkeiten und Grenzen deren Tuns als gegeben betrachten, die Entwicklung verbraucherpolitischer Aktivitäten ebenfalls eher positiv sehen oder weil sie keine grundsätzlichen Widersprüche zwischen den Zielsetzungen der eigenen Aktivitäten und den verbraucherpolitischen Akteurinnen und Akteuren genannten Forderungen (etwa nach Evidenzbasierung) sehen. Bemerkenswert ist in diesem Zusammenhang aber, dass vor allem Wissenschaftlerinnen und Wissenschaftler, die sich in der Praktik konsumtionsbezogener Forschung engagieren, der Verbraucherpolitik hierzulande jegliche Relevanz absprechen. Sie sei schlichtweg nicht vorhanden, betreffende Akteurinnen und Akteure in der Sphäre des Politischen entwickeln den Einschätzungen der befragten Forscherinnen und Forscher keine eigenen Strategien und Positionen und agieren vornehmlich reaktiv entweder bezogen auf die verbraucherrechtlichen Initiativen der EU oder auf Interessenpolitiken der Unternehmen und insbesondere der Wirtschaftskammer, die jeglichem Ausbau verbraucherpolitischer Aktivitäten sowie jeglicher Erweiterung verbraucherrechtlicher Aspekte mindestens skeptisch, wenn nicht gar völlig ablehnend gegenüber stünden. Diesen Positionierungen zufolge findet Verbraucherpolitik zwar ebenfalls vor allem in einzelnen Ministerien statt, wird also insbesondere von dem Sozial-, dem Lebensministerium und dem Gesundheitsministerium geprägt. Sie werde aber auch dort, wenn überhaupt, nur schwach vertreten, habe „kein zentrales Gewicht, weil nicht attraktiv" (I4) und weil die Konsumagenden von den Ministerien als unliebsam und wenig relevant eingestuft wurden und werden: „Verbraucherpolitik? Furchtbar öde! Ich habe das Gefühl, das gibt es nicht!" (I3).

Die Arbeiterkammern gelten hierbei als einzig ernstzunehmender Kollektivakteur in der verbraucherpolitischen Sphäre, der Ansätze zeigt, sich tatsächlich verbraucherpolitisch zu engagieren. Anstatt jedoch eine proaktive verbraucherpolitische Strategie zu entwickeln und umzusetzen zu suchen, agiere die AK nicht aktiv, sondern *eher reaktiv* (I2), etwa indem sie auf Ankündigungen hiesiger Banken, Bankomatnutzungsgebühren einführen zu wollen mit Gegenstellungnahmen antworte. Die konstatierte geringe Relevanz und auch der aktuelle Bedeutungsverlust verbraucherpolitischer Themenstellungen wird als in einem kontinuierlichen Wandel des Politikmachens in Österreich eingebettet betrachtet, der sich durch eine Abkehr von einer sozialpartnerschaftlichen Beschäftigung mit politischen Themen hin zu einem konfrontativen Politikstil auszeichnet und in dem Konsensbildung nicht mehr primäres Ziel sei.

Konsequenterweise führe dies dazu, dass Verbraucherinnen und Konsumenten von der Politik weder ein gleiches Gewicht (wie die Privatwirtschaft) in der Rechtsgestaltung noch in der Informationsversorgung zugestanden wird: Ersteres nicht, weil schon das KSG so beschaffen sei, dass es von den Bürgerinnen und

Bürgern nicht verstanden werden könne und zudem bestehende Machtasymmetrien zwischen Konsumentinnen und Konsumenten auf der einen Seite und den Unternehmen auf der anderen Seite fortgeschrieben würden. Letzteres nicht, weil Erstere nicht mit dem eigentlich notwendigen Markt- und Verbraucherwissen ausgestattet werden, dessen es eigentlich bedürfte, etwa um gegebene Informationsasymmetrien auszugleichen (vgl. auch: Lamla 2013, S. 65). So wird etwa die schon genannte Website „bewusstkaufen.at" als „ganz brauchbar" (I2) eingeschätzt, weise aber den grundsätzlichen Mangel auf, dass sie keine Auseinandersetzung über die Rolle der einzelnen Konsumentin oder des einzelnen Konsumenten beinhaltet, der es bedürfte, um umfassend über Themenstellungen nachhaltigen Konsums zu informieren. Nicht nur für die Forschung, sondern auch für die Öffentlichkeit eigentlich wichtige Hintergrundinformationen werden diesen Positionierungen zufolge von den Ministerien möglichst simplifiziert oder zurückgehalten: Der Ernährungsbericht aus dem Gesundheitsministerium ist ausschließlich ernährungswissenschaftlich ausgerichtet, berücksichtigt nur Alter und Geschlecht, nicht aber beispielsweise zentrale Aspekte wie Einkommen und Ungleichheit und weise seit 20 Jahren in etwa die selbe Zusammenfassung auf und auch der Lebensbericht vom Lebensministerium werde immer dünner.

7   Entwicklungsstand und -szenarien einer Verbraucherforschung in Österreich

Weitgehende Einigkeit besteht ohne Zweifel darin, dass Verbraucherforschung in Österreich, was auch immer sich genau hinter dem Begriff verbirgt, als unübersichtliche Szene charakterisiert wird, die in keiner Weise als spezifisch ausdifferenziertes Forschungsfeld, in dem „theoretische Auseinandersetzungen stattfinden würden beziehungsweise sich die Community kennen würde" (I2), gelten kann. Dazu fehlt es, diesbezüglich besteht weitgehend Konsens in den Positionierungen unserer Gesprächspartnerinnen und -partner, an einer breiten Institutionalisierung solcher Forschung, die beispielsweise vergleichbar zu jener sein müsste, wie sie in Deutschland inzwischen vorhanden ist (s. o.) und die in Österreich noch nicht einmal ansatzweise anzutreffen ist (Jonas et al. 2017b). Vor allem aber die Arbeiterkammer versucht mit der Förderung kleiner Projekte und vor allem mit der Implementation des Symposiums „Konsum Neu Denken" einen Diskussionsraum zu bilden, der zwar, wenn er verstetigt wird, einen Anfang markiert, aber bei weitem nicht ausreicht, um tatsächlich ein Forschungsfeld zu entwickeln. Deshalb, so die befragten Forschenden, sollte der Stellenwert der Forschung zu verbraucher- und konsumtionsbezogenen

Fragestellungen gestärkt und von der Politik (bzw. den betreffenden Ministerien) gefördert sowie institutionalisiert werden: „Wenn ich Verbraucherforschung haben will, muss ich sagen: ‚Ich bin Adressat und ich habe auch so und so viele Mittel'" (I4), um eine disziplinüberschreitende Forschung zu verbraucherpolitischen oder verbraucher- und konsumtionsbezogenen Fragestellungen zu finanzieren. Eine solche Bereitschaft aus der Politik „sehe ich im Moment nicht" (I4), sicherlich auch, weil die Imagination eines für Akteurinnen und Akteure aus der Sphäre der Politik attraktiven Leitbildes, wie es in den ingenieurwissenschaftlichen Disziplinen etwa im Fall der Forschungsfelder zur Mikro- oder Nanotechnologie durch Betonung der Produktorientierung dieser Forschung gängig und möglich ist, in diesem Fall nicht funktioniert. Forschung in hochtechnologischen Feldern kann mit Innovationsversprechungen arbeiten, etwas, was einer klassisch verstandenen Verbraucherforschung nicht möglich scheint. Denn dem klassischen Leitbild der Verbraucherforschung fehlt das Innovative, hier ganz im Sinne von Schumpeter, das ökonomisch Innovative, dessen es bedarf, um in der politischen Sphäre als ernstzunehmend anerkannt zu werden. Vielleicht gelänge dies mit der Betonung und Fokussierung auf Ansätze einer breit gefassten Verbraucherforschung im Sinne einer konsumtionsbezogenen Forschung, auf Forschungsansätze und -projekte also, die das ökonomisch Profitable einer frühzeitigen Einbindung der potentiellen Verbraucherinnen und Konsumenten hervorheben und nach den sozialen Aspekten wie Gerechtigkeit und Ungleichheit fragen sowie nach Gestaltungsmöglichkeiten und Alternativen. Das würde es auch ermöglichen, den Fokus auf alltagspraktische Themenstellungen wie Miete, Arbeit, Banken, Versicherungen oder Überschuldung zu verschieben und nicht beim enggefassten Thema des unmittelbaren Warenkonsums zu bleiben.

Die Ausführungen sollten deutlich gemacht haben, dass die aktuellen Möglichkeiten einer Forschung zu verbraucher- und konsumtionsbezogenen Fragestellungen in Österreich derzeit sehr begrenzt sind. Kommensurabel mit der verbraucherpolitischen Sphäre ist sie weitgehend und vor allem dann, wenn sie in der Praktik verbraucherbezogener Forschung ausgeübt wird. Insgesamt fehlt es an finanziellen Mitteln und Institutionalisierungsprozessen, die tatsächlich eine Entwicklung eines auf Dauer gestellten, auch von außen wahrnehmbaren Forschungszusammenhanges initiieren könnten, wie es etwa in Deutschland gelungen ist (vgl. Jonas et al. 2017b). Auf der Grundlage der geführten Expertengespräche können wir aber vor allem vier Entwicklungsszenarien einer Verbraucherforschung in Österreich voneinander abgrenzen, die im Folgenden abschließend kurz skizziert werden. Während die ersten beiden Szenarien mit der Annahme verbunden sind, dass eine mögliche Entwicklung ohne Interventionen des Staates bzw. politischer Kollektivakteure vonstattengehen muss, wird in den beiden letzten Szenarien mit Interventionen aus der Sphäre der Politik gerechnet:

Das erste Szenario geht von der *Fortschreibung des Status Quo* aus. Diesem Szenario zufolge bleibt Verbraucherforschung weiterhin im Stadium eines unübersichtlichen, dispersen Forschungszusammenhanges, in dem vor allem punktuelle sowie temporäre Kooperationen vorhanden sind und der weiterhin von der grundlegenden Ambivalenz zwischen heteronomer und autonomer Einflussnahme geprägt wird. Eine exogene Aufwertung verbraucherbezogener Aspekte lässt sich nur in einzelnen Disziplinen feststellen (wie etwa den Rechtswissenschaften durch die Aktivitäten der EU). Zu einer Entstehung eines Feldes der Verbraucherforschung kommt es nicht, weil vor allem notwendige Institutionalisierungsprozesse unterbleiben. Das zweite Szenario setzt auf eine *eigendynamische Entwicklung*, in der gleichfalls die Ambivalenz zwischen heteronomer und autonomer Einflussnahme konstituierend bleibt, die Entwicklung ihres Beziehungsverhältnisses aber offen ist. Aufgrund der zunehmenden Relevanz verbraucher- und konsumtionsbezogener Problemstellungen in der Gesellschaft werden entsprechende Themenfelder vermehrt in ganz unterschiedlichen Disziplinen und auch über disziplinäre Grenzen hinweg in der wissenschaftlichen Sphäre sowohl in der Praktik verbraucherbezogener als auch in der Praktik konsumtionsbezogener Forschung (wie auch in weiteren Praktiken) aufgegriffen. Es kommt zwar nicht unbedingt zu einem eigenständigen Forschungsfeld der Verbraucherforschung. Entsprechende Themenstellungen gewinnen aber an Relevanz. Bottom-up-Initiativen aus einzelnen Disziplinen sorgen für eine schwache Institutionalisierung, die vorhandene Initiativen wie das Symposium „Konsum Neu Denken" leicht, aber nicht signifikant verstärken können. Zudem werden verstärkt Projekte durchgeführt, in denen Themenstellungen disziplinübergreifend angegangen werden. Das dritte Szenario fokussiert eine *Entwicklung eines eng gefassten Feldes der Verbraucherforschung*, das weitgehend durch (die hier von uns thematisierten) heteronome Einflüsse geprägt wird und in der die Praktik verbraucherbezogener Forschung an Gewicht gewinnt. Politische Maßnahmen ermöglichen die Entstehung eines enger gefassten Feldes der Verbraucherforschung, die sich vor allem in einer Institutionalisierung einer Professur für Verbraucherrecht, der Bereitstellung von Projektgeldern für eine breiter gefasste verbraucherrechtliche Forschung, an der neben den Rechtswissenschaften (als Kerndisziplin) auch andere Bezugsdisziplinen beteiligt sind, sowie der Verankerung verbraucherrechtlicher Aspekte in die Curricula der Rechtswissenschaften auszeichnet. Das vierte Szenario schließlich setzt auf die *Entwicklung eines breiten Feldes der Verbraucherforschung*, wobei es allerdings eines breiten, über unterschiedliche Ministerien hinweg und vor allem die Arbeiterkammer wie den VKI integrierenden Konsenses bedürfte. Politische Maßnahmen und Subventionen ermöglichen eine breite institutionelle Verankerung eines verbraucher- bzw. konsumtionsbezogenen Forschungsfeldes durch die Implementation einer Professur für Verbraucherrecht sowie einer Professur für Verbraucher- oder Konsumtionsforschung an einer Universität, die dann günstigstenfalls die Vernetzung des Feldes koordinieren können. Hinzu kommt die Gründung eines autonomen Kompetenzzentrums für Verbraucher- und Konsumforschung, die Bereitstellung von Projektgeldern für eine breite Palette verbraucher- und konsumtionsbezogener Forschung sowie die Installierung eines Sachverständigenrates oder eines wissenschaftlichen Beirates für Verbraucherpolitik/nachhaltige Konsumpolitik. Beinhalten würden diese Maßnahmen und Aktivitäten aber auch eine Aufnahme verbraucherbezogener Aspekte in die Curricula nicht nur ganz unterschiedlicher Disziplinen, sondern auch an den Schulen; weiters die Institutionalisierung einer wissenschaftlichen Anlaufstelle über verbraucher- und konsumtionsbezogener Forschung, die deren Entwicklungsdynamik und -weise unabhängig und kritisch evaluiert.

8   Einblicke in die wechselseitige (Ko-)Konstitution verbraucherpolitischer Aktivitäten und Forschungsaktivitäten

Bisher haben wir anhand unseres empirischen Materials bevorzugt verbraucherpolitische bzw. politische Praktiken und Forschungspraktiken getrennt dargestellt. Dabei wollen wir im Folgenden abschließend zumindest einen Einblick in spezifische Verknüpfungen geben, die sich aus unserem Material ergeben, und damit auch auf solche Paradoxien aufmerksam machen, wie sie sich beispielhaft darin entfalten, dass bestimmte Akteurinnen und Akteure der Forschung davon ausgehen, dass eine Verbraucherpolitik nicht vorhanden sei, während wiederum verbraucherpolitische Akteurinnen und Akteure aus Ministerien davon ausgehen, dass eine ganze Bandbreite an Forschungsaktivitäten und Wissensformen außerhalb einer verbraucherpolitischen Vollzugswirklichkeit zu behandeln seien.

Hinsichtlich möglicher Kooperationen mit Akteurinnen und Akteuren aus der wissenschaftlichen Sphäre kann ein bestimmter Modus offengelegt werden, in dem Wissenschaftlerinnen und Wissenschaftler als kompetent gelten, wenn ihre Forschungspraktiken von einer *äußeren* Sphäre verbraucherpolitischer Praktiken dazu befähigt werden. Diese verbraucherpolitischen Praktiken, in denen sich Akteurinnen und Akteure der verbraucherpolitischen Sphäre wissenschaftsbezogen engagieren, wirken damit konstitutiv und regulativ bei der Hervorbringung von Möglichkeiten an Positionierungen wissenschaftlicher Akteurinnen und Akteure und einem heteronom geprägten Bereich in der Sphäre der Wissenschaft. Das regulative Moment kommt dabei im besonderen Maße auch dadurch zur Geltung, dass Positionierungen im Diskurs- und Forschungszusammenhang in der verbraucherpolitischen Sphäre sichtbar, also als verbraucherbezogene Forschungspraktiken beglaubigt werden. Es zeigt sich dabei jedoch weiter, dass jene wissenschaftsbezogenen, verbraucherpolitischen Praktiken auch Akteurinnen und Akteure in der politischen Sphäre formen, indem sie diese auf bestimmte methodisch hervorgebrachte Kommunikationszüge (sichere Wissensprodukte) verpflichten bzw. orientieren, die vornehmlich situativ und anlassbezogen Positionen in der politischen Sphäre regulieren. Damit wird also sehr wohl auch deutlich, dass es eine Möglichkeit des Einflusses über die Dar- und Hervorbringung von Wissen auf die verbraucherpolitische Sphäre gibt, diese Aktivitäten jedoch im besonderen Maße durch heteronome Wirkkräfte geprägt und in Bezug auf Sicherheit und Wirksamkeit in je konkreten Situationen selegiert sind.

Das so beschriebene Arrangement verbraucherpolitischer Praktiken und verbraucher- bzw. konsumtionsbezogener Forschungspraktiken ist damit in gewisser Weise nicht nur über eine bewertende Komponente organisiert. Vielmehr kann dieses Arrangement näher als eine spezifische Konnexion betrachtet werden, in der Aktivitäten, die mehr oder weniger auf individuierbare, anlassbezogene Konstellationen orientiert sind als kommensurabel gelten. Die Kommensurabilität, die eben in jener Beglaubigung bestimmter Praktiken (vornehmlich juristische Darstellungen von Wissen) als Sichere, Kompetente und Wirksame hervorgebracht wird, lässt sich unter diesem Blickwinkel zudem als die Wirkung eines Gefüges unterschiedlicher Machtpositionen begreifen.

Dieser Aspekt zeigt sich nicht zuletzt auch darin, dass verbraucherpolitische Praktiken, die auf prozesshafte, *zeitintensive*, offene (das heißt auch unsichere) Wissensformen fokussiert sind, wie beispielhaft die schon erwähnte Verbraucherbildung, den befragten Akteurinnen und Akteuren nach eine weniger zentrale Stellung einnehmen und letztlich sogar schon die Gewährung einer Teilnahme von Forschenden an einer solchen Vollzugswirklichkeit überwiegend als Bruch mit eben jenen politischen Praktiken, die vorwiegend die Konturen der verbraucherpolitischen Sphäre konstituieren, betrachtet werden. Eben diese verbraucherpolitische Sphäre hat zu einem großen Teil einen dispositiven Charakter, indem die verbraucherpolitischen Aktivitäten vornehmlich auf individuierbare, anlassbezogene Konstellationen präfiguriert sind bzw. werden. Dem gegenüber kann die Negierung einer Verbraucherpolitik durch Akteurinnen und Akteure im Rahmen konsumtionsbezogener Forschung als besonders drastische Bewertung im Sinne einer Nicht-Beglaubigung verbraucherpolitischer Praktiken gesehen werden. Genau dieser Aspekt der verweigerten Beglaubigung oder auch Anerkennung ist hierbei interessanterweise Bestandteil sowohl der verbraucherpolitischen Praktiken als auch der Praktik konsumtionsbezogener Forschung und wird von den Akteurinnen und Akteuren zur wechselseitigen Grenzziehung genutzt. Eben jene vollzogene Grenzziehung ist Bestandteil der Inszenierung autonomer Positionen sowie autonomer Bereiche in der Sphäre der Verbraucherpolitik und der Wissenschaft. Unter dieser Perspektive der wechselseitigen Befähigung und Beglaubigung sozialer Praktiken und der Berücksichtigung asymmetrischer Machtverhältnisse wird eine Facette in Bezug auf das Konzept heteronomer und autonomer Prinzipien offengelegt. So scheinen Forschungspraktiken, die im hohen Maße als kommensurabel in der verbraucherpolitischen Sphäre gelten, gerade aufgrund der heteronomen Wirkkräfte derart befähigt, dass sie sich als autonom darstellen. In dieser Hinsicht können wir unter möglichen anderen Modi zwei Darstellungsweisen wechselseitiger (Ko-)Konstitution von Autonomiehaftigkeit unterscheiden: die eine setzt auf Verweigerung der Beglaubigung, die andere eben auf diese Beglaubigung. Durch welche Praktiken aus anderen Sphären als der Wissenschaft die Praktik konsumtionsbezogener Forschung ihre Beglaubigungen zugesprochen wird, wäre zu erforschen. Dabei ist vor allem in Bezug auf diese Aktivitäten zu vermuten, dass sie nicht unbedingt entlang von Staatsgrenzen vollzogen werden und die betreffenden Akteurinnen und Akteure sich an unterschiedlichsten Orten engagieren. Eine an diesem Stand ansetzende Forschung könnte sich weiter der Frage zuwenden, inwiefern und ob es in Anbetracht der identifizierten Forschungspraktiken und verbraucherpolitischen Aktivitäten, sowie den spezifischen Verknüpfungen so etwas wie *eine* Verbraucherforschung gibt, in der die diversen Praktiken organisiert sind. Hieran anschließend könnte sie weiter fragen, ob trotz verschiedener *teleo-affektiver Strukturen* Gemeinsamkeiten zwischen den Praktiken vorhanden sind, ob also die Akteurinnen und Akteure etwa gemeinsame implizite oder explizite Regeln nutzen und teilen. Oder ob der Bereich, der mitunter als Verbraucherforschung bezeichnet wird (mindestens zwei) *Wissenskulturen* (Knorr Cetina 2002) umfasst, die durch unterschiedliche Praktiken konturiert sind. Hier stünde die Frage weiter aus, inwiefern mit den Praktiken verbundene Grundüberzeugungen Positionierungen bereitstellen und letztlich solche *Wissenskontexte* der Verbraucherforschung unterschiedliches Wissen wie auch wissenschaftliche Akteurinnen und Akteure konstituieren und formen. Diesbezüglich konnten wir aufzeigen, dass diese nicht unabhängig voneinander sind und dass weiterführende Untersuchungen die (Verwobenheit der) Grenzziehungen mit ihren konstitutiven Implikationen zwischen den Forschungspraktiken sowie den verbraucherpolitischen Aktivitäten explizieren müssen. Einsichten in diese Fragen wären aus unserer Sicht von Interesse, um Interventionen in ein solch komplexes Gewebe bewerten zu können bzw. eine solche Diskussion mit betreffenden Stakeholdern zu ermöglichen.

Resümierend konnten wir in unserem Beitrag aufzeigen, dass beides, sowohl der dispositive, also über die Leitorientierungen präfigurierende Charakter verbraucherpolitischer Praktiken wie deren wechselseitiges, wenn auch asymmetrisches Bedingungsverhältnis mit der Praktik verbraucherbezogener Forschung als auch deren quasi als Pendant auftretende Praktik konsumtionsbezogener Forschung zum einen die in den herangezogenen gesellschaftstheoretischen Diagnosen hervorgehobene Verbindung zwischen verbraucherpolitischen Aktivitäten und Praktiken in der Sphäre der Politik und entsprechenden Aktivitäten und Praktiken in der Sphäre der Wissenschaft belegen. Zum anderen stellen sie auch einen Beleg für die in den Diagnosen konstatierte Ambivalenz dieser Forschung dar – in welchen Mischungsverhältnissen entsprechende Forschungsaktivitäten dann auch immer auftreten mögen, über welche Autonomiespielräume die jeweiligen Akteurinnen und Akteure dann im Einzelnen tatsächlich immer verfügen mögen und in welcher Weise ihnen auch immer eine lebensweltorientierte Wissensgenerierung und -vermittlung gelingen mag. Dies in einer möglicherweise gewünschten und angestrebten Weiterentwicklung einer Verbraucherforschung in Österreich zu bedenken, wäre, so meinen wir, mehr als sinnvoll.

Literatur

Bala, C., Müller, K. (Hrsg.) (2014). Der gläserne Verbraucher: Wird Datenschutz zum Verbraucherschutz? *Beiträge zur Verbraucherforschung Band 1*. Düsseldorf: Verbraucherzentrale NRW.

Bievert, B., Fischer-Winkelmann, W. F., Köhler, G., Rock, R. (1977). Verbrauchergerechte Verbraucherforschung und -politik – Eine Situationsanalyse. Pilotstudie zur Vorbereitung eines Schwerpunktvorhabens im Bereich anwendungsorientierter Sozialforschung. In H. Matthöfer (Hrsg.). *Forschung aktuell*. Bonn: Umschau.

Bogner, A., Littig, B., Menz, W. (2014). *Interviews mit Experten. Eine praxisorientierte Einführung*. Reihe Qualitative Sozialforschung. Wiesbaden: Verlag für Sozialwissenschaften.

Bourdieu, P. (2001). *Die Regeln der Kunst. Genese und Struktur des literarischen Feldes*. Frankfurt/M.: suhrkamp.

Burren, S. (2010). *Die Wissenskultur der Betriebswirtschaftslehre. Aufstieg und Dilemma einer hybriden Disziplin*. Bielefeld: transcript.

Fridrich, C., Hübner, R., Kollmann, K., Piorkowsky, M.-B., Tröger, N. (Hrsg.) (2017a). *Abschied vom eindimensionalen Verbraucher*. Wiesbaden: Springer VS.

Fridrich, C., Hübner, R., Kollmann, K., Piorkowsky, M.-B., Tröger, N. (2017b). Grundüberlegungen zu einer kritischen Verbraucherforschung. In C. Fridrich, R. Hübner, K. Kollmann, M.-B. Piorkowsky, N. Tröger (Hrsg.), *Abschied vom eindimensionalen Verbraucher* (S. 1-22). Wiesbaden: Springer VS.

Gasteiger, N. (2008). Vom manipulierbaren zum postmodernen Konsumenten. Das Bild des Verbrauchers in der westdeutschen Werbung und Werbekritik, 1950 – 1990. In *Archiv für Kulturgeschichte* 90. S. 129-158.

Gasteiger, N. (2010). *Der Konsument. Verbraucherbilder in Werbung, Konsumkritik und Verbraucherschutz 1945 -1989.* Frankfurt/M.: Campus Verlag.

Habermas, J. (1988). *Theorie des kommunikativen Handelns. Zweiter Band.* Frankfurt/M.: suhrkamp.

Hagen, K. (2011). Wirksame Beratung der Verbraucherpolitik setzt unabhängige Daten über das Verhalten von Verbrauchern voraus. *DIW-Wochenbericht* 25. S. 18-24.

Hagen, K., Oehler, A., Reisch, L. (2011).Verbraucherwissenschaften: In welchen Themenbereichen wird geforscht? *DIW-Wochenbericht* 25. S. 25-29.

Honneth, A. (2011). *Das Recht der Freiheit.* Frankfurt/M.: suhrkamp.

Jonas, M. (2014). The Dortmund case – on the enactment of an urban economic imaginary. *International Journal of Urban and Regional Research 38.* pp. 2123-2140.

Jonas, M. (2016). Nachhaltigkeit und Konsum – eine praxissoziologische Kritik. In H. Schäfer (Hrsg.), *Praxistheorie. Ein soziologisches Forschungsprogramm* (S. 345-364). Bielefeld: transcript.

Jonas, M. (2017). Transition or Transformation? A plea for the praxeological approach of radical socio-ecological change, In M. Jonas, B. Littig (eds.), *Praxeological Political Analysis* (pp. 116-133). London: Routledge.

Jonas, M., Littig, B. (2015). Sustainable Practices. In J. D. Wright (ed.), *International Encyclopedia of the Social & Behavioral Sciences* (pp. 834-838). Oxford: Elsevier.

Jonas, M., Littig, B. (eds.) (2017). *Praxeological Political Analysis.* London: Routledge.

Jonas, M., Littig, B., Wroblewski, A. (eds.) (2017a). *Methodological Reflections on Practice Oriented Theories.* New York: Springer.

Jonas, M., Nessel, S., Hassemer, S., Pfister, S. (2017b). Zum aktuellen Entwicklungsstand der Verbraucherforschung in Österreich. *Materialien zur Konsumforschung.* Nr. 5. Arbeiterkammer Wien: Wien.

Kalthoff, H., Hirschauer, S., Lindemann, G. (2008). *Theoretische Empirie – Zur Relevanz qualitativer Forschung.* Frankfurt/M.: suhrkamp.

Kenning, P., Reisch, L. (2013). Alternativen zum Informationsparadigma der Verbraucherpolitik. 1. Verbraucherforschungsforum an der Zeppelin Universität, Friedrichshafen, 24. Januar 2013. *Journal für Verbraucherschutz und Lebensmittelsicherheit 8.* S. 227-253.

Kenning, P., Wobker, I. (2013). Ist der „mündige Verbraucher" eine Fiktion? Ein kritischer Beitrag zum aktuellen Stand der Diskussion um das Verbraucherleitbild in den Wirtschaftswissenschaften und der Wirtschaftspolitik. *Zeitschrift für Wirtschafts- und Unternehmensethik 2.* S. 282-300.

Knorr Cetina, K. (2002). *Wissenskulturen. Ein Vergleich naturwissenschaftlicher Wissensformen.* Frankfurt/M.: suhrkamp.

Kollmann, K. (1985). *Verbraucherforschung in Österreich. Sammlung Verbraucherforschung.* Wien: Institut für Gesellschaftspolitik.

Kollmann, K. (2012). Eingeschränkt – statt ermächtigt. Ein ergänzender Beitrag zur Diskussion, inwieweit die aktuelle Verbraucherforschung nun wirklich lebt. *Journal für Verbraucherschutz und Lebensmittelsicherheit 7.* S. 393-395.

Kollmann, K. (2017). Menschen in der Arbeits-, Konsum- und Mediengesellschaft. Zur Vermachtung und Verschränkung der Lebensfelder bzw. Teilmärkte moderner Gesellschaften. In C. Fridrich, R. Hübner, K. Kollmann, M.-B. Piorkowsky, N. Tröger (Hrsg.), *Abschied vom eindimensionalen Verbraucher* (S. 23-46). Wiesbaden: Springer VS.

Lamla, J. (2013). *Verbraucherdemokratie – Politische Soziologie der Konsumgesellschaft.* Berlin: suhrkamp.

Oehler, A., Reisch, L. (2012). Sie lebt! Zur Verbraucherforschung im deutschsprachigen Raum: Eine empirische Analyse. *Journal für Verbraucherschutz und Lebensmittelsicherheit 7.* S. 105-115.

Piorkowsky, M.-B. (2012). Ja, sie lebt – aber…! Plädoyer für ein ganzheitliches Verbraucherverständnis. *Journal für Verbraucherschutz und Lebensmittelsicherheit 7.* S. 387-391.

Reckwitz, A. (2003). Grundelemente einer Theorie sozialer Praktiken. Eine sozialtheoretische Perspektive. *Zeitschrift für Soziologie 32.* S. 282-301.

Reisch, L., Fersang, A. (2003). Studie zum Stand der Verbraucherforschung in Deutschland. Im Auftrag des Verbraucherzentrale Bundesverbandes e. V.(vzbv), Berlin. Hohenheim.

Reisch, L., Oehler, A. (2009). Behavioral Economics: Eine neue Grundlage für die Verbraucherpolitik? *Vierteljahrshefte zur Wirtschaftsforschung 78.* S. 30-43.

Schatzki, T.R. (1996). *Social Practices. A Wittgensteinian Approach to Human Activity and the Social.* Cambridge: Cambridge University Press.

Schatzki, T.R. (2002). *The site of the social – a philosophical account of the constitution of social life and change.* University Park: The Pennsylvania State University Press.

Scherhorn, G. (1975). *Verbraucherinteresse und Verbraucherpolitik.* Göttingen: Verlag Otto Schwart & Co..

Schmidt, R., Jörg V. (2011). Siting Praxeology – The Methodological Significance of 'Public' in Theories of Social Practices. *Journal for the Theory of Social Behaviour 41.* pp. 419-440.

Schrage, D. (2008). Konsum – Ein Erfolgsthema des Poststrukturalismus?. In S. Moebius, A. Reckwitz (Hrsg.), *Poststrukturalistische Sozialwissenschaften* (S. 433-449). Frankfurt/M.: suhrkamp.

Tröger, N. (2017). Welche Potentiale bietet Transdisziplinarität für die Verbraucherforschung und die Verbraucherpolitik? In C. Fridrich, R. Hübner, K. Kollmann, M.-B. Piorkowsky, N. Tröger (Hrsg.), *Abschied vom eindimensionalen Verbraucher* (S. 47-72). Wiesbaden: Springer VS.

Weber, M. (1970). *Wirtschaft und Gesellschaft.* Tübingen: Mohr.

III
Praktische Perspektiven

Verankerung und Prinzipien der Verbraucherbildung im Rahmen einer umfassenden sozioökonomischen Bildung in Österreich

Leitlinien für ein Erlebniszentrum zum Thema „Konsum und Konsumieren"

Christian Fridrich

Zusammenfassung

Im Österreichischen Gesellschafts- und Wirtschaftsmuseum in Wien, einem stark frequentierten und weithin akzeptierten außerschulischen Lernort für ökonomische Bildung, wurde eine essenzielle, thematisch passende Erweiterung des Angebots in Form eines Erlebniszentrums zum Thema „Konsum und Konsumieren" angedacht und schließlich geplant. Dieses Erlebniszentrum soll zur Reflexion des eigenen Konsums, der Auswirkungen auf andere Bereiche und Menschen hat, anregen sowie mittels konkreter Erfahrungsmöglichkeiten und moderierter Diskussionen die Einsicht im Zuge der Förderung der eigenen Orientierungs-, Urteils- und Handlungsfähigkeit ermöglichen, dass viele Optionen existieren, das eigene Konsumhandeln zu gestalten. Anhand einer Analyse der österreichischen Lehrpläne des Unterrichtsfachs „Geographie und Wirtschaftskunde" für die Sekundarstufe I und II sowie des Grundsatzerlasses zum Unterrichtsprinzip „Wirtschafts- und Verbraucherbildung" wird festgestellt, dass die Themenkomplexe „Konsum", „Privathaushalt" und „Verbraucherbildung" gut verankert sind, durch die Prinzipien der sozioökonomischen Bildung fassbar werden und sich Konsequenzen für das Erlebniszentrum ableiten lassen, welches dank des Einsatzes von Sponsoren tatsächlich realisiert wurde.

© Springer Fachmedien Wiesbaden GmbH, ein Teil von Springer Nature 2018
S. Nessel et al. (Hrsg.), *Multiperspektivische Verbraucherforschung*, Kritische Verbraucherforschung, https://doi.org/10.1007/978-3-658-20199-9_8

1   Einleitung

Das Österreichische Gesellschafts- und Wirtschaftsmuseum in Wien ist ein seit Jahrzehnten funktionierender, sozialpartnerschaftlich unterstützter und breit akzeptierter außerschulischer Lern- und Erfahrungsort für die ökonomische Bildung. In diese Bildungsstätte soll ein Erlebniszentrum zum Thema „Konsum und Konsumieren" integriert werden, das sich zum Zeitpunkt der Verfassung dieses Beitrags im Übergang von der Phase der Detailplanung zur Realisierung befand. Die inhaltliche Passung zu bisherigen Inhalten des Museums und die Gründe für die Entscheidung der Implementierung dieses Erlebniszentrums werden in Kapitel 2 dargelegt. Inwieweit die Konzeption des Erlebniszentrums an die Zielstellungen der einschlägigen Lehrpläne andocken kann, wird in Kapitel 3 analysiert. Nach einer Aufarbeitung der Prinzipien einer lebensweltorientiert verstandenen Verbraucherbildung im Rahmen einer umfassenden sozioökonomischen Bildung und deren Bedeutung für das Erlebniszentrum widmet sich Kapitel 4 dem entwickelten Grundkonzept als *einer* möglichen Perspektive und Schwerpunktsetzung. Im letzten Kapitel wird auf den zur Zeit des Redaktionsschlusses (September 2017) aktuellen Entwicklungsstand eingegangen.[1]

2   Begünstigende Konstellationen für die Standortentscheidung im Österreichischen Gesellschafts- und Wirtschaftsmuseum

Das Österreichische Gesellschafts- und Wirtschaftsmuseum in Wien wird als gemeinnütziger und überparteilicher Verein geführt, dessen Mitglieder die österreichischen Sozialpartner, die Oesterreichische Nationalbank und weitere juristische Personen sind (Österreichisches Gesellschafts- und Wirtschaftsmuseum 2017). Im Folgenden sollen Akzeptanz dieser Institution und inhaltliche Ausrichtung des Österreichischen Gesellschafts- und Wirtschaftsmuseums analysiert werden. Im Kapitel 3.4 wird auf die didaktischen Prinzipien eines zu schaffenden Erlebniszentrums zum Thema „Konsum und Konsumieren" näher eingegangen. Das Österreichische Gesellschafts- und Wirtschaftsmuseum ist ein Erfahrungs- und Lernort, an dem ökonomische und gesellschaftliche Themen altersgerecht und schülerzentriert aufgearbeitet werden. So werden pro Jahr rund 4000 Veranstaltungen mit über

---

1   Für die Durchsicht des Manuskripts und für wertvolle Anregungen bedanke ich mich bei Prof. Dr. Maria Hofmann-Schneller sehr herzlich!

100 000 Besucherinnen und Besuchern durchgeführt, vor allem mit Kindern und Jugendlichen, aber auch mit Erwachsenen.

Die folgende Zusammenstellung soll thematische Schwerpunkte der Arbeit identifizieren und zugleich noch bestehende weiße Flecken im Hinblick auf Verbraucherbildung aufzeigen. Im Österreichischen Gesellschafts- und Wirtschaftsmuseum sind mit Stand September 2017 folgende acht „Lerneinheiten" in Betrieb (Österreichisches Gesellschafts- und Wirtschaftsmuseum 2017): a) Wirtschaftslehrpfad mit Darstellung von wirtschaftlichen und gesellschaftlichen Themen, wobei „Konsum" eine implizite Rolle spielt, b) Lernwerkstatt Österreichs Wirtschaft Elementar für Kinder von neun bis zwölf Jahren mit Erarbeitung verschiedener Themen wie Konsum anhand eines Modells, c) Computer- und Medienraum mit Lernspielen zu Themen der Gesellschaftsökonomie und der Arbeitsökonomie, während Haushalts- und Konsumökonomie nicht vorkommen, d) Ausstellung „Dr. Carl Auer von Welsbach" mit verschiedensten originalen Geräten, Präparaten und Experimenten rund um die Themen „Feuer" und „Licht" in Haushaltskontexten, während die Konsumperspektive neben der zentralen Position der Notwendigkeit von Innovation, Erfindungsgeist und unternehmerischem Denken eher nur eine Randposition einnimmt, e) 100 Jahre Leben und Wohnen in Wien – von der Großmutter zum Enkel mittels einer Zeitreise durch Lebens- und Alltagswelten, in denen der Konsum von materiellen und immateriellen Gütern sowie von Dienstleistungen eine wichtige Rolle spielt, jedoch eher in einem historischen Kontext als in gegenwärtigen Alltagszusammenhängen, f) Otto Neurath – Sprechende Zeichen in Form eines Gedenkraums, in welchem Konsumaspekte immer wieder berührt werden, auch wenn sie gemäß des Themas des Gesamtkonzepts nicht im Vordergrund stehen, g) Veranstaltungen im Rahmen der Wirtschaftsmuseum-Akademie mit gesellschaftsökonomischen Fragestellungen, wobei die Themen Konsum und Haushalt nicht per se ausgeschlossen sind und daher manchmal eine Rolle spielen, h) Wanderausstellungen an Schulen zu drei der vier Bereiche der sozioökonomischen Bildung, nämlich Haushalts-, Arbeits- und Gesellschaftsökonomie.

Die Themenbereiche „Konsum", „Konsumieren" und „Verbraucherbildung" sind bereits jetzt im Österreichischen Gesellschafts- und Wirtschaftsmuseum verankert, spielen jedoch in keinem der acht Module eine zentrale Rolle, weswegen ein geplantes Erlebniszentrum zum Thema „Konsum und Konsumieren" gut in das bereits bestehende Angebot passt. Dementsprechend ging der Impuls dafür vom Direktor des Museums, Herrn Hans Hartweger, am zweiten Tag des ersten Symposiums „Konsum neu denken", am 22. September 2015, während des Workshops aus. Es wurde beschlossen, dass der Verfasser dieses Beitrags ein erstes inhaltliches und pädagogisches Konzept mit zentralen Aspekten ausarbeiten soll, das an die Mitglieder der Arbeitsgruppe zur Kommentierung und Ergänzung übermittelt wurde. Danach sollte vom Verfasser ein „konsolidiertes Konzept" erarbeitet werden. Mithilfe dieses Konzepts sollte dann die Sponsorensuche angegangen, mögliche Kooperationspartner gesucht und ein interessengeleitetes Netzwerk ins Leben gerufen werden.

Bevor dieses grundlegende, konsolidierte inhaltliche und pädagogische Konzept, das jedoch keine museumspädagogische Konzeption darstellen kann, erläutert wird, werden Verankerung und Prinzipien der Verbraucherbildung im Zuge der österreichischen ökonomischen Bildung im Folgekapitel vorgestellt. Denn durch diese Fundierung kann gewährleistet werden, dass sich das Konzept an den Erfordernissen der österreichischen schulischen Verbraucherbildung orientieren kann.

3 Verankerung und Prinzipien der Verbraucherbildung im Rahmen einer umfassenden sozioökonomischen Bildung und ihre Bedeutung für das zu gestaltende Erlebniszentrum

3.1 Grundsätzliches zur Verankerung der Verbraucherbildung in den GW-Lehrplänen der Sekundarstufe I und II

Geographie und Wirtschaftskunde ist das Trägerfach der (sozio)ökonomischen Bildung in Österreich. Die Themenkomplexe „Haushalt", „Konsum" und „Verbraucherbildung" sind demgemäß in den Geographie und Wirtschaftskunde-Lehrplänen der Sekundarstufe I und II sowie zusätzlich im Grundsatzerlass zum Unterrichtsprinzip „Wirtschafts- und Verbraucher/innenbildung" des Bundesministeriums für Bildung, Wissenschaft und Forschung verankert. Ein expliziter Verweis auf die Bedeutung des mündigen Mitwirkens junger Menschen auch und besonders in den Bereichen Haushalt und Konsum findet sich im von der Fachgruppe „Geographische und Sozioökonomische Bildung" der Österreichischen Geographischen Gesellschaft herausgegebenen „Positionspapier Sozioökonomische Bildung" (Fridrich und Hofmann-Schneller 2017, S. 48f.).

Zunächst soll die Verankerung der Verbraucherbildung in den Lehrplänen für Geographie und Wirtschaftskunde an der Sekundarstufe I und II dargelegt werden. Einleitend wird in der Bildungs- und Lehraufgabe des GW-Lehrplans für die Sekundarstufe I auf die zentrale Stellung des Menschen in GW verwiesen. Weiters wird auf die Notwendigkeit hingewiesen, menschliches Handeln in allen Lebensbereichen, wobei hier Haushalt und Konsum gemäß der vertretenen sozioökonomischen Bildung implizit eingeschlossen sind, in Bezug auf räumliche und wirtschaftliche Grundlagen, Auswirkungen sowie Vernetzungen zu thematisieren (Bundesministerium für Bildung 2000, S. 1).

Der behutsam aktualisierte, weiterentwickelte und im Jahr 2016 publizierte GW-Lehrplan für die Oberstufe der AHS (Sekundarstufe II) betont folgerichtig ebenso den Menschen als Mittelpunkt des GW-Unterrichts sowie die Fokussierung auf die Lebenswelten der Jugendlichen, wozu selbstverständlich auch die Bereiche Konsum und Haushalt zählen. Besonders das Basiskonzept *Arbeit, Produktion und Konsum* beschäftigt sich mit der Bedeutung des Konsums im Alltag aller Bürgerinnen und Bürger sowie der gesellschaftlichen Produktion von Bedürfnissen. Weiters wird in den einleitenden didaktischen Grundsätzen die große Bedeutung von Aktualitäts- und Zukunftsorientierung, Entscheidungs- und Handlungsfähigkeit junger Menschen, Auslotung von Handlungsoptionen, Hintergründen und Auswirkungen des menschlichen Handelns für Gesellschaft, Raum und Wirtschaft sowie politisch bildende Lehr-/Lernprozesse betont (Bundesministerium für Bildung 2016, S. 60).

Mit der Behandlung der Lehrpläne für die Sekundarstufe I sind folgende zwei Schultypen inkludiert, für welche wortidente Lehrpläne gelten: Neue Mittelschule und Unterstufe der allgemein bildenden höheren Schule. Im Bereich der Sekundarstufe II wird aus Gründen der Übersichtlichkeit nur auf den GW-Lehrplan der Oberstufe der Allgemein bildenden höheren Schule fokussiert und die Lehrpläne der Berufsbildenden mittleren und höheren Schulen nicht integriert, weil für jeden der zahlreichen Schultypen ein eigener diesbezüglicher Lehrplan gilt.

3.2   Verankerung in den GW-Lehrplänen der Sekundarstufe I

Expressis verbis werden Konsum- und Haushaltskontexte im GW-Lehrplan in allen Schulstufen der Sekundarstufe I und II angesprochen. Bereits in der 5. Schulstufe wird im Themenkreis „Wie Menschen in unterschiedlichen Gebieten der Erde leben und wirtschaften" das folgende Ziel formuliert: „Erkennen, dass sich Menschen in ihren Lebens- und Konsumgewohnheiten auf regionale und kulturelle Voraussetzungen einstellen und dass die Lebensweise einem Wandel unterliegt" (Bundesministerium für Bildung 2000, S. 3). In derselben Schulstufe werden Ressourcen sowie deren Verbraucherinnen und Verbraucher im Themenkreis „Wie Menschen Rohstoffe und Energie gewinnen und nutzen" angeführt, wobei in den zugeordneten Zielen besonders auf Transport, Begrenztheit, global ungleichmäßige Verteilung und mögliche Umweltbelastung hingewiesen wird: „Erkennen, wie Rohstoffe und Nutzenergie gewonnen und zu den Verbraucherinnen und Verbrauchern gebracht werden. Einsehen, dass Rohstoffe und Energieträger auf der Erde ungleichmäßig verteilt und begrenzt vorhanden sind und dass ihre Nutzung oft die Umwelt belastet" (ebd.).

In der 6. Schulstufe wird aufbauend auf den grundlegenden Einsichten der vorangegangenen Schulstufe eine Erweiterung des Konsumbegriffs dahingehend vorgenommen, dass auch Dienstleistungen konsumiert werden, wie etwa Transportdienstleistungen. Dies kommt im Themenkreis „Der Dienstleistungsbereich" mit dem Ziel „Erwerben grundlegender Informationen und Fertigkeiten für die richtige Wahl von Verkehrsmitteln" (ebd., S. 3f.) zum Ausdruck.

Privathaushalt, Konsum und Verbraucherbildung sind im Schulfach Geographie und Wirtschaftskunde insbesondere in der 7. Schulstufe von großer Bedeutung. Dort existiert ein eigener Themenkreis „Wirtschaften im privaten Haushalt", der sich der Bedeutung und Verwendung des Geldes und den Interessen von Verbraucherinnen und Verbrauchern widmet: „Erkennen der Notwendigkeit, im privaten Haushalt Ausgaben den finanziellen Möglichkeiten entsprechend zu planen. Erfassen von Möglichkeiten für die Wahrung von Verbraucherinteressen in der Marktwirtschaft" (ebd., S. 5).

In der 8. Schulstufe werden die Themenfelder Konsumieren und Verbraucherbildung in komplexere Zusammenhänge eingebettet bearbeitet. Hier sind beispielsweise Fragen relevant, die sich auf die Vernetzungen der Gesellschaft und der Weltwirtschaft sowie auf die Verantwortung des Menschen für unseren Planeten beziehen. Daher wird im Themenkreis „Leben in der ‚Einen Welt' – Globalisierung" mit folgenden Zielen angesetzt: „Zunehmende Verflechtungen und Abhängigkeiten in der Weltwirtschaft und deren Auswirkungen auf die Gesellschaft erkennen. Die Verantwortung der Menschen für die ‚Eine Erde' erkennen" (ebd., S. 5). Oft wird das Thema Globalisierung im Schulunterricht anhand der Auswirkungen von Konsumentscheidungen im Lokalen auf Arbeitsbedingungen, Ressourceneinsatz, Produktion, Transport, Entsorgung und Recycling in weit entfernten Gebieten der Erde beispielhaft erarbeitet. Durch Beispiele wie diese kann der Begriff „Globalisierung" ausgehend von den Lebenswelten der Schülerinnen und Schüler fassbar und somit begreifbar gemacht werden. Übereinstimmend mit Giddens wird Globalisierung als „[…] Intensivierung weltweiter sozialer Beziehungen, durch die entfernte Orte in solcher Weise miteinander verbunden werden, dass Ereignisse an einem Ort durch Vorgänge geprägt werden, die sich an einem viele Kilometer entfernten Ort abspielen, und umgekehrt" verstanden (Giddens 1996, S. 85).

3.3 In den GW-Lehrplänen der Sekundarstufe II

Auf den in der Sekundarstufe I gewonnenen Kenntnissen und Einsichten aufbauend werden im Geographie und Wirtschaftskunde-Unterricht der Sekundarstufe II gemäß den oben skizzierten didaktischen Grundsätzen in allen Schulstufen der AHS-Oberstufe die Themenbereiche Konsum und Verbraucherbildung angeführt. In der 9. Schulstufe wird im Themenbereich „Die wirtschaftlichen Bedürfnisse der Menschen bewerten" auf folgende relevante Ziele eingegangen: „Bedeutung von Markt und Marktversagen erläutern. Die Produktion von Bedürfnissen hinsichtlich Konzepten der Nachhaltigkeit bewerten" (Bundesministerium für Bildung 2016, S. 64). In weiterer Folge können Nutzungskonflikte Auswirkungen von politischen sowie wirtschaftlichen Interessen und nicht zuletzt divergierenden Konsuminteressen sein, was im Bereich „Nutzungskonflikte an regionalen Beispielen reflektieren" mit dem Ziel „Regionale Konflikte über die Verfügbarkeit von knappen Ressourcen (Boden, Wasser, Bodenschätze, usw.) und dahinter stehende politische Interessen erklären" (ebd.) bearbeitet werden soll.

In der 10. Schulstufe schreibt der Lehrplan im Themenbereich „Außerwert- und Inwertsetzung von Produktionsgebieten beurteilen" vor, die beiden Ziele „Strukturen und Wandel landwirtschaftlicher und industrieller Produktionsbedingungen in Europa vergleichen. Eignung von Räumen für die Tourismusentwicklung sowie Folgen der Erschließung beurteilen" (ebd., S. 65) anzustreben. Hierbei werden im Zuge der Umsetzung in Schulbüchern einerseits Landwirtschaft, Industrie und Tourismus, aber auch Gesellschaft, Werte und Konsum im Wandel thematisiert. Andererseits werden Fallbeispiele wie etwa Landgrabbing als eine Folge der steigenden Nachfrage und Preise von Agrarrohstoffen und Nahrungsmitteln oder Wandel der industriellen Produktion durch Rationalisierung, Automatisierung, Nachfrageänderungen, Vermarktung und Symbolsetzung; oder sanfter Tourismus als verstärkt nachgefragte Urlaubsweise und damit Unterstützung von regionalen und gewachsenen ökonomischen Strukturen, Förderung der ökologischen Verträglichkeit und der Nachhaltigkeit (z. B. Dittrich et al. 2017, S. 52ff.).

Explizit wird verantwortungsbewusstes Handeln in der 11. Schulstufe im Themenkreis „Naturräumliche Chancen und Risiken erörtern" thematisiert, in dem das folgende Ziel angegeben ist: „Eigene Strategien für ökologisch nachhaltiges Handeln entwickeln" (Bundesministerium für Bildung 2016, S. 66). In diesem Kontext können auch ein umweltbewusster Konsum, eine umsichtige Führung des Privathaushalts sowie eine reflektierte Grundhaltung bei der Gestaltung des eigenen Alltagslebens behandelt werden.

Wurden bereits in der 8. Schulstufe im Kontext des Themenkomplexes „Globalisierung" Verflechtungen von Gesellschaft und Wirtschaft einerseits, von Lokalem und Globalem andererseits und schließlich von individueller Verantwortung und Abhängigkeiten auch am Beispiel des Konsums erörtert, so treten diese und zusätzliche Aspekte in der 12. Schulstufe im Themenkreis „Chancen und Gefahren der Globalisierung erörtern" vertieft auf. Nun sind es vier Ziele, mit denen unter anderem auch Konsum, Konsumieren und Verbraucherbildung thematisiert werden können: „Den eigenen Standort bzw. die lokale Betroffenheit in Prozessen der Globalisierung in Bezug auf persönliche Chancen und Risiken analysieren. Globalen Wandel und seine ökonomischen, sozialen und ökologischen Ursachen und Wirkungen – auch hinsichtlich der eigenen Lebenssituation – erörtern. Auswirkungen ökonomischer Globalisierung diskutieren. Strategien individuell, betrieblich und gesellschaftlich nachhaltigen Handelns entwickeln" (ebd.). Deutlich tritt mit diesen Formulierungen zutage, dass die Einbettung des Individuums mit seinem Handeln in globale Prozesse in mehreren Dimensionen – nämlich ökonomisch, sozial und ökologisch – und in den Bereichen Haushalt, Unternehmen und Gesellschaft einschließlich der diesbezüglichen Wechselwirkungen zu analysieren ist. Dabei sind sowohl Chancen als auch Risiken zu berücksichtigen.

Als Zwischenfazit wird festgehalten, dass der GW-Lehrplan für die Sekundarstufe I zahlreiche für Verbraucherbildung, Konsum und Haushalt relevante thematische Zielstellungen wie regional, kulturell und zeitlich beeinflusste Lebens- und Konsumgewohnheiten, Gewinnung von Rohstoffen und Energie, Konsum von Gütern und Dienstleistungen, Wirtschaften im Privathaushalt, Verbraucherinteressen, Verflechtungen von Gesellschaft und Wirtschaft auf globaler Ebene sowie Übernahme von Verantwortung umfasst. Im Lehrplan der Sekundarstufe II werden diese grundgelegten Aspekte, Prozesse, Zusammenhänge und Kontroversen mit folgenden Zielen erweitert und vertieft, die auf die Themenkomplexe „Konsum", „Haushalt" und „Verbraucherbildung" abzielen: Markt und Marktversagen, Produktion von Bedürfnissen, Konzepte der Nachhaltigkeit, Nutzungskonflikte anhand von regionalen Beispielen, Verfügbarkeit von knappen Ressourcen, Strukturen und Wandel landwirtschaftlicher und industrieller Produktionsbedingungen, Tourismusentwicklung und Folgen der Erschließung, persönliche Strategien für ökologisch nachhaltiges Handeln, lokale Betroffenheit von Globalisierungsprozessen bezüglich persönlicher Chancen und Risiken, ökonomischen, sozialen und ökologischen Ursachen und Wirkungen des globalen Wandels, Auswirkungen ökonomischer Globalisierung, individuelle, betriebliche und gesellschaftliche Strategien nachhaltigen Handelns. Es kann somit nachgewiesen werden, dass die Themenkomplexe „Haushalt", „Konsum" und „Verbraucherbildung" im Rahmen der wirtschaftlichen Allgemeinbildung bzw. in der sozioökonomischen Bildung des Faches Geographie und Wirtschaftskunde im Lehrplan durchgängig von der 5. bis zur 12. Schulstufe mit unterschiedlichsten Themen, Zielen und Schwerpunktsetzungen vertreten sind, die für ein Erlebniszentrum zum Thema „Konsum und Konsumieren" sowohl Ausgangs- als auch Anknüpfungspunkt sein können und dort entsprechend berücksichtigt, vertieft und erweitert werden können.

3.4 Im Grundsatzerlass zum Unterrichtsprinzip „Wirtschafts- und Verbraucher/innenbildung"

Im Jahr 2015 wurde vom österreichischen Bildungsministerium der Grundsatzerlass zum Unterrichtsprinzip „Wirtschafts- und Verbraucher/innenbildung" publiziert, der für alle Schulstufen aller Schularten gilt. Somit ist dieser Grundsatzerlass eine Rechtfertigung für Lehrpersonen, zum Beispiel aktuelle Themen und besondere Herausforderungen für Kinder und Jugendliche bezüglich Wirtschaft und Konsum im Unterricht zu behandeln. Aus der Analyse des Erlasses geht hervor, dass erstens Wirtschaft sozial eingebettet verstanden wird und zweitens Wirtschaft von jedem Menschen mitgestaltet werden kann, weswegen die Erlangung von Wirtschaftswissen allein implizit als zu wenig erachtet wird, ja sogar die Erlangung wirtschaftlicher Kompetenzen als Selbstzweck nicht ausreicht, wenn sie nicht mit einer Entwicklung der Reflexions- und Handlungsfähigkeit im stark ökonomisch geprägten Alltagsleben einhergeht.

Zentrale Ziele dieses Grundsatzerlasses sind Befähigung zur Lebensbewältigung in ökonomisch geprägten Alltagssituationen, Förderung einer aktiven und reflektierten Teilnahme am Wirtschaftsleben, kritische Reflexion wirtschaftlichen Handelns, Mitgestaltung einer lebenswerten Welt, Sensibilisierung für Rechte und Verantwortung sowie selbstständige Urteilsfindung nach moralischen Leitlinien (Bundesministerium für Bildung und Frauen 2015a, S. 2f.).

Im Rahmen der im Erlasstext formulierten Kompetenzen werden auch Ziele bzw. Inhalte angeführt, die für ein Erlebniszentrum zum Thema „Konsum und Konsumieren" relevant sein können. Es sind dies folgende Aspekte im Überblick: Verstehen von Grundzügen der Haushaltsgründung und -führung in eigener Verantwortung; Reflexion von persönlichen Bedürfnissen, ökonomischen Möglichkeiten und Werthaltungen; Relativierung des Einflusses von Medien und Werbung; Treffen möglichst selbstbestimmter Entscheidungen als Verbraucherinnen und Verbraucher; Reflexion von Folgen des eigenen Konsum- und Wirtschaftsverhaltens; Fähigkeit zu verantwortlichem, politisch bewusstem und nachhaltigem Handeln; Kenntnis von grundlegenden Rechten, Pflichten und Möglichkeiten als Verbraucherinnen und Verbraucher; Gestaltung des persönlichen Finanzmanagements; verantwortungsbewusster Umgang mit persönlichen Daten; Erlangung von wirtschaftlichen Basiskompetenzen zur Aufnahme einer Beschäftigung; Entfaltung einer Orientierungsfähigkeit in der nationalen, internationalen und globalen Wirtschaft; Entwicklung einer Urteilsfähigkeit über nationale, internationale und globale ökonomische Phänomene und Zusammenhänge (ebd.).

Zusätzlich zu den im GW-Lehrplan der Sekundarstufe I und II identifizierten Zielen, die sich aus dem oben Angeführten für ein Erlebniszentrum zum Thema „Konsum und Konsumieren" aus diesem Erlass ableiten lassen, sind daher Themen wie Haushaltsgründung und -führung, persönliche Bedürfnisse, Möglichkeiten und Werthaltungen, Medien und Werbung, Treffen von Entscheidungen, eigenes Konsum- und Wirtschaftsverhalten, Rechte von Verbraucherinnen und Verbrauchern, persönliches Finanzmanagement, Datensicherheit, wirtschaftliche Phänomene und Zusammenhänge auf verschiedenen Maßstabsebenen für junge Menschen interessant und relevant.

3.5   In den Prinzipien der sozioökonomischen Bildung

Im Gegensatz zur ökonomistischen Bildung geht die sozioökonomische Bildung von einer Einbettung der Wirtschaft in die Gesellschaft (Sitte 2001a, S.164; Fridrich und Hofmann-Schneller 2017, S.48) sowie von einer Mitgestaltbarkeit und Mitgestaltung der Wirtschaft durch jeden Menschen aus (Famulla 2014, S.406). Akteurinnen und Akteure werden demgemäß von den kulturellen Kontexten beeinflusst und in gesellschaftliche Zusammenhänge integriert verstanden (Hedtke 2014, S.112). „Deshalb thematisiert sozio-ökonomische Bildung, wie Personen und Organisationen in sozialen *Kontexten* wirtschaftlich denken, entscheiden und handeln; strategisch gestaltete und institutionalisierte Anreizsysteme sind für sie ein spezieller Fall verdinglichter sozialer Kontextualisierung. Auf der Mikro- und Mesoebene betrachtet sie wirtschaftliches Handeln als sozial vorgeformt. Es ist geprägt durch kollektiv geteilte Vorstellungen, Motive, Handlungsmuster, Erwartungen und Rationalitäten, es ist sozial eingebettet in Familien, Bezugsgruppen, Netzwerke, Milieus und vor allem: in Organisationen" (Hedtke 2014, S.94; Hervorhebung im Original).

Ausgangspunkt einer sozioökonomischen Bildung sind die Alltags- und Lebenswelten von Kindern und Jugendlichen (Fischer und Zurstrassen 2014, S.10), die selbstverständlich auch die Themenfelder Konsum und Privathaushalt einschließen. Während die Themenauswahl induktiv erfolgt, ist das übergeordnete Ziel mit dem Leitbild des zu fördernden mündigen Menschen vorgegeben (Haarmann 2014, S.207); von diesem sind Subziele abzuleiten (Fridrich 2015a, S.282).

Die Frage der Mündigkeit beschäftigt seit Jahrhunderten die Menschen. Mündigkeit bedeutet in diesem Kontext, dass ein Mensch Orientierungs-, Urteils- und

Handlungsfähigkeit erlangt hat und diese in eigenen Alltags- und Lebensweltkontexten einsetzen kann (Haarmann 2014, S. 208). Das klingt leichter, als es tatsächlich ist. Gerade Konsumwelten sind trotz oder wegen des Internets unübersichtlich, fragmentiert und von mehr oder weniger verdeckten Interessen anderer gestaltet, weswegen hier eine *Orientierung* besonders für junge Menschen im Hinblick auf ihr Leben und ihre Bedürfnisse schwierig ist. Ständig sind Entscheidungsmöglichkeiten zu *bewerten* – dies reicht zum Beispiel von der Wahl von Verkehrsmitteln und der Gestaltung täglicher Einkäufe über Wohnungssuche und Organisierung des Privathaushalts bis hin zu Geldanlage und Altersvorsoge. In der Regel gibt es nicht nur eine einzige Alternative, sondern zahlreiche Optionen, was im lange bekannten Begriff „Multioptionsgesellschaft" (Gross 1994) zum Ausdruck kommt. Parallel dazu sollen die Menschen in der Lage sein, über das aktuelle Wirtschaftssystem und dessen Auswirkungen auf verschiedene Bereiche wie etwa Lebensmittel-, Energie- und Ressourcenverschwendung kritisch zu reflektieren. All das läuft auf eine *Handlungsfähigkeit* von Menschen hinaus, die ihre mehr oder weniger großen Handlungsspielräume selbstbestimmt, aber verantwortungsvoll nützen und somit die gesellschaftliche Realität mitgestalten sollen (Fridrich 2015a, S. 282).

Auch hier geht es erneut darum, eigene (Konsum-)Handlungen kritisch zu reflektieren, also beispielsweise: Inwiefern sind meine Bedürfnisse von Werbung, Marketing und Meinungen der Peers beeinflusst? Welche Optionen anderer Produktions- und Konsumformen, wie Sharing („nutzen statt besitzen") oder Produktionsgemeinschaften, können für mich eine Alternative darstellen? Inwieweit gestalte ich durch den Konsum von Gütern meine Identität? Welche Auswirkungen hat mein Konsum auf andere Menschen und die Umwelt? Dies sind Ansatzpunkte für einen spannenden Unterricht, der sich an den Lebenswelten von Kindern und Jugendlichen orientiert: Bestimmt kapitalismuskonformes Konsumieren mein Leben oder gelingt mein Leben nicht vor allem durch weitgehend selbstbestimmte Entscheidungen, die nicht nur auf ökonomischen Prinzipien basieren? (Fridrich 2017, S. 118f.).

Basierend auf diesen grundsätzlichen Überlegungen einerseits und auf den jahre- bis jahrzehntelang gepflegten Praktiken der Umsetzung wirtschaftlicher Themen und Inhalte im Geographie und Wirtschaftskunde-Unterricht andererseits wurde in einem mehrstufigen, österreichweiten Konstitutionsprozess das „Positionspapier sozioökonomische Bildung" von GW-Lehrpersonen an verschiedenen Schultypen und von GW-Fachdidaktikerinnen und -Fachdidaktikern verfasst. In diesem sind neben den vier Handlungsfeldern der sozioökonomischen Bildung, nämlich Konsum-, Haushalts-, Arbeits- und Gesellschaftsökonomie, auch methodische und didaktische Prinzipien der sozioökonomischen Bildung festgehalten, die auf Hedtke (2015, S. 26) basieren. Im Folgenden sollen nun die angeführten Prinzipien der sozioökonomischen Bildung (Fridrich und Hofmann-Schneller 2017, S. 48) und damit auch der Verbraucherbildung detailliert ausgeführt werden. Sie haben große Relevanz für das zu gestaltende Erlebniszentrum zum Thema „Konsum und Konsumieren" im Österreichischen Gesellschafts- und Wirtschaftsmuseum. Unmittelbar an jedes Prinzip anschließend werden jeweils Konsequenzen für das Erlebniszentrum abgeleitet. Folgende sieben Prinzipien werden für die sozioökonomische Bildung – und damit auch für den Teilbereich Verbraucherbildung – in Österreich als essenziell erachtet (siehe Übersicht 3.1).

Übersicht 3.1 Prinzipien der sozioökonomischen Bildung nach ausgewählten Quellen (eigene Darstellung)

Gliederung der Prinzipien sozioökonomischer Bildung (nach Fridrich und Hofmann-Schneller 2017, S. 48)	Gliederung der jeweils zuzuordnenden Prinzipien (nach Hedtke 2015, S. 26)
Einbettung des in gesellschaftlichen Kontexten räumlich und wirtschaftlich handelnden Menschen	Einbettung von wirtschaftlichen Strukturen und Prozessen in soziale, räumliche, ökologische, politische, ethische und historische Kontexte
In Bezug auf Lernprozesse: a. Schüler- und Lebensweltorientierung	Subjektorientierung
b. Individualisierung	Diversität als Anerkennung ökonomischer Vielfalt
c. Kompetenz- und Handlungsorientierung	Problemorientierung
In Bezug auf Gegenstandsbereiche: d. Aktualitäts- und Zukunftsbezug	Bildungsrelevanz
e. Kritische Zugänge	Kritik
In Bezug auf Wissenschaft: f. Inhaltliche Mehrperspektivität und Pluralismus	Wissenspluralität Kontroversität Multiparadigmatizität
g. Wissenschaftsorientierung	Wissenschaftsorientierung Sozialwissenschaftlichkeit

Die folgenden Unterkapitel werden entsprechend der Bezeichnung der oben angeführten Prinzipien der sozioökonomischen Bildung (linke Spalte) benannt, wobei die jeweils folgenden Erläuterungen die Verständlichkeit der damit verbundenen Intentionen gewährleisten sollen.

3.5.1 Schüler- und Lebensweltorientierung

Wie bereits oben ausgeführt, ist eine Fokussierung auf die Kinder und Jugendlichen sowie eine Bezugnahme der Lehr-Lern-Prozesse auf die Lebenswelten von jungen Menschen, ihre Alltagserfahrungen und Weltaneignungen (Daum und Werlen 2001, S. 9) unerlässlich. Daher sollten reale Probleme und Problemlagen anstatt konstruierter, trivialer Entscheidungssituationen als Anknüpfungspunkte für den Unterricht dienen (Famulla et al. 2011, S. 53). Dieses Postulat kann mit folgender Aussage charakterisiert werden: „Ausgangs- und Endpunkt sozio-ökonomischer Bildung sind die Lernenden und deren Lebenswirklichkeit" (Famulla 2014, S. 445). Zusätzlich muss berücksichtigt werden, dass Kinder und vor allem Jugendliche im Laufe der Sozialisation ihre höchst subjektiven Vorstellungen von einem guten Leben entwickelt haben (Hedtke 2014, S. 85), dass ihr (Konsum-)Handeln multimotivisch und in die sozialen Beziehungen ihrer Familie, Peers und Klasse eingebunden ist (Famulla 2014, S. 405), also eine soziale Einbettung und Rahmung aufweist.

Konsequenzen: Für ein Erlebniszentrum zum Thema „Konsum und Konsumieren" im Österreichischen Gesellschafts- und Wirtschaftsmuseum bedeutet dies eine Anbindung und ein Ausgehen von alltagsweltlichen Herausforderungen und Fragestellungen (siehe auch Bundesministerium für Bildung 2015a, S. 4). Somit sollte das Themenfeld des Konsumhandelns gemäß dem Motto: Ein Mensch ist keine „Opportunitätskostenkalkulationsmaschine" (Hedtke 2014, S. 101) behandelt werden. Daher agiert der Mensch nicht bloß ökonomisiert und rationalisiert (ebd., S. 86) nach reinen Kosten-Nutzen-Kalkülen, sondern muss in seiner lebensweltlichen Breite samt Handlungsspielräumen Eingang finden (Weber 2014, S. 136). Das bedeutet anders ausgedrückt, dass Menschen nicht ausschließlich rational entscheiden, sondern beeinflusst von ihrem sozialem Umfeld, ihren Vorerfahrungen, ihren persönlichen Vorstellungen und insbesondere ihren subjektiven Wertvorstellungen. Die Berücksichtigung dieser bedeutsamen Aspekte leistet einen wichtigen Beitrag zur Förderung der verantwortungsvollen Selbstbestimmung (Albers 1985) bzw. Selbstbestimmungsfähigkeit (Klafki 1993, S. 52) bzw. Entfaltung zu einem selbstverwirklichten Leben (Hentig 2003, S. 222ff.) von jungen Menschen.

3.5.2 Individualisierung

Geht es im Rahmen des obigen Prinzips primär um die inhaltliche und thematische Ausrichtung von Unterricht, fokussiert dieses Prinzip auf die Lernprozesse, die durch die Anwendung geeigneter Unterrichtsmethoden und angemessener Sozialformen bestmöglich gefördert werden sollen. „Unterrichtsmethodisch fordert dies den problemorientierten Ansatz ökonomischen Lernens in schüleraktivierenden Lernarrangements" (Famulla et al. 2011, S. 53). Binnendifferenzierung ist in mehrfacher Weise möglich (Hofmann-Schneller 2001, S. 14; Sitte 2001b, S. 204; Uhlen-winkel 2013, S. 43) und berücksichtigt beispielsweise Unterschiede bei Lerntypen, Leistungsfähigkeit und Lerntempo. Dies bedeutet erstens eine Individualisierung *innerhalb* der Lerngruppe, die meistens aus einer Schulklasse besteht. Zweitens bedeutet Individualisierung eine spezifische Abstimmung der Lernprozesse *zwischen* verschiedenen Lerngruppen, deren Mitglieder aufgrund von sozioökonomischen und gesellschaftlichen Bedingungen unterschiedliche Lernniveaus und Bedürfnisse haben. Mit anderen Worten: Lernprozesse sind immer auf die jeweilige Lerngruppe abzustimmen; auch vorgefertigte Unterrichtsmaterialien und -konzepte müssen für die spezifischen, eben individuellen Bedürfnisse der jeweiligen Lerngruppe modifiziert werden.

Besondere Berücksichtigung müssen im Zuge von Lernprozessen – insbesondere im Hinblick auf die Individualisierung *innerhalb* einer Lerngruppe – subjektive Theorien bzw. Präkonzepte (Fridrich 2010 und 2011a), ebenso wie bisherige informelle Lernprozesse (z. B. Rauschenbach et al. 2007) von Kindern und Jugendlichen finden. Aus folgenden Gründen sind bereits im Vorfeld des Unterrichts im Elternhaus oder in Peergroups erworbene Kenntnisse, Meinungen und Einstellungen über verschiedenste Konsum- und Haushaltsthemen wie etwa im Umgang mit Geld persistent. Subjektive Theorien tragen zur Orientierung und Komplexitätsreduktion Im Alltag bei, sie schaffen Sicherheit und Stabilisierung für den Menschen, sie sind selbst erworben und in den meisten Fällen für das Individuum plausibel (Fridrich 2011b, S. 21). Damit stehen diese subjektiven Kenntnisse und Einstellungen oft in Konflikt zu wissenschaftlichen Erkenntnissen, sind aus den genannten Gründen verhältnismäßig zählebig und im Unterricht nicht leicht weiterzuentwickeln oder zu modifizieren (Beck und Krapp 2001, S. 54). Schließlich ist Diversität in unterschiedlichen Bereichen wie Umwelt, Politik, Gesellschaft und Wirtschaft anzutreffen und dementsprechend in den Unterricht zu integrieren (Fridrich 2016, S. 28f.). Bezüglich der Wirtschaft bedeutet Diversität „Anerkennung und Reflexion ökonomischer Vielfalt und Multikulturalität im wirtschaftlichen Feld" (Hedtke 2015, S. 26).

Konsequenzen: Daraus folgt für ein Erlebniszentrum zum Thema „Konsum und Konsumieren" im Österreichischen Gesellschafts- und Wirtschaftsmuseum die Notwendigkeit einer Aktivierung von Vorwissen und Einstellungen zu den Themenfeldern „Konsum" und „Privathaushalt" als Einstieg durch eine moderierende Person. Mit technischen „Werkzeugen" wie etwa Tablets, VR-Brillen o. ä. kann der Individualisierung und der angemessenen Beachtung der Diversität etwa durch unterschiedliche Themenschwerpunkte und verschiedene Lerngeschwindigkeiten Rechnung getragen werden. In einer moderierten Besprechung von im Erlebniszentrum erworbenen Erkenntnissen wird zu diskutieren sein, welche jeweils subjektive

Bedeutung diese für den Alltag der Kinder und Jugendlichen haben, wobei auch Raum für deren Fragen und Anliegen sein muss.

3.5.3 Kompetenz- und Handlungsorientierung

Fundiertes Wirtschaftswissen ist wichtig, doch „Wirtschaftswissen alleine ist zu wenig!" (Fridrich 2012, S. 21), denn im Zuge der sozioökonomischen Bildung geht es nicht primär um die Reproduktion von Sachverhalten, Daten, Definitionen oder (wirtschaftspolitischen) Dogmen, sondern um das Verstehen von gesellschaftlich-wirtschaftlich-politischen Zusammenhängen, um Anwendungen und Anwenden des Gelernten, um eine Reflexion von eigenen Einstellungen, Bewertungen und Handlungen (Fridrich 2013, S. 4ff.). Dazu zählt die Analyse von „ökonomisch geprägte[n] gesellschaftliche[n] Problemlagen und individuelle[n] Lebenssituationen. Sie erwerben und nutzen das Wissen und Können, das ihnen hilft, diese Probleme und Situationen als Konsumierende und Vorsorgende, als BerufswählerInnen, ArbeitnehmerInnen und ArbeitgeberInnen zu analysieren, zu bewältigen und zu gestalten. Dazu gehört selbstverständlich je nach Problem auch vorrangig oder ausschließlich wirtschaftliches Wissen" (Famulla et al. 2011, S. 53; Ergänzungen Ch.F.). Eines der wichtigen, übergeordneten Ziele ist es, die Entfaltung der Orientierungs-, Urteils- und Handlungsfähigkeit von jungen Menschen zu fördern (Famulla et al. 2011, S. 53; Haarmann 2014, S. 208f.; Fridrich und Hofmann-Schneller 2017, S. 48; siehe oben).

Grundsätzlich muss davon ausgegangen werden, dass Kinder und Jugendliche routinisierte und auch komplexe Entscheidungen und Handlungen in einer unübersichtlichen, ökonomisch hochgradig durchdrungenen Welt vollziehen. Das bedeutet erneut, dass Wissen und auch Einstellungen bedeutsam sind, jedoch darf nicht erwartet werden, dass es genügt, junge Menschen mit ausreichend Wissen auszustatten, um sie zu richtigen Handlungen zu führen. Bei diesem unterkomplexen Bildungsverständnis würden zumindest zwei zentrale Aspekte außer Acht gelassen werden. Erstens ist nachzufragen, was denn eigentlich „richtige Handlungen" sind und wer überhaupt die Kompetenz hat, diese als „richtig" zu beurteilen? Zweitens garantiert die beste Ausstattung mit Wissen und Einstellungen – was auch immer das sein möge – nicht, dass Menschen in Alltagssituationen auch tatsächlich danach handeln. Dieses Phänomen des Auseinanderklaffens von Wissen bzw. Einstellungen einerseits sowie Handlungen andererseits ist als *mind behaviour gap* gut erforscht und geht letztlich mit der Tatsache einher, dass Menschen aus verschiedensten – auch spontan entwickelten – Motiven handeln und daher letztendlich unberechenbar agieren und reagieren (Hedtke 2014, S. 85f.).

Einer ähnlichen Fehlannahme unterliegen Tests über Wirtschaftswissen, in denen erstens nur Wissen über Teilbereiche „der Wirtschaft" abgefragt wird

(Fridrich 2012, S. 24ff.), zweitens vielfach implizit von der Annahme ausgegangen wird, dass es nur eines verbesserten Wirtschaftswissens bedarf, um automatisch und zwingend „bessere" wirtschaftliche Handlungen hervorzurufen, was, wie oben gezeigt wurde, ein krasser Trugschluss ist.

Konsequenzen: Für ein Erlebniszentrum zum Thema „Konsum und Konsumieren" im Österreichischen Gesellschafts- und Wirtschaftsmuseum bedeutet dies, eine potenzielle Beschränkung auf Wirtschaftswissen in Bezug auf Verbraucherbildung zu vermeiden. Eine Übertreibung in Form der Ausarbeitung höchst differenzierter Kompetenzkataloge wird ebenso nicht zielführend sein (Hedtke 2014, S. 82). Vielmehr wird es sinnvoll sein, sich zu überlegen, in welchen Bereichen des Erlebniszentrums Anforderungen im Sinne von Wiedergeben – Verstehen, Anwenden – Analysieren sowie Bewerten – Gestalten integriert werden können. Diese Anforderungsbereiche können in fachlichen Kompetenzdimensionen (z. B. Wissen um und Anwenden von Verbraucherrechten), in methodischen Kompetenzdimensionen (z. B. Wiedergeben, Analysieren und Bewerten von Vertragsinhalten) und in metakognitiven Kompetenzdimensionen (z. B. Reflektieren von Prozessen des eigenen formellen und informellen Lernens in Konsumangelegenheiten) realisiert werden (vgl. zur theoretischen Grundlegung der Kompetenzstufen und Kompetenzdimensionen Anderson und Krathwohl 2001, 28 und 45ff.; Bundesministerium für Bildung und Frauen 2012, S. 13f.; Fridrich 2013, S. 6f.; Fridrich 2017, S. 138f.).

3.5.4 Aktualitäts- und Zukunftsbezug

Bereits Wolfgang Klafki führt in dem von ihm entwickelten „Perspektivenschema zur Unterrichtsplanung" an, dass die *Gegenwartsbedeutung* von Inhalten für Schülerinnen und Schüler ebenso geklärt sein muss wie die *Zukunftsbedeutung;* mit der *exemplarischen Bedeutung* des Lerninhalts können mithilfe eines gut gewähltes Themas allgemeine Zusammenhänge und Strukturen erschlossen sowie Gesetzmäßigkeiten erkannt werden (Klafki 1999, S. 18). Die Auseinandersetzung mit Themen von Bildungsrelevanz und Problembezug tragen zur Entwicklung „menschlichen Selbst- und Weltverständnisses" (Klafki 1996, S. 69) bei.

Anstatt aus den Wirtschaftswissenschaften Themen lediglich auf das Niveau der Lernenden „herunterzubrechen" und nach einer wirtschaftswissenschaftlichen Systematik vorzugehen, wie dies im ökonomistischen Paradigma erfolgt, werden in der sozioökonomischen Bildung „persönliche und gesellschaftliche Schlüsselprobleme akzentuiert" (Engartner und Krisanthan 2014, S. 170). Somit ist Problembezug das wichtigste Charakteristikum der sozioökonomischen Bildung (Hedtke 2014, S. 99), wobei es gilt, mithilfe von geeigneten Medien aktuelle Themenstellungen für den Unterricht abzuleiten. Spannend kann es sein, ein und dasselbe Thema aus unterschiedlichen Medien zu entnehmen und die Darstellung und Analyse zu vergleichen. So könnte zusätzlich ein Beitrag zu einer kritischen Medienerziehung in dem Sinne geleistet werden, dass auch Darstellungen in den Medien die Realität nicht eins zu eins abbilden, sondern Selektionsmechanismen, Interessen der Herausgeberschaft und Zielen des jeweiligen Mediums unterworfen sind.

Konsequenzen: Für ein Erlebniszentrum zum Thema „Konsum und Konsumieren" im Österreichischen Gesellschafts- und Wirtschaftsmuseum bedeutet dies, reflektierend mit jungen Menschen zu erarbeiten, was gutes Leben für *sie* bedeute und was für *ihr* gutes Leben erforderlich sei (Rauscher 2008, S. 25f.). Kinder und Jugendliche sind einer stetig steigenden Ökonomisierung ihres Alltags ausgesetzt und haben individuelle Erwartungen, Werte, Verwirklichungschancen und Einstellungen. Dies wird mit folgendem Zitat umrissen: „In diesem Spannungsfeld unterstützt sozio-ökonomische Bildung die Lernenden dabei, ihre wirtschaftlichen Horizonte zu erweitern und über Vorstellungen von einem guten Leben nachzudenken" (Hedtke 2014, S. 91). Einmal mehr bedeutet Aktualitäts- und Lebensweltbezug, dass im Erlebniszentrum nicht nur vorgefertigte Module zur Verfügung stehen, sondern Andockmöglichkeiten geschaffen werden, damit Kinder und Jugendliche auch mit ihren subjektiv wichtigen Themen, Anliegen und Herausforderungen im Bereich Konsum und Privathaushalt Gehör finden.

3.5.5 Kritische Zugänge

Einer kritischen Reflexion sollen sowohl die eigenen Handlungen als auch die Handlungen anderer und schließlich auch die kollektiv geteilten Handlungsmuster innerhalb der Gesellschaft unterzogen werden. Dies bezieht auch eine Kritik am praktizierten Wirtschaften in den vier Bereichen Konsum, Privathaushalt, Arbeitswelt und Gesellschaft ein, was durch die Kritik beispielsweise an der Lebensmittelverschwendung, am übermäßigen Ressourcenverbrauch, an der Ausbeutung von Mensch und Natur an vielen Orten unseres Planeten festgemacht werden kann. Auch wenn die Europäische Union global betrachtet als eine der Wohlstandsinseln gelten kann und seit dem Zweiten Weltkrieg eine beispiellose Steigerung des BIP pro Kopf etwa in Österreich oder Deutschland stattgefunden hat, besteht noch ein erheblicher Bedarf an einer anderen Art des Wirtschaftens, die nachhaltig und auch sozial gerecht ist.

Das heißt, dass das gegenwärtig praktizierte Wirtschaften ebenso wie die „Interessen- und Machtkonstellationen" (Fridrich und Hofmann-Schneller 2017, S. 48) hinterfragt werden müssen. Dies stellt einen von mehreren möglichen Zugängen zur politischen Bildung dar und impliziert, dass nicht nur auf der kognitiven Ebene eine Entwicklung angestoßen wird, sondern vor allem auf der Handlungsebene die Entfaltung einer „kritischen Handlungsfähigkeit" (Famulla 2014, S. 406) gefördert wird. Es geht also um Ermutigung zu eigenständigem Denken und Handeln, nicht um Konformität und (Selbst-)Ökonomisierung (Hedtke 2014, S. 90). Dieses Ziel rückt jedoch in weite Ferne, wenn Lehrpersonen von außen in die Schule getragene Interessenpolitik in Form von Materialien oder sogenannten „Expertenvorträgen" unkritisch übernehmen oder zulassen (Famulla et al. 2011, S. 54) und zusätzlich die Lehrperson von der referierenden Person in die Rolle des Unwissenden gedrängt wird (siehe zum Werbeverbot an Österreichs Schulen Bundesministerium für Bildung 2015b).

Eine Entsprechung findet dieses Postulat der Förderung von kritischem Denken und Handeln im Konzept des Vermittlungsinteresses von Christian Vielhaber, der folgende vier Formen von Vermittlungsinteressen unterscheidet: unreflektiertes, technisches, praktisches und emanzipatorisches Vermittlungsinteresse. Im Bereich des unreflektierten Vermittlungsinteresses einer Lehrperson werden zum Beispiel Definitionen und Dogmen der Wirtschaftswissenschaften abgefragt (z. B. die unkritische Wiedergabe der Theorie der langen Wellen). Im Zuge des technischen Vermittlungsinteresses werden einfache, lineare Zusammenhänge vermittelt. (Beispiel: Wenn jemand über ein bestimmtes Einkommen bzw. Vermögen verfügt, dann ermöglicht dies eine bestimmte Standortwahl bei der Suche einer Eigentumswohnung). Auf der Stufe des praktischen Vermittlungsinteresses geht es bereits um thematische Erschließung und Akzeptanz des vorgefundenen Handlungsrahmens mit dem Ziel der Bewältigung und der Bewährung in ökonomisch geprägten Lebenssituationen, wie etwa die effiziente Wahl des Handytarifs. Schließlich erfolgt im Bereich des emanzipatorischen Vermittlungsinteresses eine kritische Reflexion einerseits von gesellschaftlich konstituierten Widersprüchen und andererseits des eigenen Handelns im Sinne einer Selbstreflexion. Ein Beispiel für den Typ Vermittlungsinteresse wäre die Bearbeitung der Fragestellung, warum ein Kilo der weit gereisten Bananen billiger ist als dieselbe Menge regionaler Äpfel (Vielhaber 1999, S. 17ff.); ebenso die kritische Reflexion der Frage, ob es für das eigene gute Leben unbedingt erforderlich ist, der vermeintlich heilsbringenden Werbebotschaft zu folgen und jährlich sein Smartphone gegen ein neues zu tauschen. Während die ökonomistische Bildung vor allem auf das unreflektierte, technische und z. T. auch praktische Vermittlungsinteresse abzielt, fokussiert die sozioökonomische Bildung primär auf das praktische und auf das emanzipatorische Vermittlungsinteresse, das heißt, auf mündige Handlungen in der vorgefundenen Wirtschaftsordnung, aber auch auf kritische Reflexion derselben – verbunden mit einem demokratischen Veränderungsanspruch.

Konsequenzen: Daraus folgt für ein Erlebniszentrum zum Thema „Konsum und Konsumieren" im Österreichischen Gesellschafts- und Wirtschaftsmuseum, dass keine Interessenvertretung oder politische Partei *alleine* ihre Sichtweisen und Perspektiven von Konsum und Konsumieren darstellen sollte, und schon gar nicht ein Privatunternehmen. Vielmehr ist es wünschenswert, dass die Erarbeitung und Ausgestaltung des Erlebniszentrums sozialpartnerschaftlich oder überparteilich oder von einem Bundesministerium, das die Interessen der Allgemeinheit vertritt, gefördert werden soll. Neben der Reflexion des eigenen Konsumhandelns sollten gemäß den obigen Ausführungen die Rahmenbedingungen des Konsums in unserer Gesellschaft und die dahinter stehenden Interessen und Interessengruppen hinterfragt und einer kritischen Reflexion unterzogen werden.

3.5.6   Inhaltliche Mehrperspektivität und Pluralismus

Die Herausforderungen der Spätmoderne bzw. der flüchtigen Moderne (Bauman 2003), der Postfaktizität bzw. Postdemokratie (Raab et al. 2017, S. 19ff.) und der Superkomplexität (Barnett 2004, S. 249f.) sind für sich genommen nichts Neues, werden jedoch von vielen Menschen als zunehmende Bedrohung empfunden, weswegen viele nach alternativen Erklärungsmustern (Raab et al. 2017) oder Vereinfachungen streben, um ein Mindestmaß an Orientierung und Sicherheit zu erlangen. Nicht selten werden auch im Unterricht Vereinfachungen – etwa in Form von simplifizierenden Aussagen – vorgenommen, um gesellschaftlich-wirtschaftliche Zusammenhänge nachvollziehbar zu machen. Wenn dabei gegensätzliche Positionen oder Widersprüche verschwiegen werden, wird gegen das aus der politischen Bildung stammende Kontroversitätsgebot verstoßen, das wie folgt lautet: „Was in Wissenschaft und Politik kontrovers ist, muß auch im Unterricht kontrovers erscheinen. […] denn wenn unterschiedliche Standpunkte unter den Tisch fallen, Optionen unterschlagen werden, Alternativen unerörtert bleiben, ist der Weg zur Indoktrination beschritten (Wehling 2016, S. 24). Das heißt, *Komplexitätsreduktion* im Sinne einer Elementarisierung oder didaktischen Reduktion (Lehner 2012, S. 84) ist für das bessere Verständnis der Lernenden oft sinnvoll, ja sogar notwendig, *Kontroversitätsreduktion* ist jedoch abzulehnen.

Für gesellschaftlich-wirtschaftliche Themen bedeutet dies analog, dass gesellschaftlich produzierte Konflikte und Probleme sowie öffentlich kontrovers diskutierte Themen auch im Unterricht kontrovers behandelt werden müssen und nicht mittels einfacher Lösungen und affirmativer Zugänge zur herrschenden Wirtschaftsordnung simplifiziert werden dürfen. Beispiele für eine differenzierte Erarbeitung wären unterschiedliche Interessen von Arbeitgeber- und Arbeitnehmervertretern bei Kollektivvertragsverhandlungen, Gründe für extreme Ungleichverteilungen von Einkommen und Wohlstand, Erklärungsansätze für die Entstehung der Wirtschaftskrise etc.

Wichtig ist die Erkenntnis auf Seiten der Lehrenden und der Lernenden, dass Pluralismus ein „zentrales Strukturmerkmal von modernen Gesellschaften" (Hedtke 2014, S. 104) ist und daher auch der Unterricht pluralistisch gestaltet sein muss

(Engartner und Krisanthan 2014, S. 166). Pluralismus bezieht sich erstens auf verschiedene Paradigmen der wirtschaftlichen Bildung wie etwa sozioökonomische, ökonomistische und integrative Ansätze (Weber 2014, S. 134f.), zweitens auf unterschiedliche Wissensformen wie etwa Alltags-, Kultur- und Wissenschaftswissen (Hedtke 2015, S. 26) und drittens auf Kontroversität in Bezug auf Interessenlage, wirtschaftliche Weltbilder, Menschenbilder und Ideologien (Hedtke 2015, S. 26; siehe auch oben).

Junge Menschen sollen auf diese Weise nicht auf ein einziges Denkschema trainiert werden, sondern der „wissenschaftliche, politische und weltanschauliche Pluralismus hilft ihnen, sich in ihrer Lebenswelt angemessen und differenziert zu orientieren, sie zu verstehen, zu bewältigen, eigenständig zu beurteilen und zu gestalten" (Famulla et al. 2011, S. 54). Diese Entfaltung einer Orientierungs-, Urteils- und Handlungsfähigkeit gerade in ökonomisch stark durchdrungenen Lebenswelten von jungen Menschen wird vonseiten der sozioökonomischen Bildung als essenziell erachtet (Haarmann 2014, S. 208f.; Kutscha 2014, S. 74; Ulrich 2008, S. 14; Fridrich und Hofmann-Schneller 2017, S. 48).

Konsequenzen: Für ein Erlebniszentrum zum Thema „Konsum und Konsumieren" im Österreichischen Gesellschafts- und Wirtschaftsmuseum bedeutet dies zunächst, junge Menschen ihre unterschiedlichen Welt-, Menschen- und Konsumbilder zum Ausdruck bringen zu lassen. Gerade im Konsum ist es möglich, durch die Einbeziehung der Positionen von auf verschiedenen Maßstabsebenen agierenden Menschen unterschiedliche, zum Teil einander widersprechende Interessenslagen herauszuarbeiten. Man denke beispielsweise an die Situation von in slumähnlichen Verhältnissen unter prekären Bedingungen arbeitenden Orangenpflückern in Südeuropa, an die Eigentümerinnen und Eigentümer dieser Organgenplantagen, an die Personen im Großeinkauf von Orangen für die Saftproduktion, an die im Zentraleinkauf von Supermarktketten Beschäftigten und an die Menschen im Endverbrauch: Sie alle haben sich unterschiedlichen Herausforderungen zu stellen und weisen zum Teil völlig unterschiedliche, einander widersprechende Interessenlagen auf (Fridrich 2015b, S. 57ff.).

3.5.7 Wissenschaftsorientierung

Hedtke sieht „Wissenschaftlichkeit als ein *allgemeines*, transdisziplinär methodisches Prinzip der Gewinnung und Prüfung von Wissen und als dessen Gütekriterium" (Hedtke 2015, S. 26; Hervorhebung im Original). Im Gegensatz zu ökonomistischen Ansätzen, die sich lediglich auf die Wirtschaftswissenschaften beziehen, integriert sozioökonomische Bildung Wissensbestände zusätzlich aus anderen Wissenschaften, wie etwa aus der Soziologie, Humangeographie, Geschichte, Ethik, Psychologie, Politikwissenschaft, Ökologie, Konsumforschung etc. und auch aus den Wirtschaftswissenschaften, wobei keine Disziplin per se eine Vorrangstellung einnimmt (Famulla 2014, S. 405). Wissenschaftsorientierung wird vonseiten der sozioökonomischen Bildung als wichtiges Kriterium betrachtet, wobei nochmals die Rolle der eben erwähnten Wirtschaftswissenschaften zu betonen ist: „Auch sozio-ökonomische Bildung berücksichtigt die Modelle und Denkansätze der Ökonomik, allerdings weder ausschließlich, noch unkritisch" (Weber 2014, S. 143).

Konsequenzen: Daraus folgt für ein Erlebniszentrum zum Thema „Konsum und Konsumieren" im Österreichischen Gesellschafts- und Wirtschaftsmuseum, dass eine Vielfalt von wissenschaftlichen Ergebnissen aus unterschiedlichen Disziplinen implizit oder explizit einfließen soll. Eine ausschließliche Fokussierung auf die Themenfelder Konsum und Privathaushalte aus wirtschaftswissenschaftlicher Sicht, womöglich aus einer einzigen Perspektive, nämlich jener der neoklassischen Ansätze, ist abzulehnen. Hier schließt sich der Kreis zum eingangs angeführten Punkt a): Es ist im Rahmen eines Erlebniszentrums eine Einbettung in und ein Andocken zu Themen Konsum, Konsumieren und Privathaushalte vorzunehmen.

Aus diesen oben angeführten sieben Prinzipien der sozioökonomischen Bildung lässt sich folgendes Zwischenresümee für die Gestaltung eines Erlebniszentrums zum Thema „Konsum und Konsumieren" im Österreichischen Gesellschafts- und Wirtschaftsmuseum ziehen. Es wäre wünschenswert, Konsum als mehrphasigen Akt (von der Bedürfnisentstehung über Kauf bzw. Eigenproduktion zur Nutzung und Entsorgung bzw. Recycling) zu reflektieren (Fridrich et al. 2014), Auswirkungen auf andere Bereiche der Gesellschaft (Subjekte, Privathaushalte, Arbeitswelt, globale Kontexte) erlebbar zu machen und in diesem Sinn über Verantwortung nachzudenken, ohne zu moralisieren (Fridrich 2017, S. 141 ff.) und ohne die politische Verantwortung des Staates privatisieren zu wollen. Es gilt im Kontext der Schüler- und Lebensweltorientierung über subjektive Sinnkonstitutionen in unseren modernen Gesellschaften zu reflektieren, denn „subjektiver" Sinn entspringt also in der Regel nicht individuell isolierten Sinngebungen, sondern entsteht und steht typischerweise in gesellschaftlichen Kontexten" (Hedtke 2014, S. 88).

4   Perspektiven eines Erlebniszentrums zum Thema „Konsum und Konsumieren"

Wie bereits oben ausgeführt, wurde dem Verfasser dieses Beitrags im September 2015 vonseiten des Österreichischen Gesellschafts- und Wirtschaftsmuseums der Auftrag zur Erstellung eines grundlegenden inhaltlichen und pädagogischen Konzepts erteilt, das an die Mitglieder der Arbeitsgruppe des betreffenden Workshops beim 1. Symposium „Konsum neu denken" zur Kommentierung und Ergänzung übermittelt wurde. Folgende Personen gaben ihre Stellungnahme ab, wobei einige Ergänzungen gewünscht, jedoch das Grundkonzept beibehalten wurde: Theres Konrad, Michael-Burkhard Piorkowsky und Stefan Schridde. Von Beginn an war klar, dass dieses Papier Grundlage für ein von anderen Personen zu erstellendes museumspädagogisches Konzept sein könnte. Es werden im Folgenden die gekürzten grundlegenden, ursprünglichen Überlegungen (Version 1.0) des Verfassers, die auf den Prinzipien der sozioökonomischen Bildung basieren (s. Kap. 3), vorgestellt, zum leichteren Verständnis etwas modifiziert und geringfügig ergänzt.

Die *Leitidee* ist, mit besucherorientierten Methoden und differenziert nach Zielgruppen personale und mediale Vermittlungsangebote zum Thema „Konsum" modular aufgebaut und je nach Finanzierungsgrad des Erlebniszentrums zu entwickeln. Für die meist jugendlichen Besucherinnen und Besucher sollen qualitativ hochwertige und nachhaltige Erlebnisse angestrebt werden, die individuelle und lebensweltorientierte Aneignungsprozesse ermöglichen.

Der *Bildungsauftrag* im Sinne von Otto Neurath liegt in der Vermittlung von Grundlagen und Zusammenhängen dieses gesellschaftlich und ökonomisch relevanten Themas für Menschen aller Gesellschaftsgruppen und prinzipiell jeden Alters, beginnend von Schülerinnen und Schülern bis hin zu Seniorinnen und Senioren. Damit soll ein Beitrag geleistet werden, dass Menschen befähigt werden, sich eine kritisch-reflektierte Meinung zu einer komplexen Querschnittsmaterie zu bilden und kompetent in ökonomisch geprägten Alltagskontexten zu handeln. Statt letztgültiger Antworten erhalten die Besucherinnen und Besucher kritische Denkanstöße und Diskussionsimpulse. Auf diese Weise soll ihre Emanzipation gefördert und die reflektierte Partizipation an gesellschaftlichen Entwicklungen unterstützt werden. Neben Schaubildern mit Kurztexten, welche im Rahmen der Grundsätze der Bildpädagogik und Bildstatistik von Otto Neurath anhand von Grafikvorlagen im Grafikstudio des Österreichischen Gesellschafts- und Wirtschaftsmuseums erstellt werden können, werden aktivierende Elemente sowie diskursive Vermittlungsphasen entwickelt, die es Besucherinnen und Besuchern ermöglicht, selbst Fragen zu stellen sowie eigene Denk- und Handlungsmuster reflektieren zu können. Das Österreichische Gesellschafts- und Wirtschaftsmuseum verfügt über fachlich und didaktisch versierte Vortragende, die sowohl im Museum, als auch extern bei Wanderausstellungen des Museums arbeiten. Diese Vortragenden können nach einer methodischen und inhaltlichen Einschulung im Konsumentenpfad wirken und somit den Dialog zwischen den Besucherinnen und Besuchern sowie den Objekten im Museum gestalten.

Die *Inhalte* sind themenspezifisch, problemorientiert, objektangemessen, gegenwarts- und zukunftsbezogen, visualisiert, ganzheitlich, transdisziplinär und handlungsorientiert gestaltet. Die Prinzipien Kontroversitätsgebot und Überwältigungsverbot des Beutelsbacher Konsens' werden in allen Phasen des Diskurses mit Besucherinnen und Besuchern gewährleistet. Je nach Umfang der Finanzierung sind die Schautafeln modulartig im Sinne von Ausbaustufen erweiterbar, wobei die Ausbaustufe 3 den Vollausbau darstellt. Grundidee ist es, eine zentrale Einheit („Was ist Konsum?") mit einer Vielfalt zusammenhängender und grundlegender Themen zu gestalten sowie Themenkomplexe an je einem Produkt aus der Lebenswelt von Menschen zu manifestieren, nämlich an einem technischen Produkt (Smartphone), an einem Kleidungsstück (Jeans) und an einem Lebensmittel (Orangensaft). Es bieten sich durch diese Vorgangsweise vielerlei Vorteile: Schaffung eines Bezuges zu den besuchenden Menschen, Reflexion von eigenen Denk- und Handlungsmustern, Anknüpfen an subjektiven Theorien von Menschen sowie Weiterentwicklung von Präkonzepten im Sinne der Dreischrittmethode von Kersten Reich: Rekonstruktion – Dekonstruktion – Konstruktion von Perzeptions- und Handlungsmustern (Reich 2008, S. 138) unter Beachtung des Überwältigungsverbotes aus der politischen Bildung.

Die *Umsetzung* der Inhalte kann in unterschiedlichem technischen Ausmaß erfolgen. So reicht der Bogen von klassischen Schautafeln, Spielen und Objekten über virtuelle Formen mithilfe von Tablets für alle Besucherinnen und Besucher bis hin zu VR-Brillen bzw. weiteren technischen Medien. Grundsätzlich ist allerdings festzuhalten, dass nicht die Technik im Vordergrund stehen sollte, sondern der besuchende Mensch mit seinen Anliegen und Fragen. Die Technik hat auch in diesem Fall eine dienende Rolle, indem sie Prinzipien der aus einer umfassenden sozioökonomischen Bildung abgeleiteten Verbraucherbildung motivierend umsetzen soll. Dies bedeutet demnach das Primat der Menschen, der Prinzipien der Verbraucherbildung und der didaktischen Zielstellungen, die an Inhalten und Themen festzumachen sind, vor einer bloßen Technisierung des Erlebniszentrums um ihrer selbst willen.

Als *Beispiele* für Themen und zu integrierende Objekte können – ohne Anspruch auf Vollständigkeit – folgende genannt werden.

Modul 1 (Ausbaustufe 1): Der für das Erlebniszentrum grundlegende Themenkreis *„Was ist Konsum?"* kann durch folgende Themen erschlossen werden: Konsumbegriff, persönliche Betroffenheit durch das Thema, Prosumtion, privater Haushalt, Produktion von Gütern im Privathaushalt, Haushaltsbudget, Schuldenfallen, Verschuldung, Versicherung, Konsumentenschutz und Konsumentenrecht in Österreich, Begriff und Bedeutung der Nachhaltigkeit, Kompetenzen, Handlungsoptionen, neue Formen von Konsum und Produktion, Entsorgung, Alternativen zum Konsum wie etwa Sharing-Konzepte etc. Folgende Objekte sind zur Veranschaulichung dieser Themen denkbar: Warenkorb, Müllberg einer Person pro Jahr, virtuelle oder reale „Bedürfniskärtchen" zur Gewichtung persönlicher Schwerpunktsetzungen, Online-Spiele über gezielte Konsumbeeinflussungen durch psychologische Effekte etc.

Zu Modul 1 zählt auch ein Produkt aus dem Alltag, nämlich ein *Smartphone,* mit dem verschiedenste Themen erarbeitet werden können, so etwa: Bedürfnis – Zufriedenheit – Erwartung, Kommunikation gestern – heute – morgen, Statussymbol, Ressourcen- und Landschaftsverbrauch, Werbung, Peers, Bedürfnisentstehung und -steuerung, Nutzungsmuster im globalen Norden und im globalen Süden, Reparatur, geplante Obsoleszenz, Entsorgung, Recycling etc. Mithilfe von Objekten kann ein unmittelbarer Zugang erschlossen werden: altes Telefon mit Wählscheibe, Uralt-Handy, zerlegtes Handy, Assoziationsstern zur Verortung und Auslotung persönlicher Schwerpunktsetzungen und Bedürfnisse etc.

Mit dem Modul 2 (Ausbaustufe 2) können am Beispiel von *Jeans* weitere Themen bearbeitet werden: globale Ungleichheiten, Einkommens- und Vermögensverteilung in Österreich, Marken- und Modebewusstsein, Umwelt- und Menschenbelastung bei Produktion und Transport, anthropogen verstärkter Klimawandel, internationale Arbeitsteilung, unterschiedliche Verdienstmöglichkeiten entlang der Wertschöpfungskette, Qualität und Preis etc. Als Beispiele für Objekte bieten sich an: Jeans verschiedener Provenienz, Weltkarten zum Eintragen der Stationen von Produktions- und Vertriebswegen von Jeans, Akkord-Arbeits-Spiel, Mystery über die Bekleidungsindustrie – mit dem Fallbeispiel Brand in einer Textilfabrik in Bangladesch etc.

Das Modul 3 (Ausbaustufe 3) würde die Erlebniswelt mit einem Lebensmittel, nämlich *Orangensaft,* vorläufig abschließen, wobei je nach gesellschaftlich-wirtschaftlichen Entwicklungen die jeweiligen Module ausgetauscht, aktualisiert oder erweitert werden können. Folgende Themen sind denkbar: Ressourcenverbrauch und Umweltbelastung durch die intensive Landwirtschaft, globale Implikationen unseres Lebensstils in Bezug auf Flächenverbrauch, Wichtigkeit gesunder Ernährung, Bedeutung von Nachhaltigkeit, Biodiversität, Verantwortung gegenüber Mensch und Tier, Lebensgrundlage der lokalen Bevölkerung, Fair Trade, regionale Produkte und Produktion, Verschwendung von Lebensmitteln etc. Auch in diesem Modul sind Objekte als zusätzlicher Anknüpfungspunkt und zur Veranschaulichung denkbar: diverse Orangensaftpackungen, Blindverkostung von Orangensaft zum Riechen und Spüren, weggeworfener Lebensmittelberg pro Jahr, Mystery über bitter-billigen Orangensaft etc.

5   Eckpunkte der Umsetzung des Erlebniszentrums zum Thema „Konsum und Konsumieren"

Es ist außerordentlich erfreulich, dass sich drei Sponsoren zur Umsetzung des Erlebniszentrums (zusammen)gefunden haben, nämlich das österreichische Bundesministerium für Arbeit, Soziales, Gesundheit und Konsumentenschutz als Hauptsponsor, der Versicherungsverband Österreich als zweiter Sponsor und das Bundesministerium für Nachhaltigkeit und Tourismus mit einer Einmalzahlung. In Summe werden die Investitionskosten für die Ausgestaltung dieses Erlebniszentrums einen sechsstelligen Eurobetrag umfassen. Zur Zeit des Redaktionsschlusses September 2017 befand sich das Erlebniszentrum in der Phase der Gestaltung, wobei als Eröffnungstermin Mai 2018 angepeilt wurde. Die Bezeichnung „Erlebniszentrum zum Thema ‚Konsum und Konsumieren'" stellt somit lediglich einen durch den Verfasser gewählten Arbeitstitel dar, der recht sperrig ist, jedoch die Grundintention umreißen soll, zumal die endgültige Bezeichnung noch nicht feststand.

Mit der museumspädagogischen Umsetzung wurden als Kurator Thomas Marschall, der u. a. die Ausstellungsgestaltung für das Kindermuseum ZOOM in Wien übernommen hat, und als Architektin Marie-Therese Harnoncourt, die beispielweise den Wolkenturm der Freiluftbühne Grafenegg, das Seebad Kaltern in Südtirol, das Design für ein virtuelles Museum in Wien und ein unterirdisches Hallenbad in Wien gestaltet hat, beauftragt.

Die zentrale Zielgruppe dieses wahrscheinlich kostenfrei besuchbaren Erlebniszentrums sind Kinder und Jugendliche im Alter von 12 bis 19 Jahren, wobei interessierte Erwachsene explizit nicht ausgeschlossen werden. An insgesamt zehn Stationen sollen zu Themenbereichen wie Geld, Werbung, Ernährung, Schadstoffe, Energie, Datenschutz, Versicherung, Globalisierung etc. Umsetzungen geplant werden, bei denen die Besucherinnen und Besucher durch konkrete Erfahrung und Diskussion zur Erkenntnis gelangen sollen, dass ihr Konsumhandeln Folgen hat und dass es viele Möglichkeiten gibt, den persönlichen Konsum zu gestalten. Als Vermittlungsmethoden werden Quiz, Karten-, Such-, Rollen- und Schätzspiele, Videos, Glücksrad und weitere interaktive Formen eingesetzt, wobei zwischendurch immer wieder Abstimmungen und Diskussionen mit einer abschließenden Auswertung des Gruppenergebnisses durchgeführt werden. Das Ergebnis, weiterführende Unterrichtsmaterialien, Links u. ä. werden am Ende des Besuches den begleitenden Lehrkräften zur weiteren Bearbeitung im Unterricht ausgehändigt. Somit soll der Besuch im Erlebniszentrum zusammen mit den gewonnenen Erkenntnissen nicht bloß eine „Eintagsfliege" bleiben, sondern in anschließende und weiterführende Unterrichtsstunden einfließen können.

Literatur

Albers, H.-J. (1985). Handlungsorientierung und ökonomische Bildung. In H.-J. Albers (Hrsg.), *Handlungsorientierung und ökonomische Bildung* (S. 1-22). Bergisch Gladbach: Thomas Hobein.

Anderson, L. W., Krathwohl D. R. (Hrsg.). (2001). *A Taxonomy for Learning, Teaching, and Assessing. A Revision of Bloom's Taxonomy of Educational Objectives.* New York: Longman.

Barnett, R. (2004). Learning for an unknown future. In: *Higher Education Research & Development* 23(3). S. 247-260.

Bauman, Z. (2003). *Flüchtige Moderne.* Frankfurt am Main: Suhrkamp.

Beck, K. & Krapp, A. (2001). Wissenschaftstheoretische Grundfragen der Pädagogischen Psychologie. In: Krapp, A., Weidenmann, B. (Hrsg.): *Pädagogische Psychologie. Ein Lehrbuch.* 4. Aufl. Weinheim: Beltz. S. 32-73.

Bundesministerium für Bildung (Hrsg.) (2000). Lehrplan Geographie und Wirtschaftskunde. Sekundarstufe I. https://www.bmb.gv.at/schulen/unterricht/lp/ahs9_784.pdf?5te974. Zugegriffen: 19. Mai 2017.

Bundesministerium für Bildung und Frauen (Hrsg.). (2012). Die kompetenzorientierte Reifeprüfung Geographie und Wirtschaftskunde. Richtlinien und Beispiele für die Themenpool und Prüfungsaufgaben. https://www.bmbf.gv.at/schulen/unterricht/ba/reifepruefung_ahs_lfgw_22201.pdf?4k21fx. Zugegriffen: 14. Juni 2017.

Bundesministerium für Bildung und Frauen (Hrsg.) (2015a). Grundsatzerlass zum Unterrichtsprinzip Wirtschafts- und Verbraucher/innenbildung. https://www.bmb.gv.at/ministerium/rs/2015_15_de.pdf?5te8i2. Zugegriffen: 14. Juni 2017.

Bundesministerium für Bildung und Frauen (Hrsg.) (2015b). Kommerzielle Werbung an Schulen – Verbot aggressiver Geschäftspraktiken. https://www.bmb.gv.at/ministerium/rs/2015_10.html . Zugegriffen: 29. Juni 2017.

Bundesministerium für Bildung (Hrsg.) (2016). Lehrplan Geographie und Wirtschaftskunde. Sekundarstufe II. Bundesgesetzblatt für die Republik Österreich, ausgegeben am 9.8.2016, 219. Verordnung. https://www.ris.bka.gv.at/Dokumente/BgblAuth/BGBLA_2016_II_219/BGBLA_2016_II_219.pdf. Zugegriffen: 19. Mai 2017.

Daum, E., Werlen, B. (2001). Geographie des eigenen Lebens. Globalisierte Wirklichkeiten. *Praxis Geographie 4,* 4–9.

Dittrich, E., Dorfinger, J., Fridrich, Ch., Fuhrmann, B., Kögler, G., Mayer, E., Müllauer-Hager, B. & Müllneritsch, I. (2017). *global 6. Geographie und Wirtschaftskunde.* Wien: ÖBV.

Engartner, T. & Krisanthan, B. (2014). Ökonomische Bildung in Zeiten der Ökonomisierung – oder: Welchen Anforderungen muss sozio-ökonomische Bildung genügen? In A. Fischer & B. Zurstrassen (Hrsg.), *Sozioökonomische Bildung* (S. 155-176). Bonn: Bundeszentrale für politische Bildung.

Famulla, G.-E., Fischer, A., Hedtke, R., Weber, B., Zurstrassen, B. (2011). Bessere ökonomische Bildung: problemorientiert, pluralistisch, multidisziplinär. *Aus Politik und Zeitgeschichte 12.* S. 48-54.

Famulla, G.-E. (2014). Sozio-ökonomische versus ökonomistische Bildung. Zwei Sichtweisen auf die Beiträge der Fachtagung „Was ist Sozioökonomie? Was ist sozio-ökonomische Bildung?" Universität Bielefeld – 28. September 2012. In A. Fischer & B. Zurstrassen (Hrsg.), *Sozioökonomische Bildung* (S. 390-410). Bonn: Bundeszentrale für politische Bildung.

Fischer, A. & Zurstrassen, B. (2014). Annäherungen an eine sozioökonomische Bildung. In A. Fischer & B. Zurstrassen (Hrsg.), *Sozioökonomische Bildung* (S. 7-31). Bonn: Bundeszentrale für politische Bildung.

Fridrich, Ch. (2010). Alltagsvorstellungen von Schülern und Konzeptwechsel im GW-Unterricht – Begriff, Bedeutung, Forschungsschwerpunkte, Unterrichtsstrategien. *Mitteilungen der Österreichischen Geographischen Gesellschaft, 152*. S. 304-322. Wien: Österreichische Geographische Gesellschaft.

Fridrich, Ch. (2011a). Alltagsvorstellungen von Schülern und Erwachsenen im Vergleich. Weiterentwicklung von Präkonzepten im GW-Unterricht. *Mitteilungen der Österreichischen Geographischen Gesellschaft, 153*. S. 221-236. Wien: Österreichische Geographische Gesellschaft.

Fridrich, Ch. (2011b). *Kids erforschen Energie aus der Tiefe. Intentionen, Ergebnisse und Konsequenzen des Sparkling-Science-Projekts „Enerkids".* Wien: PROverbis.

Fridrich, Ch. (2012). Wirtschaftswissen allein ist zu wenig! – oder: Plädoyer für eine lebensweltorientierte ökonomische Bildung im Unterrichtsgegenstand Geographie und Wirtschaftskunde in der Sekundarstufe I. *GW-Unterricht 125*. S. 21–40.

Fridrich, Ch. (2013). Durch den Kompetenzdschungel zu einem empirie- und theoriebasierten Kompetenzmodell für die ökonomische Bildung an der Sekundarstufe I. *Geograz 53*. S. 4-9.

Fridrich, Ch., Hübner, R., Hufnagel, R., Jaquemoth, M., Kollmann, K., Piorkowsky, M.-B., Schneider, N. F., Tröger, N., Wahlen, St. (2014). Bamberger Manifest für ein neues Verbraucherverständnis. In *Journal für Verbraucherschutz und Lebensmittelsicherheit*. DOI: 10.1007/s00003-014-0880-1.

Fridrich, Ch. (2015a). Ökonomische Bildung im Trägerfach „Geographie und Wirtschaftskunde" zwischen Lebensweltorientierung und ökonomistischen Zugängen – Teilergebnisse einer empirischen Studie. *Mitteilungen der Österreichischen Geographischen Gesellschaft 158*. S. 277–300.

Fridrich, Ch. (2015b). Kompetenzorientiertes Lernen mit Mysterys – didaktisches Potenzial und methodische Umsetzung eines ergebnisoffenen Lernarrangements. *GW-Unterricht 140*, 50-62. Web: http://www.gw-unterricht.at/pdf/gwu_140_50_62_fridrich.pdf (2016-03-12).

Fridrich, Ch. (2016). Basiskonzepte in Geographie und Wirtschaftskunde – ein Vorschlag für die Sekundarstufe I. *Geo Graz 59*. S. 24–31.

Fridrich, Ch. (2017). Verbraucherbildung im Rahmen einer umfassenden sozioökonomischen Bildung. Plädoyer für einen kritischen Zugang und für ein erweitertes Verständnis. In: Ch. Fridrich, R. Hübner, K. Kollmann, M. Piorkowsky, N. Tröger (Hrsg.), *Abschied vom eindimensionalen Verbraucher* (S. 113-160). Wiesbaden: Springer.

Fridrich, Ch. & Hofmann-Schneller, M. (2017). Positionspapier „Sozioökonomische Bildung". *GW-Unterricht 145*. S. 54-57.

Giddens, A. (1996). *Konsequenzen der Moderne*. Frankfurt a. M.: Suhrkamp.

Gross, P. (1994). *Die Multioptionsgesellschaft*. Berlin: Suhrkamp.

Haarmann, M. P. (2014). Sozioökonomische Bildung – ökonomische Bildung unter der Zielperspektive der gesellschaftlichen Mündigkeit. In A. Fischer & B. Zurstrassen (Hrsg.), *Sozioökonomische Bildung* (S. 206-222). Bonn: Bundeszentrale für politische Bildung.

Hedtke, R. (2014). Was ist sozioökonomische Bildung? In A. Fischer & B. Zurstrassen (Hrsg.), *Sozioökonomische Bildung* (S. 81-127). Bonn: Bundeszentrale für politische Bildung.

Hedtke, R. (2015). Sozioökonomische Bildung als Innovation durch Tradition. *GW-Unterricht Nr. 140*. S. 18-38.

Hentig, H. von (2003). *Die Schule neu denken. Eine Übung in pädagogischer Vernunft.* Weinheim und Basel: Beltz.

Hofmann-Schneller, M. (2001). Einzel- und Partnerarbeit. In W. Sitte, W. Wohlschlägl (Hrsg.), *Beiträge zur Didaktik des „Geographie und Wirtschaftskunde"-Unterrichts* (S. 114-116). Wien: Institut für Geographie der Universität Wien.

Klafki, W. (1993). *Neue Studien zur Bildungstheorie und Didaktik. Zeitgemäße Allgemeinbildung und kritisch konstruktive Didaktik.* 3. Aufl. Weinheim und Basel: Beltz.

Klafki, W. (1996). *Neue Studien zur Bildungstheorie und Didaktik. Zeitgemäße Allgemeinbildung und kritisch konstruktive Didaktik.* 5. Aufl. Weinheim und Basel: Beltz.

Klafki, W. (1999). Die bildungstheoretische Didaktik im Rahmen kritisch-konstruktiver Erziehungswissenschaft. In H. Gudjons, R. Winkel (Hrsg.): *Didaktische Theorien* (S. 13-34) Hamburg: Bergmann und Helbig.

Kutscha, G. (2014). Ökonomie an Gymnasien unter dem Anspruch des Bildungsprinzips – Diskursgeschichtlicher Rückblick und Zielperspektiven für die sozio-ökonomische Bildung. In A. Fischer & B. Zurstrassen (Hrsg.), *Sozioökonomische Bildung* (S. 63-80). Bonn: Bundeszentrale für politische Bildung.

Lehner, M. (2012). *Didaktische Reduktion.* Bern – Stuttgart – Wien: Haupt.

Österreichisches Gesellschafts- und Wirtschaftsmuseum (Hrsg.) (2017). Das Österreichische Gesellschafts- und Wirtschaftsmuseum. http://www.wirtschaftsmuseum.at/ueber_das_museum. Zugegriffen: 11. Mai 2017.

Raab, M., Carbon, C.-Ch. & Muth, C. (2017). *Am Anfang war die Verschwörungstheorie.* Berlin – Heidelberg: Springer. DOI 10.1007/978-3-662-53883-8_2

Rauschenbach, Th., Düx, W. & Sass, E. (Hrsg.) (2007). *Informelles Lernen im Jugendalter. Vernachlässigte Dimension der Bildungsdebatte ?* Auflage, Weinheim und München: Juventa.

Rauscher, E. (2008). Gut leben lernen statt viel haben wollen. Handbuch der Verbraucherbildung. Wien: BMUKK.

Reich, K. (2008). Konstruktivistische Didaktik. Lehr- und Studienbuch mit Methodenpool. Weinheim und Basel: Beltz.

Sitte, W. (2001a). Geographie und Wirtschaftskunde (GW) – Entwicklung und Konzept des Unterrichtsfachs. In W. Sitte, H. Wohlschlägl (Hrsg.), *Beitrage zur Didaktik des „Geographie und Wirtschaftskunde"-Unterrichts* (S. 157-169). Wien: Institut für Geographie und Regionalforschung.

Sitte, W. (2001b). Innere Differenzierung. In W. Sitte, H. Wohlschlägl (Hrsg.), *Beiträge zur Didaktik des „Geographie und Wirtschaftskunde"-Unterrichts* (S. 199-211). 4. Aufl. Wien: Institut für Geographie und Regionalforschung der Universität Wien (= Materialien zur Didaktik der Geographie und Wirtschaftskunde, Bd. 16).

Uhlenwinkel, A. (2013). Binnendifferenzierung. In M. Rolfes, A. Uhlenwinkel (Hrsg.), *Metzler Handbuch 2.0. Geographieunterricht. Ein Leitfaden für Praxis und Ausbildung* (S. 39-45). Braunschweig: Westermann.

Ulrich, P. (2008). *Integrative Wirtschaftsethik. Grundlagen einer lebensdienlichen Ökonomie.* Bern – Stuttgart – Wien: Haupt Verlag.

Vielhaber, Ch. (1999). Vermittlung und Interesse – Zwei Schlüsselkategorien fachdidaktischer Grundlegungen im Geographieunterricht. In Ch. Vielhaber (Hrsg.), *Geographiedidaktik kreuz und quer. Vom Vermittlungsinteresse bis zum Methodenstreit – Von der Spurensuche bis zum Raumverzicht* (S. 9-26). Wien: Institut für Geographie der Universität Wien.

Weber, B. (2014). Grundzüge einer Didaktik sozio-ökonomischer Allgemeinbildung. In A. Fischer & B. Zurstrassen (Hrsg.), *Sozioökonomische Bildung* (S. 128-154). Bonn: Bundeszentrale für politische Bildung.

Wehling, H.-G. (2016). Konsens à la Beutelsbach? Nachlese zu einem Expertengespräch. Textdokumentation aus dem Jahr 1977. In B. Widmaier, P. Zorn (Hrsg.), *Brauchen wir den Beutelsbacher Konsens? Eine Debatte der politischen Bildung* (S. 19-27). Bonn: Bundeszentrale für politische Bildung.

„Netzwerk Konsum der Zukunft"
Interventionsforschung zur Organisation inter- und transdisziplinärer Diskurse

Renate Hübner, Martina Ukowitz und Ruth Lerchster

Zusammenfassung

Wie sieht Konsum der Zukunft aus und welche Art von Forschung ist adäquat, um Verbraucherinnen und Verbraucher angesichts von Globalisierung, Klimawandel und Digitalisierung zukunftsgestaltend zu begleiten und unterstützen? Fragen wie diese beschäftigen Akteursgruppen verschiedenster Bereiche. Die komplexen Themen, so eine Ausgangshypothese, verlangen nach einer Vernetzung von Verbraucher- und Nachhaltigkeitsforschung und einschlägigen Initiativen über disziplinäre und sektorale Grenzen hinweg. Im transdisziplinären Interventionsforschungsprojekt „Motive und Nutzen eines Netzwerks *Konsum der Zukunft*" wurde thematisiert, ob und in welcher Form ein Netzwerk beitragen kann, Konsum im Sinn von Zukunftstauglichkeit und Nachhaltigkeit zu reflektieren, Interessen zu bündeln, individuelle und kollektive Handlungsoptionen zu erweitern und möglicherweise nachhaltige Konsumpraktiken zu befördern. Dahinter steht die Frage, welche Rolle bzw. Aufgaben die Wissenschaft in diesem Feld haben könnte oder sollte, ein Thema, das besonders Forschung mit transformatorischen Ansprüchen beschäftigt. Für die Aufgabe, Veränderung zu unterstützen, bietet die Interventionsforschung einen prozessorientierten Ansatz zur Initiierung und Begleitung von kollektiven Lern- und Entwicklungsprozessen.

© Springer Fachmedien Wiesbaden GmbH, ein Teil von Springer Nature 2018   231
S. Nessel et al. (Hrsg.), *Multiperspektivische Verbraucherforschung*, Kritische
Verbraucherforschung, https://doi.org/10.1007/978-3-658-20199-9_9

1   Auf dem Weg zu einem Netzwerk „Konsum der Zukunft" – Ausgangspunkt und Motivation

In unserem Beitrag stellen wir dar, welche wissenschaftlichen und methodischen Herausforderungen sich durch die Frage ergeben, wie ein Netzwerk „Konsum der Zukunft" entstehen könnte und gestaltet sein müsste, so dass es für alle an dem Netzwerk Interessierten einen jeweiligen Mehrwert bietet. Dies kann der Austausch über künftige Entwicklungen von Konsum und die daraus resultierenden zukünftigen Anforderungen an Verbraucherinnen und Verbraucher ebenso sein wie der transformatorische Anspruch im Sinn einer Nachhaltigen Entwicklung. Den Grundlagen dieser Buchreihe zur „Kritischen Verbraucherforschung" folgend (Fridrich et al. 2017, Hübner 2017) gehen wir von der Annahme aus, dass ein sich selbst organisierendes, an Prinzipien der Inter- und Transdisziplinarität ausgerichtetes Netzwerk durchaus als Intervention zur langfristigen Veränderung von Konsummustern betrachtet werden könnte. Dies nicht zuletzt deshalb, weil bisherige, häufig eindimensionale, reduktionistische Zugänge zu nicht gewollten, oft sogar zu gegenteiligen Ergebnissen führten (Santarius 2012; Fridrich et al. 2014, 2017).

In diesem Zusammenhang beschäftigen zwei Fragen, die eng miteinander verbunden sind: die Frage, wie ein offenes Kollektiv (wie bspw. „die" Gesellschaft, KonsumentInnen und Konsumenten oder Nachhaltigkeitsforscherinnen und -forscher – im Gegensatz zu abgegrenzten Kollektiven wie Unternehmen, Behörden, NGOs) in solche Diskursprozesse kommt; und die Frage, welche Aufgaben oder Rollen Forschung bzw. Wissenschaft in diesen Prozessen wahrnehmen können. Eine Möglichkeit ist, Kommunikations- und Diskussionsprozesse zu institutionalisieren, die über die jeweiligen Grenzen gesellschaftlicher Teilsysteme hinausgehen. Derartige disziplinäre, institutionelle und sektorale Grenzen überscheitende Diskurse könnten beitragen, neue Wege und neue Partner im Umgang mit konsumbezogenen Fragen und Problemen zu finden, die der Vielschichtigkeit der Praxis gerecht werden.

Der Beitrag beginnt mit vergleichsweise ausführlichen theoretischen Vorbemerkungen. Dies erscheint uns wichtig, weil die Planung von Forschungsaktivitäten gerade in der Verbraucher- und Nachhaltigkeitsforschung besonderer Aufmerksamkeit bedarf. Abgesehen von den genuin wissenschaftlichen Fragestellungen und Vorbereitungen ist es der Umstand, dass die Vorhaben oft Veränderungen, im gegenständlichen Fall in Bezug auf Konsum, intendieren, eine wissenschaftstheoretische Herausforderung. Theoretische Überlegungen zum Verständnis der Rolle von Wissenschaft in der Gesellschaft oder zu Dynamiken, die in Systemen durch Eingriffe von außen angestoßen werden können, anzustellen, sind dabei von Bedeutung. Forschung und Wissenschaft, die hier aktiv werden, braucht einen Ansatz, der der Komplexität der Forschungsfelder zwischen Nachhaltigkeits- und

Verbraucherpolitik und -bildung ebenso gerecht wird, wie den dort wirksamen widersprüchlichen Interessen und dem in die Beschäftigung mit (nachhaltigem) Konsum eingelagerten Transformationsgedanken.

2 Interventionsforschung als Methode für eine zukunftsorientierte inter- und transdisziplinäre Verbraucherforschung

Der Projektdarstellung stellen wir einige Überlegungen zur Wirksamkeit von Wissenschaft und Forschung im Kontext der Verbraucher- und Nachhaltigkeitsforschung voran, darauf folgen Bemerkungen zu einer systemischen und prozessethischen Perspektive auf Interventionen in soziale Systeme. Die daran anschließende Darstellung des Interventionsforschungsprojektes skizziert, wie die Herausforderungen praktisch aufgegriffen und bearbeitet wurden. Es wird einerseits die methodologische Dimension adressiert, andererseits werden Einblick in die Erwartungen der Beteiligten an ein potentielles Netzwerk und interessante erste Hinweise auf mögliche inhaltliche Schwerpunktsetzungen eines Netzwerks gegeben. Mit Letzterem ist die inhaltliche und umsetzungsorientierte Dimension des Projekts adressiert. Im Resümee kommen wir zu dem Schluss, dass ein diskursiver, dialektischer Zugang, der die im ersten Abschnitt skizzierten theoretischen Hintergründe aufgreift, sowohl in der Betrachtung der Inhalte als auch in der prozessualen Ausgestaltung ihrer Bearbeitung innovative Impulse für Verbraucher- ebenso wie für die Nachhaltigkeitsforschung liefert und einen Beitrag zur Entwicklung einer Methodik leistet, die „Impulse aus Wissenschaft und Zivilgesellschaft einzusammeln vermag [und] eine adäquate Erforschung der besprochenen Problemfelder ermöglicht" (Görgen und Wendt 2015).

2.1 Das Paradoxon „Nachhaltiger Konsum" – Perspektiven interventions-orientierter Forschung

Nachhaltigkeit, mit den darin eingelagerten nicht lösbaren Widersprüchen, entzieht sich den traditionell linearen, analytischen Zugängen in Wissenschaft und Forschung, Probleme zu bewältigen, nämlich zunächst ein Problem zu definieren, dann Lösungen auszuarbeiten, diese zu bewerten und umzusetzen. Solchen „tame problems", also lösbaren und damit „zähmbaren" Problemen stellen Rittel und Webber (1973) angesichts der Dilemmata die „wicked problems", also „schelmische, boshafte" (engl.: wicked) Probleme, die nicht definierbar und nicht lösbar sind, gegenüber. Daraus sollte allerdings nicht geschlossen werden, dass sich Probleme dieser Art wissenschaftlicher Bearbeitung gänzlich entziehen würden. Im Gegenteil: Nachhaltigkeit als „wicked problem" zu verstehen (Murphy 2012; Knapp 2008) eröffnet neue Zugänge für Wissenschaft und Forschung. Einer davon ist, von der Lösungsorientierung zur Interventionsorientierung zu wechseln, wie es Knapp (2008) auf den Punkt bringt: „Instead of seeking the answer that totally eliminates a problem, one should recognize that actions occur in an ongoing process, and further actions will always be needed." Da es keine Lösungen geben kann, ist die Aufmerksamkeit den Prozessen, wie mit wicked problems umgegangen werden könnte, zu widmen.

Die implizite Herausforderung ist also, Interventionen zu lancieren, um grundlegende Widersprüche sichtbar zu machen und den Umgang damit auf Basis eines dialektischen Zugangs so zu organisieren, dass Individuen mit diesen Widersprüchen nicht allein gelassen werden, sondern die Widersprüche im Sinn einer gedeihlichen Entwicklung der Gesellschaft balanciert werden. In einem größeren Kontext betrachtet spiegelt sich darin der wissenschaftstheoretische Paradigmenwechsel von der „Repräsentationswissenschaft" zum Konzept der „Interventionswissenschaft" (Heintel 2006). Interventionsorientierter Wissenschaft geht es weniger um Erkenntnis durch passive Kontemplation, sondern vielmehr darum, unmittelbar durch praktisches Tun wirksam zu werden, nicht nur akademisches Wissen zu repräsentieren, sondern sich dessen bewusst zu sein, dass mit Forschung immer auch interveniert wird (Bammé 2013, S. 9). Forschungsgegenstände werden diesem Zugang gemäß nicht als Substanzen, sondern als Ereignisse in ihren Reaktionen und Konsequenzen wahrgenommen (Bammé, 2013, S. 157). Die Gesellschaft und ihre Mitglieder sind nicht mehr bloß Forschungsobjekte und entfernte „ZuschauerInnen", sondern bringen Wissen in die wissenschaftlichen Auseinandersetzungen ein und entscheiden mit über „die Wirklichkeit von selbst produzierten Wahrheiten" (Bammé 2013, S. 152-157). In diesem neuen Modus von Wissenschaft, einer *mode 2 science* (Nowotny et al. 2008) oder einer *postnormal science* Funtowicz und Ravetz 1993), werden Forschung und der Umgang mit Forschungsergebnissen deutlicher zu einem entscheidungsgebundenen Handlungszusammenhang. Nicht das Finden von Wahrheit, sondern die Bezugnahme auf die Interessens- und Bedürfnislagen steht im Vordergrund (Tröger 2017).

Es haben sich verschiedene Forschungsansätze entwickelt, die es ermöglichen, Wissenschaft interventionsorientiert zu betreiben. Im Bereich der Nachhaltigkeitsforschung hat sich im Besonderen der Begriff transdisziplinäre Forschung etabliert, in der in partizipativen Prozessen handlungs- und entscheidungsorientiertes Wissen generiert wird und Entscheidungsfindung sowie Umsetzung von Maßnahmen in den Blick genommen werden. In der transdisziplinären Interventionsforschung, ein spezieller Ansatz, der seine Grundlagen in einer systemisch orientierten Orga nisationstheorie, in der Transzendentalphilosophie Kants und in der dialektischen Philosophie hat, wird eine möglichst produktive Auseinandersetzung mit Widerspruchskonstellationen angestrebt. Das der kritischen Verbraucherforschung im Sinn dieser Buchreihe zugrundeliegende Nachhaltigkeitskonzept basiert auf einem emanzipatorischen – und damit handlungstheoretischen und konstruktivistischen – Ansatz (Hübner 2017). Interventionen, die zu einem Wandel der Konsummuster im Sinne einer nachhaltigen Entwicklung führen (sollen), müssten daher von diesen Grundannahmen weggedacht und konzipiert werden. Da – wie oben ausgeführt – eine Nachhaltige Entwicklung nicht durch individuelles Wissen und individuelle Handlungen realisiert werden kann, stellt das Nachhaltigkeitskonzept eine kollektive Herausforderung dar (Grunwald 2010). Daraus folgt wiederum, dass Nachhaltigkeit – als Idee für eine kollektive Orientierung verstanden – sozial robust werden muss. Ziel von nachhaltigkeitsorientierten Interventionen muss in diesem Verständnis daher die Entstehung sozial robusten Wissens und sozial robuster Entscheidungen sein.

2.2   Lernen und Veränderung von und in sozialen Systemen

Systemtheoretisch betrachtet haben wir es sowohl in der Verbraucher- als auch in der Nachhaltigkeitsforschung mit komplexen, nicht trivialen Systemen zu tun, die gekennzeichnet sind durch eine hohe Dynamik innerhalb der Systeme, die sich selbst zugleich wechselseitig hoch dynamische Umwelten sind. Selbstreferenzialität und Tendenz zu operationeller Abgeschlossenheit der Systeme sind charakteristisch für soziale bzw. funktionale Systeme. Die Systeme – und auch deren Teilsysteme – haben autopoietischen Charakter, das heißt, sie reproduzieren sich kontinuierlich nach ihren eigenen Regeln. Dies ist unumgänglich, da sie andernfalls keine Identität ausbilden können und letztlich aufhören würden zu existieren (Willke 1999, S. 15, 18). Lebende Systeme – und daher alle menschlichen Systeme und Teilsysteme – haben also notwendigerweise ihnen jeweils eigene Logiken, nach welchen sie funktionieren und sich selbst reproduzieren.

Von außen an (Teil-)Systeme herangetragene Ereignisse werden daher den eigenen inneren Logiken gemäß verarbeitet, deshalb empfiehlt es sich gerade im Zusammenhang mit Interventionen in komplexe soziale Systeme, nicht vorschnell von zielgerichteter Veränderung, von Einsicht oder Verhalten zu sprechen. Interventionen in komplexe soziale Systeme wirken sehr viel umständlicher und indirekter. Es geht bei der Planung von Interventionen darum, bei den Systemen

„anzudocken" und gewissermaßen „Äquivalenzstrukturen" aufzubauen (Willke 1999, S. 29). Was sich hier andeutet, ist eine indirekte Form der Intervention, davon ausgehend, dass nicht der Eingreifende (Intervenierende) das zu verändernde System verändert, sondern dieses sich nur selbst verändern kann (Willke 1999, S. 30). Interventionen haben in diesem Sinn eher den Charakter einer „Perturbation" oder „Irritation", sie sind Störung oder Anregung, auf welche die Systeme ihren internen Strukturen gemäß reagieren. Eine – wenn nicht die – wesentliche Eigenschaft von lebenden Systemen ist deren Lernfähigkeit. Sie können Erfahrungen verarbeiten sowie Strukturen und Verhaltensschemata verändern (Simon 2009, S. 54). Nachhaltige Veränderung kann also auch als Ergebnis von Lernprozessen verstanden werden, ein nachhaltiger kultureller Wandel kann als Ergebnis gesellschaftlicher Lernprozesse begriffen werden.

Lebende – und damit gesellschaftliche – Systeme können auch als Handlungszusammenhänge aufgefasst bzw. im Anschluss an Niklas Luhmann auch als Kommunikationszusammenhänge begriffen werden, die sich in Form von Kommunikationsstrukturen und Regeln, also einer Kommunikationskultur verwirklichen (Simon 2009, S. 48). Die Kommunikations- und Handlungsebene greifen insofern ineinander, als davon ausgegangen werden kann, dass menschliche Kommunikation nicht bloß im Transport von Nachrichten, sondern in der Koordination von Akteurinnen und Akteuren und ihren Aktionen besteht (Simon 2009, S. 50). Handlungen können demgemäß über (veränderte) Kommunikationsprozesse beeinflusst werden.

Aus den drei genannten Charakteristiken, 1. die Ausbildung von spezifischen Systemlogiken, 2. die jeweils eigene Art eines Systems auf Interventionen von außen zu reagieren und 3. der Zusammenhang zwischen Kommunikation und Handlungen lassen sich einige Kernelemente einer Interventionsstrategie aus der Perspektive der Systemtheorie bzw. der systemischen Organisationsentwicklung formulieren: Es sind Anknüpfungspunkte an die Eigenlogik der Systeme zu suchen (über Beobachtung als Instrument der Erschließung von Wirklichkeit), Reflexion und Kommunikation über das Thema zu organisieren, die Rekonstruktion von Bedeutungen zu versuchen, Unterschiede und Differenzen aufzuspüren und Änderung der Kommunikationsmuster und Kommunikationsregeln anzuregen (Willke 1999, S.19- 36).

Auf freien Individuen beruhende soziale Systeme werden in diesem Sinn über Reflexion und Kommunikation zu Selbststeuerung und organisationalem Lernen angeregt. Es sagt dies allerdings (noch) nichts darüber aus, wie Interventionen inhaltlich verarbeitet werden, welche Wirkung welche Wirkung sie haben oder ob Interventionen überhaupt Wirkung zeigen. Eine weitere Möglichkeit indirekter Intervention fokussiert die Änderung der Kommunikationsregeln, also der Rahmenbedingungen und Strukturen für Entscheidungen und Handlungen. Man spricht in diesem Zusammenhang von Kontextsteuerung (Willke 2001). Orte zur Auseinandersetzung mit Themen zu schaffen, Strukturen für eine solche einzurichten und Zeit dafür vorzusehen, sind ein Beispiel für Kontextsteuerung. Beide „Interventionsstrategien" wurden im vorgestellten Projekt zur Einrichtung eines Netzwerkes „Konsum der Zukunft" verknüpft.

Die prozessethische Perspektive greift den systemischen Zugang auf, fokussiert allerdings neben der statisch-analytischen Ebene noch stärker die Prozesshaftigkeit des Geschehens und adressiert kollektive Auseinandersetzung. Es werden prozessethische Verfahren vorgeschlagen (Heintel 2006; Krainer / Heintel 2010), innerhalb derer Reflexions- und Aushandlungsprozesse möglich werden. Innerhalb dieser Prozesse geht es nicht um Entweder-Oder-Lösungen. Angesichts der Tatsache, dass unterschiedliche und möglicherweise auch einander widersprechende Systemlogiken (bspw. Nachhaltiger Konsum zwischen Suffizienz und Wachstumsforderungen) in den Aushandlungsprozessen wirken, wird vor dem Hintergrund eines dialektischen Zugangs zu Systemen davon ausgegangen, dass Widerspruchskonstellationen, die innerhalb und zwischen den (Sub-) Systemen aufzufinden sind, nicht aufgelöst, sondern nur balanciert werden können – indem Kompromisse gefunden werden oder – die bessere Lösung – wenn es gelingt, den Widerspruch auf eine andere Ebene zu heben und alternative Wege zu finden, (berechtigte) Interessen wahrzunehmen (Heintel 2006).

Dem prozessethischen Zugang folgend werden Themen nicht individualisiert, sondern auf einer kollektiven Ebene verhandelt. Dies bedeutet nicht, das Individuum völlig aus der Verantwortung zu nehmen. Im Sinne eines Kant'schen Menschenbildes haben die Menschen als vernunftbegabte Wesen die Freiheit und die Pflicht sich denkend und gestaltend in der Welt einzurichten (Kant 2008, BA108; Ukowitz 2014). Eine kollektive Vorgehensweise schützt den Einzelnen vor Überforderung, in Konstellationen mit wirkmächtigen Systemlogiken als Individuum Veränderungen herbeiführen zu sollen. Von einer solchen Situation ist vermutlich im Zusammenhang mit nachhaltigem Konsum auszugehen. Dem einzelnen Konsumenten, der einzelnen Konsumentin steht beispielsweise ein wirkmächtiges Wirtschaftssystem gegenüber. Die Frage ist, ob und wie ein inter- und transdisziplinärer Diskurs- und Handlungsraum organisiert werden kann, der verschiedenen Akteursgruppen rund um das Thema „Konsum der Zukunft" über disziplinäre und sektorale Grenzen hinweg Synergien und Mehrwerte bietet, die sich ansonsten nicht so leicht ergäben. Kollektive Reflexion und kollektiv getroffene Entscheidungen erhöhen die Aussicht auf Wirkung von Maßnahmen. Prozesse, die auf Veränderung abzielen, brauchen allerdings entsprechende Organisation und reflexive Begleitung. Dazu kann transdisziplinäre Forschung einen Beitrag leisten.

3   Das transdisziplinäre Interventionsforschungsprojekt „Konsum der Zukunft" – Eine Intervention zur Auslotung des Diskurspotentials

Für das Projekt „Konsum der Zukunft" ist die theoretische Hinführung insofern relevant, als das Vorhaben auszuloten ist, ob, in welcher Form und mit welcher Ausrichtung ein Netzwerk zum Thema „Konsum der Zukunft" eingerichtet werden soll, was einen Schritt der Organisation von Diskursräumen bedeutet. Die inhaltliche Ausgestaltung hängt davon ab, welche Perspektiven und Themen die Akteurinnen und Akteure einbringen. Der Diskursraum ist in diesem Sinn nicht mehr (aber auch nicht weniger) als die Bedingung der Möglichkeit, dass kollektive Kommunikations- und Entscheidungsprozesse stattfinden, in welchen im Sinn offener Lern-, Such- und Gestaltungsprozesse Handlungsoptionen entwickelt werden können.

3.1   Ausgangspunkt und Zielsetzungen des Projekts

Im Rahmen des ersten Symposiums „Konsum neu denken"[1] wurde im Sinn einer Modus-2-Wissenschaft (Nowotny et al. 2008) ein Diskussionsraum geschaffen, in welchem sich verschiedene wissenschaftliche und gesellschaftliche Anliegen rund um eine kritische Verbraucherforschung auf Augenhöhe begegnen konnten. Dabei wurde deutlich, dass Menschen in sehr unterschiedlichen Kontexten (Forschung, Politik, Bildung) sich kritisch mit Fragen rund um zukünftige Konsummöglichkeiten und -muster auseinandersetzen. Folgendes wurde im Rahmen dieses Symposiums deutlich (Burger-Winkler et al. 2015):

- Das Konsumverständnis ist sehr heterogen. In verschiedenen Kontexten und Disziplinen entstehen unterschiedliche Phänomene sowie teilweise ähnliche Ansätze, die parallel und unverbunden laufen und daher bisher nur beschränkte Verwertbarkeit für eine Nachhaltige Entwicklung bieten.
- Diskursbedarf wird sowohl auf wissenschaftlicher Ebene als interdisziplinärer Diskurs wie auch als transdisziplinärer Diskurs mit der Gesellschaft bzw. mit Akteursgruppen aus nicht-wissenschaftlichen Teilsystemen der Gesellschaft (bspw. Verbraucherpolitik, Verbraucherbildung, Nachhaltigkeitspolitik, Verbraucherschutz, NGOs, private Initiativen, usf.) gesehen.
- Im Besonderen besteht ein offensichtlicher Bedarf, die Anliegen und Interessen relevanter Akteurinnen und Akteure einerseits im Feld nachhaltigen Konsums

---

1   21.-22. September 2015 in der Bundesarbeitskammer Wien.

und andererseits in der (kritischen) Verbraucherforschung kennenzulernen und über bilaterale Kooperationen hinaus zu verknüpfen und im Weiteren sichtbar und wirksam werden zu lassen.

So lag es nahe, dass der Bedarf nach intensiverem und regelmäßigem Austausch artikuliert und, neben weiteren Symposien „Konsum neu denken"[2] und mehreren konkreten Projekten, die Gründung eines Netzwerks vorgeschlagen wurde. Das österreichische Bundesministerium für Land- und Forstwirtschaft sowie Umwelt- und Wasserwirtschaft (BMLFUW) griff diesen Vorschlag auf, entwickelte gemeinsam mit einem Forschungsteam der Alpen-Adria Universität Klagenfurt ein Projektkonzept und beauftragte dieses schließlich mit einem Interventionsforschungsprojekt, um Motive und Nutzen eines solchen Netzwerks bei potenziell an einem solchen interessierten Personen aus Wissenschaft und außerwissenschaftlichen Bereichen auszuloten. Das Projekt hatte nicht den unmittelbaren Zweck, über Konsum der Zukunft zu forschen. Vielmehr ging es darum, herauszufinden, wie hoch das Interesse innerhalb verschiedener Akteursgruppen am inter- und transdisziplinären Diskurs über eine zukunftsorientierte konsum- bzw. verbraucherrelevante Forschung ist und wie sich ein solcher Diskurs – auch in Hinblick auf seine gesellschaftliche Wirksamkeit – organisieren ließe.

3.2   Fragestellungen und Forschungsmethoden

Der Prozess startete mit einem Kick-off, an welchem neben der Auftraggeberin und dem Forschungsteam auch gemeinsam ausgewählte Proponentinnen und Proponenten aus Verbraucherpolitik und -bildung sowie Nachhaltigkeitsberatung und -forschung teilnahmen. Im Rahmen dieses Workshops, in dem es um Details der Auftragsklärung und die Projektplanung ging, wurden explizit interessierte als auch potenziell interessierte Akteurinnen und Akteure und Stakeholder identifiziert, die im Rahmen des Projektes befragt werden sollten, sowie die Themen- und Fragestellungen spezifiziert. Die partizipative Erhebung und Bearbeitung folgender Themen sollte als Entscheidungsgrundlage für allfällige nächste Schritte in Richtung Netzwerkbildung genützt werden können:

---

2   2016 an der Karl-Franzens-Universität Graz und 2017 an der Alpen-Adria-Universität Klagenfurt.

- Interesse an einem Netzwerk „Konsum der Zukunft": Wie muss ein solches verfasst und ausgestaltet sein, dass es einen deutlichen Mehrwert für die Beteiligten und deren Stakeholder bringt;
- Inhaltliche Bezüge der potentiellen Netzwerkpartnerinnen und -partner zum Thema „Konsum der Zukunft" identifizieren und zueinander in Beziehung setzen;
- Vorstellungen und Erwartungen hinsichtlich einer adäquaten Organisationsstruktur für ein Netzwerk sowie gewünschte Kommunikationsgelegenheiten erheben;
- Bestehende Kooperationen und bisherige Kooperationserfahrungen (Kontakte, Anliegen) sammeln;
- Mögliche aktive Beiträge und Rollen potenzieller Netzwerk-Beteiligten im potenziellen Netzwerk erfragen: Was sind ihre bisherigen Kernthemen, wie können/wollen sie sich einbringen? Was wünschen sie sich?

Im Sinne der transdisziplinären Interventionsforschung wurden Personen identifiziert und kontaktiert, die in ihrem (beruflichen) Alltag mit den projektrelevanten Themenstellungen befasst sind und von denen angenommen werden konnte, dass möglicherweise Interesse an Vernetzung und einem konzertierteren, kollektiveren Vorgehen (z. B. lose, in Organisations- oder Netzwerkform) bestehen könnte. Aus einer Gruppe von rund 50 potenziellen Interviewpartnerinnen und -partnern wurde gemeinsam mit dem Auftraggeber eine Auswahl von ca. 20 prioritär zu kontaktierenden Personen aus den fünf Bereichen Behörde/Gesetzgeber/Interessenvertretung, Bildung, NGO/Beratung, Wissenschaft und außeruniversitäre Wissenschaft bzw. Forschung getroffen. Darüber hinaus wurden u. a. die rund 70 Teilnehmerinnen und Teilnehmer des 1. Symposiums online befragt. Die Interviewpartnerinnen und -partner und die Online-Befragten stammten aus dem deutschsprachigen Raum (vorwiegend Österreich, aber auch Deutschland und Schweiz).

Folgende Methodenelemente wurden im Projekt eingesetzt:

- *Qualitative Befragungen:* Es wurden narrative Interviews und – nach Vorliegen der ersten Zwischenergebnisse – parallel zu den Interviews eine Onlinebefragung durchgeführt. Die inhaltsanalytische Auswertung der Forschungsdaten erfolgte in Anlehnung an Froschauer/Lueger (2003) und Mayring (2015). Das Vorhaben, dessen Kern eine qualitative Befragung darstellt, geht über eine solche insofern hinaus, als das Projekt selbst den ersten Schritt der Vernetzung ermöglicht, indem Menschen und deren Perspektiven miteinander ins Gespräch gebracht und aus dem Austausch Entscheidungen abgeleitet werden.
- *Rückkoppelungen:* Die Rückkoppelung ist ein zentraler Bestandteil des Forschungsprozesses: Die Zwischenergebnisse (kondensierte Erfahrungen von Personen in laufenden Prozessen und Verfahren) werden präsentiert und ge-

meinsam mit den Forschungspartnerinnen und -partnern einem Realitäts-Check
(kollektive Validierung) hinsichtlich ihrer Plausibilität und Anwendbarkeit
unterzogen. Die Ergebnisse und deren Diskussion führen in laufenden Verfahren
zu reflektierten Veränderungen und ermöglichen, innerhalb des Forschungsprozesses innovative Erkenntnisse über deren Anwendbarkeit und Nachhaltigkeit
zu gewinnen. Die Rückkoppelung im gegenständlichen Projekt erfolgte drei-
stufig – zunächst mit dem Auftraggeber, dann in einem zweiten Schritt mit den
Befragten und weiteren interessierten Personen im Rahmen des 2. Symposiums
2016 und in einem dritten Schritt im Rahmen des 3. Symposiums 2017.

- *Hintergrundtheorien:* Diese stellen ein zentrales zusätzliches Angebot der
  Interventionsforschung dar. Sie sollen einem besseren Verständnis der jeweilig
  zu beschreibenden Situation dienen und können zudem zu einer Entlastung der
  Betroffenen beitragen. Dies gelingt beispielsweise, wenn Menschen erkennen,
  dass jene Konflikte, die sie ständig begleiten, mehr mit ihrer Funktion als mit
  ihrer Person zu tun haben und zudem „notwendig" sind, um zu sinnvollen
  Entscheidungen gelangen zu können. Häufig lässt sich dabei mit einer philoso-
  phischen Theorie von Widersprüchen operieren, mitunter ist ein Rückgriff auf
  andere Wissenschaftsdisziplinen (Geschichte, Theologie, Psychologie, Recht)
  nützlich. Im Projekt „Konsum der Zukunft" konnten relevante Spannungsfelder identifiziert und benannt werden. Deren vertiefende Bearbeitung erfordert
  weiterführende Forschungsaktivitäten.

- *Interdisziplinäres Teamwork:* Transdisziplinäre Interventionsforschungsprojekte
  werden in interdisziplinär zusammengesetzten Teams durchgeführt. Die Teams
  treffen einander in regelmäßigen Intervallen zu Teamsitzungen, um gemeinsame
  Projekt- und Designplanung (Beobachtungsschwerpunkte, Interviewleitfäden,
  Fragebögen, Auswertung, Hintergrundtheorien, Rückkoppelung) und interdisziplinäre Wissensintegration zu gewährleisten.

3.3   Die Ergebnisse

Aus den Interviews, der Onlinebefragung und den Diskussionen im Rahmen der
Ergebnis-Rückkoppelungen lässt sich insgesamt ein hohes Interesse an einem Netzwerk ableiten (Lerchster et al. 2016). Die vielen konkreten Anregungen und Hinweise
vermitteln ein hohes Involvement der Beteiligten und die Breite des Spektrums der
Fragen und Themen rund um den „Konsum der Zukunft". Auffallend ist, dass die
Interviewpartnerinnen und -partner der jeweiligen Communities (Verbrauchero-
rientierung/Nachhaltigkeitsorientierung) einander zum Teil kennen und dennoch
eigentlich verhältnismäßig wenig vernetzt arbeiten. Die Formulierung „Konsum

der Zukunft" traf auf viel Resonanz, löste aber teilweise auch widersprüchliche Erwartungen aus und wurde von den Befragten mit unterschiedlichen Themen in Verbindung gebracht.

Die im Folgenden zusammenfassend referierten Ergebnisse geben Auskunft über den Zweck und Nutzen eines Netzwerks, die zu bearbeitenden Themen und die Organisation desselben. Wie erwartet gab es unterschiedliche, teilweise auch einander widersprechende Vorstellungen und es wurden dem Thema innewohnende Spannungsfelder sichtbar.

3.3.1   Zweck und Nutzen eines Netzwerks „Konsum der Zukunft"

Nach Ansicht der Befragten würde ein Netzwerk Struktur bieten für jene, die mehr Kooperation wünschen bzw. schon länger aktiv suchen (Zitat: „Suche schon länger aktiv nach Kooperation, aber bisher häufig eher strukturlos"). Nutzen dürfe jedenfalls nicht nur in monetären Größen bewertet werden, Kooperation führe auch zum Gewinn einer anderen Öffentlichkeit für relevante Themen. Ein Netzwerk wird als Think-Tank für Verbraucherfragen gesehen, der verschiedene Funktionen erfüllen kann:

- Weiterbildung/Information für verschiedene Akteurinnen und Akteure aus Politik, Verbraucherschutz, NGOs;
- Innehalten und Fragen in Ruhe diskutieren;
- Neues entwickeln und ausprobieren, experimentieren;
- Kooperation mit dem Verbraucherschutz in Hinblick auf Nachhaltigkeitskriterien; Produktbewertung/Qualität; Verknüpfung verschiedener Akteursgruppen, die wenig/nichts voneinander wissen;
- Institutionelle Schnittstelle zwischen den Sphären der Politik, Wirtschaft, unabhängige Forschung;
- Pool an Personen für Projekte, Aktivitäten; Informations- und Erfahrungs- austausch;
- Bündeln von Wissenschaft und Forschung zu Konsum; auch Grundlagenfor- schung (inter- und transdisziplinär arbeitende Forscherinnen und Forscher werden nicht im Mainstream gesehen);
- Professionelle Abwicklung von Projektanträgen für größere Calls;
- Multiplikatorfunktion; Umsetzung von Wissen;
- Gemeinsam politische „Messages" formulieren und Aktionen starten, insbe- sondere im Bereich Umweltbildung;

Prominentes Thema in den Interviews ist die Frage, ob eher ein reines Forschungs-netzwerk oder eher ein „hybrides" Netzwerk sinnvoll und nützlich ist. Die Mehrheit der Befragten, die nicht in der akademischen Forschung/Wissenschaft tätig sind, wünschen sich ein solches Netzwerk auch, um sich besser mit der Wissenschaft zu vernetzen. Innerhalb der Befragten aus der Wissenschaft hingegen ist keine so klare Einigkeit erkennbar, aber tendenziell scheint das Interesse an einem hybri-den, also einem transdisziplinär und daher mit Praxispartnerinnen und-partnern ausgestalteten Netzwerk stärker. Die Interviewten aus der Wissenschaft fokussieren stärker Themen und Möglichkeiten für gemeinsame Forschungsprojekte. Vor allem die an Transformation und Bildung interessierten Wissenschaftlerinnen und Wis-senschaftler sind auch interessiert an der gemeinsamen Umsetzung und Begleitung von Initiativen. Der Kreis der Befragten außerhalb der Wissenschaft hingegen ist vor allem an einer strukturierteren Vernetzung und einem Informationsaustausch mit der Wissenschaft interessiert (einige sehen eine wechselseitige Abhängigkeit, wenn man in dem Thema vorankommen möchte).

Interessant ist, dass einem Netzwerk das Potential zugeschrieben wird, im Arbeitsalltag erlebte Defizite zu kompensieren. Angesprochen werden die Verun-sicherung in Forschung und Praxis hinsichtlich der Umsetzung und Wirksamkeit von Ergebnissen und Initiativen (Zitat: „Es besteht viel Verunsicherung, gerade im Bereich Konsum und Nachhaltigem Konsum, daher steigt der Bedarf nach Austausch") und die Einsamkeit in Forschung und politischer Praxis, die dazu führt, dass man kaum effektiv dazulernen kann.

3.3.2 Themen für ein Netzwerk „Konsum der Zukunft"

Für nahezu alle Interviewten hat ein „Konsum der Zukunft" jedenfalls (auch) mit Nachhaltigkeit bzw. mit Nachhaltiger Entwicklung zu tun. Er sollte zur „Zu-kunftsfähigkeit der Gesellschaft" führen. Daher sollte sich das Netzwerk neben Fragen zu Konsum auch mit gesellschaftlicher Transformation beschäftigen, viele äußern als Bedingungen für eigenes Interesse bzw. Engagement in einem solchen Netzwerk zweierlei:

- Ein Netzwerk „Konsum der Zukunft" muss auch das Wirtschaftssystem kritisch hinterfragen dürfen
- Mutige („radikale") Ansätze sollten auch erlaubt/erwünscht sein

Thematisch gibt es verschiedene Vorschläge und Konkretisierungen. Bezogen auf Konsum- und Verbraucherfragen ganz allgemein wurden die Antworten folgendermaßen gebündelt bzw. folgenden Metathemen zugeordnet:

- *Produkt- bzw. Lösungsqualität*
  Was ist ein gutes Produkt für angemessenes Geld? Produktlebenszyklus stärker in den Blick nehmen, Fragen der Obsoleszenz, Ersatzteile, Reparatur;
- *Digitalisierung*
  Wie unterstützt die digitale Gesellschaft den gemeinschaftlichen Konsum? Chancen und Risiken des Internets der Dinge/Big Data aus dem Verbraucherblickwinkel; Überforderung durch zu viel Information; Online-Handel/ stationärer Handel;
- *Big Points*
  Ernährung bzw. Lebensmittel, auch Landwirtschaft, Mobilität und elektronische Kommunikation, Bauen, Wohnen; Konsumreduktion vs. Wirtschaftswachstum? Qualität – Quantität;
- *Transformationsprozesse*
  Top down/Bottom up, Einbindung der Verbraucherinnen und Verbraucher, Citizen-Consumer, Zivilgesellschaft, Praxeologische Forschung, Fragen der Inklusion/Exklusion – am Beispiel der Rad-Mobilität; Verhältnis Wissenschaft/ Praxis – wo zählen welche Faktoren als „Erfolg"?
- *Konsumbegriff bzw. Konsumhandeln als gesellschaftliche Praxis*
  Praktiken von Gruppen und Einfluss auf Konsumhandeln; Konsum und Alltagspraktiken; Konsumbegriff/ Lebensstilbegriff;

Zusammengefasst sehen die Befragten den „Konsum der Zukunft" im Spannungsfeld zwischen *Zukunftsfähigkeit, neue Technologien* und *Transformationspotenzial*. Dies wird trotz der zum Teil unterschiedlichen Bilder und Assoziationen deutlich, die mit dem Begriff „Konsum der Zukunft" verknüpft wurden:

- Gemeinschaftlicher Konsum; neue/alternative Konsumformen; Kollaboration/ Kooperation statt Konkurrenz (Einkaufsgemeinschaften, Gemeinschaftskonsum, Tauschen, Teilen etc.);
- Gesellschaftliche Entwicklung und Wirtschaftslogik einbeziehen;
- Konsum der Zukunft als Teil des Wirtschaftens der Zukunft; Konsum auch außerhalb der Marktwirtschaft mitdenken;
- Massive politische Anstrengungen, nicht nur „greening" sind erforderlich, daher braucht es praktische und theoretische Arbeit;

- Politische Handlungsspielräume zur Änderung von Strukturen und Wertmodellen ausloten, die nachhaltigen Konsum ermöglichen, zu einer Demokratisierung des Verhältnisses zwischen Verbraucherinnen und Verbrauchern und Anbieterinnen und Anbietern führen und neue Werte adressieren (fair; transparente Preise);
- Verbraucherbild:
- Konsum nicht auf Endverbraucherin und Endverbraucher reduzieren; Öffentliche Hand als Verbraucher; Wie sehen Konsumentinnen und Konsumenten der Zukunft aus – soziologisch und verhaltensökonomisch?
- Verbraucherbildung anstelle von (noch mehr) Information:
- Sensibilität wecken, Bewusstsein ändern; Verankerung in Schulen; Empowerment und Partizipation als Ziel;
- Aktuelle technische und mögliche gesellschaftliche Entwicklungen in den Blick nehmen, relevante Konsumformen, Güter der Zukunft, Leittechnologien, Möglichkeiten immaterieller Bedürfnisbefriedigung – Innovationen und Trends aufspüren;

Einer Mehrheit der Befragten ist es ein wesentliches Anliegen, Transformation mitzugestalten, da „ein Drittel bis ein Viertel der Menschen spüre, dass sich was ändern muss". Diese Menschen wüssten aber nicht wie. Vorgeschlagen wird, die „Big Points" hinsichtlich möglicher Transformationspotenziale zu sortieren und dabei die Reichweite und Wirksamkeit von Entscheidungen in den Blick zu nehmen (Zum Beispiel kann man als Individuum in Bezug auf Ernährung/Lebensmittel rasch und einfach allein entscheiden, allerdings ist die Wirkung kleiner vs. komplexer, struktureller Entscheidungen, die über individuelle Handlungs- bzw. Entscheidungsspielräume hinausgehen, wie bspw. im Bereich Mobilität, Energie, Wohnen.). Szenarien zu entwickeln (Was ist ein gutes Leben für alle?) und Reboundeffekte zu reduzieren oder ganz zu vermeiden, wird als wichtig erachtet.

Die Aussagen der Befragten zusammenfassend lassen sich folgende Diskursebenen identifizieren:

„Konsum der Zukunft" – mögliche Diskursebenen			
Meta-Themen → *Strukturvorschläge* ↓	*Nachhaltigkeit*	*Technische Entwicklungen*	*Aktivierung der Verbraucherinnen und Verbraucher*
Verständnis von „Konsum der Zukunft"	Transformatorischer Anspruch	Änderungen durch Digitalisierung	Mitgestaltung
	„Kaufen" (biologisch, ökologisch, saisonal, regional, fair, energieeffizient)	Änderung der Kaufroutinen	Wissen
Zugänge zu Konsum	„Nutzen" von Produkten: länger nutzen, reparieren, leihen, teilen	Änderung der Nutzungsroutinen	Organisationsformen für alternative Konsumformen?
	Alternativen: selber machen, anders machen, andere Bedarfsbefriedigungsstrategien	Änderung der Herstell-, Distributions- und Arbeitsroutinen	Zivilgesellschaftliches Engagement
Reflexion der Folgen von Konsum	Bedingungen der Konsummöglichkeiten (Einkommen, Zeit, Ressourcen)		
	Inklusions- und Exklusionsmöglichkeiten		
	Risiken und Chancen (Datenschutz, Arbeitsplätze, Produktqualitäten, Access, ökologische Folgen, ökonomische Folgen, politische Folgen)		

Abb. 1   Diskursebenen für ein Netzwerk „Konsum der Zukunft" (eigene Darstellung)

3.3.3   Zur Organisation eines Netzwerks

Die meisten befragten Akteurinnen und Akteure haben bereits Erfahrungen mit Netzwerken. Sie halten es für entscheidend, Kooperation durch soziale Beziehungen UND einen institutionellen Rahmen abzusichern. Auf die Frage nach Erfolgsfaktoren werden noch folgende weitere Aspekte genannt:

- Ein hoch motiviertes Kernteam, adäquate Struktur/Organisation, finanzielle Ressourcen;
- Statt Hierarchie gute Moderation;
- Kommunikation so gestalten, dass „alle mitbekommen, was so läuft";
- Eine positive Dynamik ist abhängig von individuellen Faktoren (der Einzelpersonen) und von der Wirksamkeit des Netzwerks und vice versa;
- Es braucht nicht unbedingt ein gemeinsames Ziel für das Netzwerk, aber jedenfalls ein gemeinsames Interesse;

- Im konkreten Tun braucht es Klarheit über die Ziele (den „case for action");
- Transparenz – Informations- und Erfahrungsaustausch;
- Weniger die Regelmäßigkeit der Informationen als die Wechselseitigkeit ist relevant, über den Austausch von Sachinformation hinaus muss „etwas Resonanz auslösen";
- Gemeinsam Regeln und Themen entwickeln, ev. mit Moderation, induktives Vorgehen;
- Einen guten Umgang mit inneren Konkurrenzen und mit externen Organisationen finden, die sich auch immer wieder mit Fragen des Konsums auseinandersetzen; Bezüge zu ähnlich ausgerichteten Netzwerken klären;

Zu den Erfolgsfaktoren für ein lebendiges Netzwerk wird auch eine gemeinsame Grundhaltung gezählt. Besonders wichtig ist es den Befragten, offen zu sein – auch für wirklich mutige, experimentelle Konzepte und Initiativen und nicht nur auf der rein theoretische Ebene zu bleiben, sondern auch praktisch wirksam zu werden.

Hinsichtlich des Charakters eines möglichen Netzwerks sehen die Interviewten die Notwendigkeit frühzeitig Vorentscheidungen zu treffen. Zu klären seien folgende Punkte:

- Wie formell soll das Netzwerk sein? (Trägerorganisation, Rechtsform oder informelle Gruppe von Interessierten);
- Mitgliedschaft (Einzelpersonen und/oder Institutionen? Verhältnis Personen – Institutionen; nur Beteiligte aus der Wissenschaft oder ein hybrides Netzwerk);
- Größe des Netzwerks und Verbindlichkeit (je höher die Verbindlichkeit, umso kleiner wird das Netzwerk sein; was ist die kritische Masse, damit es ein funktionierendes Netzwerk ist; je größer das Netzwerk, umso abstrakter, unverbindlicher);
- Transformationsbezug und Themen (Wie radikal darf gedacht werden? Bereit, das System in Frage zu stellen);
- Neues Netzwerk konzipieren oder Bestehendes weiterentwickeln? (ad Neues: Was wäre das Neue? Ad Bestehendes: Welche kämen in Frage? Welche Synergien, national und/oder international, ergäben sich?

Hohe Bedeutung maßen die Befragten dem Thema Ressourcen bei. Finanzielle Mittel seien jedenfalls erforderlich, „nur" ehrenamtlich an eine Netzwerkentwicklung heranzugehen sei nicht denkbar. Es brauche einerseits finanzielle bzw. personelle Ressourcen für die Organisation (nötig für die Verstetigung des Diskurses) und im Idealfall auch für Forschung und gemeinsame Initiativen. Jedenfalls zu schaffende Strukturen seien Kommunikationsstrukturen (nach innen und nach außen) und

Entscheidungsstrukturen. Wichtige Themen seien Finanzierung und intendierte Leistung, Rollen und Funktionen sowie Fragen der Moderation und der Steuerung (Wissenschaftlicher Beirat/Expertenrat, Miteinbeziehen von Konsumentinnen und Konsumenten und weiteren Stakeholdern).

3.3.4 Widerspruchskonstellationen und Spannungsfelder

Die persönlichen Erfahrungen der Interviewten mit Netzwerken und der Arbeit in den Feldern Nachhaltigkeit/Verbraucherschutz- und Verbraucherforschung/ Verbraucherbildung und Politik bringen zum Teil auch widersprüchliche Interessen und Erwartungen zu Tage. Bei der Entwicklung eines Netzwerkes brauchen diese Aspekte besondere Aufmerksamkeit. Sie verweisen auf Spannungsfelder und stellen wichtige Entscheidungsfragen dar.

- Komplexität der Themen – Notwendigkeit Grenzen zu setzen

Die Vielfalt an inhaltlichen Beiträgen lässt die große Komplexität des Themas deutlich werden. Die inhaltliche Breite und die enge Verwobenheit der Themen erfordern es, Grenzziehungen im Sinne der Überschaubarkeit der Aktivitäten klar zu setzen, aber immer wieder neu zu überprüfen und eine gewisse Offenheit zu wahren. Damit im Zusammenhang steht auch das Spannungsfeld von Größe des Netzwerks und Verbindlichkeit der Kooperation.

- *Individuelle Interessen – Netzwerkinteressen (gemeinsamer Nutzen)*
  Die Interessierten bringen ihre Themen in das Netzwerk ein und möchten in diesen Bereichen vorankommen. In diesem Zusammenhang sind die jeweiligen institutionellen Logiken mitzudenken (persönliche Kooperation vs. institutionelle Logiken). Die inhaltliche Breite des Themas lässt erwarten, dass die Interessen des Netzwerks in manchen Bereichen über Einzelinteressen hinausreichen bzw. nicht immer damit kompatibel sind. Es gilt, Ebenen zu identifizieren, die für möglichst viele Mitglieder relevant sind.
- *Analysieren (Wissen) – Verändern (Umsetzen)*
  Hier zeigt sich, dass einzelne Akteursgruppen für sich unterschiedliche Schwerpunkte sehen:
  Aktivität, Dynamik, „etwas bewegen" vs. Beobachten der Gesellschaft; Wissenschaft verändert vs. ist nicht zuständig für Veränderung;
  Unterschiedliche Interventionsebenen: Wissen generieren und zur Verfügung stellen – mit dem Wissen in die Gesellschaft intervenieren;

Reines Forschungsnetzwerk oder hybrides Wissenschafts-Praxis-Netzwerk (die „distanzierten" Forscherinnen und Forscher werden von einigen den Praktikerinnen und Praktikern gegenübergestellt);

- *Kooperation und Konkurrenz*
  Unterschiedliches findet sich auch hinsichtlich der Funktion, die das Netzwerk haben soll: Wunsch nach persönlicher Vernetzung/Sympathie (Beziehungsebene) und/oder Wunsch nach Informationsaustausch und wissenschaftlichen Projekten (Sachebene). Kooperation ist erwünscht, ein rechter Umgang mit allfälligen Konkurrenzdynamiken müsse aber gefunden werden.
- *Wunsch nach Vernetzung – Bedarf an Ressourcen*
  „Alle wollen vernetzen" – die Bereitstellung von entsprechenden finanziellen/personellen Ressourcen erfolge allerdings nicht im notwendigen Ausmaß. Es wird auf einen Ressourcenwiderspruch hingewiesen – Engagement vs. Überforderung.

3.3.5 Bedeutung der Befragungsergebnisse für eine mögliche Netzwerkentwicklung

In einer organisationswissenschaftlichen Perspektive, die seitens des Forschungsteams eingebracht wurde, stellt sich die Situation so dar: Aus den heterogenen Motiven und Nutzenerwartungen und den sich daraus partiell ergebenden Spannungsfeldern resultieren eine Reihe an offenen Punkten und Themen, die nach und nach einer Entscheidung bedürfen. Befindet sich ein Netzwerk in der Vorbereitungsphase bzw. zu Beginn der Umsetzungsphase bieten zehn Stufen und Fragestellungen eine gute Orientierung in der Planung bzw. der Umsetzung einer Netzwerk-entwicklung (Lobnig 2000, S. 20; Sydow und Windeler 1998). Im Fokus der Aufmerksamkeit stehen dabei

- Akteurinnen und Akteure – Wer wirkt im Netzwerk mit?
- Struktur – Wie organisiert sich das Netzwerk, wer kann welchen Beitrag dazu leisten etc.?
- Funktion – Welche Aufgaben müsste das Netzwerk erfüllen, um Nutzen zu stiften?
- Form – Welche Instrumente der Vernetzung werden als zielführend gesehen?

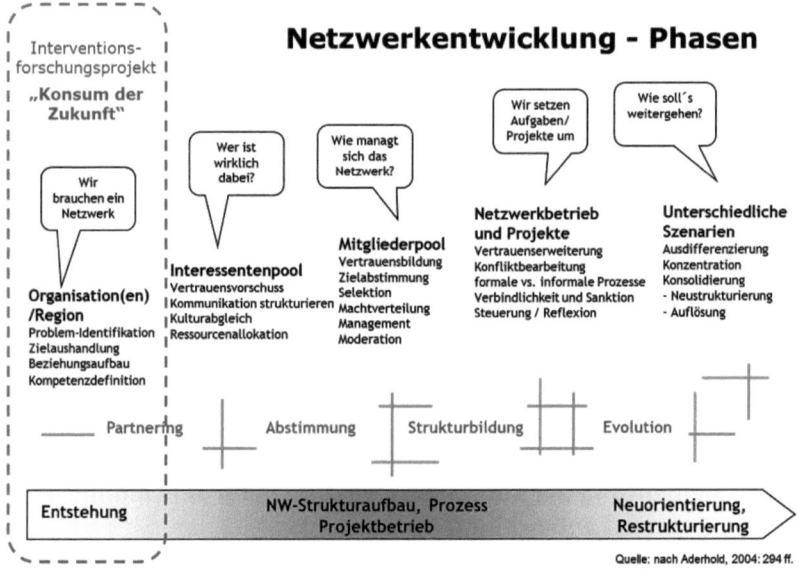

Abb. 2 Verortung des Projekts bezogen auf die „Phasen" der Netzwerkentwicklung (weiterentwickelte Darstellung nach Aderhold 2004, S. 294 ff.)

Herausforderung in der Konzeptionsphase des Netzwerks wird es weniger sein, die Themen vorzugeben, sondern Prozesse und Strukturen aufzusetzen, die den grundsätzlich Interessierten und potenziellen Mitgliedern die Möglichkeit geben, sich bei der Entstehung des Netzwerks und der Entwicklung seiner thematischen Identität zu beteiligen. Fokussierungen bzw. Engführungen der Themen bzw. Aufgaben des Netzwerks wären dann schon erste Ergebnisse (Outcomes) des entstehenden Netzwerks. Damit diese Ergebnisse entstehen, braucht es – wie mehrfach in den Interviews empfohlen wird – (vorläufige) Festlegungen zu den Inhalten und Strukturen des Netzwerks, die von einem engagierten, gut funktionierenden und gut ausgestatteten Kernteam vorbereitet bzw. entschieden werden sollten. Funktionen des Netzwerks und daraus resultierende Rollen im Netzwerk sollten in Hinblick auf die Akteurs-Gruppen, Trägerorganisation(en), Kernteam, Mitglieder aus Wissenschaft und Nicht-Wissenschaft sowie Stakeholder entwickelt werden.

4   Resümee und Ausblick

Ein zukunftsfähiger Konsum im Sinn einer nachhaltigen Entwicklung, der auch den Ansprüchen einer sich als modern verstehenden Gesellschaft genügt, stellt diese vor vielfältige (systembedingte) Widersprüche. Wenn eine Gesellschaft aus sich selbst heraus die – von zunehmend mehr Akteurinnen und Akteuren als notwendig erachtete – Transformation schaffen will, ist es notwendig, Strategien zu entwickeln, wie mit den Widersprüchen zwischen gesellschaftlichen Teilsystemen (von Wirtschaft und Gesundheitswesen über Politik bis zu Bildung und Wissenschaft) umgegangen werden soll, wie diese verhandelbar gemacht und so die „Beharrungskräfte der gegenwärtigen Kultur überwunden werden können" (Stengel 2011).

Herausforderung für die Organisation eines Netzwerks „Konsum der Zukunft" ist es, verschiedene bisher unverbundene Diskurse rund um Konsum- und Verbraucherfragen im Bereich der Forschung, der Bildung, der Politik so zu organisieren, dass diese inter- und transdisziplinär angelegten Diskurse und die vermutlich immer wieder sichtbar werdenden aporetischen Konflikte nicht als lähmend empfunden, sondern von den Diskursbeteiligten als fruchtbar und nützlich erlebt werden. Das *Organisieren* solcher Diskursprozesse könnte auch insbesondere in Hinblick auf die Einbindung von Verbraucherinnen und Verbrauchern, mittelfristig ev. auch von Unternehmen ein zukunftsweisender Weg sein und stellt Wissenschaft und Forschung vor neue Aufgaben und Chancen. Damit ist gemeint, dass Prozesse der Auseinandersetzung mit Fragen einer transformatorischen, gestaltenden Verbraucherforschung verknüpft und begleitet werden, die selbst Interventionen in die jeweiligen gesellschaftlichen (Teil-)Systeme darstellen. Eine bessere Vernetzung dieser Dynamiken bzw. der involvierten Akteurinnen und Akteure kann diese stärken. Thematische Netzwerke bieten derartige Möglichkeiten, liegt deren Leistungsfähigkeit doch in der Zusammenführung unterschiedlicher Kompetenzen und Ressourcen sowie im Austausch unterschiedlicher Rationalitäten – und darin sehen wir eine zentrale Funktion in Bezug auf den Umgang mit aporetischen Konflikten.

Der transformatorische Anspruch des Nachhaltigkeitskonzepts reicht also über die Wirkmöglichkeiten individueller Handlungen hinaus. Bestehende „kollektive" Akteure (Organisationen in Wirtschaft, Politik, Verwaltung, Zivilgesellschaft, Bildung) sind häufig überfordert mit diesen Herausforderungen. Die Frage, wie es gelingt, dass gesellschaftliche Teilsysteme oder die Gesellschaft als Ganzes gemeinsame Lernprozesse gestalten und nutzen können, darauf aufbauend verbindliche Entscheidungen treffen und dann auch in die Umsetzung gehen, ist nicht geklärt. Jedenfalls, so unsere Hypothese, müssen Fähigkeiten entwickelt werden, kollektiv mit Widersprüchen und Konflikten umzugehen, die ein fundamentaler Wandel mit sich bringt (Hübner 2012). Dies bedarf geeigneter Organisationsformen und einer umfassenden Prozessexpertise.

Forschen, Lernen und Veränderung können der interventionswissenschaftlichen Haltung nach nicht von außen bestimmt, sondern können nur gemeinsam in einer gleichberechtigten (Forschungs-)Partnerschaft von innen heraus entwickelt werden, um nachhaltig zu wirken. Mit der Interventionsforschung gehen wir von Forschungspartnerschaften aus, in welche das Forschungsteam Design- und Prozessorganisationskompetenz einbringt, die es ermöglicht, Widersprüche sichtbar und diskutierbar zu machen sowie flexibel auf inhaltliche und strukturelle Anforderungen zu reagieren. Diese Form interventionswissenschaftlicher Forschung handelt auf Grundlage der Erkenntnis, dass Wissenschaft (und mit ihr Universitäten) sich „vermehrt konkreten gesellschaftlichen Problemlagen zu widmen hat – und zwar in „eingreifender Hinsicht" (Heintel 2002, S. 2). Diese prozessual ausgerichtete Wissenschaft, die mit den „Betroffenen" ein gemeinsam verbindliches Forschungsdesign entwirft, achtet im Sinne der partizipativen Anlage darauf, die am Prozess beteiligten Menschen und Organisationen vor allem in ihrer Eigenständigkeit und Selbstorganisationsfähigkeit zu unterstützen. (Zur Interventionsforschung vgl. Krainer und Lerchster 2012; Ukowitz 2012; Lerchster und Krainer 2016).

Die Aufgabe, in diesem Sinn nachhaltige Entwicklung voranzubringen, ist eine große, der Weg ein stückweit auch Ziel, und es bedarf wohl langfristiger Anstrengungen. Mit dem Projekt „Konsum der Zukunft" konnte ein kleiner Beitrag geleistet werden, kollektive Reflexion und kollektives Lernen über das Eröffnen von inter- und transdisziplinären Diskursräumen anzuregen und zu befördern. Es brachte Wissen hervor, das für die weitere Debatte und im Besonderen für die Netzwerkentwicklung nützlich sein kann. Und es leistete vor allem eines: Es gelang eine ganze Reihe von Personen für die Idee zu interessieren und frühzeitig zu involvieren.

Literatur

Aderhold, J. (2004). *Form und Funktion sozialer Netzwerke in Wirtschaft und Gesellschaft. Beziehungsgeflechte als Vermittler zwischen Erreichbarkeit und Zugänglichkeit.* Wiesbaden: VS Verlag.
Bammé, A. (2013). *Von der Repräsentation zur Intervention. Variationen über John Dewey.* Marburg: Metropolis.
Burger-Winkler, E., Hübner, R., Tröger, N., Fridrich, C. (2015). „Konum neu denken" 21./22. September 2015, AK Wien. Zusammenfassung der Präsentationen, Diskussionen und

Ergebnisse der Workshops. Online Dokumentation: https://conference.aau.at/event/124/ Zugriff: 27.9.2017

Fridrich, C., Hufnagel, R., Hübner, R., Jaquemoth, M., Kollmann, K., Piorkowsky, M.-B., Schneider, N. F., Tröger, N., Wahlen St. (2014). Bamberger Manifest für ein neues Verbraucherverständnis. *Journal für Verbraucherschutz und Lebensmittelsicherheit* 9. S. 321-326.

Fridrich, C., Hübner, R., Kollmann, K., Piorkowsky, M.-B., Tröger, N. (2017). Grundüberlegungen zu einer Kritischen Verbraucherforschung. In C. Fridrich, R. Hübner, K. Kollmann, M.-B. Piorkowsky, N. Tröger (Hrsg.), *Abschied vom eindimensionalen Verbraucher* (S. 1-23). Wiesbaden: Springer VS.

Froschauer, U., Lueger, M. (2003). *Das qualitative Interview. Zur Praxis interpretativer Analyse sozialer Systeme.* Wien: Facultas.

Funtowicz, S., Ravetz, J. (1993). "Science for the post-normal age". *Futures* 31. S. 735-755.

Görgen, B., Wendt, B. (2015). Nachhaltigkeit als Fortschritt denken. Grundrisse einer soziologisch fundierten Nachhaltigkeitsforschung. *Soziologie und Nachhaltigkeit – Beiträge zur sozial-ökologischen Transformationsforschung, 1*(1), S. 21.

Grunwald, A. (2010). Wider die Privatisierung der Nachhaltigkeit. Warum ökologisch korrekter Konsum die Umwelt nicht retten kann. GAIA *19*(3). S. 178-182.

Heintel, P. (2002). *Forschungsschwerpunkt: Interventionsforschung.* Unveröffentlichtes Positionspapier. Klagenfurt, Alpen-Adria Universität Klagenfurt.

Heintel, P., Krainer, L., Ukowitz, M. (Hrsg.) (2006). *Beratung und Ethik. Praxis, Modelle, Dimensionen.* Berlin: Leutner.

Heintel, P. (2006). Das Klagenfurter Prozessethische Beratungsmodell. In: P. Heintel, L. Krainer, M. Ukowitz (Hrsg.) (2006): *Beratung und Ethik. Praxis, Modelle, Dimensionen* (S. 196-243). Berlin: Leutner.

Hübner, R. (2012). Nachhaltigkeitskommunikation reloaded. Aporien als Lernchancen für gemeinsames Entwickeln fundamental anderer Handlungsmuster *GAIA, 21*(4). S. 262-265.

Hübner, R. (2017). Nachhaltigkeits- und Verbraucherforschung – ein Cross-Over-Versuch interventionsorientierter Wissenschaft. In C. Fridrich, R. Hübner, K. Kollmann, M.-B. Piorkowsky, N. Tröger (Hrsg.), *Abschied vom eindimensionalen Verbraucher* (S. 161-200). Wiesbaden: Springer VS.

Kant, I. (2008, orig. 1785). Grundlegung zur Metaphysik der Sitten. In: W. Weischedel (Hrsg.) *Kritik der praktischen Vernunft. Grundlegung zur Metaphysik der Sitten.* (S. 33-77). Frankfurt am Main: Suhrkamp.

Knapp, R. (2008). Wholesome Design for Wicked Problems. The Public Sphere Project. http:// publicsphereproject.org/content/wholesome-design-wicked-problems Zugriff: 31.5.2016

Krainer, L., Heintel, P. (2010). *Prozessethik. Zur Organisation ethischer Entscheidungsprozesse.* Wiesbaden: VS Verlag für Sozialwissenschaften.

Krainer, L., Lerchster, R. E. (Hrsg.) (2012). *Interventionsforschung Band 1. Paradigmen, Methoden, Reflexionen.* Wiesbaden: Springer VS.

Lerchster, R. E., Krainer, L. (2016). *Interventionsforschung Band 2. Anliegen, Potentiale und Grenzen transdisziplinärer Wissenschaft.* Wiesbaden. VS Verlag für Sozialwissenschaften.

Lerchster, R. E., Hübner, R., Ukowitz, M., Neugebauer, C. (2016). Endbericht „Konsum der Zukunft zwischen digitalem Wandel, sozialen Praktiken und Nachhaltigkeit" – Analyse zu Motiven und Nutzen eines Netzwerks. Klagenfurt, unveröff. Forschungsbericht.

Lobnig, H. (2000). Netzwerke. Was sie wirklich investieren sollten. *Hernsteiner* 4. S. 16-20.

Mayring, Philipp (2015). *Qualitative Inhaltsanalyse. Grundlagen und Techniken.* 12., aktualisierte und überarb. Aufl. Weinheim: Beltz

Murphy, R. (2012). Sustainability: A Wicked Problem. *Sociologica Fascicolo* 2. S. 23.

Nowotny, H., Scott, P., Gibbons, M. (2008). Wissenschaft neu denken. Wissen und Öffentlichkeit in einem Zeitalter der Ungewissheit. 3. Aufl. Weilerswist: Velbrück Wissenschaft.

Rittel, H. W. J., Webber, M. (1973). Dilemmas in a General Theory of Planning. *Policy Sciences* 4. S. 155-169.

Santarius, T. (2012). Der Rebound-Effekt : über die unerwünschten Folgen der erwünschten Energieeffizienz *Impulse zur Wachstumswende*. Wuppertal: Wuppertal Institut für Klima, Umwelt, Energie.

Simon, F. B. (2009): Wurzeln der systemtheoretischen Organisationstheorie. In: Wimmer, R., Meissner, J., P. Wolf (Hrsg.) (2009): *Praktische Organisationswissenschaft*. (S. 40-57). Heidelberg: Carl Auer Systeme.

Stengel, O. (2011). *Suffizienz. Die Konsumgesellschaft in der ökologischen Krise*. München: OekoNowotnym.

Sydow, J., Windeler, A. (1998). Organizing and Evaluating Interfirm Networks: A Structurationist Perspective on Network Processes and Effectiveness. *Organization Science* 9. S. 265-284.

Tröger, N. (2017). Welche Potenziale bietet Transdisziplinarität für die Verbraucherforschung und die Verbraucherpolitik? In C. Fridrich, R. Hübner, K. Kollmann, M.-B. Piorkowsky, N. Tröger (Eds.), *Abschied vom eindimensionalen Verbraucher* (S. 47-71). Wiesbaden: Springer VS.

Ukowitz, M. (2012). *Wenn Forschung Wissenschaft und Praxis zu Wort kommen lässt... Transdisziplinarität aus der Perspektive der Interventionsforschung*. Marburg: Metropolis.

Ukowitz, M. (2014). Auf dem Weg zu einer Theorie transdisziplinärer Forschung. *GAIA* 23/1 (2014). S. 19-??

Willke, H. (1999). *Systemtheorie II. Interventionstheorie*. 3. Aufl. Stuttgart. Lucius & Lucius.

Willke, H. (2001). *Systemtheorie III: Steuerungstheorie*. Grundzüge einer Theorie der Steuerung komplexer Sozialsysteme. 3. Aufl. Stuttgart: Lucius und Lucius.

Die soziale Qualität von Produkten

Ulrike Seebacher und Hartmut Derler

Zusammenfassung

Diese 2016 durchgeführte Studie analysierte auf Basis einer Literaturrecherche nachhaltigkeitsorientierte Informations- und Bewertungsinstrumente und befragte acht Expertinnen und Experten aus CSR-nahen Bereichen zur sozialen Qualität von Produkten. Ein Anlass für diese Studie war der Umstand, dass die soziale Qualitätsdimension bei Produkten einen bislang wenig untersuchten Gegenstand innerhalb der Konsumforschung darstellte. Neben direkt für die Verbraucherinnen und Verbraucher in der Nutzungsphase bemerkbaren Qualitätsmerkmalen von Produkten wie die Haltbarkeit oder die Reparierbarkeit ließen sich auch nicht direkt erkenntliche Merkmale wie die Arbeitsbedingungen in der Produktion feststellen. In diesem Zusammenhang können Informations- und Bewertungsinstrumente wie Produktlabels und Nachhaltigkeitsberichte eine wichtige Rolle spielen, um soziale Attribute von Produkten aus Verbrauchersicht verstärkt zu beleuchten und einen nachhaltigeren Konsum zu ermöglichen. In der sozialen Lebenszyklusbetrachtung eines Produktes sollte die Designphase stärker berücksichtigt werden, da darin entscheidende Faktoren für die Nutzungsphase eines Produktes grundgelegt werden können.

1   Einführung

Obwohl ökonomische, soziale und ökologische Merkmale schon eingehend in der Konsumforschung differenziert wurden (siehe z. B. Heidbrink 2011), so fehlen in diesem Zusammenhang weitestgehend produktspezifische Bezüge. Während mit der

© Springer Fachmedien Wiesbaden GmbH, ein Teil von Springer Nature 2018   255
S. Nessel et al. (Hrsg.), *Multiperspektivische Verbraucherforschung*, Kritische Verbraucherforschung, https://doi.org/10.1007/978-3-658-20199-9_10

ökologischen Lebenszyklusanalyse (LCA) ein wissenschaftlich weltweit erprobtes und angewandtes Instrument zur Darstellung der ökologischen Auswirkung von Produkten gefunden wurde (siehe hierzu Guinée et al. 2011), ist die Darstellung sozialer Auswirkungen dahingehend weniger ausgereift. Zugleich gibt es in der Praxis für Produkte Kriteriensets, Zertifizierungen und Tests, die Verbraucherinnen und Verbraucher neben ökologischen Kriterien auch über soziale Kriterien informieren. Weiters zielen aktuelle Leitfäden für Corporate Social Responsibility (CSR) und für die Nachhaltigkeitsberichterstattung (ISO 26000 bzw. Global Reporting Initiative) darauf ab, nicht nur die sozialen Aspekte in Produktions- und Wertschöpfungsketten zu beleuchten, sondern auch den Mehrwert für die Gesellschaft und die Sinnhaftigkeit eines Produktes zu hinterfragen und darzustellen (Schneider 2012).

Es zeigt sich also, dass sich eine Betrachtung der sozialen Produktdimension in der Praxis zwar etabliert hat, zugleich aber eine wissenschaftliche Abhandlung diesbezüglich weitestgehend fehlt. Ältere Beiträge, die sich mit der Qualität von Produkten auseinandergesetzt haben, wie Garvin (1984) und Sebastianelli und Tamimi (2002), können heute nicht mehr als „State of the Art" bezeichnet werden, da sich innerhalb der letzten Jahre die Konsumentenperspektive zu Produkten diversifiziert und sich dahingehend die Verbraucherforschung auch vom eindimensionalen Verbraucher getrennt hat (Fridrich et al. 2017b).

Basierend auf diesem Hintergrund wurde 2016 eine Studie durchgeführt, welche sich dem Begriff der „sozialen Qualität von Produkten" annahm. Hierzu wurden verschiedene CSR-nahe Informations- und Bewertungsinstrumente untersucht und acht Experteninterviews durchgeführt. Bevor die Ergebnisse der Analyse dieser Studie in Kapitel 4 dargestellt werden, wird im nächsten Kapitel der theoretische Hintergrund und in Kapitel 3 das methodische Vorgehen ausgeführt. Abschließend werden in Kapitel 5 die Ergebnisse aus Verbrauchersicht diskutiert.

2 Die soziale Qualität von Produkten – theoretische Herangehensweise

Der etymologische Ursprung des Wortes „Qualität" findet sich im Lateinischen. *Qualis* beschreibt, wie etwas beschaffen ist (z. B. gut, schlecht, rund, blau) und *qualitas* bezieht sich auf die Beschaffenheit, das Merkmal, die Eigenschaft oder den Zustand einer beliebigen Entität. Weiters definiert die DIN EN ISO 9000:2015-11 Qualität als „Grad, in dem ein Satz inhärenter Merkmale eines Objektes Anforderungen erfüllt" (ISO 2015, S. 18) und weist somit auf ein multidimensionales Qualitätsverständnis eines Produktes oder einer Dienstleistung hin. Gemeinsam mit dem Begriff des „Sozialen" (lt. *socialis*, dt. gesellschaftlich) bezieht sich die soziale Qualität somit auf jene Eigenschaften, die für bestimmte gesellschaftliche Anforderungen relevant sind. Dies soll als erstes Indiz für die soziale Qualität von Produkten dienen.

Im wissenschaftlichen Diskurs gab es verschiedene Ansätze, die sich mit der Qualität eines Produktes auseinandersetzten. Einen bis heute weit verbreiteten Rahmen für die Qualität eines Produktes schlug Garvin (1984) vor, wobei er die Qualität von Produkten in die acht Dimensionen (1) Leistung, (2) Funktionen, (3) Verlässlichkeit, (4) Konformität, (5) Haltbarkeit, (6) Qualität der Serviceleistungen, (7) Ästhetik und (8) wahrgenommene Qualität unterteilte. Seither entwickelten sich alternative Definitionen, welche in fünf Ansätze unterteilt werden können: einen transzendenten[1], einen Produkt-spezifischen, einen Nutzer-spezifischen, einen Hersteller-spezifischen und einen Wert-orientierten Ansatz (Sebastianelli und Tamimi 2002).

Der aus Verbrauchersicht relevante Nutzer-basierte Ansatz definiert Qualität als das Ausmaß, nach welchem ein Produkt oder eine Dienstleistung die Erwartungen der Konsumentinnen und Konsumenten erfüllt (ibid., S. 444). Dabei haben sich die Erwartungen dieser an Produkte in Zeiten ökologischer und sozialer Herausforderungen in den letzten Jahrzehnten vervielfacht (Zander und Hamm 2010). Beispielsweise verzeichnete man sowohl im angelsächsischen als auch im deutschen Sprachraum einen Trend hin zu lokal-produzierten Lebensmitteln, welcher auf Motiven einer Nähe und einer Solidarität der Konsumentinnen und Konsumenten zur Produzentin und zum Produzenten, aber auch mit Nachhaltigkeitsüberlegungen begründet wurde (siehe hierzu Pearson et al. 2011 bzw. Weiss 2007). Um diesen Konsumentenerwartungen gerecht zu werden, begannen Unternehmen neben ökologischen auch mit ethischen und sozialen Betrachtungen entlang der Lieferkette ihrer Produkte (Smith, Palazzo und Bhattacharya 2010).

Da das Interesse der Verbraucherinnen und Verbraucher an gesellschaftlich verantwortungsvollen Formen des Konsums wuchs, veränderte sich dahingehend auch die Konsumforschung der letzten Jahre (Heidbrink et al. 2011). So stand im Mittelpunkt der Betrachtungen der ethische bzw. politische Konsum durch Verbraucherinnen und Verbraucher, worin Konsum auch als Ausdrucksform politischer Botschaften verstanden wurde (Lamla 2006). Man erkannte also, dass der Konsumenteneinfluss auf die sozio-ökologischen Beschaffenheiten von Produkten, welche am Markt angeboten werden, nicht zu unterschätzen ist (Schmidt und Seele 2012).

---

1   Gemeint ist ein strikt subjektives Qualitätsverständnis, worin angenommen wird, dass Qualität absolut und universell wahrnehmbar ist (siehe Sebastianelli und Tamimi 2002, S. 443).

Zugleich drängt sich in diesem Zusammenhang die Frage auf, welche sozialen Eigenschaften und Qualitätsmerkmale, sowohl aus Produzenten- als auch aus Konsumentensicht, in den vergangenen Jahren eine Rolle spielten, da man davon ausgehen kann, dass sich diese auch im Zuge eines politischen Konsums verändert haben. Während die ökologische Qualität von Produkten in den letzten Jahren durch Schadstoffanalysen entlang ihres Lebenszyklus, aber auch durch Richtlinien (z. B. Eco-Design-Richtlinie) und Abkommen (z. B. Aarhus-Konvention) eingehend politisiert, erforscht und diskutiert wurde, blieb die soziale Qualität von Produkten bislang ein wenig beachteter Untersuchungsgegenstand.

Einen Ansatz für eine Untersuchung der sozialen Qualität von Produkten bietet das Social Quality Model nach Abbott und Wallace (Abbott und Wallace 2012), welche die soziale Qualität in die vier Aspekte (1) wirtschaftliche Sicherheit, (2) sozialer Zusammenhalt, (3) soziale Inklusion und (4) soziale Ermächtigung unterteilen (siehe Abbildung 2.1).

Abb. 2.1   Die vier Aspekte der sozialen Qualität nach Abbott & Wallace (2012, S. 156, Fig. 1), eigene Darstellung

Jene Dimensionen, welche laut Abbott und Wallace als Produkt von Beziehungen zwischen globalen und biographischen (individuellen) Prozessen beziehungsweise infolge von Prozessen zwischen Systemen, Organisationen und Gemeinschaften und Gruppen hervorgehen (ibid. 2012, S. 155), entsprechen auch der Definition von Beck et al. (2001). Diese definieren die soziale Qualität als „das Ausmaß, an dem Menschen in der Lage sind, an sozialen Beziehungen teilzunehmen, unter Bedingungen, die

Wohlbefinden, persönliche Kapazität und individuelles Potenzial verbessern" (ibid. 2001, S. 6-7). Ausgehend von diesen Definitionen lässt sich die soziale Qualität in vier Bereiche unterteilen, die als Ausgangspunkt dieser Studie dienten.

3   Methodik

Das Ziel dieser explorativen Studie war die qualitative Erschließung des Begriffes der sozialen Qualität von Produkten. Hierbei war der Fokus zum einen, sozial relevante Bereiche auf der Produktionsseite aufzuzeigen und zum anderen, die damit verbundenen sozialen Bereiche aus Konsumentensicht hervorzuheben. In einem ersten Schritt wurde hierzu eine Recherche nach Analyse- und Bewertungsmethoden, welche eine Aussage über die soziale Qualität eines Produktes liefern können, unternommen. Dabei wurde auf etablierte CSR-Instrumente wie die ISO 26000 Norm, aber auch auf Gütezeichen und Produktbewertungsmethoden zurückgegriffen (siehe Tabelle 4.1), worauf im nächsten Kapitel näher eingegangen wird. Um den Untersuchungsgegenstand zu diversifizieren, wurden auch acht Experteninterviews durchgeführt. Ein Grund für Experteninterviews war, dass diese Methodik für explorative Zwecke zielführend ist (Meuser und Nagel 2009). Das war bei dieser Studie der Fall, da der Begriff der sozialen Qualität von Produkten bislang wenig Beachtung fand[2]. Nach einer Transkription der Interviews wurden sowohl die Experteninterviews als auch die Analyse- und Bewertungsmethoden abstrahiert und generalisiert. Dies geschah auf Basis der zusammenfassenden Inhaltsanalyse nach Mayring (Mayring 2010). Hierbei dienten die vier Dimensionen wirtschaftliche Sicherheit, sozialer Zusammenhalt, soziale Inklusion und soziale Selbstbestimmung des Social Quality Models nach Abbott und Wallace (2012) als deduktive Kategorien der Inhaltsanalyse. Im folgenden Kapitel werden nun die Ergebnisse der Instrumentenanalyse und der Interviews vorgestellt, wobei zuerst auf den jeweiligen Untersuchungsgegenstand eingegangen wird. Die Darstellung der Ergebnisse bezieht sich dabei auf übergreifende allgemeine Inhalte, die der sozialen Qualität von Produkten zugeordnet werden konnten.

---

2   Eine Ausnahme stellt hierbei Schoenheit (2005) dar.

4   Die soziale Qualität von Produkten – Praktische Herangehensweise

Um herauszufinden, inwieweit in Kriterien- und Bewertungssystemen Bezüge zur sozialen Qualität von Produkten bestehen, wurde eine Analyse verschiedener Instrumente durchgeführt (siehe Tabelle 4.1). Bei der Auswahl wurde darauf geachtet, ein aus Verbrauchersicht möglichst breites Spektrum zu erfassen, weshalb neben etablierten CSR-Leitfäden auch Produktlabels und Ethiktests von Verbraucherschutzorganisationen berücksichtigt wurden. Um den Umfang der betrachteten Instrumente einzuschränken, lag der Fokus auf Instrumente, die im deutschsprachigen Raum geläufig sind. In den folgenden Unterkapiteln werden die jeweiligen Instrumente vorgestellt und die empirischen Ergebnisse dargestellt. Zusätzlich wird auch auf das Vorgehen in den Experteninterviews eingegangen.

Tab. 4.1   Auflistung der betrachteten Instrumente nach Art des Instrumentes, eigene Darstellung

Art des Instruments	Betrachtete Instrumente	Quelle
CSR-Leitfäden und Normen	ISO 26000 Leitfaden zur gesellschaftlichen Verantwortung	ISO 26000 (2010)
	ONR 192500 Gesellschaftliche Verantwortung von Organisationen	ONR 192500 (2011)
Nachhaltigkeits-Berichterstattung, Kodizes	Global Reporting Initiative (GRI) – G4 Leitlinien zur Nachhaltigkeitsberichterstattung	GRI (2015)
	Handbuch zur Gemeinwohl-Bilanz, Version 4.1	GWÖ (2013)
	Social Reporting Standard (SRS). Leitfaden zur wirkungsorientierten Berichterstattung	SRI – Social Reporting Initiative (2014)
	Deutscher Nachhaltigkeitskodex (DNK)	RNE – Rat für Nachhaltige Entwicklung (2016)
Produktlabels	Fair For Life	Fair For Life (2017)
	Hand in Hand	Rapunzel (2011)
	Natureplus	Natureplus (2015)
CSR-/Ethiktests	Konsument. Das österreichische Testmagazin	VKI – Verein für Konsumenteninformation (oJ)
	Stiftung Warentest	Stiftung Warentest (o. J.)
	bewusstkaufen.at, Leitlinie Fairer Handel und soziale Nachhaltigkeit	BMLFUW (2013)

Bewertungs- methoden	Product Sustainability Assessment (PROSA)	Grießhammer et al. (2013)
	Social Life Cycle Assessment (sLCA)	Benoît et al. (2010)
	Product Social Impact Assessment (PSIA)	Fontes et al. (2016)

4.1 Corporate Social Responsibility – Leitfäden und Normen

Ende 2010 veröffentlichte die Internationale Organisation für Normung (ISO) mit der DIN ISO 26000 einen umfassenden und international anwendbaren Leitfaden, welcher gesellschaftlich verantwortliches Handeln für alle Arten von Organisationen anwendbar machte. Mit dem Ziel zu einer nachhaltigen Entwicklung der Gesellschaft beizutragen, greift der Leitfaden die sozial-ökologische Verantwortung von Unternehmen und anderen Marktakteuren auf, welche seit der Veröffentlichung des Brundtland-Berichts 1987 auch aus der Verbraucherperspektive diskutiert wurde (Schneider 2015).

Der Leitfaden orientiert sich an international anerkannten Grundsätzen, wie den Kernarbeitsnormen der Internationalen Arbeitsorganisation (ILO) und dem Global Compact[3] der Vereinten Nationen. Als wesentlich für die Verankerung gesellschaftlicher Verantwortung in Unternehmen werden das Anerkennen der gesellschaftlichen Verantwortung einer Organisation und das Identifizieren und Einbinden von Anspruchsgruppen gesehen. Konkretisiert wird dies anhand der sieben Kernthemen Menschenrechte, Arbeitsbedingungen, Anständige Handlungsweisen von Organisationen, Konsumentenfragen, Umwelt, Regionale Einbindung und Entwicklung des Umfelds und Organisation und Organisationsführung.

Zu jedem Kernthema werden konkrete Handlungsfelder genannt und Empfehlungen formuliert. Die Anwendung der ISO 26000 ist freiwillig, beinhaltet keine verpflichtenden Auflagen und ist im Gegensatz zu anderen Bewertungssystemen wie dem Eco-Management and Audit Scheme (EMAS) oder der ISO 14001 nicht mit einem Zertifikat belegbar. Die österreichische Normungsinstitution Austrian Standards hat 2011 mit der ONR ISO 192500 ein zusätzliches Normdokument für die Umsetzung der ISO 26000 herausgegeben. Damit lassen sich Grundsätze und Leitlinien der ISO 26000 umfassend in das Management von Unternehmen, aber auch von NGOs und anderen nicht profitorientierten Organisationen integrieren.

---

3 Beim Global Compact handelt es sich um eine Initiative zwischen Unternehmen und den Vereinten Nationen, worin die soziale und ökologische Verantwortung der Unternehmen innerhalb der Globalisierung aufgegriffen wird.

Ein großer Unterschied zur ISO 26000 besteht darin, dass man die Einhaltung und somit das über den gesetzlichen Mindestanforderungen liegende Niveau gegenüber Dritten nachweisen kann (Grün 2016).

Der ISO 26000 Leitfaden zur gesellschaftlichen Verantwortung weist allgemein auf die Universal Design Prinzipien hin, die darauf abzielen, einem möglichst breiten Publikum die Nutzung eines Produktes zu ermöglichen, sodass am Produkt keine weiteren Anpassungen nötig sind. Die soziale Inklusion von Menschen mit Behinderungen wird somit direkt angesprochen. Auch die ONR 192500 Norm zur gesellschaftlichen Verantwortung von Organisationen führt als schutzbedürftige Zielgruppen Kinder, ältere Menschen und Menschen mit Behinderung an und fordert für diese im normativen Anhang barrierefreie Produkte. Hierbei verweist der Leitfaden auch auf die W3C[4] Spezifikation für Webseiten.

Gemäß ISO 26000 und ONR 192500 sollen Produkte und Dienstleistungen prinzipiell für alle verfügbar sein. Weiters wird erwähnt, dass ein besonderes Augenmerk auf hochwertige Produkte, längere Lebensdauer und erschwinglichen Preis zu legen ist. Auch wird betont, dass Unternehmen, die grundlegende Dienstleistungen in den Bereichen Strom, Gas, Wasser, Abwasserentsorgung, Entwässerung, Abwasser und Kommunikation anbieten, den Zugang für alle Kundinnen und Kunden auch in sozialen Notsituationen gewährleisten sollen. Die ONR 192500 schlägt darüber hinaus vor, lokalen Lieferanten den Vorzug zu geben und auch Initiativen zur Entwicklung lokaler Lieferanten durchzuführen, welche benachteiligte Gruppen berücksichtigen (siehe ONR 192500, Anhang A (normativ), A.7.5 Schaffung von Wohlstand und Einkommen).

4.2   Nachhaltigkeitsberichterstattung

Sowohl CSR-Leitfäden und Normen als auch Leitfäden zur Nachhaltigkeitsberichterstattung sind aus der Idee erwachsen, dass Unternehmen einen vielfältigen Einfluss auf die Gesellschaft haben, für den sie Verantwortung übernehmen müssen (Hoffmann 2011). Nachhaltigkeitsberichte entstanden daher in den 1990er Jahren, um den Beitrag unterschiedlicher Organisationen zur Nachhaltigen Entwicklung darzustellen (Jasch 2015). Die weltweit bekanntesten Leitlinien zur Nachhaltigkeitsberichterstattung sind jene der Global Reporting Initiative (GRI). Diese wurden unter Einbeziehung zahlreicher Stakeholder aus Arbeitgeber- und Arbeitnehmervertretungen, Wirtschaftsprüfern, Zivilgesellschaft und Finanzmärkten sowie

---

4   Das World Wide Web Consortium (W3C) ist ein Gremium zur Standardisierung der Techniken im World Wide Web.

Fachleuten verschiedener Disziplinen in enger Zusammenarbeit mit Aufsichts- und Regierungsbehörden in mehreren Ländern entwickelt. Sie gelten mittlerweile als internationaler Standard für Angaben zur Unternehmensführung, zu ökologischen, zu gesellschaftlichen und wirtschaftlichen Leistungsdaten und deren Auswirkungen (A. Christofi, P. Christofi und Sisaye 2012).

Zugleich haben sich in den letzten Jahren auch andere Berichtserstattungsinstrumente etabliert. So wurde im deutschsprachigen Raum die Gemeinwohlökonomie-Bewegung bekannt, die eine Orientierung der Wirtschaft am Gemeinwohl fordert und dabei auch auf Werte der ökologischen und sozialen Nachhaltigkeit setzt (Felber 2011). Das Kernstück der Bewegung bildet die Gemeinwohlbilanz, welche als Instrument zur Kommunikation der unternehmerischen Leistungen dient. In ihrer kommunikativen Funktion hat die Gemeinwohlbilanz dasselbe Ziel wie die Berichterstattung nach der GRI. Dabei misst die Gemeinwohlbilanz den unternehmerischen Erfolg nicht durch übliche sozioökonomische Kriterien, wie sie beispielsweise die GRI verwendet, sondern im Sinne einer Gemeinwohlsteigerung, für die Gemeinwohlpunkte vergeben werden (GWÖ 2013).

Da Berichterstattungssysteme in den letzten Jahren immer komplexer wurden, hat der deutsche Rat für Nachhaltigkeitsentwicklung 2011 den deutschen Nachhaltigkeitskodex (DNK) entwickelt. Dieser dient Organisationen und Unternehmen jeder Größe und Rechtsform als Rahmen für die Berichterstattung zu nicht finanziellen Leistungen. Er wurde von der deutschen Bundesregierung initiiert, um die teils komplexen Anforderungen anderer Berichterstattungssysteme auf das Wesentliche zu reduzieren (Rat für Nachhaltige Entwicklung 2016). Kernstück des DNK ist die „Entsprechenserklärung" zu 20 DNK-Kriterien und zu den ergänzenden nicht finanziellen Leistungsindikatoren. Diese Kriterien werden in die vier Bereiche Strategie, Prozessmanagement, Umwelt und Gesellschaft unterteilt.

Während die Berichterstattung nach GRI und die Entsprechenserklärung des DNK vor allem auf profitorientierte Unternehmen abzielen, so unterstützt der Social Reporting Standard (SRS) gemeinnützige und soziale Organisationen jeder Rechtsform und Größe in ihrer Berichterstattung. Das Kernstück der wirkungsorientierten Berichterstattung bildet die detaillierte Darstellung des Angebots einer Organisation. Unter Angebot werden dabei alle Leistungen verstanden, die eine Organisation unternimmt, um ein gesellschaftliches oder ökologisches Problem zu lösen (SRS 2014).

Im Leitfaden der GRI muss unter dem Aspekt „Beschaffung" angegeben werden, wie viel Prozent des Budgets an den Hauptgeschäftsstandorten für lokale Lieferanten ausgegeben wird. Das Kriterium 10 „Innovations- und Produktmanagement" des DNK fordert Unternehmen auf, offen zu legen, wie sie durch geeignete Prozesse dazu beitragen, dass Innovationen bei Produkten und Dienstleistungen die

Nachhaltigkeit ihrer eigenen Ressourcennutzung und der ihrer Nutzerinnen und Nutzer verbessern können.

Mit den beiden Indikatoren „Soziale Gestaltung der Produkte/Dienstleistungen" und „Sinn und gesellschaftliche Wirkung der Produkte/Dienstleistungen" wird bei der Gemeinwohlbilanz ein Ansatz zur Verfügung gestellt, Unternehmen anzuregen, über die soziale Qualität ihrer Produkte nachzudenken. Im Sinne einer sozialen Inklusion werden dabei Unternehmen aufgefordert, relevante benachteiligte Kundengruppen zu identifizieren und Lösungen für die größten Barrieren dieser anzugeben. Weiters stehen mit dem Indikator D4 „förderungswürdige Strukturen" im Mittelpunkt, worunter klein- und mittelständische Unternehmen, regionale Unternehmen und Unternehmen, die sich besonders für das Gemeinwohl engagieren, verstanden werden. Ein weiterer sozialer Aspekt des Indikators ist die Forderung nach sozialen Preisstaffelungen. So sollten sozial benachteiligte Kundengruppen durch einen niedrigeren Preis entlastet werden, was zur ökonomischen Sicherheit einer Gesellschaft beitragen soll. Eine Überprüfung dieses Indikators von 22 zufällig ausgewählten Gemeinwohlberichten zeigte hierbei, dass Unternehmen beispielsweise Preisreduktionen an NGOs, junge Personengruppen oder gemeinwohlorientierte Unternehmen gewährleisteten.

Weiters stellt der Indikator E1 den „Sinn und [die] gesellschaftliche Wirkung der Produkte/Dienstleistungen" dar. Im Mittelpunkt steht dabei die Idee, dass Produkte nur dann sozial sinnvoll sind, wenn sie Grundbedürfnisse[5] erfüllen und einen positiven Nutzen stiften. Zusätzlich sollen Unternehmen Stellung beziehen, wie die gesamte Wertschöpfungskette sozial und ökologisch zu bewerten ist und in welcher Relation die Produkte zu Wachstumsgrenzen auf dem Planeten stehen.

Einen anderen Ansatz, die soziale Qualität eines Produktes darzustellen, bietet der SCS. Im Fokus der wirkungsorientierten Berichterstattung ist die Darstellung des gesellschaftlichen Problems und des von der Organisation gewählten Lösungsansatzes in Bezug auf ihr Angebot. Hierbei werden die eingesetzten Ressourcen (Input), erbrachten Leistungen (Output) und erreichten Wirkungen (Outcome/Impact) im Berichtzeitraum beschrieben und um Maßnahmen zur begleitenden Evaluation und Qualitätssicherung ergänzt.

---

5 Hierbei bezieht sich die Gemeinwohlbilanz auf folgende neun Grundbedürfnisse nach Max-Neef (1991): Lebensgrundlage, Schutz und Sicherheit, Beziehung, Bildung, Mitwirken, Freizeit und Entspannung, Kunst und Gestaltung, Identität, Freiheit und Menschenwürde.

4.3   Produktlabel und Tests

Sowohl Produktlabels als auch Tests von Verbraucherschutzorganisationen sind Informationsinstrumente, die Konsumentinnen und Konsumenten eine Orientierungshilfe beim Einkauf von Produkten, die bestimmte Qualitätsmerkmale aufweisen sollen, bieten. Dabei ließ sich in der Vergangenheit feststellen, dass staatliche Labels einen beachtlichen Einfluss auf das Kaufverhalten von Konsumentinnen und Konsumenten haben (Koos 2011) und auch Verbraucherschutzorganisationen eine zentrale Position in der Vermittlung eines nachhaltigen Konsums einnehmen (Nessel 2016).

Im deutschen Sprachraum befassen sich vor allem zwei Verbraucherschutzorganisationen mit umfassenden Produktbewertungen, -tests und -informationen. Dies ist zum einen in Österreich der Verein für Konsumenteninformation (VKI) und zum anderen in Deutschland die Stiftung Warentest. Da in der Vergangenheit die Vielzahl an Labels, welche Verbraucherinnen und Verbraucher eigentlich eine nachhaltige Kaufentscheidung erleichtern sollen, zu einer Verwirrung und Überforderungen dieser geführt hat (Langer, Eisend und Kuß 2008), sind Webportale wie www.bewusstkaufen.at[6] und https://label-online.de/[7] entstanden. Diese analysieren Nachhaltigkeitslabels nach ihren zugrundeliegenden Kriterien und bereiten diese für Konsumentinnen und Konsumenten übersichtlich und transparent auf. Da wie erwähnt mittlerweile sehr viele CSR-nahe Labels am Markt existieren und im Rahmen dieser Studie eine Überprüfung all dieser aus zeitlichen Gründen nicht möglich war, wurden drei Labels stichprobenartig auf der Webseite https://label-online.de/ unter der Kategorie „Sozialsiegel" ausgewählt und untersucht.

Das Label „Fair For Life" zertifiziert Produkte, die entlang ihrer Lieferkette verschiedene CSR-Dimensionen abdecken. Vier Kategorien lassen einen sozialen Bezug feststellen. In der Kategorie „Soziale Verantwortung" wird auf die Perspektive der Arbeitskräfte Bezug genommen, wobei Themen wie Kinderarbeit, Gesundheit und Sicherheit am Arbeitsplatz erwähnt werden. Hierbei orientiert sich das Label an der Kernarbeitsnorm der ILO. Die Kategorie „Lokaler Einfluss" bezieht sich auf lokale Gemeinschaften, welche im Zuge der Lieferkette des Produktes nur positiv (z. B. durch geeignete Bildungsmaßnahmen lokaler Gemeinschaften) beeinflusst werden sollen. In der Kategorie „Respekt für den Konsumenten" wird auf Marketing- und

---

6   Hierbei handelt es sich um eine Initiative des Österreichischen Bundesministeriums für Land- und Forstwirtschaft, Umwelt und Wasserwirtschaft.

7   Hierbei handelt es sich um ein Angebot des Vereins „Die Verbraucher Initiative e. V.", die vom Deutschen Bundesministerium der Justiz und für Verbraucherschutz gefördert wird.

Werbestrategien eingegangen, wobei hier eine „ehrliche" Informationsgestaltung erwähnt wird. Schließlich soll mit der Kategorie „Selbstbestimmung und Schaffung von Kapazitäten" dargestellt werden, inwieweit ein Produkt benachteiligte Personengruppen unterstützt und zur Diversität und Autonomie der Arbeitskräfte beiträgt.

„Hand in Hand" zertifiziert Lebensmittelprodukte von Handelspartnern des Unternehmens Rapunzel, wobei jenes Label Kriterien des fairen Handels mit Kriterien des ökologischen Landbaus verbindet. Unter „Soziales" wird erwähnt, dass Handelspartner über eine CSR-Politik verfügen und diese nationalen Gesetze einhalten müssen. Weiters wird Bildung als Thema aufgegriffen, indem festgehalten wird, dass Handelspartner den Schulbesuch Jugendlicher unterstützen. Da Handelspartner vorwiegend aus Entwicklungsländern stammen, wird auf die soziale Dimension der Arbeitskräfte vertiefend eingegangen. Kriterien orientieren sich hierbei auf die Kernarbeitsnorm der ILO.

„Natureplus" zertifiziert Bauprodukte basierend auf einem Erhebungsformular. Ein Fokus liegt auf ökologischen Kriterien wie dem Wasserverbrauch innerhalb der Produktion und der Darstellung der Emissionen aus dem Produktionsprozess. In der Kategorie „Anwendung und Nutzung des Produktes" wird zum einen über die Funktionalität des Produktes berichtet, zum anderen werden die Kriterien Produktrecycling und -entsorgung sowie Reparatur und Instandhaltung erwähnt.

Das Ministerium für ein lebenswertes Österreich hat die Leitlinie „Fairer Handel und soziale Nachhaltigkeit" für Labels veröffentlich, die angibt, welche Kriterien Labels erfüllen müssen, damit diese in der Datenbank[8] für nachhaltige Produkte erscheinen. So müssen Produkte bzw. deren Unternehmen soziale Maßnahmen zur Verbesserung des gesellschaftlichen oder ökologischen Nutzens wie beispielsweise einen Beitrag zum Gemeinwesen, nachweisen oder auch die Inklusion Benachteiligter fördern. Außerdem sollten Arbeitskräfte zumindest ein existenzsicherndes Einkommen erwerben, und die Schere zwischen Best- und Geringverdiener nicht größer als 1:6 sein.

Die Ethiktests der Zeitschrift „Konsument" des VKI werden in die Bereiche „Soziales", „Umwelt" und „Informationsoffenheit" unterteilt. Unter „Soziales" wird bewertet, in welchem Ausmaß die Unternehmen die Interessen ihrer Arbeitnehmerinnen und Arbeitnehmer und spezifischer Beschäftigtengruppen (Frauen, Behinderte, Auszubildende, etc.) berücksichtigen. Auch die CSR-Kernkriterien der Stiftung Warentest umfassen die Themenfelder „Soziales/Beschäftigte", „Soziales/ Zulieferer", „Umwelt", sowie „VerbraucherInnen und Gesellschaft". Während die ersten beiden Kategorien den Schutz dieser Arbeitskräfte im Fokus haben, betrachtet

---

8   Diese kann unter https://www.bewusstkaufen.at/produkte.php aufgerufen werden.

letztere den Austausch der Unternehmen mit NGOs an den für die Produkther-
stellung relevanten Fertigungsstätten.

4.4   Produktbewertungsmethoden

Das Öko-Institut e. V. (Deutschland) entwickelte 1987 unter dem Namen Produktli-
nienanalyse eine Methode zur integrierten Analyse von ökonomischen, ökologischen
und sozialen Aspekten. Daraus ging die PROSA-Methode (PROSA steht für „product
sustainability assessment") hervor. Diese analysiert die komplette Produktlinie
und bewertet die ökologischen, ökonomischen und sozialen Chancen und Risiken
zukünftiger Entwicklungspfade eines Produktes. Dabei sieht die PROSA-Methode
eine Reihe von Einzel-Tools vor (u. a. Produkt-Portfolio-Nachhaltigkeits-Analyse,
siehe Grießhammer et al. 2007).

Wie die PROSA-Methode verfolgt die produktbezogene Sozialbilanz einen
Lebenszyklusansatz. Für die sLCA wurde 2009 vom Umweltprogramm der Vereinten Nationen in Kooperation mit der SETAC-Life Cycle Initiative eine Richtlinie
entwickelt (Benoît, Mazijn und Andrews 2009). Das methodische Vorgehen einer
sLCA entspricht dem der Ökobilanz (Benoît et al. 2010). Dabei wiesen verschiedene
Fallstudien seit der Einführung der Richtlinie methodische Probleme auf. So wurden
in den Studien Indikatoren vermisst, um soziale Merkmale geeignet darzustellen
(Lehmann et al. 2013; Sousa-Zomer und Cauchick Miguel 2015), aber auch Probleme methodologischer Natur im Zuge des Impact Assessments festgestellt (siehe
Wu, Yang und Chen 2014; Petti, Serreli und Di Cesare 2016), weshalb die Methode
weniger ausgereift ist als ihr ökologisches Pendant.

Mit dem Ziel, eine funktionierende und harmonisierte Methode für die Bewertung der sozialen Auswirkungen von Produkten oder Dienstleistungen entlang des
Produktlebenszyklus zu entwickeln, haben sich 2013 Nachhaltigkeitsexperten und
internationale Unternehmen zu einem „Roundtable for Product Social Metrics"
zusammengeschlossen und entwickelten schließlich die „Product Social Impact
Assessment" (PSIA) Methode (Fontes et al. 2016). Die 19 Indikatoren, welche in
die drei Bereiche „Arbeitskräfte", „Konsumenten" und „lokale Gemeinschaften"
eingeteilt sind, wollen sowohl den individuellen als auch gesellschaftlichen Pro-
duktnutzen darstellen.

Die PROSA-Methode stellt eine Liste von sozialen Indikatoren bereit, die in die
Stakeholder-Gruppen „Arbeitnehmerinnen und Arbeitnehmer", „Benachbarte und
regionale Bevölkerung", „Gesellschaft" und „Private, gewerbliche und staatliche
Nutzer" unterteilt sind (Grießhammer et al. 2013, Abbildung 14). Mit dem Indikator
„Verbesserung der sozialen und ökonomischen Möglichkeiten" der Konsumierenden

wird ähnlich wie bei der Gemeinwohlbilanz darauf Bezug genommen, inwieweit das Produkt für benachteiligte Personengruppen geeignet ist. Zusätzlich wird auch betrachtet, ob für Produkte eine allgemeine Zugangsmöglichkeit gewährleistet wird. Neben diesen beiden Kriterien, die auf die soziale Inklusion bestimmter Personengruppen abzielen, wird auch eine Reduktion der Verbraucherkosten betrachtet, was der Kategorie „ökonomische Sicherheit" zugeordnet werden kann.

Im Fokus einer sLCA stehen die Stakeholdergruppen „Arbeitskräfte", „Konsumenten", „lokale Gemeinschaften", „Gesellschaft" und „sonstige Akteure entlang der Wertschöpfungskette". Diese werden unterteilt in die sechs Einfluss-Kategorien Menschenrechte, Arbeitsbedingungen, Gesundheit und Sicherheit, kulturelles Erbe, Governance und sozioökonomische Auswirkungen. Dabei hängt die Auswahl der Stakeholdergruppen und der Einfluss-Kategorien vom definierten Ziel der jeweiligen sLCA-Studie ab.

Bei der PSIA-Methode erscheint aus Verbrauchersicht ein Indikator interessant, der in anderen untersuchten Instrumenten nicht erfasst wurde. Hierbei handelt es sich um den Indikator „erfahrenes Wohlbefinden", der sich an den OECD-Richtlinien zur Messung des subjektiven Wohlbefindens (siehe Durand 2015) orientiert und der die Selbstbewertung von Verbraucherinnen und Verbrauchern von positiven und negativen Gefühlen oder emotionalen Zuständen, die mit der Verwendung eines Produkts verbunden sind, misst. Die Messung erfolgt dabei anhand eines Fragenkatalogs, welche mit einer Skala (0 – 10; „gar nicht" bis „stark") quantitativ ausgewertet wird.

4.5   Soziale Qualität von Produkten aus Sicht von Expertinnen und Experten

Acht Expertinnen und Experten[9] aus den Bereichen Wissenschaft und Bildung und Interessensvertretung und Konsumentenschutz wurden in dieser Studie befragt. Bei den Expertinnen und Experten handelte es sich um Personen, die mehrjähriges wissenschaftliches oder berufsspezifisches Wissen in den Bereichen nachhaltiger Konsum, CSR und Konsumentenschutz aufwiesen. Um die Vergleichbarkeit der Interviews zu sichern, wurde ein Interviewleitfaden erstellt, welcher aus offenen Fragen qualitativer Form bestand. Dieser wurde in folgende Abschnitte unterteilt. Einleitend wurden die Expertinnen und Experten befragt, was sie mit dem Begriff der sozialen Qualität eines Produktes assoziierten. Danach folgten Fragen

---

9   Zum Begriff der Experten im Rahmen der Experteninterviews siehe Meuser und Nagel (2002).

zum sozialen Nutzen und zur gesellschaftlichen Wirkung eines Produktes und zu möglichen sozialen Hotspots entlang des Lebenszyklus von Produkten. Am Ende des Interviews wurden die Interviewpartner nach Literaturhinweisen und Instrumenten befragt, welche aus ihrer Sicht für die Studie relevant sein könnten. Das Ziel der Experteninterviews war grundlegende Informationen zur sozialen Qualität eines Produktes zu erfahren, um diese mit den Ergebnissen der Instrumentenanalyse zu ergänzen.

Die faire Entlohnung der Arbeitskräfte wurde als wesentliche soziale Dimension, die dem Produkt angehaftet wurde, dargestellt. Zwei Perspektiven zeigten sich hierbei: Demnach sollte ein sozial qualitätsvolles Produkt in seiner Preisgestaltung im Sinne von „leistbar für alle" nicht nur Konsumenteninteressen, sondern im Sinne einer „fairen Entlohnung für alle" auch Produzenteninteressen berücksichtigen. Eine faire Preisgestaltung sollte darüber hinaus nicht nur im Business-to-Consumer-Bereich vorherrschen, sondern auch im Business-to-Business-Bereich. Um klein- und mittelständische Unternehmen (KMU) zu unterstützen wurde vorgeschlagen, dass diesen dieselben Preiskonditionen wie Großunternehmen gewährt werden.

Aus mehreren Perspektiven wurde auf die Nutzungsphase eines Produktes eingegangen. Zentrale Themen waren die Qualitätsmerkmale Reparierbarkeit und die Nutzungsdauer von Produkten. Mit Ausnahme bestimmter Lebensmittel wurde die lange Nutzbarkeit als sozial relevante und wünschenswerte Produkteigenschaft dargestellt. Damit verbunden wurden auch Produkt-Service-Systeme und deren soziale Konsequenzen. So können gemeinschaftlich genutzte Produkte dazu beitragen, dass Personengruppen unterschiedlicher sozialer Hintergründe ein hochwertiges Produkt lange nutzen können und somit sowohl die soziale Inklusion als auch den sozialen Zusammenhalt einer Gesellschaft fördern. Repair-, Reuse- und Recyclingansätze wurden als ausschlaggebend für die soziale Qualität bezeichnet, da sie Verbraucherinnen und Verbraucher in einem nachhaltigen Konsum unterstützen.

Das Thema der Barrierefreiheit wurde als *klassisches Beispiel* für die soziale Qualität eines Produktes erwähnt. Damit verbunden wurde auch das Design eines Produktes, da darin schon vorab unterschiedliche soziale Bedürfnisse für die Nutzungsphase eines Produktes berücksichtigt werden können. Dabei sind einer möglichst flächendeckenden Nutzung innerhalb aller Personengruppen auch Grenzen gesetzt. So möchte man bei einigen Produkten wie Medikamenten oder Putzmitteln bestimme Personengruppen auch ausschließen. Schließlich wurde auch gefordert, dass jene Betrachtungen in Anlehnung zur Eco-Design-Richtlinie auch in einer Social-Design-Richtlinie verortet werden sollten, wodurch auch rechtliche Rahmenbedingungen, die die soziale Qualität eines Produktes entscheidend beeinflussen können, angesprochen wurden.

5   Diskussion und Schlussfolgerung

In dieser Studie wurde darauf hingewiesen, dass die soziale Qualität von Produkten sich auf Produkteigenschaften bezieht, welche von sozialer Relevanz sind. Hierzu muss festgestellt werden, dass die soziale Qualitätsdimension von Produkten von Produktgruppe zu Produktgruppe unterschiedlich zu betrachten ist. So wird beispielsweise in der ISO 26000 und in der Gemeinwohlbilanz eingehend darauf eingegangen, dass sozial benachteiligte Personen in der Produktnutzung sozial inkludiert werden, was einem Universal Design entspricht. Zugleich kann es aber auch sinnvoll sein, bestimmte Personen von der Nutzung eines Produktes wie beispielweise eines Medikaments auszuschließen. So soll ein Medikament samt Verpackung derart einfach gestaltet werden, dass ältere Personen dieses ohne Hürden einnehmen können, zugleich sollten aber Kinder durch einen Mechanismus vor der Einnahme gehindert werden.

In diesem Zusammenhang kam in den letzten Jahren der Begriff des sozial verantwortlichen Produktdesigns auf, in dem neben ökologischen und ökonomischen Kriterien auch soziale Faktoren berücksichtigt werden (Melles, Vere und Misic 2011). Hier hat sich unter anderem das Konzept *Inclusive Design* bzw. des *Social Design* etabliert. Während herkömmliches Produktdesign in der Regel darauf abzielt, möglichst viele Produkte auf Märkten zu verkaufen, stehen bei *Social Design* vor allem die Erfüllung menschlicher Bedürfnisse im Mittelpunkt (V. Margolin und S. Margolin, 2002). Hierbei stehen Designerinnen und Designer auch vor der Herausforderung Produkte so zu gestalten, dass diese den allgemeinen Zielen der Nachhaltigen Entwicklung unserer Gesellschaft entsprechen[10]. Dies bedeutet, dass auf weltweite Entwicklungen wie einem Bevölkerungswachstum, einer ressourcenschonenden Produktionsweise und der Inklusion benachteiligter Konsumentengruppen schon im Produkt-Design vorab Rücksicht genommen wird, bevor dieses auf den Markt gebracht wird (Howarth und Hadfield 2006). In der sozialen Lebenszyklusbetrachtung eines Produktes sollte daher auch die Designphase berücksichtigt werden, da darin entscheidende Faktoren für die Nutzungsphase grundgelegt werden und somit aus Verbraucherperspektive relevant ist.

Im Zuge des Untersuchungsgegenstandes wurde auch festgestellt, dass ökologische Qualitätsmerkmale in einer Verbindung mit sozialen Qualitätsmerkmalen standen. So verknüpft das Sozialsiegel Hand in Hand „den Gedanken des fairen Handels mit dem des ökologischen Landbaues" (Rapunzel 2011, S. 6). Aber auch in CSR-Normen wie der GRI stehen ökologische und soziale Kriterien in einem

---

10   Siehe hierzu Griggs et al. (2013).

Zusammenhang. Dies wird wiederum anhand eines Beispiels deutlich: Die geplante Obsoleszenz, worunter „der geplante, vorzeitige Verschleiß von Produkten, die eigentlich viel länger halten könnten" (Wieser, Tröger und Hübner 2015, S. 7) verstanden wird, hat durch die Verkürzung der Nutzungsphase sowohl soziale und als auch ökologische Konsequenzen. So bedeutet aus Verbrauchersicht eine verkürzte Nutzungsphase insbesondere für einkommensschwächere Haushalte eine finanzielle Belastung. Zugleich geht eine verlängerte Nutzungsphase grundsätzlich mit positiven Effekten für die Umwelt einher, da bei Produkten wie Handys in der Produktion höhere Emissionen anfallen als in der Nutzungsphase (ibid. 2015, S. 18 ff.).

Methoden wie das sLCA oder das PSIA können dahingehend helfen, eine Bewertung der sozialen Qualität eines Produktes vorzunehmen. Obwohl jene Instrumente darauf abzielen, die soziale Qualität eines Produktes nach objektiven Kriterien und Indikatoren zu beurteilen, sollte die Überlegung, was überhaupt gemessen und dargestellt werden soll, im Zuge eines partizipatorischen Konstruktionsprozesses verschiedener Akteure entlang einer Produktionskette festgestellt werden, um individuelle soziale Bedürfnisse berücksichtigen zu können. Dies erfährt in Betrachtung der Konsumentenverantwortung an Relevanz. Versteht man Verantwortung als „normatives Interpretationskonstrukt, das gesellschaftlich ausgehandelt wird" (Schmidt und Seele 2012, S. 185), so sollte Individuen die Möglichkeit geboten werden, ihre sozialen Qualitätsansprüche an Produkte Ausdruck zu verleihen, damit diese einen Anreiz haben für ihren Konsum Verantwortung zu übernehmen.

Im Rahmen dieser Studie wurden 15 Produktbewertungs- und Informationssysteme analysiert und acht Expertinnen und Experten aus unterschiedlichen Fachbereichen zur sozialen Qualität von Produkten befragt. Das Sample der Experteninterviews konnte zwar mit acht Personen keinen Anspruch auf Vollständigkeit erheben, jedoch halfen die im Zuge der zusammenfassenden Inhaltsanalyse deduktiv definierten Kategorien „ökonomische Sicherheit", „soziale Inklusion", „sozialer Zusammenhalt" und „soziale Selbstbestimmung" eine Vielzahl an sozialen Themen in den Untersuchungsgegenständen zu verorten (siehe Tabelle 5.1).

Tab. 5.1 Themenbereiche der Interviews unterteilt in direkte und indirekte Qualitätsmerkmale und sonstige Themen, eigene Darstellung

Direkte Qualitätsmerkmale	Indirekte Qualitätsmerkmale	Sonstige Themen
Reparierbarkeit	Arbeitsbedingungen in der Produktion	Soziale Gerechtigkeit
Langlebigkeit, Haltbarkeit	Rechtlicher Rahmen	Mehrwert
Barrierefreiheit	Entsorgung	Werbung
Informationsgestaltung und Transparenz	Umweltmanagement eines Unternehmens	Produkt-Service-Systeme
Gewährleistung und Folgekosten	Wertschöpfungskette und regionale Kreisläufe	Beschaffung
Ergonomie	Soziale Kosten	Soziale Verantwortung des Unternehmens

Neben Qualitätsmerkmalen, die für Verbraucherinnen und Verbraucher in der Nutzungsphase eines Produktes direkt bemerkbar sind, wie die Haltbarkeit oder die Reparierbarkeit eines Produktes, ließen sich hierbei auch Merkmale feststellen, die für Verbraucher beim Kauf und in der Nutzungsphase nicht direkt erkenntlich sind, wie beispielsweise die Arbeitsbedingungen, unter welchen Produkte hergestellt werden oder inwieweit ein Unternehmen auf regionale Wertschöpfung wert legt. Derartige Qualitätsmerkmale werden auch als Vertrauenseigenschaften bezeichnet (Bech-Larsen und Grunert 2001), welche durch CSR-Betrachtungen entlang des Lebenszyklus eines Produktes und durch Labels für Verbraucherinnen und Verbraucher an Transparenz erfuhren (Rudolph und Meise 2010). Da durch die Lebenszyklusbetrachtung in den vergangenen Jahren die Qualität von Produkten weitläufiger betrachtet wurde, erfuhr das Qualitätsverständnis dahingehend auch eine Diversifizierung. Somit wurde auch neben der ökologischen Verantwortung von Unternehmen gegenüber der Umwelt die soziale Verantwortung dieser gegenüber der Gesellschaft verstärkt betrachtet. Diese Studie schloss somit an eine Entwicklung an, welche sich von einem eindimensionalen, streng rational agierenden Verbraucher und Verbraucherinnen verabschiedet (Fridrich et al. 2017a) und auch ein neues Qualitätsverständnis von Produkten fordert. Dahingehend wäre es zweckmäßig in Anlehnung an die Ecodesign-Richtlinie der Europäischen Union eine „Socialdesign-Richtlinie" herauszugeben.

Literatur

Abbott, P., Wallace, C. (2012). Social Quality: a Way to Measure the Quality of Society. *Social indicators research* (S. 153–67). doi:10.1007/s11205-011-9871-0.
Bech-Larsen, T., Grunert, K. G. (2001). Konsumentscheidungen bei Vertrauenseigenschaften. *MAR* (S. 188–98). doi:10.15358/0344-1369-2001-3-188.
Beck, W., van der Maesen, L. J. G., Thomése, F., Walker, A. (2001). *Social Quality: A Vision for Europe.* Studies in employment and social policy 7. The Hague: Kluwer Law International.
Benoît, C., Mazijn, B., Andrews, E. S. (2009). *Guidelines for social life cycle assessment of products: Social and socio-economic LCA guidelines complementing environmental LCA and Life Cycle Costing, contributing to the full assessment of goods and services within the context of sustainable development.* [Paris, France]: United Nations Environment Programme.
Benoît, C., Norris, G. A., Valdivia, S., Ciroth, A., Moberg, A., Bos, U., Prakash, S., Ugaya, C., Beck, T. (2010). The guidelines for social life cycle assessment of products: Just in time! *Int J Life Cycle Assess* (S. 156–63). doi:10.1007/s11367-009-0147-8.
BMLFUW. (2013). bewusstkaufen.at Leitlinie Fairer Handel und soziale Nachhaltigkeit. https://www.bewusstkaufen.at/uploaded-docs/BK_sozialeNachhaltigkeit1483378062.pdf. Zugegriffen: 09.05.17.
Christofi, A., Christofi, P., Sisaye, S. (2012). Corporate sustainability: Historical development and reporting practices. *Management Research Review* (S. 157–72). doi:10.1108/01409171211195170.
Durand, M. (2015). The OECD Better Life Initiative: How's Life? and the Measurement of Well-Being. *Review of Income and Wealth* (S. 4–17). doi:10.1111/roiw.12156.
Fair For Life. (2017). Certification standard for Fair Trade and responsible supply-chains. http://www.fairforlife.org/client/fairforlife/file/Fair_for_Life/Standars/Fair_For_Life_Standard_EN.pdf. Zugegriffen: 25.08.17.
Felber, C. (2011). *Die Gemeinwohl-Ökonomie: Das Wirtschaftsmodell der Zukunft.* Wien: Deuticke.
Fontes, J., Bolhuis, A., Bogaers, K., Saling, P., van Gelder, R., Traverso, M., Tarne, P., Das Gupta, J., Morris, D., Wood-yard, D., Bell, L., van der Merwe, R., Kimm, N., Santamaria, C., Laubscher, M., Jacobs, M., Challis, D., Alvarado, C., Duclaux, C., Slaoui, Y., Culley, H., Zinck, S., Stermann, R., Carteron, E., Gupta, A., Nilsson, S., Gaasbeek, A., Goedkoop, M., Evitts, S. 2016. Handbook for product social impact assessement version 3.0. https://www.dsm.com/content/dam/dsm/cworld/en_US/documents/handbook-for-product-social-impact-assessment.pdf. Zugegriffen: 09.05.17.
Fridrich, C., Hübner, R., Kollmann, K., Piorkowsky, M.-B., Tröger, N. (2017a). *Abschied vom eindimensionalen Verbraucher.* Wiesbaden: Springer Fachmedien Wiesbaden.
Fridrich, C., Hübner, R., Kollmann, K., Piorkowsky, M.-B., Tröger, N. (2017b). Grundüberlegungen zu einer Kritischen Verbraucherforschung. In C. Fridrich, R. Hübner, K. Kollmann, M.-B. Piorkowsky und N. Tröger (Hrsg.), *Abschied vom eindimensionalen Verbraucher* (S. 1–22). Wiesbaden: Springer Fachmedien Wiesbaden.
Garvin, D. (1984). What Does ‚Product Quality' Really Mean? *MIT Sloan Management Review.* S. 25-43.
GRI. (2015). G4 Leitlinien zur Nachhaltigkeitsberichterstattung – Berichterstattungsgrundsätze und Standardangaben. https://www.globalreporting.org/. Zugegriffen: 09.05.17.

Grießhammer, R., Buchert, M., Gensch, C. O., Hochfeld, C., Manhart, A., Rüdenauer, I., Ebinger, F. 2007. PROSA – Product Sustainability Assessment. http://www.prosa.org/fileadmin/user_upload/pdf/PROSA-gesamt_Finalversion_0407_red.pdf. Zugegriffen: 24.04.17.

Griggs, D., Stafford-Smith, M., Gaffney, O., Rockstrom, J., Ohman, M. C., Shyamsundar, P., Steffen, W., Glaser, G., Kanie, N., Noble, I. 2013. Policy: Sustainable Development Goals for People and Planet. *Nature* (S. 305-7). doi:10.1038/495305a.

Grün, K. (2016). ONR 192500 – ein Standard für die Praxis. In M. Scholz und M. Czuray (Hrsg.), *Die Normierung der gesellschaftlichen Verantwortung von Organisationen*, (S. 61–70). Forschung und Praxis an der FHWien der WKW. Wiesbaden: Springer Fachmedien Wiesbaden.

Guinée, J. B., Heijungs, R., Huppes, G., Zamagni, A., Masoni, P., Buonamici, R., Ekvall, T., Rydberg, T. (2011). Life Cycle Assessment: Past, Present, and Future. *Environmental science & technology* (S. 90-96). doi:10.1021/es101316v.

GWÖ. (2013). Handbuch zur Gemeinwohl-Bilanz, Version 4.1. http://balance.ecogood.org/matrix-4-1-de/handbuch. Zugegriffen: 09.05.17.

Heidbrink, L. (2011). *Die Verantwortung des Konsumenten: Über das Verhältnis von Markt, Moral und Konsum*. Frankfurt am Main u. a. Campus-Verl.

Hoffmann, T. (2011). *Unternehmerische Nachhaltigkeitsberichterstattung: Eine Analyse des GRI G3.1-Berichtsrahmens*. Lohmar: Eul.

Howarth, G., Hadfield, M. (2006). A sustainable product design model. *Materials & Design* (S. 1128–33). doi:10.1016/j.matdes.2005.03.016.

ISO. (2015). Qualitätsmanagementsysteme – Grundlagen und Begriffe (ISO 9000:2015). https://www.beuth.de/de/norm/din-en-iso-9000-2015/235671064. Zugegriffen: 25.08.17.

Jasch, C. (2015). CSR und Berichterstattung. In A. Schneider und R. Schmidpeter (Hrsg.), *Corporate Social Responsibility*, (S. 823-34). Berlin, Heidelberg: Springer Berlin Heidelberg.

Koos, S. (2011). Varieties of Environmental Labelling, Market Structures, and Sustainable Consumption Across Europe: A Comparative Analysis of Organizational and Market Supply Determinants of Environmental-Labelled Goods. *J Consum Policy* (S. 127-51). doi:10.1007/s10603-010-9153-2.

Lamla, J. (2006). Politisierter Konsum — konsumierte Politik. In J. Lamla (Hrsg.), *Politisierter Konsum – konsumierte Politik*. 1. Aufl., (S. 9-37). Soziologie der Politik. Wiesbaden: VS Verl. für Sozialwiss.

Langer, A., Eisend, M., Kuß, A. (2008). Zu viel des Guten? Zum Einfluss der Anzahl von Ökolabels auf die Konsumentenverwirrtheit. *MAR* (S. 19–28). doi:10.15358/0344-1369-2008-1-19.

Lehmann, A., Zschieschang, E., Traverso, M., Finkbeiner, M., Schebek, L. (2013). Social aspects for sustainability assessment of technologies—challenges for social life cycle assessment (SLCA). *Int J Life Cycle Assess* (S. 1581-92). doi:10.1007/s11367-013-0594-0.

Margolin, V., Margolin, S. (2002). A "Social Model" of Design: Issues of Practice and Research. *Design Issues* (S. 24-30). doi:10.1162/074793602320827406.

Max-Neef, M. A. (1991). *Human Scale Development: Conception, Application and Further Reflections:* The Apex Press.

Mayring, P. (2010). *Qualitative Inhaltsanalyse: Grundlagen und Techniken*. Weinheim u. a.: Beltz.

Melles, G., Vere, I. de, Misic, V. (2011). Socially responsible design: Thinking beyond the triple bottom line to socially responsive and sustainable product design. *CoDesign* (S. 143-54). doi:10.1080/15710882.2011.630473.

Meuser, M., Nagel, U. (2002). ExpertInneninterviews — vielfach erprobt, wenig bedacht. In A. Bogner, B. Littig und W. Menz (Hrsg.), *Das Experteninterview*, (S. 71-93). Wiesbaden: VS Verlag für Sozialwissenschaften.

Meuser, M., Nagel, U. (2009). Das Experteninterview — konzeptionelle Grundlagen und methodische Anlage. In S. Pickel, G. Pickel, H.-J. Lauth und D. Jahn (Hrsg.), *Methoden der vergleichenden Politik- und Sozialwissenschaft*, (S. 465-79). Wiesbaden: VS Verlag für Sozialwissenschaften.

Natureplus. (2015). Natureplus – Erhebungsformular zur Produktdeklaration. Version 1.0. http://www.natureplus.org/fileadmin/user_upload/pdf/downloads/np_Datenerhebungs-formular.docx. Zugegriffen: 25.08.17.

Nessel, S. (2016). Verbraucherorganisationen und Verbraucherpolitik als Intermediäre der Nachhaltigkeit. Eine Analyse der institutionellen und organisationalen Einbettung nachhaltigen Konsums. *Berlin J Soziol* (S. 227-48). doi:10.1007/s11609-016-0316-0.

ONR. 2011. ONR 192500: Gesellschaftliche Verantwortung von Organisationen (CSR). http://www.qualityaustria.com/index.php?id=3229. Zugegriffen: 12.05.17.

Pearson, D., Henryks, J., Trott, A., Jones, P., Parker, G., Dumaresq, D., Dyball, R. (2011). Local food: Understanding consumer motivations in innovative retail formats. *British Food Journal* (S. 886-99). doi:10.1108/00070701111148414.

Petti, L., Serreli, M., Di Cesare, S. (2016). Systematic literature review in social life cycle assessment. *Int J Life Cycle Assess* 18:1549.

Rapunzel. (2011). Hand in Hand-Kriterien – Version 4 – 2011. http://www.rapunzel.de/download/hand-in-hand_kriterien_2011_version4_d_sept11.pdf. Zugegriffen: 25.08.17.

Rat für Nachhaltige Entwicklung. (2016). Der Deutsche Nachhaltigkeitskodex. Maßstab für nachhaltiges Wirtschaften. http://www.deutscher-nachhaltigkeitskodex.de/. Zugegriffen: 09.05.17.

Rudolph, T., Meise, J. N. (2010). Mehrwert durch Transparenz kommunizieren. *Mark Rev St. Gallen* (S. 15-19). doi:10.1007/s11621-010-0041-6.

Schmidt, I., Seele, P. (2012). Konsumentenverantwortung in der Wirtschaftsethik: ein Beitrag aus Sicht der Lebensstilforschung. *Zeitschrift für Wirtschafts- und Unternehmensethik* (S. 169-91).

Schneider, A. (2012). *Corporate Social Responsibility: Verantwortungsvolle Unternehmensführung in Theorie und Praxis.* Berlin u. a.: Springer Gabler.

Schneider, A. (2015). Reifegradmodell CSR – eine Begriffsklärung und -abgrenzung. In Schneider und Schmidpeter, *Corporate Social Responsibility*, (S. 21-42).

Schoenheit, I. (2005). Social quality of products – Assessment and signalling. http://www.competence-site.de/social-quality-of-products-assessment-and-signalling/. Zugegriffen: 24.04.17.

Sebastianelli, R., Tamimi, N. (2002). How product quality dimensions relate to defining quality. *Int J Qual & Reliability Mgmt* (S. 442-53). doi:10.1108/02656710210421599.

Smith, N. C., Palazzo, G., Bhattacharya, C. B. (2010). Marketing's Consequences: Stakeholder Marketing and Supply Chain Corporate Social Responsibility Issues. *Bus. Ethics Q.* (S. 617-41). doi:10.5840/beq201020440.

Sousa-Zomer, T. T., Cauchick Miguel, P. A. (2015). The main challenges for social life cycle assessment (SLCA) to support the social impacts analysis of product-service systems. *Int J Life Cycle Assess* (S. 280). doi:10.1007/s11367-015-1010-8.

SRS. (2014). Social Reporting Standard: Leitfaden zur wirkungsorientierten Berichterstattung. www.social-reporting-standard.de. Zugegriffen: 09.05.17.

Weiss, W. (2007). Regionalität und regionale Lebensmittel. In K.-M. Brunner (Hrsg.), *Ernährungsalltag im Wandel: Chancen für Nachhaltigkeit,* (S. 187-97). Wien u. a. Springer.

Wieser, H., Tröger, N., Hübner, R. (2015). *Die Nutzungsdauer und Obsoleszenz von Gebrauchsgütern im Zeitalter der Beschleunigung: Eine empirische Untersuchung in österreichischen Haushalten.* Wien: AK Wien. http://emedien.arbeiterkammer.at/viewer/resolver?urn=urn:nbn:at:at-akw:g-489956. Zugegriffen: 25.08.2017

Wu, R., Yang, D., Chen, J. (2014). Social Life Cycle Assessment Revisited. *Sustainability* (S. 4200-4226). doi:10.3390/su6074200.

Zander, K., Hamm, U. (2010). Welche zusätzlichen ethischen Eigenschaften ökologischer Lebensmittel interessieren Verbraucher? *German Journal of Agricultural Economics* S. 246-257.

Autorinnen und Autoren des Bandes

Hartmut Derler, MSc., Bachelorstudium Umweltsystemwissenschaften in Graz und Masterstudium der Nachhaltigen Entwicklung in Graz und Leipzig. Wissenschaftlicher Mitarbeiter an der Fachhochschule Joanneum Graz. Forschungsschwerpunkte: Nachhaltiger Konsum, Agenten-basierte Modellierung.

Christian Fridrich, Mag. Dr. phil., Professor für Geographie und ökonomische Bildung an der Pädagogischen Hochschule Wien, Lehrbeauftragter an der Universität Graz und an der Universität Wien. Arbeits- und Forschungsschwerpunkte: Didaktik der Geographie und der ökonomischen Bildung, Verbraucherbildung, Präkonzepte und Conceptual Growth, Visual Literacy, Diversität.

Simeon Hassemer studiert Soziologie an der Universität Wien, war Projektmitarbeiter an der Forschungs- & Beratungsstelle Arbeitswelt (FORBA), bevor er sich als wissenschaftliche Hilfskraft am Institut für Höhere Studien (IHS) der Forschungsgruppe Sozio-ökologische Transformationsforschung anschloss. Forschungsinteressen: Praxistheorien, empirisch-theoretische Verschiebungen im Sozialkonstruktivismus, Konsum- & Wissenschaftssoziologie.

Kai-Uwe Hellmann, Dr. phil., apl. Professor für Konsum- und Wirtschaftssoziologie an der TU Berlin. Forschungsschwerpunkte: Konsumsoziologie. Ko-Leiter der AG Konsumsoziologie. Mitherausgeber der Buchreihe „Konsumsoziologie und Massenkultur", Verlag für Sozialwissenschaften, Wiesbaden.

Renate Hübner, Mag. Dr., ist Nachhaltigkeitsforscherin mit wirtschaftswissenschaftlichem Schwerpunkt und koordiniert den Arbeitsbereich Kulturelle Nachhaltigkeit. Sie forscht und lehrt derzeit am Institut für Unterrichts- und Schulentwicklung der Alpen-Adria Universität Klagenfurt sowie an Fachhochschulen. Sie ist auch

© Springer Fachmedien Wiesbaden GmbH, ein Teil von Springer Nature 2018   277
S. Nessel et al. (Hrsg.), *Multiperspektivische Verbraucherforschung*, Kritische
Verbraucherforschung, https://doi.org/10.1007/978-3-658-20199-9

Unternehmensberaterin und leitete viele Jahre Projekte im Bereich der Umwelt- und Nachhaltigkeitsberatung und -forschung für die Wirtschaft und die öffentliche Hand.

Michael Jonas, PD Dr., Senior Researcher in der Forschungsgruppe Sozio-Ökologische Transformationsforschung am Institut für Höhere Studien Wien, Privatdozent für Soziologie an der Europa-Universität Viadrina Frankfurt/Oder. Forschungsschwerpunkte: Praxistheorie, gesellschaftliche Transformation, Nachhaltigkeit, Produktion/Konsumtion, Stadt, Kunst im öffentlichen Raum, Raum.

Reingard Klingler, Mag.a, MA. Lehramtsstudium Englisch, Bildnerische Erziehung, Linz. Diplomstudien Literaturwissenschaften und Bildende Kunst in den USA, St. Paul und Houston. Wissenschaftliche Mitarbeiterin, Universität Passau, Kunstpädagogik. Graphic Design mit Schwerpunkt Corporate Identity. Lehraufträge Universität Regensburg, FH Hagenberg, Media und Culture Studies. Professorin für Lehramt Bildnerische Erziehung an der Pädagogischen Hochschule Wien. Fokus: Visual Culture, Visual Literacy, Gender, zeitgenössische Kunst, Visual Thinking.

Ruth Erika Lerchster, Mag., Dr., ist Psychologin mit Schwerpunkt Gruppendynamik und leitet den Arbeitsbereich Soziale Kompetenzen und Gruppendynamik; sie lehrt an den Universitäten Klagenfurt, Kassel, Münster und Graz, ist Lehrtrainerin und Organisationsberaterin mit Schwerpunkt soziale Kompetenzen, Konfliktmanagement, Teamentwicklung und Organisationsentwicklung.

Brigitta Lurger, Mag. Dr. iur., LL.M. (Harvard), seit 2004 Professorin für Bürgerliches Recht, Europarecht, Rechtsvergleichung, Internationales Privatrecht und Unternehmensrecht an der Universität Graz; davor Leiterin des Instituts für Rechtsvergleichung und Internationales Privatrecht an der Universität Salzburg (2000-2004); Forschungsschwerpunkte: Internationales Privatrecht, Europäisches Privatrecht, Verbraucherrecht, Behavioral Law and Economics.

Sebastian Nessel, Dr. rer. soc.oec, Post-doc (Universitätsassistent mit Doktorat) am Institut für Soziologie der Karl-Franzens Universität Graz, Forschungsbereich Wirtschaftssoziologie. Forschungsschwerpunkte: Konsum-, Wirtschafts-, und Finanzmarktsoziologie sowie Soziologie Sozialer Bewegugen. Aktuell: vergleichende Wirtschaftssoziologie am Beispiel der Verbraucherpolitik, Verwendung von Geld in privaten Haushalten sowie private Nutzung von „Finanz-Apps".

Michael-Burkhard Piorkowsky, Dipl.-Kfm., Dipl.-Volksw., Dr. rer. pol., Professor für Haushalts- und Konsumökonomik an der Universität Bonn. Forschungsschwerpunkte: Lebensgestaltung im Haushaltskontext, Sozioökonomische Hybride, Mikro-Makro-Übergänge im Wirtschaftssystem, Produktions- und Konsumtheorie.

Ulrike Seebacher, Dipl.-Ing. Dr. MSc, Studium der Technischen Chemie und Organisationsentwicklung. Forscherin an der FH JOANNEUM, Lehrbeauftragte an der Karl-Franzens-Universität Graz, Unternehmensberaterin. Forschungs- und Projekt-Schwerpunkte: Nachhaltiger Konsum, nachhaltige Lebensstile, Bewertungsmethoden und Gesellschaftliche Verantwortung von Unternehmen (CSR).

Nina Tröger, Mag.a, Bakk.phil., Studium der Soziologie und Cultural Studies in Wien und Paris. Konsumforscherin und Referentin in der Arbeiterkammer Wien, Abteilung für Konsumentenschutz. Forschungsschwerpunkte: Konsumsoziologie vor allem im Zusammenhang mit Nachhaltigkeit, sozialer Gerechtigkeit, Kompetenz, Prosumtion und gesellschaftlichen Entwicklungsprozessen.

Martina Ukowitz, Assoc. Prof. Mag. Dr., ist assoziierte Professorin am Institut für Palliative Care und Organisationsethik an der Alpen-Adria Universität Klagenfurt. Sie ist Philosophin und Sozialwissenschaftlerin mit Schwerpunkt auf Transdisziplinäre Forschung, Interventionsforschung, Institutionen- und Organisationsforschung in den Feldern Nachhaltigkeit, Regionalentwicklung und Bildung.